U0120195

后浪

欧 THE 洲
MAKING
OF EUROPE
的创生

［英］**罗伯特·巴特利特**——— 著

刘寅——— 译

民主与建设出版社
·北京·

目 录

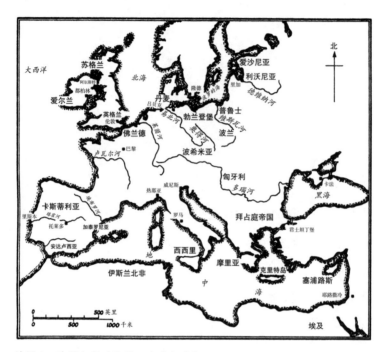

地图 1 欧洲与周边地带，中世纪盛期

导　论

　　"欧洲"既是一个区域，也是一个概念。存在于亚欧大陆最西端的诸社会与诸文化向来是高度多元化的，把它们统归为"欧洲"是否合适是一个因时而异的问题。然而，自中世纪晚期开始，西欧和中欧的不同地区之间已有足够多的共同点，以至我们可以把世界的这个部分当作一个整体来看待。与地球上的其他文明区域（如中东、印度次大陆或中国）相比，西欧和中欧在过去和今天都表现出一些独有的特征。拉丁欧洲（Latin Europe），即历史上信奉罗马天主教而非希腊东正教或不信仰基督教的欧洲地区，尤其构成了一个独特的区域。除了地理或文化上与其他地区的差别，这一区域内的某些根深蒂固的共同特征同样非常关键。

　　一些特征是贯穿了整个中世纪的基础特征：欧洲是一个由农民共同体组成的世界，主要的生产方式是草地农业和耕地农业，辅以狩猎和采集，技术与生产水平远低于今天。在欧洲各处，统治者是少数贵族精英，靠剥削农民的劳动为生。他们中的一部分是世俗基督徒，接受过战争训练，以家族为荣，致力于族系的延续；另一部分是归属于教会的教士或修士，他们宣称自己具有读写能力，并且过着独身生活。世俗领主维持着由忠诚、结盟与各种臣服和支配模式编织而成的网络，这构成了当时的政治世界；

教士和修士则置身于由不同制度与层级结构组成的教会网络中，位于罗马的教廷是这个网络的松散的中心。这个社会的文化遗产是罗马、基督教与日耳曼元素的混合物。罗马遗产包括作为学术语言的拉丁文和由部分残留下来的罗马道路与罗马城市构成的"身体骨架"；基督教遗产的主体是以经书和圣礼为中心的宗教信仰；日耳曼遗产则体现在军事贵族的姓名、典礼与风尚之中。

相比于中世纪晚期，中世纪早期的拉丁欧洲的内部差异更大，地理范围更小。历史上没有任何地方在某个时代是完全静止或发展停滞的，但与公元 1000 年之后相比，欧洲在中世纪早期的社会流动性无疑更小，跨地区交流无疑更少。新的千禧年的来临并不标志着欧洲社会的基本框架发生了突然或彻底的重构，但从 11 世纪开始，极为剧烈的创造性活动开始在西欧内部出现。中世纪早期经常出现的外族（维京人、马扎尔人和萨拉森人）入侵在那时终止了。从 11 世纪开始，直到 14、15 世纪的衰退和危机为止的"中世纪盛期"（High Middle Ages），是一个以经济增长、领土扩张与生机勃勃的文化–社会变迁为特征的时代。

10 世纪晚期至 14 世纪早期的欧洲社会的活力体现在多个生活领域中。生产和分配的规模和速度发生了变革：人口增长了，耕种土地的面积扩大了，城市化与商业化重构了经济与社会生活。伴随着货币、银行业和商业服务的传播，制造业活动在一些地区达到了前所未有的高度。类似的创造力也见于社会组织。很多生活领域中的基础性制度和结构在这几个世纪里形成了决定性的形式。自治市镇、大学、中央代表机构与罗马天主教会的国际性修会都可以追溯到这个时代。

1300 年，欧洲是一个人口相对稠密、高产且具有文化创造力的世界。在佛兰德（Flanders），成千上万的织布机产出用于出口的织品；在意大利北部，成熟的国际性金融帝国细致地运作信贷、保险和投资业务；在法国北部，最精深的学术生活和极为高效的政治权力并行不悖地发展。这个充满活力的社会有中心，也有边缘，与内部的活力相呼应的是外围的或领土上的扩张主义。在某种意义上，这种现象显而易见而且司空见惯。在12—13世纪的欧洲各处，人们伐倒树木，辛苦地除根，挖掘水道以排干涝渍地。征募者穿行于人口过剩的欧洲地区，意在征召移民；满载心情焦虑的新侨民的马车在大陆各处行驶；忙碌的港口把满载殖民者的船只送往陌生而遥远的目的地；骑士团体化身为新领主。然而，在这个由血色的边疆、尚未开化的新城和拓荒的农场构成的世界中，扩张的边界并不是那么易于描绘。一部分原因是，"内部扩张"——西欧与中欧内部聚居点的稠密化和社会重组——与外部扩张一样重要。因此，对这些扩张运动的描述和解释就无法与对欧洲社会的性质本身的描述和解释分开。

本书从一个特别的视角考察中世纪盛期的欧洲历史，聚焦于950—1350年欧洲和地中海的征服活动、殖民化和相关文化的变迁。我将分析以征服的方式实现的建国和以沿欧洲大陆边缘地带迁徙的方式实现的在偏远国家的殖民，包括发生在凯尔特世界的英格兰殖民活动、德意志人进入东欧的活动、西班牙的再征服运动，以及十字军与殖民者在地中海东部的活动。我将追问，伴随着战争和迁徙，在语言、法律、信仰和习俗领域发生了怎样的变化。在处理这些问题时，本书将持续在两个焦点之间往复：一是因新的迁徙或军事冲突的需要而出现的真正的"边疆地带"，二是创造这种文化的核心地带之内的动力与发展。这是因为，这一文明的扩张力量尽管在边缘地区更为清晰可见，但它是从中心地区生发出来的。因此，本书的主题不仅是关于殖民征服和移民，即移动的边界（moving edge），也是关于一个具有扩张性且日益同质化的社会的建立，也就是"欧洲的创生"。

第 1 章

拉丁基督教世界的扩张

他从远方带来了石匠，在特罗伊纳（Troina）为一座教堂奠基，并很快地把它建了起来。这座教堂的天花板与地板依次就位，墙壁上涂上了沥青，以圣母玛利亚为主保，献上土地和什一税（tithe），在充分装修之后，它被提升为主教座。[1]

主教教区的扩展（950—1300 年）

在中世纪盛期，其他领域中发生的扩张姑且不论，毋庸置疑的是拉丁基督教世界——承认教宗权威、施行拉丁礼拜仪式的基督教地区——边界的拓宽。因此，衡量扩张的一个简单易行的方式便是追踪主教教区的建立。尽管不太适于呈现灵修体验的变迁，但把主教教区这种界定清晰的组织形态作为我们的衡量单位具有以下几点优势。首先，主教教区是有形的存在。每个主教教区都得要有一名任职的主教，一般情况下，他拥有一座主教座堂。主教和教区都是有名在籍的。因此，拉丁教区都可以在地图上命名、列出、计数和绘制。每个主教教区都有一系列的教士、一位圣徒、一份信徒的捐赠、一座大型教堂，因而构成了拉丁基督教世界的一个实在和具体的体现。其次，主教教区一般来说是有明确的区域范围的，而且在中世纪盛期越发如此。它不但包括大教堂中的那位主教，还包括一块被越发准确而详细界定的土地。理论中的拉丁基督教世界好似一个多细胞体，而组成它的细胞就是教区。基督教世界的每个地方都应当属于一个有名字且为人所知的主教教区，同时，不该有任何地方属于一个以上的主教教区。当然，有争议的边界和模棱两可的情况并非没有，而且在欧洲的某些区域，领土性教区的发展十分缓慢。然而，拉丁基督教世界是由教区构成的，这依旧是一个基本事实。如果一小群乡下人声称"我们不属于任何教区"，[2]那么对他们的随即回应会是斥之为"彻底错误"，并把他们归属到一个教区之下。此外，这些教区都是相对统一的单元，以中世纪的标准衡量，其统一程度可以说是相当显著。在大部分西方教会中，仪礼周期、内部组织结构与教阶等级体系及相对应的教宗的法律地位都是基本一致的。因此，在我们试图描绘西方基督教世界的扩张及其限制时，主教教区为我们提供了一个清晰、统一、可衡量的单元。

　　然而，用主教教区数目的增长来初步描述拉丁基督教世界的扩张，并不仅仅是因为教区的具体性使它便于分析。主教并不只是最易于识别的地方高级教士，也是最不可或缺的那一位。主教任命司铎，为信徒行坚振礼，也是审判者。如果没有主教，教会就不复存在。因此，作为教会的基本单元，中世纪教会的主教教区是衡量基督教世界的自然而便利的单位。

　　1200 年，大概有 800 个主教教区认可教宗的权威并施行拉丁礼拜仪式。它们在规模、地形和社会构成方面差异很大。它们的历史也有长有短。罗马帝国的基督教一直是以城市为基础的宗教，因此，最古老的主教教区反映了古代公民世界的定居模式和政治地图。主教教区的核心地带包括意大利、法兰西和莱茵兰地区，在意大利半岛分布最为密集，800 个主教教区中的近 300 个都在这里。不过在普罗旺斯和法兰西南部，教区的分布也很密集。法兰西的其他地区和莱茵兰的主教教区较少，但它们的空间分布很有规律，通常相距 60 英里（1 英里约合 1.6 千米）左右，所形成的网络全面铺展在大西洋和莱茵河之间。

这些教区一般都有连贯的历史，可以追溯到基督教诞生的最初几个世纪。尽管有些教区在 5 世纪的日耳曼人入侵或 9—10 世纪的维京人劫掠中遭遇了断裂，但在这些地区，像斯波莱托（Spoleto）和兰斯（Rheims）这样的主教教区并不少见。据可靠记载，前者的最早主教出现于 353 年；后者的主教第一次被提及是在 314 年，而一份记录所载的兰斯主教名录提供了一份连贯的主教出任者的谱系，从 500 年左右开始每个世纪都至少有 3 位。

5—7 世纪，基督教在非罗马世界或后罗马世界传播时建立的主教教区的性质则颇为不同。爱尔兰与英格兰在中世纪早期还没有明显的城市化，因此需要一种新型主教教区。这类主教教区不是以城市为基础的，事实上，可能并没有固定的主教座。这样的主教教区形态是应一族（gens）的需要或某个修道群体的需要（在爱尔兰情况如此）而出现的。早期的盎格鲁-撒克逊主教教区往往随政治形态的变化而变化，其名称也往往取自族群或地区，而非城市。因此，"西萨克森主教"先于"温切斯特（Winchester）主教"出现，"赫威赛（Hwicce）主教"先于"伍斯特（Worcester）主教"出现。主教制度以这种方式适应了与其最初出现时非常不同的社会环境。事实上，11—12 世纪不列颠群岛教会史的主题之一就是以城市为基础的领土性主教制度的重建，这种成为拉丁世界统一模式的主教教区形态取代了中世纪早期的非城市模式。

8—9 世纪，拉丁基督教世界实现了重要的拓展，例如，常规主教教区在德意志中部与南部的建立，以及在查理曼统治时期对萨克森人信仰的强制改变。为巩固这一转变，一系列主教教区得以创立，其中包括易北河以东的第一个主教教区汉堡（建立于831—834 年）。另一方面，基督教世界在这段时间也蒙受了重大损失：伊斯兰征服摧毁了信仰天主教的西哥特王国，伊比利亚半岛的主教教区因此被吞并和降伏。

900 年，以主教教区为衡量标准，拉丁基督教世界仅限于三个区域：一是曾由查理曼的继任者与继承人统治的前加洛林帝国地区，既包括罗马化程度最高的高卢与意大利，也包括建立不久的诸德意志教会；二是伊比利亚半岛的北部海岸沿线，从阿斯图里亚斯（Asturias）到比利牛斯山的幸存的西班牙基督教地区；三是不列颠群岛。它们的疆界是被迫内缩的。甚至，这个局促的世界本身也面临覆灭的危险。进攻西欧可以通过三种方式实现，分别是北面海路、南面海路与东面陆路。10 世纪，在这三个方向上，西欧都受到了外部攻击。维京人和撒拉森人的劫掠者与马扎尔人的骑兵团视富裕的西方教会为唾手可得的猎物。因此，拉丁基督教世界的边界不但是收缩的，而且还是脆弱的。中世纪盛期最令人惊奇的时代特征之一正是上述局面被彻底翻转了，这些边界开始在各个方向上向外扩张。[3]

10—11 世纪的东欧

拉丁基督教世界冲破其在 9—10 世纪遭遇的这种收缩态势的第一个出口出现在德意志皇帝奥托一世统治时期。948 年，奥托在他统治的北部与东部边界建立了——或者说，推动建立了——一连串主教教区。易北河以东的主教教区用来配合奥托新近对信仰异教的斯拉夫人领土的征服。易北河以北的主教教区用来在被视为附属国的丹麦王国传播基督教。在多年的经营之后，奥托最终在 968 年把他所钟爱的马格德堡（Magdeburg）升格为大主教教区。马格德堡被视为"易北河与萨尔河（Saale）之外、新近皈依和即将皈依上帝的所有斯拉夫民族"的大主教教区，奥托也没有为它划定明确的东部边界。[4]

与任何其他地方的情况一样，教会层级体系在东欧的建立深受地方政治决策的影响。[5]首先是基督教和教会权威在拜占庭式和西方形式之间的选择。欧洲这部分地区的归属争端，可以追溯到 8 世纪时教宗和拜占庭皇帝针对伊利里亚（Illyrium）该归于罗马教宗还是君士坦丁堡宗主教（patriarch of Constantinople）的权威之下的争议。随着二者关系的日益紧张，这种争议也变得越发尖锐。9 世纪时波希米亚（Bohemia）与摩拉维亚（Moravia）的皈依，见证了君士坦丁与梅笃丢斯（Methodius）两兄弟（他们俩来自萨洛尼卡［Thessalonica］，是斯拉夫字母的创造者）与"那伙拉丁人"（the cohorts of Latins）[6]——来自雷根斯堡（Regensburg）和萨尔茨堡（Salzburg）的巴伐利亚司铎——之间的冲突。即便是在今天，通过德意志人皈依的民族与通过希腊人皈依的民族之间的差异，仍然是斯拉夫世界中最鲜明的文化分歧。

不过，最终还是德意志为 10 世纪和 11 世纪早期西斯拉夫和马扎尔教会的创立提供了动力和模板。在波希米亚，位于布拉格的主教教区在 973 年就已经存在，直到中世纪后期都从属于德意志的美因茨（Mainz）大主教辖区。布拉格教区的最初几任主教本身就是德意志人。因此，尽管波希米亚在神圣罗马帝国中维持了高度的自主性和独特性，但与波兰和匈牙利不同，它与帝国之间始终紧密相连。相比之下，在波兰与匈牙利，尽管德意志教会的影响依旧非常巨大，但完全独立的教会层级体系在世纪之交出现了。自 968 年起，波兰就有了自己的主教教区波兹南（Poznań），但它最初（极有可能）从属于马格德堡。然而，1000 年，格涅兹诺（Gniezno）大主教教区建立，若干其他新教区被归于其下。波兹南自身很快也被归于格涅兹诺之下，一个大主教是本地人的波兰教会由此形成。在接下来的一年，即 1001 年，第一个匈牙利的主教教区在埃斯泰尔戈姆（Esztergom）——德语叫格兰（Gran）——建立。11 世纪，匈牙利国王在多瑙河沿岸建立了一系列新教区，向东深入特兰西瓦尼亚（Transylvania）。

因此，在大约 60 年的时间里，新的教会在东欧和中欧的大片土地上建立了起来。拉丁教会与希腊教会的边界被拉近了很多，波兰人、波希米亚人与马扎尔人开始向西方的德意志与罗马寻求文化与宗教发展模式。尽管 11 世纪发生了暴力的异教回潮，但这些新成立的主教教区得以幸存。异教在东欧已然处于守势。

10—11 世纪的斯堪的纳维亚

如前所述，第一批斯堪的纳维亚主教教区是在奥托一世统治时期建立的。第一批丹麦主教教区包括海泽比（Hedeby）/ 石勒苏益格（Schleswig）、里伯（Ribe）和奥尔胡斯（Århus），最早见于 948 年和 965 年的文献，从 10 世纪起有一段连续的历史。在之后的几个世纪中，丹麦主教教区的数目增加，主教教区不仅在日德兰半岛（Jutland）的大陆上，也在各个小岛上被建立起来。英格兰的影响对丹麦刚刚起步的基督教的发展起着重要的作用。例如，11 世纪 20 年代时罗斯基勒（Roskilde）的主教是个英格兰人。1060 年，一个由 9 个（后来是 8 个）主教教区组成的领土性网络得以成形。最终，1103—1104 年，整个丹麦教会被归于它自己的大主教辖区斯堪尼亚（Scania）的隆德（Lund）之下。隆德位于今天的瑞典境内，但在当时属于丹麦王国的一部分。

　　丹麦有斯堪的纳维亚最早的主教教区，教会组织体系也最先成形。在挪威、瑞典与冰岛，基督教体系的发展更为时断时续，这可能是因为这些国家中的王权发展较为缓慢：从基督教的角度来看，一个支持基督教的强大王朝无疑是实现皈依的理想工具。然而，在 11 世纪，当王室权威在斯堪的纳维亚得到强化，同时，信仰基督教的英格兰的影响打破了斯堪的纳维亚宗教领域的平衡，决定性的基督教化进程就此发生。丹麦之外最早的斯堪的纳维亚主教教区是瑞典的斯卡拉（Skara），建于 1014 年左右。不来梅的亚当（Adam of Bremen）所撰的编年史提到，在 11 世纪 60 年代接受祝圣的斯堪的纳维亚主教中，有 2 位在挪威，6 位在瑞典，9 位在丹麦。[7] 直到 12 世纪，瑞典的一些地区仍存在异教的崇拜仪式。但在那时，从冰岛到乌普萨拉（Uppsala）的斯堪的纳维亚主教教区网络已经形成很久了。这一进程在 12 世纪中期达到高潮，瑞典和挪威设立了新的大主教辖区。1164 年，乌普萨拉成为瑞典教会的大主教教区，而此地在 100 年前还是一座献给庄严的索尔、

好战的奥丁和象征生育的弗雷的大型异教庙宇的所在地，献祭的
动物（有些人说，还有献祭的人牲）被挂在圣林的树上腐烂掉。[8]

11—12 世纪的南意大利

东欧和北欧融入拉丁教会体系的历程有时也涉及暴力，但几
乎没有涉及外族入侵。西斯拉夫、马扎尔与斯堪的纳维亚的王朝
在引入基督教后，其统治不但延续，甚至还得以加强。来自德意
志和英格兰的外部影响自然存在，但这种影响主要是在文化领域，
并未涉及政治或军事统治。

地中海的情况则十分不同。在这里，与欧洲东部或北部不同，
拉丁基督徒遭遇了在读写修养和文明程度上至少与他们自己的文
化相当的文化。在波兰和斯堪的纳维亚，只有非常原始的城市元
素，像交易市场、要塞，可能也包括宗教圣地；地中海地区则有
着大量的古代城市与令人印象深刻的文化中心。拉丁基督教世界
在东部与北部得以传播，部分得益于它在文化上的优势吸引了书
写文化与城市文化均尚未发展的欧洲地区的统治者。然而，在地
中海地区，拉丁人只能通过武力扩张教会。

意大利南部和西西里岛在 11 世纪和 12 世纪早期见证了新的
或重新组织的拉丁教会层级体系的出现。这个地区的政治地理异
常复杂。拜占庭人、自治城邦、伦巴德（Lombard）君主与西西
里穆斯林之间持续存在着纠缠不清的争斗。在一个世纪的时间里，
从诺曼人最早于 1030 年在阿韦尔萨（Aversa）获得长期的领主权
开始，他们就给这个种族与文化多元的区域强加了一个新的统一
的政治结构：西西里王国。与这一政治行动相应的教会发展包括
拉丁主教（大多来自法兰西北部）入主希腊主教教区、原伊斯兰

地区中主教辖区的复兴，以及全新的主教教区的创立，如前面提到的阿韦尔萨（建立于 1053 年）和西西里岛东海岸的卡塔尼亚（Catania）。后者于 1091 年获得主教座的地位，并被授予布列塔尼（Breton）修士安斯加尔（Ansgar）。安斯加尔发现那里的教会"相当破落，因为它刚刚从不信神的民族的手中夺回"。他努力为其提供所需，并且"联合一大群修士"，在那里建起了一个纪律严明的隐修会。[9]

希腊人与穆斯林继续在西西里王国生活，并在各自的宗教实践方面享有一定程度的自主权。然而，从 12 世纪早期开始，那里的教会层级体系由一系列拉丁主教教区组成，这与意大利的其他地区、法兰西、英格兰或德意志别无二致。12 世纪下半叶，分别出任墨西拿（Messina）和帕勒莫大主教之职的两个英格兰人理查德·帕尔默（Richard Palmer）和沃尔特·奥法米尔（Walter Offamil）会发现，西西里的教会结构与仪礼生活对他们来说都不陌生。[10]

11—13 世纪的西班牙

11 世纪晚期发生在西西里岛的故事可算是小规模的再征服运动。大规模的再征服运动发生在西班牙。在 8 世纪穆斯林入侵时，伊比利亚半岛上的基督教王国曾一度被压迫到了海滨。但不久之后，它们就稳固了统治，并开始收复领土。例如，在伊斯兰入侵时消失的加泰罗尼亚（Catalonia）的比克（Vic）主教教区在 886 年重建。[11] 1000 年，加泰罗尼亚地区有一些主教教区，包括位于边境的巴塞罗那。在四五百英里之外的伊比利亚半岛西北部还有另一些主教教区，包括声名鹊起的圣地亚哥（Santiago），它们因莱昂–阿斯图里亚（Leónese-Asturian）君主国的庇护而存在。以上述主教教区为立足点，拉丁教会层级体系得以在之后的三个世纪中不断扩张，最终几乎覆盖了整个半岛。[12]

这个进程的第一步发生在 11 世纪。在卡斯蒂利亚（Castile）、纳瓦拉（Navarre）和圣地亚哥以南地区，一系列主教教区得以创建或者更新了组织形式。这一时期最引人注目的是西哥特王国时代的古老教会中心托莱多（Toledo）的光复。卡斯蒂利亚–莱昂联合王国的君主阿方索六世于 1085 年收复了托莱多。在他随后的推动下，托莱多的教座成了日后西班牙最大的大主教辖区。阿方索任命一位名叫伯纳德的修士为托莱多大主教。伯纳德来自盛名远播的法兰西修道院克吕尼（Cluny），之前曾在位于莱昂的萨阿贡（Sahagún）修道院出任院长。1086 年 12 月 18 日，阿方索颁发了一部庄严的捐赠令状，载有如下文字：

> 在上帝隐秘的判决下，这座城市在长达 376 年的时间里落入了亵渎基督之名的摩尔人之手……经过诸多战役，消灭了数不清的敌人，在上帝的恩典的帮助之下，我从他们手中夺回了人口稠密的城市与坚固的城堡。因此，在上帝的恩典的鼓舞下，我派遣了一支部队对这座我的祖先曾于其中统治着权力和财富的城市发起进攻。这座城市曾被那个不信神的种族，在他们不信神的领袖穆罕默德的领导下，从基督徒手中夺去。我认为，上帝一定会许可我，皇帝阿方索，以基督为我的引领者，把它重新收复到信仰的追随者的手中。

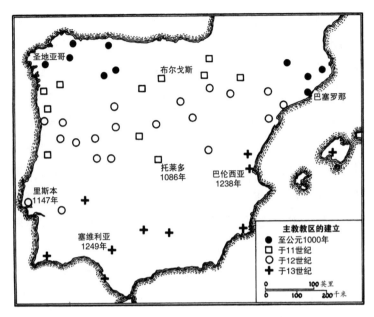

地图2 建于伊比利亚半岛的主教教区，9—13世纪

接着，在叙述了攻陷托莱多城、任命大主教和祝圣教堂——
"使曾经的魔鬼的居所永远地成为天使与所有基督徒的神圣之
地"——之后，阿方索国王把周边农村地区的一系列村庄赠予了
这个主教教区。[13]

征服与教会组织重组的步伐从此开始加速。随着两次重大
的推进——一次在约1080—1150年，另一次在1212—1265
年——几乎所有半岛的剩余区域都落入了基督教君主们的手中，
并被组织进了拉丁主教教区的体系。1147年，在来自北方的十
字军的协助下，里斯本被攻下了。[14] 随即，"主教教区得到了恢
复"，英格兰人黑斯廷斯的吉尔伯特（Gilbert of Hastings）被任
命为首任主教。他把索尔兹伯里（Salisbury）的仪礼实践引入了

他的主教教区。基督教的推进在 12 世纪晚期出现了几个世代的停滞，但 1212 年纳瓦斯德托洛萨（Las Navas de Tolosa）战役的胜利为再征服运动带来了新的动力。在卡斯蒂利亚国王费迪南德三世（1217—1252 年在位）与阿拉贡（Aragon）的"征服者"海梅（1213—1276 年在位）的统治时期，除了附属国格拉纳达（Granada），整个半岛都被置于基督徒的统治之下。巴伦西亚（Valencia）于 1238 年被"征服者"海梅攻占，城中的主清真寺立刻就被改造成了主教座堂，之后一直为新主教们所用，直到 13 世纪晚期一座西式建筑落成为止。1248 年，在长达 16 个月的围城战之后，卡斯蒂利亚王国的军队攻陷了塞维利亚（Seville），同样把城内的主清真寺改作新设立的教区的主教座堂使用：

> 当尊贵的国王费迪南德大人入主此城，面对这个上帝因他的辛劳而赐予他的巨大奖赏，他满心喜悦，为了上帝和他的母亲圣玛丽的荣耀和赞美，开始重新恢复这一大主教座。一座巍峨的教堂建了起来，以荣耀圣玛丽，这座尊贵、神圣的教堂也正是以她命名……之后，他把这个大主教教区授予了雷蒙大人（Don Ramon），使他成为国王费迪南德大人赢得该城之后的首位塞维利亚大主教。[15]

到 13 世纪末，西班牙王国与葡萄牙共有 51 个主教教区。它们形成了一个非常密集的网络：就面积而言，伊比利亚主教教区只不过是早就完成了皈依、教区分布又已然十分稠密的英格兰的 1.4 倍而已。因此，作为其自然的结果，再征服运动带来了大规模的新教会机构的创立。

11—13 世纪的地中海东部

最广为人知的基督教扩张战争是地中海东部的十字军东征。第一次十字军东征发生于 1096—1099 年，由法兰西和意大利的骑士和平民组成的非凡的远征军穿过很大程度上未知且贫瘠的土地，跋涉 2 000 英里，向他们信仰的圣城进军。与在西西里岛和西班牙发生的类似征服活动相比，发生在黎凡特（Levant）的征服既不彻底也不持久。然而，当 11 世纪 90 年代的十字军接近他们的目的地时，他们同样开启了在东方世界创建拉丁教会的工作。伴随着十字军的征服，巴勒斯坦与叙利亚的主要城市成了西方主教的主教座。1099 年，在被攻克的城市中，包括塔尔苏斯（Tarsus）、马米斯特拉（Mamistra）与埃德萨（Edessa），法兰西人被任命为它们的大主教。比萨主教戴姆博尔特（Daimbert）——他也是教宗使节——成了耶路撒冷宗主教。一个由宗主教区、大主教区与主教教区组成的完整网络逐渐覆盖了新兴的十字军政权。之前希腊教会的领土性组织被自然而然地作为重建的起点，但随着新主教座的创立与旧主教座的迁移，它很快就面目全非。移民构成了新教职人员的主体。例如，最早的四位安条克（Antioch）拉丁宗主教都有着典型的高卢姓名：瓦朗斯的伯纳德（Bernard of Valence）、栋夫龙的拉尔夫（Ralph of Domfront）、利摩日的艾默里（Aimery of Limoges）和昂古莱姆的彼得（Peter of Angoulême）。

到 12 世纪 30 年代，安条克与耶路撒冷拉丁宗主教区所辖的土地前所未有地广阔。从西里西亚（Cilicia）到黑海的地带大约有 30 个主教座由拉丁教会人员任职。在那之后，黎凡特大陆上的拉丁教会丧失了大片领地，后续的光复尝试也只得到了部分而短暂的实现。13世纪末，十字军被彻底赶出大陆，只剩下一系列的挂名主教，他们成了对拉丁基督教世界最波澜壮阔的扩张的残存记忆。

13世纪，拉丁基督徒在地中海东部也有所收获，只不过不是从穆斯林那里，而是从希腊人那里。1191年，英格兰国王理查一世在前往巴勒斯坦的途中，从希腊统治者手中夺取了塞浦路斯。塞浦路斯最终落在了来自普瓦图（Poitou）的贵族吕西尼昂家族（the Lusignans）的手中。有证据显示，在几十年中，塞浦路斯存在一个拉丁教会的层级体系，包括尼科西亚（Nicosia）大主教区与其下属的法马古斯塔（Famagusta）、利马索尔（Limasol）、帕福斯（Paphos）主教教区。拉丁教会的另一项主要扩张发生在1204年十字军攻陷君士坦丁堡之后。一个拉丁帝国在那里成立了，一个拉丁宗主教教区与拉丁主教教区也随之创设。[16] 它们的历史往往难以说清，其中一些似乎仅仅停留于纸面上的构想，另外一些曾短暂或间断性地存在过，极其仰赖于庇护它们的政治权力。其余的"拉丁"主教教区似乎就是原先的希腊主教教区，任职者明智地选择服从教宗。然而，对于这些新得之地，罗马教会有着明确的打算。例如，雅典教会在君士坦丁堡陷落后不久就落入了拉丁基督徒手中。1206年，它的拉丁主教贝拉尔（Berard）请求并获准"以巴黎教会的规矩"（secundum consuetudinem Parisiensis ecclesiae）重组他的新希腊大主教教区。[17] 这再清楚不过地展现了高卢–罗马模式的统领地位。在拉丁帝国时期，君士坦丁堡主教座堂完全由威尼斯教士支配。事实上，1205年，君士坦丁堡的拉丁宗主教就被迫立誓"只有生来就是威尼斯人或已经为威尼斯教会服务过至少10年的人，才可以被接收为圣索菲亚教堂的律修会修士"。尽管教宗判定该誓言无效,但在1204—1261 年,君士坦丁堡主教座堂的律修会成员的出身基本都符合这条誓言的诉求。在出身可考的 40 名律修会修士中,32 名是威尼斯人,其余的是意大利人和法兰西人。这明显就是个殖民教会。

在法兰克人(Franks)统治的希腊、威尼斯人统治的爱琴海岛屿和地中海东部,主教职位由法兰西人、加泰罗尼亚人和意大利人交替担任,这种情况一直持续到中世纪晚期。与别处相比,拉丁基督徒在地中海东部的扩张很不稳定,但它留下了一系列服从罗马教宗的主教教区,从阿尔巴尼亚边境到威尼斯人统治的克里特岛和吕西尼昂家族统治的塞浦路斯都有散布。在很多方面,1300 年的地中海东部拉丁教会的层级体系,看上去像是经历大风暴之后遗留在遥远海滨偏僻角落的船只残骸。然而,值得注意的是,就在两个世纪前,意大利以东的地方还没有任何一个拉丁主教教区存在。

12—13 世纪的波罗的海地区

当伊斯兰世界在地中海受到进攻并退缩时,基督教的传教士和征服者进入了位于易北河以东和波罗的海沿岸的欧洲本地异教的最后堡垒。在那里,尚未皈依的西斯拉夫民族——所谓的"文德人"(Wends)——和他们语言学意义上的远亲波罗的人(Balts,包括普鲁士人、立陶宛人和拉脱维亚人),连同芬兰-乌戈尔语族的利沃尼亚人(Finno-Ugric Livonians)、爱沙尼亚人和芬兰人,构成了从萨克森边境到北极圈的无书写文字的异教地带。事实上,这是欧洲异教最持久的堡垒,立陶宛王朝直到 1386 年才接受基督教（作为获得波兰王位的交换条件）。在欧洲的这部分区域，12—14 世纪的主题是基督教化、叛教与圣战。

在西斯拉夫民族中，生活在奥得河（Oder）河口的波美拉尼亚人（Pomeranians）最先于 12 世纪获得了基督教主教教区。伴随着波兰国王波莱斯劳三世（Boleslaw Ⅲ of Poland）对他们的征服，波美拉尼亚人成了由德意志的班贝格主教奥托（Otto of Bamberg）领导的传教活动的目标。12 世纪 20 年代，奥托两次向波美拉尼亚人传教。尽管经历了地方神祇和异教祭司支持者的暴力反抗，但他最终成功地摧毁了异教庙宇和偶像，建起了木制教堂，并给数千名波美拉尼亚人施洗。新生的波美拉尼亚教会被置于他的个人管辖下，但在奥托于 1140 年去世后，他的一个门徒被任命为当地的首位主教，主教座所在地先是在沃林（Wolin/Wollin），后来迁至卡缅（Kamień/Cammin）。若干年后，那里的基督教给波美拉尼亚人带来了好处。在 1147 年的文德十字军东征（Wendish Crusade）中，一支十字军军队出现在了他们的主城什切青（Szczecin/Stettin）之前。波美拉尼亚人在他们的新主教的陪伴下，在城墙上悬挂起一座十字架。十字军被这个他们最崇敬的标志折服，随即掉转大军离开。

12 世纪，在文德人的领地上出现的其他主教教区包括勃兰登堡（Brandenburg）、哈弗尔贝格（Havelberg）、拉策堡（Ratzeburg）、什未林（Schwerin）和吕贝克（Lübeck）。它们都建在奥托王朝及其继承者萨里安王朝当年建立的主教座旧址之上或附近。这些旧主教座消失于斯拉夫的异教复辟浪潮中。例如，勃兰登堡是奥托一世于 948 年所建主教座之一，用来在他征服易北河东岸之后传教。但是，在 983 年的斯拉夫人大起义中，勃兰

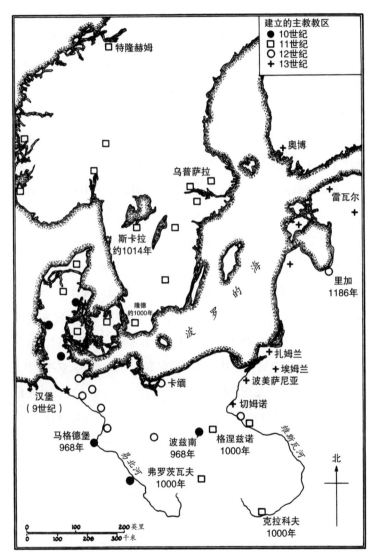

特隆赫姆

奥博

乌普萨拉

雷瓦尔

斯卡拉
约1014年

里加
1186年

波
罗
的
海

隆德
约1000年

扎姆兰

埃姆兰

波美萨尼亚

卡缅

切姆诺

汉堡
（9世纪）

马格德堡
968年

波兹南
968年

格涅兹诺
1000年

维斯瓦河

弗罗茨瓦夫
1000年

易北河

北

克拉科夫
1000年

0   100   200 英里
0   100   200   300 千米

地图 3   易北河以北和以东的主教教区，948—约 1300 年登堡主教被迫逃离，留下的教士均沦为奴隶，教堂财宝与首位主教的墓地遭到洗劫。在之后的一个半世纪中，勃兰登堡的统治权在斯拉夫人与德意志人之间摇摆。尽管一直有挂名的任职者，却始终没有可以有效地重建主教座的安定环境。直到在勃兰登堡侯爵"大熊"阿尔伯特（Albert the Bear，1170 年去世）和萨克森公爵"狮子"亨利（Henry the Lion，1195 年去世）的严苛领导下，德意志人的统治最终在易北河与奥得河之间得以确立，这片地区才被决定性地纳入拉丁主教教区的范围。

西斯拉夫的异教信仰在官方意义上的终结是在 1168 年。这一年，丹麦国王瓦尔德马一世（Valdemar Ⅰ）的军队摧毁了吕根岛（Rügen）上的阿科纳角（Arkona）的著名异教庙宇。从那之后，异教庙宇消失了，异教祭司也销声匿迹了。我们对传统信仰崇拜被破坏之后文德人的内心生活所知甚少或者说一无所知，但是，就算我们不能断定文德人就此完全皈依了基督教，可从 12 世纪末起，那里不再有基督教之外的公共信仰存在了。自此以后，一个新兴建立的主教教区网络从易北河延伸到了波美拉尼亚东部。[18]

其他波罗的海民族的皈依则耗时更长、难度更大，其过程也更为血腥。文德民族感受到了来自周围的德意志、波兰和丹麦这些基督教王国施加的与日俱增的政治和文化压力，他们的军事和商业精英也早已对基督教不再陌生。与之相比，普鲁士人、爱沙尼亚人和立陶宛人无论是从现实角度还是意识形态的意义上都难以攻克。他们人数众多、好战，对自己的宗教极为虔诚；同时，他们居住的地方地形十分易守难攻。基督教降服普鲁士人花了一个世纪的时间，而立陶宛人则始终未被征服。

基督教在波罗的海最早的渗透方式是以传教活动进行的。一位名叫迈因哈德（Meinhard）的奥古斯丁律修会修士跟随从吕贝克通过海路前往德维纳（Dvina）的德意志商人来到了利沃尼亚，并建立了一个传教教会。他在 1186 年前后被正式祝圣成为主教。最早在普鲁士传教的是熙笃会修士（Cistercians）。1215 年前后，一位来自波兰莱克诺（Lekno）修道院的传教士成了普鲁士主教。在上述两个地区，后来的发展惊人地相似。在这两个地方，在没有武力支持的情况下，维持有效的传教教区均是不可能的；以教宗英诺森三世时代的思想环境而论，武力就是指十字军。在利沃尼亚和普鲁士，人们发现，临时的十字军还不够，于是辅之以军事修会的创立，如利沃尼亚的宝剑骑士团（Swordbrothers）[19]和普鲁士的多布林骑士团（Knights of Dobrzyń）。最终，在这两个区域，更古老也更富有的德意志军事修会的发展潜力超出了这些新地方创制。1240 年，利沃尼亚和普鲁士的十字军被牢牢地控制在条顿骑士团的手中。

　　与十字军意识形态和制度的引入同时发生的是主教层级体系的发育。教宗使节承担了这项工作。在普鲁士主教克里斯蒂安（Christian of Prussia）被异教徒囚禁期间，一项把他的主教教区分成四份的计划被批准了。1243 年，教宗使节萨比纳的威廉（William of Sabina）颁布了一部文件，确认了分割事宜，并创立了四个主教教区，分别是切姆诺（Chelmno）、波美萨尼亚（Pomesania）、埃姆兰（Ermland）和扎姆兰（Samland）主教教区（参见插图 1）。与此同时，随着对利沃尼亚和周边区域的缓慢征服，新的主教教区也在那里建立起来。1251 年，传教士迈因哈德在德维纳的旧主教座被迁移至里加（Riga），并被提升为大主教教区，利沃尼亚和普鲁士的所有其他主教教区都隶属于它。教会组织的细节、受赠地产的积累和真正的主教座堂律修会的发展显然还需时日，但在两三代人的时间里，一个几乎涵盖了波罗的海东岸整个地区的教省被添加到了罗马教会中。这就是所谓的"拉丁基督教世界的扩张"。

解释问题

拉丁基督教世界是由用拉丁文和被罗马教廷认可的仪式（一般是罗马仪式）进行宗教礼拜的教会组成的。事实上，西方教会最令人惊异的特征之一就是，它坚持一种礼拜语言和一种崇拜形式的支配地位。但也存在一些不完全如此的案例。在特殊情况下，罗马教廷会允许其他的语言和仪式存在，但这种例外数量不多，而且随着时代的发展不断减少。统一性与罗马模式的重要意义很好地体现在加洛林人如何在其统治区域的所有教会中推行相同的礼拜形式并使用罗马的抄本作为仪礼模板上。根据历史学家诺特克（Notker）的记载，"查理曼……为不同教省，甚至不同地区和城市中所用的圣礼——咏唱的方式——都不一样而感到难过"，他为此派人去向教宗求助。[20] 咏唱方式的"统一"（unitas）和"和谐"（consonantia）是其目标，而像查理曼这样迫切的改革者选择向罗马看齐。当然，绝对的统一只是一种理念，但是这种理念正在不断被推进。11世纪晚期，西班牙的穆萨拉布（Mozarabic）仪式被罗马仪式取代，斯拉夫圣礼最终在波希米亚遭到了压制。[21]"拉丁基督教世界"中的"拉丁"终于变得名副其实了。

事实上，西方教会的信众越发乐于使用"拉丁"这个概念来界定自身。十字军与希腊和俄罗斯教会之间更近距离的——但并不必然是更亲热的——关系使"拉丁"一词更具实际意义。它开始带有一种准种族的暗示，譬如在"拉丁民族"（gens latina）这样的词汇中。它甚至创造了含义类似于"基督教世界"的抽象名词。例如，1125 年，当日耳曼君主们在争论新神圣罗马帝国皇帝的人选时，一位编年史家以他们的口吻表示，"整个拉丁世界"（tota latinitas）[22] 都在关注着他们的决定。"拉丁"这个范畴因此在西欧人的自我描述中占有一席之地，它显然有助于为这些民族起源和使用语言都不同的人提供一种概念性的凝聚力。然而，一个圣礼共同体的身份并不足以为大型的军事和移民扩张提供原动力。"拉丁"是接受拉丁仪式并服从罗马教廷的基督教信众的自称，但并不能就此认为，拉丁圣礼本身具有扩张性的力量。事实上，我们讨论的扩张的一个方面就是罗马教廷和其他利益集团把这种圣礼强加给传统差异很大的基督教区域。如果圣礼的传播被视为扩张运动的一个结果的话，那前者很难同时是后者的原因。

真正重要的可能并不是拉丁仪式的任何内在特征，而是这样一个事实：它基本等同于罗马教会的官方圣礼，因此也最终是服从罗马教廷权威的教会的官方圣礼。当我们用这种服从来定义拉丁基督教世界，我们就会看到一个有着活跃的行政首脑的组织。相比圣礼形式，用制度的驱动力来理解拉丁基督教世界的发展更合乎情理。我们会在第 10 章中具体讨论罗马教廷在中世纪盛期的扩张运动中所扮演的角色，特别聚焦于教宗与贵族势力的结盟、罗马教廷对新兴激进修会的利用，以及由教宗指挥的征服战争的最佳例证：十字军东征。尽管这些都非常重要，然而需要明确的是，即使是在十字军东征的案例中，指挥和乐器演奏也是两回事：

罗马教廷的指示对十字军起到了鼓动的效果，但拿下穆斯林或异教堡垒的并不是这些指示。就十字军这个"战争状态中的拉丁基督教世界"的最鲜明例证而论，物质和世俗教徒的元素也绝不该被忽略。更进一步地，在认识到 11 世纪以降罗马教廷扮演的指导性角色之后，我们必须继续追问，为什么教宗的指示恰恰在这个时候开始变得如此切实而有效。仅凭这一机构的存在并不足以解释教宗君主制（papal monarchy）的兴起。我们最好把教宗制看成一种积极进取的制度，只不过，它极好地利用了所在世界发生的变迁来发挥自身的影响。11—13 世纪的伟大教宗们的确切实地追求"拓展教会的边界"，但这种诉求是在一个物质领域的蓬勃发展已在酝酿中的世界出现的。

"拉丁人"也指"法兰克人"。9 世纪上半叶，基督教西方世界基本与法兰克帝国的边界重叠。除了不列颠群岛和阿斯图里亚斯王国，查理曼和他的儿子几乎是全部拉丁基督徒的共主。意识形态化的武士国王们建立了从巴塞罗那到汉堡、从兰斯到罗马的统治，塑造了这个混合了罗马、基督教和日耳曼遗产的世界。这个世界为之后的若干世纪留下了深深的烙印。加洛林人统治的区域可以称为"法兰克欧洲"（Frankish Europe），是西方世界的核心地带。在中世纪盛期，这个区域——在某种意义上，英格兰也可以被算进去——依旧保持着一个自然的中心地位。因为整个欧洲的进步与发展的进程不是均衡一致的，因此某些地区理所应当可以被归为中心地带。我们无法根据可靠的统计数据来界定这个中心地带，因为这个时代并没有这种统计可资利用，但所有的间接证据表明，大致从英格兰的东南部延伸至意大利中部的区域比欧洲其他地区有着更高的人口密度和经济水平。这其中，法兰西北部与意大利北部是特别有创造力的地区。例如，这一时代出现的绝大多数新修会都源自这两个地区，随后才向外拓展。法兰西北部是哥特式建筑、经院主义和亚瑟王传奇的诞生之地，为 13 世纪的文明贡献了很多特别的元素。或许可以说，相对于它们周边的"边缘地带"而言，这些地区构成了"核心地带"或者说"都市圈"（metropolitan region）。

当法兰克欧洲的武士、商人、教士和农民对外征服和殖民时，他们也带去了他们的仪礼。这种"联合扩张主义"（associated expansionism）的另一个可类比的例子是 1500—2000 年英语的传播。没有人会说，英语的广泛扩散是因为这种语言的内在特征；相反，我们更应该去考察碰巧说英语的群体的航海技术、人口特征和地理位置等因素。与此相类似，在 11 世纪时，一些法兰克或拉丁基督教徒发展出的特定技术或社会组织形态使他们具有了扩张的优势。因此，拉丁主教教区的扩张是这种由技术或社会因素助推的扩张的结果。另一方面，中世纪盛期的扩张节奏和方向也的确需要一种宗教解释——除此之外，很难解释西欧的军队为什么会前往犹地亚（Judaea）的丘陵区。

对于把西方社会的领土扩张简单地等同于拉丁主教教区的增加这种观点，凯尔特世界的经验提供了另一个重要的质疑。爱尔兰的例子特别有启发性。得益于帕特里克在 5 世纪的传教，该地区是最早一批皈依基督教的非罗马社会。之后，爱尔兰本身成了传教活动的中心。离乡的爱尔兰修士向西欧的几乎所有日耳曼民族传播了福音。在多个世纪中，爱尔兰丰富的修道传统蓬勃发展。爱尔兰是拉丁基督教世界的一部分，这看来似乎毫无问题。然而，尽管基督教在爱尔兰历史悠久，但 12—13 世纪爱尔兰的历史进程看上去与同时期被纳入拉丁基督教世界的欧洲北部与东部地区非常相似。封建骑士精英的侵入、农业人口的迁入、特许城镇的形成，以及档案文书与货币的更广泛传播——所有爱尔兰历史的这些方面都可与其他地区所经历的中世纪盛期的扩张浪潮相比拟。发生在芒斯特（Munster）的殖民定居与勃兰登堡的情况很像。尽管爱尔兰很早就已经是拉丁基督教世界的一个有机组成部分，但它也经历了与东欧或西班牙相同的征服、殖民、文化及制度变迁的历史进程，其他凯尔特地区的情况也或多或少与此相同。[23] 尽管属于拉丁文化，但它们是拉丁扩张的受害者而非执行人。因此，我们应该去寻找包含了凯尔特地区的扩张进程的别样特征，而不是满足于"拉丁基督教世界的扩张"这一标签而把这个区域排除在考察之外。

爱尔兰的特殊性所揭示的另一个问题是，12 世纪时，外人是如何看待爱尔兰的。尽管爱尔兰人很早就接受了基督教信仰，也与法兰克欧洲认同同样的信经（creed），但在文化和社会组织方面，他们却表现出显著的不同。在爱尔兰，领土性的和以什一税为经济基础的教会及大一统王权的缺席，极为特别的亲属系统，非封建、商业化程度很低的经济形态，都让拉丁教士和法兰克贵族感到极为怪异。当圣伯纳德（St Bernard）在 12 世纪早期描述爱尔兰人时，他提到他们的"野蛮"和他们"畜生般的行为方式"，批评他们的婚姻习俗和对正确教会实践（如缴纳什一税）的拒绝服从，并以谴责他们是"名义上的基督徒，事实上的异教徒"作为结论。[24] 爱尔兰本地的教士和外国人一样直言不讳，他们在这一时期的努力目标之一，就是把爱尔兰教会改造得更像法兰克世界的教会。12 世纪，界定清晰的领土性教区层级体系被引入凯尔特地区。在此之前，那里当然有主教，但教区边界或权力链条均不清晰，也并不统一。尽管凯尔特地区的教会改造与早先时候发生在西班牙或英格兰的不断加强的领土化和大主教教区的出现颇为类似，但前者的情况更为极端。12 世纪爱尔兰改革运动的本地领袖试图把他们的国家整合进更大的世界中，这个世界中的教会和社会形态被他们视作标准：

> 野蛮的法律被废止，罗马的律法被引入；教会的习俗在各处被接受，与其不符的习俗则遭到抛弃……所有的一切都得到了如此多的改善，以至今天我们把主通过先知对我们言说的话用在那个民族身上："曾经非我民的，如今你是我的民。"[25]

因此，在本土的改革者看来，在接受"罗马的律法"之前，爱尔兰人就不是上帝的选民。更为激烈的排斥性言论来自外部的批评者，如批评爱尔兰生活方式的英格兰高级教士与从 12 世纪 70 年代和 80 年代开始就移民爱尔兰并在那里建立统治权的武士和教士。这些观察者和入侵者言有未尽。尽管盎格鲁-诺曼人（Anglo-Norman）在 12 世纪对爱尔兰的入侵——用同时代史料的话说——是由对"土地或便士、马匹、盔甲或战马、金银……土壤和草皮"[26] 的欲望驱使的，但通过把爱尔兰人描绘为——用圣伯纳德的话说——"名义上的基督徒，事实上的异教徒"，[27] 入侵者得以宣称因"某种宗教理由"[28] 进入爱尔兰。尽管承认同样的信经并履行同样的仪礼，但因为爱尔兰人的社会形态与西欧大陆的模式不同，他们就成了"事实上的异教徒"。12 世纪，他们的经济与社会结构在英格兰人、法兰西人和意大利人看来十分怪异，而这就意味着，尽管爱尔兰人是基督徒，他们还是可以被当作非基督徒来看待和对待。在《罗兰之歌》中，基督徒骑士把伊斯兰骑兵武士认定为同类，哀叹他们信错了宗教——"如果他是基督徒，他会是个多好的骑士啊！"[29]与此相应，在爱尔兰，即使同属一种信仰，法兰克武士也会把那里的文化视为异类。回溯更早的爱尔兰传教史，我们会发现，用来为盎格鲁–诺曼人入侵爱尔兰正名的话语颇为一针见血：他们入侵的目的是"扩张教会的边界"。不共享西欧的社会模式就意味着不是教会的一部分。

在 12 世纪的西欧，形成并发表意见的人所使用的排斥与他者的意象，不但包括基督教 / 非基督教的二分法，还有文明 / 野蛮的二分法，这两组对立往往是相辅相成的。威尔士人（Welsh）是"粗鲁而未被驯服的"，因此，他们"名义上宣称信奉基督，但在他们的生活和习俗中拒绝他"。[30]"名义上宣称信奉基督，但在行为上拒绝他"的罗塞尼亚人（Ruthenians），被与其他"原始的斯拉夫人"和"野蛮未开化"的"野生民族"联系在一起。[31]这些都表明，仅仅追随拉丁圣礼并臣服于罗马教廷，对完全进入"教会"（ecclesia）——或者说，完全进入社会——的资格来说还不足够。当欧洲的法兰克人侵入在他们周边、与他们很不一样的社会时，他们既看到了非基督徒（在欧洲东部与地中海沿岸），也看到了基督教的地方性变种（在凯尔特诸国中尤为显著）。如果后者中的那些基督教社会不具有他们所熟悉的那些社会或法律特征的话，这些西欧入侵者的反应便是把这两种他者等同起来。中世纪盛期的扩张不但意味着拉丁基督教世界的壮大，而且意味着一种特定形态的社会的领土扩展。这种社会用罗马和基督教来界定自身，但同时把凯尔特地区视为异类。11 世纪，"拉丁基督教世界"不但能被用来指称一种仪礼或臣服关系，而且也能用来指一种社会。

第 2 章

贵族的离散

一名出色的骑士经常可以通过勇猛之名和奋斗获得大量的财富与产业。他们中的很多人被加冕为国王，其余的也获得了很多财富与巨大的统治权势。[1]

在 10—13 世纪的扩张活动中，一个非常引人注目的现象是，西欧的贵族离开他们的家乡，前往新的地区，在那里定居，如果他们获得成功，就能增加他们的财富。这些移民的故乡大致都位于前加洛林帝国的境内。诺曼人的后裔在英格兰、威尔士、苏格兰、爱尔兰、意大利南部和西西里岛、西班牙及叙利亚成为领主。洛林地区的骑士前往巴勒斯坦，勃艮第骑士前往卡斯蒂利亚，萨克森骑士前往波兰、普鲁士和利沃尼亚。佛莱芒、庇卡底（Picards）、普瓦图（Poitevins）、普罗旺斯与伦巴德的骑士也向陆地或海洋进发，如果他们最终幸存下来，就能够在陌生的异域斩获新的权力。一位诺曼的冒险家成了塔拉戈纳（Tarragona）的领主。一个来自普瓦图的家族赢得了塞浦路斯的王位。

贵族离散（aristocratic diaspora）的时期正是十字军东征的大时代。在很多情况下，移民由十字架开道。然而，这并非故事的全部。在某些地方，尤其是不列颠群岛和东欧的基督教王国，外来贵族的侨居并不受十字军庇护。在其他地区，例如西班牙或信仰异教的文德人的住地，先有地方军事领袖攫取土地的活动，然后才有十字军制度与修辞的引入。在意大利南部，诺曼人的确打着罗马教廷的旗帜、受教宗的祝福驶向西西里岛并驱逐穆斯林。但他们是靠和所有人——无论是拉丁人、希腊人还是穆斯林——作战，才得以在意大利南部建立基业，连教宗本人也是他们的斗争对象。如何理解第一次十字军东征中体现出的热烈的宗教情感和西欧的世俗贵族已然明确表现出的占有性扩张主义之间的关系，是一个史学难题。

很多家族参与了不止一种十字军或非十字军的扩张事业。香槟的茹安维尔家族（Joinvilles of Champagne）是一个很著名的例子。这个族名很有名气，这是因为 1233—1317 年的家族领导茹安维尔的约翰是圣路易（法兰西国王路易九世）的朋友和传记作者。这个家族根植于香槟地区，在 11 世纪第一次出现于史料之中。他们以位于马恩河畔的茹安维尔的城堡为基地，属于典型的法兰克贵族，他们不断地卷入当时的小规模战事，时而掠夺地方教会，时而向它们捐赠，为香槟地区的势族——如布里耶纳（Brienne）——提供服务并与他们联姻，慢慢地提升着财富和声望。他们的故事代表了当时其他很多家族。

在茹安维尔家族中，杰弗里三世（Geoffrey Ⅲ）是我们可以相对完整地了解其生平的最早领主。1127 年，作为香槟伯爵的手下，他第一次被提及；在度过了漫长的一生后，他于 1188 年去世。他是香槟总管（seneschal），也是新修道团体的赞助人和现今所知的茹安维尔家族的第一位十字军参军者：他陪伴香槟伯爵参加了 1147 年的第二次十字军东征。参加十字军东征很快就成了这个家族的一项传统。杰弗里三世的儿子，茹安维尔的杰弗里四世（Geoffrey IV de Joinville）参与了第三次十字军东征时发生在阿卡（Acre）的围城战，并于 1190 年死在了那里，去世时身边环绕着来自香槟的他的骑士。他的长子兼继承人杰弗里五世也深受十字军精神的激励，在他的父亲去世时，他也身在圣城。他以香槟总管的身份在 12 世纪 90 年代留在法兰西，是当时复杂的封建高层政治中的一个重要角色。之后，他与他的弟弟罗伯特于 1199年在香槟地区的艾克里（Ecry）举办的著名十字军马上比武大会（tournament）上用画十字的方式签下了自己的名字。两兄弟都没能从这次东征中返回。杰弗里是在威尼斯会师的十字军的领袖之一，但他拒绝转而进攻君士坦丁堡，而是和小部分队伍向圣城进发。他于 1203 年或 1204 年在叙利亚的骑士城堡（Krak des Chevaliers）去世。他的弟弟罗伯特被这场最具分裂性的十字军运

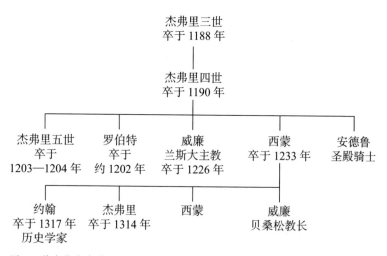

图 1　茹安维尔家族

动卷向了另一个方向。他与他的同族兼老乡布里耶纳伯爵沃尔特
（Walter）一道前往意大利南部。沃尔特希望在前往东方之前，维
护他在那里赢得的土地的所有权和统治权。结果，沃尔特留在了
意大利征战并死在了阿普利亚（Apulia）。罗伯特似乎也和他的命
运相同，他在1203年时已经去世了。杰弗里与罗伯特的另一个兄
弟加入了圣殿骑士团。十字军运动吞噬了茹安维尔家族很多男性
成员的生命。

1204年继承茹安维尔家族领主权的是圣路易传记作者的父
亲西蒙。他运用斗争和协商来确认对香槟总管职位的继承，并
完成了两次颇为有利的联姻，第一任妻子是与神圣罗马帝国毗
邻的领地的女继承人。西蒙在他的领土上建立了新的城镇，还
两次踏上十字军的征途，第一次是1209年针对法国南部的阿尔
比派（Albigensians）异端的征讨，第二次是1219—1220年与耶
路撒冷名义上的国王布里耶纳的约翰并肩参与埃及的达米埃塔
（Damietta）战役。西蒙的第二任妻子是勃艮第伯爵之女比阿特丽
斯（Beatrice），她为他生了四个儿子。长子约翰继承了领主权与
香槟总管一职，成了圣路易的密友，在1248—1254年陪伴他奔赴
埃及与圣地，并在国王于1270年去世后推动了对他的纪念活动。
他见证了圣路易在1297年的封圣，并在1309年完成了《圣路易
史》（*Histoire de Saint Louis*）的写作，之后于1317年去世。

在这一时期，茹安维尔家族的其他成员也开始崭露头角。当
茹安维尔家族的约翰在1248年因十字军远征离家时，他的弟弟
杰弗里为他举办了一场欢送会。在那时，杰弗里只拥有沃库勒尔
（Vaucouleurs）这唯一一块茹安维尔家族的地产。然而，当他的
兄弟于1254年从圣地返回时，杰弗里已经发迹了。他崛起的关键

是联姻，而婚姻的关键则是有利的家族联系。这种情况在当时并不罕见。杰弗里的联姻可以只用一句话概括，尽管这句话可能有点复杂：杰弗里同母异父的姐姐的丈夫是英格兰王后的伯父。萨伏依家族（House of Savoy）把茹安维尔家族与英格兰王室联系了起来。这个王室家族充当了像茹安维尔这样的大领主与国王之间的必要中介。英国王后埃莉诺（Eleanor）的伯父萨伏依的彼得（Peter of Savoy）是这个网络中的关键人物。他于 1240 年获得了里士满（Richmond）伯爵爵位的封地。他能够利用与国王之间的亲近关系对富有的女继承人们的婚事安排施加影响。这些女继承人中最富有的之一是米斯（Meath）领主莱西的沃尔特（Walter de Lacy）的孙女玛蒂尔达（Matilda）。萨伏依的彼得安排她嫁给了自己的一个亲戚，但未婚夫的早逝使玛蒂尔达再次回归婚姻市场。在 1249—1252 年的某个时候，她与茹安维尔的杰弗里完婚。

仅仅通过萨伏依的彼得的这一次恩庇，一位香槟地区的诸侯的小儿子就得以成为爱尔兰很大一片地区的领主。他的统治以特里姆（Trim）城堡为中心，领地分布在从香农河（Shannon）到爱尔兰海的广阔区域中。从 1252 年开始，到 1308 年远离尘世、加入多明我修会，茹安维尔的杰弗里——他更广为人知的名字是热纳维尔的杰弗里（Geoffrey de Genneville）——在爱尔兰极有权势，在英格兰很有地位（他于 1314 年去世）。和他的祖先一样，他也参加了十字军。1270 年，陪伴着他的宗主爱德华（后来的英格兰国王爱德华一世），他踏上了前往圣地的征途，并在突尼斯稍加停留，他的兄长的宗主圣路易就是在那里去世的。

茹安维尔的西蒙还有两个更小的儿子尚在人世，他们都过得颇为丰裕。其中之一也叫西蒙。他从他母亲的嫁妆里获得了土地，随后又通过与一位萨伏依家族的女继承人联姻增加了自己的土地。与他的兄弟杰弗里相似，尽管主要在法国生活，西蒙也为英格兰国王服务。他最小的弟弟威廉走上了幼子的传统人生道路，即进入教会。他的教士生涯不及一位与他同名的叔叔那般波澜壮阔，后者跃升成为兰斯大主教。但威廉也从勃艮第和爱尔兰的教会封地积累了颇为可观的财富。[2]

茹安维尔家族完美地代表了那种充满冒险精神和获利欲望又十分虔诚的贵族。他们是中世纪盛期扩张运动的原动力。尽管他们会埋骨于叙利亚、阿普利亚和爱尔兰，但这些人深深扎根在香槟富裕的乡村，农耕收益是他们的地方权势和在远方的冒险事业的基础。如果把视野从 11 世纪移向 12 世纪和 13 世纪，我们会看到他们巩固自己的地位、资助宗教团体和建立城镇，同时，他们也越发接近当时的大君主——茹安维尔的约翰在十字军东征期间为圣路易服务就是一个典型的例证。但另一方面，他们还是不改掠夺者的本性。1248 年，茹安维尔的约翰在攻下的达米埃塔城与人激烈地争论法兰克人"该如何瓜分他们攻下的这座城市中的战利品"。[3] 几十年后，在 2 500 英里之外，他的弟弟杰弗里与米斯本地的要人会面，就"如何分割边境上的掠获之物"达成协议。协议明确规定：被杰弗里手下的人抓到的马匹和动物应在他与他的手下之间平均分配，除非那些马匹事实上是从被杰弗里的手下用长矛刺倒的爱尔兰敌人那里夺来的。杰弗里有权处置囚犯。[4] 约翰和杰弗里都是一群期待靠战利品过活的武装人员的领导者。

茹安维尔家族的故事清楚地显示了两个最具凝聚力的西欧君主日益增长的力量。圣路易和亨利三世这样的强大国王能够把香槟等地区的野心勃勃的贵族吸引来，同时，这些君主在争夺人才方面也互相竞争。与 11 世纪罗伯特·圭斯卡德（Robert Guiscard）在意大利南部或 12 世纪绰号"强弩"（Strongbow）的理查·德·克莱尔（Richard de Clare）在爱尔兰的作为不同，茹安维尔的杰弗里在爱尔兰赢得统治权，靠的并非是他自己的智勇。他获得权力的道路主要是通过英格兰国王和婚床。然而，茹安维尔兄弟活跃的舞台并不是由这些君主权力建构的，而是由国际化的法兰克贵族的早先扩张搭建的。茹安维尔的约翰和杰弗里是他们各自的君主的模范臣仆，也从君主那里深获恩宠，但他们也属于崇尚暴力和自我导向传统的武士阶级。用圣路易传记的作者西蒙为他的祖先所撰的墓志铭的话说，这个武士阶层"在大海两边都实现了伟业"。[5]

另一个参与远方扩张事业的家族是格朗梅尼勒的罗伯特（Robert of Grandmesnil，1050 年去世）的后人。罗伯特是一位诺曼底（Normandy）的卡尔瓦多斯（Calvados）地区的地主和武士。奥德里科·维塔利斯（Orderic Vitalis）记载了他的家族的历史。维塔利斯是圣爱波夫（St Évroul）修道院的一名修士，这座修道院是格朗梅尼勒家族及其亲戚创建的。[6]罗伯特的几位后人或是自愿向南迁徙至意大利南方，或是认为这样做颇为有利。从 11 世纪 30 年代开始，诺曼人就在那里开拓统治。他们在那里很受欢迎，得以与征服意大利的诺曼人领袖唐克雷德·德·欧特维尔（Tancred de Hauteville）兄弟联姻。格朗梅尼勒的罗伯特有一个儿子也叫罗伯特。他曾任圣爱波夫修道院院长，直到"征服者"威廉剥夺了他的职位，并威胁说，如果他有所抱怨，就用他的修士斗篷在最近的一棵树上吊死他。[7]这位罗伯特在卡拉布里亚（Calabria）的圣欧菲米娅（St Eufemia）为自己新建了一座修

道院。罗伯特的外甥威廉成了修道院的继承者。格朗梅尼勒的罗
伯特的其他儿孙在意大利获得了世俗统治权。其中之一也叫威廉，
他与圭斯卡德之女成婚，并获得了大量的地产。然而，这个家族
似乎并不乐意臣服于强大的更高领主。格朗梅尼勒的威廉在 11 世
纪 90 年代起兵造反，最终不得不逃往君士坦丁堡避难，为拜占庭
皇帝服务。他的儿子罗伯特在重获恩宠后，又与西西里国王罗杰
二世（Roger Ⅱ of Sicily）就自己的军事义务的问题发生了争执，
在 1130 年遭到流放。这个家族的很多成员都参与了第一次十字军
东征，尽管他们的作为并非完全光明磊落：其中两人成了所谓的
"走索者"（funambuli），[8] 于 1098 年在安条克当了逃兵。

　　格朗梅尼勒的罗伯特的另一位孙子选择了一条完全不同的
人生道路。罗伯特——后来被称作里兹兰的罗伯特（Robert of
Rhuddlan）——加入了英格兰国王"忏悔者"爱德华（Edward
the Confessor）身边的诺曼冒险家团队。他被爱德华封为骑士，
后来返回诺曼底。诺曼征服之后，罗伯特追随一位名叫阿夫朗
什的休（Hugh of Avranches）的族人，再次跨过海峡。在休成
为切斯特（Chester）伯爵之后，罗伯特成了他的大尉官（chief
lieutenant）和里兹兰城堡主。里兹兰城堡是盎格鲁-威尔士北部
边境上针对威尔士人的前沿阵地：

　　　　这位好战的边防长官总是与那个不安分的民族开战，在
　　频繁的战役中大量屠杀。他在激烈的战事中击退了威尔士
　　人，扩张了自己的领土，在海边的戴根威山（Deganwy）上
　　建起了一座坚固的堡垒。在 15 年的时间里，他无情地打击威
　　尔士人，入侵他们的土地。这些威尔士人此前享有自由，与

诺曼人毫无瓜葛。他穿过树林、沼泽，翻过峻岭，追逐并袭击敌人。一些威尔士人被他像对待野兽一样任意屠杀，另一些人被用锁链长期束缚，被迫付出艰苦的劳力……

在俗世中控制了每个人的心灵的骄傲与贪婪，驱使边防长官罗伯特毫无节制地劫掠与杀戮。[9]

边防长官罗伯特（Rodbertus marchisus）最终被突袭的威尔士人所杀。他们把他的头插在一艘战船的桅杆之上庆祝。但是，在暴死之前，罗伯特在威尔士很北的地区建起了多座城堡，以封建领有的方式（in feudo）在那里占据大片土地，并在里兹兰建立了一个小市镇，赐予其诺曼城市布勒特伊（Breteuil）的城市权利与法规。[10]

因此，11世纪晚期，格朗梅尼勒的罗伯特的孙辈作为领主、尉官与武士出现在威尔士、意大利南部、君士坦丁堡和叙利亚。他们的视野远比他们的祖父更广阔。这些远方的事业深具时代特征。例如，出自诺曼底西部苏尔德瓦勒（Sourdeval）的一个家族的后人也是如此散布各方。苏尔德瓦勒的理查（Richard de Sourdeval）追随"征服者"威廉前往英格兰，在1086年的《末日审判书》（*Domesday Book*）中被录为约克郡地主；苏尔德瓦勒的罗伯特（Robert de Sourdeval）于1081年在西西里的卡塔尼亚（Catania）领导了围城军，并在第一次十字军东征期间向安条克进军；苏尔德瓦勒的斯蒂芬（Stephen de Sourdeval）于1200年左右在布雷肯（Brecon）出任边防长官并领有土地；苏尔德瓦勒的休（Hugh de Sourdeval）在爱尔兰的纳斯（Naas）地区的菲茨杰拉德男爵领（fitzGerald barony）获得地产，并在基尔代尔伯爵领

（County Kildare）用自己的姓命名了一座城市：Swordlestown，即"苏尔德瓦勒之城"。[11]

　　来自法兰西的骑士与显贵在十字军中表现尤为出众，他们不但参与了意大利南部与不列颠群岛的新征服，还对西班牙的再征服运动贡献颇大。其中一些人选择留在那些地方：曾在圣地作战的贝阿恩的加斯顿五世（Gaston V of Béarn）后来出征阿拉贡，并赢得了温卡斯蒂略（Uncastillo）的领主权、萨拉戈萨的统治权以及这座城市的一半收入；莱昂的伯特兰（Bertrand de Laon）为阿拉贡国王阿方索一世（Alfonso I of Aragon）征战，并先后成为卡里翁（Carrión）、洛格罗尼奥（Logroño）与图德拉（Tudela）的伯爵；罗伯特·比尔代（Robert Burdet）于 1110 年前后来到西班牙，在图德拉作战并成了图德拉堡主，在 1128 年，进而成为塔拉戈纳总督，他与他的后代掌有这一职位达半世纪之久。[12] 他的妻子西比尔是萨默塞特郡直属封臣（tenant-in-chief）威廉·卡普拉之女。据称，西比尔曾在丈夫不在时身着甲胄，手持职棒，巡视塔拉戈纳城墙。一名英国西南部的阿玛宗女战士在一座加泰罗尼亚城巡逻，这在任何时候都是一种奇特的景象。[13] 但与其他时代相比，这种场景在 12 世纪显得没那么不寻常。

　　这些案例表明，法兰西骑士的足迹所到之处是何等广阔。相比之下，德意志骑士的殖民迁徙虽然规模大、持续得久，但在空间上更为集中。当然，很多德意志骑士也参与了十字军，根据十字军历史学家勒里希特（Röhricht）的统计，文献明确记载的就有超过 500 人在十字军运动的头一个世纪中从德国前往海外。德意志人有时还发挥了决定性的作用。例如，如果没有来自科隆和弗里斯兰的水手，那么 1147 年攻克里斯本和 1219 年攻克达米埃塔的战役就会变得困难得多，甚至根本无法实现。然而，几乎没有德意志人（那些来自半法半德的洛林地区边境公爵领的德意志人除外）在东方建立了贵族王朝。绝大多数的德意志人前往海外后又返回了故土，或者埋骨圣地，而非使自己的家族在圣地立足。只有条顿骑士团的成员使德意志人的身影在十字军王国长期留存。[14]条顿骑士团是 1190 年在阿卡建立的十字军宗教军事团体，他们拥有的地产沿着海岸线，从阿卡到贝鲁特。1228—1271 年，骑士团的总部在蒙特福特城堡（castle of Montfort）或称施塔肯贝格（Starkenberg）设立，此地在距离阿卡 7 英里的内陆。作为圣地的一支军事力量，条顿骑士团的实力仅次于圣殿骑士团和医院骑士团。但是，条顿骑士团的成员是作战的修士，都曾起誓独身。因此，他们没有建立新王朝。

在中世纪盛期，德意志扩张的主要区域是东欧。德意志贵族在那里的广袤之地定居。萨克森骑士出现在芬兰海湾边的爱沙尼亚、奥得河流域的西里西亚，以及整个波希米亚与匈牙利。德意志骑士在易北河以东斩获了新的家业。正如来自法兰西王国（还有洛泰尔尼亚，即神圣罗马帝国西部的法语区）的贵族到达了不列颠群岛、意大利半岛南部与地中海东部，德意志王国的骑士与显贵向东在东欧扩张。对比波美拉尼亚公爵巴尔尼姆一世（Barnim I of Pomerania）1223 年的令状与这位公爵1249 年的令状的见证人可以看出，这位"斯拉夫人的公爵"（dux Slavorum）的扈从在 1/4 个世纪的时间中如何彻底地日耳曼化。[15]如阿佩尔多恩的约翰（John of Appeldorn）、拉姆斯塔特的弗雷德里克（Frederick of Ramstedt）和申瓦尔德的康拉德（Conrad of Schönwalde）这样的德意志骑士被吸收进了波美拉尼亚王公的扈从队伍。[16] 他们改变了那里的宫廷文化，也在那里获得的新地产上扎根。沿奥得河上溯，德意志贵族的和平渗透自波莱斯劳一世（Boleslaw Ⅰ，1163—1201 年在位）统治时就已开始。波莱斯劳一世是自 10 世纪时开始统治波兰的皮亚斯特家族（Piast）的王公。他曾在图林根流放 17 年，后返回故土，带回的德意志熙笃会修士为他建起了一座家族修道院。正如一份 13 世纪的史料所言："在那些地区，任何公爵或王公如果希望留住德意志骑士或其他人为自己服务，都会赐予他们封地，做他们的领主。"[17] 通过这种方式，易北河以东地区的地主统治阶级逐渐德意志化。我们甚至可以说，法兰西贵族的殖民迁徙在当时显得更为恢宏，但德意志贵族的迁徙对欧洲历史造成了更深远的影响。

因此，在讨论欧洲贵族的扩张运动时，我们必须做出重要的地理区分。莱茵河与多瑙河连线构成了法兰西定居区域与德意志定居区域的大致分界。从诺曼底和普瓦图、从萨克森和洛泰尔尼亚，殖民者向外涌入威尔士和阿普利亚、利沃尼亚和西里西亚。那里是他们的新家。在那里，他们需要创造新的未来。

征服性领主权

这个贵族群体立足异乡的道路各不相同：有些血腥，有些和平；有些得到本地的支持，有些则遭遇抵抗；所进入的社会，有些完全陌生，有些则有点熟悉。这个模式范围的一个极端是受邀进入苏格兰、波美拉尼亚和西里西亚的贵族，另一个极端则体现为贵族扩张的后果中最具创新性的形态：中世纪盛期的征服政权。

勃兰登堡和阿尔斯特（Ulster）就是典型例证。

　　传统上一般会把这两处领主权的起源与强力创始人物联系在一起，但同样需要把它们放到边境征服与殖民的一般语境中考察。殖民冒险常常是连锁反应。它们在一种人人希望获利而一些人确实得以获利的情势中，把众多不稳定、具有侵略性的因素汇聚起来。如同科尔特斯16世纪在墨西哥的那种小规模的远征军十分常见。盎格鲁–诺曼人在阿尔斯特的领主权起源于一次意外的雇佣军行动。1176—1177年的冬天，盎格鲁–诺曼人入侵爱尔兰的初期，都柏林的要塞出现了骚动，人人都在埋怨指挥官懒怠、缺乏进取心。此时，更为活跃并心怀不满的都柏林军队成员获得了行动的契机。煽动者约翰·德·库西（John de Courcy）是一个盎格鲁–诺曼男爵家族的成员，也是里兹兰的罗伯特的一个远亲。仲冬时节，一支由21名骑士和300名步兵组成的团队在他的领导下沿爱尔兰海海岸向北进发。约翰·德·库西冒险突袭的目标是位于阿尔斯特省东部的阿尔艾德（Ulaid 或 Ulidia）。在那里，多位爱尔兰国王互相争夺霸权已有时日。约翰与他的小队在第一次战役中成功击败了当地的国王罗里·麦克·邓利维（Rory Mac Dunlevy），并拿下了唐帕特里克（Downpatrick）。他得以以此为据点经营领主权。[18]

　　从1177年最初的征服到1205年被敌对的盎格鲁–诺曼人戏剧性地剥夺权力，约翰·德·库西通过不停征战、建立城堡和安置封臣在阿尔斯特巩固领主权。[19]就无休止的战斗而言，作为阿尔艾德领主的德·库西与任何爱尔兰国王并无不同。他每年都向各位爱尔兰君主发动进攻，也与其他盎格鲁–诺曼侨民纠葛甚多。他的同盟的来源并不单一。例如，1201年，他曾与德·拉希（de Lacy）结盟，率领"阿尔艾德的外族人"和"米斯的外族人"，在一次战役中支持卡舍尔·克洛伍德尔格（Cathal Crovderg）与他的侄孙卡舍尔·卡拉奇（Cathal Carrach）争夺康诺特（Connacht）的王位。康诺特继承战争中的结盟状况极为混杂，作战的双方中都有盎格鲁-诺曼人和爱尔兰人。血统并不决定政治阵营，土著与侨民并非截然分明的两派。在某种意义上，约翰·德·库西发动战事的动机十分传统。例如，他反复劫掠蒂龙（Tyrone），却无意在那片地域建立统治，实际上也未做到这一点。1197 年的一次劫掠就具有代表性：在战役中击败科纳尔部族（Cenél Conaill）后，德·库西的人"攻击了伊尼什欧文（Inishowen），并从那里掠走了很多牲畜"。[20] 这个大规模劫掠牲畜的世界也清楚地反映在德·库西向唐圣帕特里克的主教座堂（St Patrick's, Down）赠送的一笔赠金之中：所捐赠的是他通过劫掠和狩猎捕获的所有动物的十分之一。[21]

然而，阿尔斯特的领主权并非只有骑兵突击队。在阿尔艾德，地方权力显得坚固而持久。盎格鲁-诺曼人使用一个世纪前诺曼人统治英格兰时所利用的相同的城堡来巩固在这一地区的军事控制：在各处散布用木与土建成的土垒内庭式（motte-and-bailey）城堡，以石制主楼作为最重要的中心。卡里克弗格斯的主楼（参见插图 2）面积为 50 平方英尺（1 平方英尺约合 0.0929 平方米）、高 90 英尺（1 英尺约合 0.3 米）；在整个中世纪，它一直是盎格鲁-诺曼人和英格兰人在这一地区的权力中心。德·库西拥有一套领主行政班底，包括掌财（chamberlain）、总管、治安官（constable）、一群封臣（其中很多是从英格兰西北部和苏格兰西南部招募来的）和一众文书。他在统治区域内组建了 6 座修道院并献上赠予。这些修道院或是由英格兰的修会所建，或是它们的附属修道院。他还铸造了半便士银币，一面印有他的姓名，另一面则印有他选择的主保圣徒圣帕特里克。[22] 约翰·德·库西被同时代人称为"阿尔斯特之主"（dominus de Ulvestire），甚至是"阿尔斯特国君王"（princeps regni de Ulvestir）。[23] 在中世纪的用法中，"国"这个词并不意味着其统治者是国王（rex），但它确实意味着一个广大的领土单位，其统治者享有极高的荣耀与相当的自主权。因此，在 1205 年失势时，约翰·德·库西在爱尔兰创立了一个新的领土单位，一项在他之后得以留存的领主权。

血腥又繁重的征服与定居事宜需要坚定而自私的领袖。这种人物出现在 12 世纪和 13 世纪的欧洲各处。有时，这种人没有豪门背景；但在很多情况下，他们在本国就已是显贵，已然具备了一定的资源，常常使进一步的扩张成为可能。阿尔伯特就是这样一位人物，他的绰号为"大熊"，是勃兰登堡阿斯卡尼亚侯爵家族（Ascanians）的创始人（参见插图 3 中他的一枚硬币上他的肖像）。

与阿尔斯特的领主权相比，勃兰登堡大得多，也延续得更久。[24] 它建立在旧的基础之上。在 10 世纪，易北河与萨尔河是加洛林时代撒克逊地区的边界。这两条河以东的区域被划分为若干个"边区"（marks），即由侯爵（"边境伯爵"）领导的边境地区。边区有着超乎寻常的广泛的军事与领土权力，北方边区（Nordmark）就是这样的一个边区。它在 10 世纪 60 年代成为独立的政治单元，理论上，从易北河延伸到奥得河，从劳西茨（Lausitz）到埃尔德—佩讷河沿线（Elde–Peene line）。在这个地区内，斯拉夫人被要求纳贡，必要时会被施以惩罚性的袭击。一些德意志城堡配有永久要塞。此外，那里还新建了两个主教教区：勃兰登堡与哈弗尔贝格（Havelberg）。这个政治结构的绝大部分要素在 983 年的斯拉夫人大起义中遭到摧毁，但侯爵家系得到延续，在易北河畔维持着有限的权威。勃兰登堡与哈弗尔贝格的主教职位也在继续传承，尽管那里没有主教座堂或主教教区。

这个幽灵般的制度框架在 12 世纪重获活力。12 世纪中期，德意志人的统治权威在易北河中部以东的区域得到了决定性的重建；勃兰登堡与哈弗尔贝格的主教成功恢复了他们的主教座并开始实施修建新主教座堂的计划。这个故事中的关键人物是"大熊"阿尔伯特。阿尔伯特出身于最高等的萨克森贵族。他的父亲巴伦施泰特伯爵奥托（Count Otto of Ballenstedt）在图林根北部和萨克森东部实力雄厚。在针对斯拉夫人的边境战事中，奥托是一名富有经验的战士，曾于 1115 年在克滕（Köthen）击败过一支跨过易北河入侵的大军。阿尔伯特的母亲艾莉卡（Eilica）出身更为高贵。她是萨克森公爵马格努斯·比隆（Magnus Billung）之女。因此，阿尔伯特成长于一个势力强大、对边境战事习以为常的贵族家族。他早期的政治生涯跌宕起伏。阿尔伯特与继比隆家族之后出任萨克森公爵的叙普林根堡的罗塔尔（Lothar of Süpplingenburg）结盟；得益于罗塔尔的支持，他在违背神圣罗马皇帝意志的情况下得以控制易北河中部以东的德意志边境地区劳西茨。由于母系血统的缘故，阿尔伯特自己也准备争取萨克森公爵的位置。1130 年前后，因为抢夺北方边区侯爵施塔德的亨利（Henry of Stade）的遗产，阿尔伯特失宠于当时已加冕为国王的罗塔尔，作为回应，罗塔尔从阿尔伯特手里剥夺了劳西茨（Lausitz）。通过支持罗塔尔在 1132—1133 年的意大利远征，阿尔伯特才得以重获后者的宠幸，并再次被授予边境上的一处大型封地，也就是北方边区。

1134 年，"大熊"阿尔伯特被赐予封地北方边区，这在传统上被视为创立勃兰登堡侯国的关键一步。不过，更具重要意义的是阿尔伯特于 1157 年 6 月 11 日最终拿下勃兰登堡城，这被视为"勃兰登堡边区的诞生之日"：[25]

> 因此，在天主道成肉身的第 1157 年，于 6 月 11 日，侯爵蒙上帝的怜悯，作为胜利者攻占了勃兰登堡城。在一大群扈从的簇拥下，他愉悦地进入城门，高举胜利的旗帜，把恰当的赞颂献给使他战胜敌人的上帝。[26]

与约翰·德·库西不同，"大熊"阿尔伯特在新占领地建立了他的王朝。他的阿斯卡尼亚家族连续七世出任勃兰登堡侯爵，在 1319 年家族绝嗣时，他们的侯国已经扩张到了易北河以东近 200 英里。

如果我们考察阿斯卡尼亚家族是如何把家族权力延伸到奥得河流域及更东部的，我们会发现他们使用的方法与约翰·德·库西在爱尔兰使用的方法有相似之处。这并不令人惊讶。在 12—13 世纪，存在着一些成功施行领主权所需要的普遍条件：城堡与封臣是最基本的条件。在创立封建军事框架之后，他们通过鼓励乡下和城市定居来有意识地发展该地区。"大熊"阿尔伯特的重孙约翰一世（1220—1266 年在位）与奥托三世（1220—1267 年在位）承担了这项历史任务。在具有关键意义的 13 世纪中叶，他们二人联合统治勃兰登堡：

在成长为青年后，两人如理想中的兄弟一般和谐共处，彼此尊重。这种和睦的关系使他们能够击败敌人，提携朋友，增加他们的土地和收入，提升名誉、荣耀与权力。他们从［波美拉尼亚公爵］巴尔尼姆大人那里获得了巴尔尼姆、泰尔托（Teltow）和其他很多土地，并买下了一直延伸到韦尔瑟河（Welse）的乌克马克（Uckermark）。在哈通内（Hartone，无法确知何地），他们赢得了城堡和支持者。他们建起了柏林、施特劳斯贝格（Strausberg）、法兰克福、新安格尔明德（New Angermünde）、斯托普（Stolpe）、利本瓦尔德（Liebenwalde）、施塔加德（Stargard）、新勃兰登堡和其他很多地方。他们把蛮荒之地变成耕地，并因此获得了充足的各色物资。他们还用心支持宗教事业，拥有很多私人牧师，并在领土内安置了多明我会托钵僧、方济各会托钵僧与熙笃会修士。[27]

阿斯卡尼亚家族获得成功的关键在于他们招募并奖励封臣的能力。通过让其他家族获得权力，这个家族本身也变得强大。冯·韦德尔（von Wedel）家族是追随阿斯卡尼亚家族并因此发迹的骑士家族之一。[28] 细致考察这个家族的成员可以揭示一个征服政权中贵族扩张的某些动态机制。

冯·韦德尔家族最早出现在一份 1212 年的文件中，内容涉及荷尔斯泰因（Holstein）伯爵的一名骑士向汉堡教会的赠予。伯爵批准了这份令状，他的官员与扈从在旁见证。在这些人中有"冯·韦德尔兄弟：亨利、哈索（Hasso）和雷恩伯恩（Reinbern）"。他们姓氏中的韦德尔是荷尔斯泰因的一座村庄，在汉堡西北不远处。这是一处古德意志聚居处，尽管离斯拉夫边境不远，韦德尔家族此时还不是"边境官员"（marchers）。直到数代之后的 1279 年，才有证据表明这个家族的成员向东迁徙。那时候，一位名为路德维希·冯·韦德尔的人有幸被大学问家大阿尔伯特（Albertus Magnus）施以绝罚，罪名是侵占伊赫纳河（Ihna）沿岸医院骑士团的地产（位于今天的波兰西北部）。[29] 这个地区位于他们在荷尔斯泰因的故土东部的 220 英里处。冯·韦德尔家族后来得以保留这块领地。这个荷尔斯泰因家族与东部侨民之间的关联是毫无疑问的，因为他们有着相同的不寻常的姓氏和相同的盾徽。路德维希·冯·韦德尔大概要么是这个家族中的一位追逐财富的幼子，要么是这样一位韦德尔家族成员的后代。

当然，追逐财富的道路并不是踏入一片空地。一位野心勃勃的年轻骑士会向一位他看好的君主提供服务，希望他的封君能够获得成功并愿意分享部分收益。冯·韦德尔家族可能向东迁徙，为波美拉尼亚公爵提供服务，因为 1269 年的绝罚只提到路德维希·冯·韦德尔是波美拉尼亚公爵巴尔尼姆一世的教唆者。那时候，扩张的进程淡化了德意志人与斯拉夫人之间的紧张关系。尽管是信仰异教的文德人的君主的后代，但巴尔尼姆十分热衷建立城镇，也很愿意招募德意志农民与骑士。对他而言，重要的是发展波美拉尼亚的资源作为提升自身的王朝权力的基础，而不是持守某种民族认同。韦德尔家族享有领主权的克莱姆佐（Cremzow）与乌赫腾哈根（Uchtenhagen）都在波美拉尼亚地区（参见地图4）。[30] 冯·韦德尔家族只不过是被吸引到波美拉尼亚宫廷的众多德意志扈从中的一支。

冯·韦德尔在伊赫纳河谷享有的地产处于一个居民稀疏的区

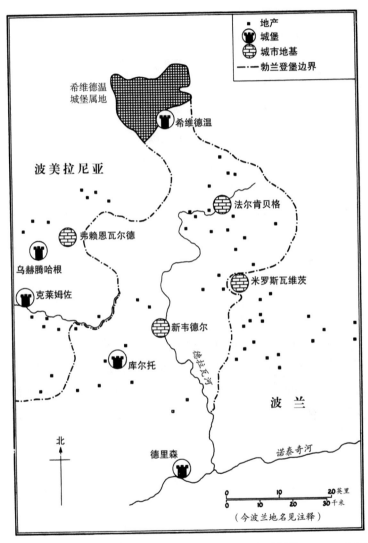

图例：
- 地产
- 城堡
- 城市地基
- 勃兰登堡边界

希维德温
城堡属地

希维德温

波美拉尼亚

法尔肯贝格

弗赖恩瓦尔德

乌赫腾哈根

米罗斯瓦维茨

克莱姆佐

新韦德尔

德拉瓦河

库尔托

波 兰

北

德里森

诺泰奇河

0   10   20英里
0 10 20 30千米

（今波兰地名见注释）

地图 4　冯·韦德尔家族在东纽马克，约 1270—1325 年（根据 Cramer，1969）

域，其最高领主权长期存在争议。波兰、波美拉尼亚和勃兰登堡都宣称对这片地区有占有权。最终胜出的是"大熊"阿尔伯特的家族。在 13 世纪后半叶，伊赫纳河上游沿岸的土地落入了勃兰登堡侯爵之手。招募扈从，甚至是从敌人那里招募扈从的能力，是确保他们巩固取得的胜利的因素之一。在 1269 年绝罚之后的短短几年内，冯·韦德尔家族——路德维希与他的兄弟亨利、西格弗里德（Siegfrid）、哈索和祖利斯（Zulis）——成了勃兰登堡侯爵的封臣。[31] 这并不意味着他们丧失了在波美拉尼亚的领土和联系。在那个时代，身为多人的封臣是件平常之事。事实上，不把家族的命运单单系于一位封君是种有利的做法。然而，尽管冯·韦德尔家族依旧从波美拉尼亚公爵和波美拉尼亚地区的卡缅教区的主教那里领有封地，但从 1272 年起，他们主要是勃兰登堡侯爵的封臣，且地位越发重要。

当这个家族在纽马克（Neumark）——阿斯卡尼亚家族的"奥得河以东的土地"（terra transoderana）——逐步积累地产时，他们面临着和王朝自身一样的问题。巩固新获土地并从中获益的唯一方式是用一种有力而系统的方式发展这些地区。最根本的任务是如何在新的土地上实现定居。在纽马克出现了一大批新村，其中很多村庄自豪地以他们的所有者和创造者命名：韦德尔、老韦德尔（Altenwedel）、新韦德尔（Neuwedel）、祖尔斯多夫（Zühlsdorf）和祖尔斯哈根（Zühlshagen）——后两个取自 13 世纪晚期的祖利斯·冯·韦德尔（Zulis von Wedel）之名。正如侯爵们把安排定居的细节工作委托给韦德尔这样的家族，后者也寻找封臣协助自身。在 1313 年，鲁道夫·冯·韦德尔（Ludolf von Wedel）把希维德温（Schivelbein）南边的一个村庄卖给了冯·埃尔贝家族（von Elbe）的两位兄弟迪特里希（Dietrich）和奥托，并附加了一个激励条款："此外，如果他们决定在尚未开荒的林地定居并加以耕种的话，我们承诺附赠他们 64 份地（mansi）及其全部权利。"[32] 64 份地代表了纽马克地区新建村落的一般规模。因此，韦德尔家族与埃尔贝兄弟之间的协议包含了在这次授予土地中的一块荒野上建设全新的村庄的设想。

赢下并占据纽马克靠的是武力，韦德尔家族对侯爵的价值不仅仅在于他们积极开掘土地的农业潜力，还在于他们提供军事支持的能力。实际上，14 世纪末，当这个家族处于权力的巅峰时，他们能够承诺提供"100 名装备精良的骑士和护卫，以及另外 100 名铠甲弩手"。在那个时代，勃兰登堡的贵族以是否拥有城堡为区分法律身份的标准。韦德尔家族属于"有城堡"（schlossgesessene）一类的上等贵族。他们有记载的最早的城堡库尔托（Kürtow）在 1300 年前落入他们之手。此后不久，他们还短暂地占有过对抗波兰人的重要边境堡垒德里森（Driesen）。他们很自然地在统治之地的中心区域修建或占有城堡（参见地图 4）。这些城堡就像是打入新占领地的钉子。

冯·韦德尔家族掌控权力的范围与程度还体现在他们创建城镇时扮演的独立角色。他们在纽马克和波美拉尼亚的毗邻地区建立的城镇有 4 座之多。这些城镇很可能都建于 14 世纪上半叶。根据一份 1314 年的文件，冯·韦德尔家族的亨利与约翰兄弟向"他们的城镇米罗斯瓦维茨（Nuwe Vredeland/ Märkisch-Friedland）"授予特权，"这座城镇的创立者和市议员"见证了这次授权。这样的城镇并不只是地位的象征物或贵族掌握资源的见证，而是使领主得以以最便利的方式获得现金。当冯·韦德尔家族在 1138 年把勃兰登堡的法律与各种财政和司法特权授予弗赖恩瓦尔德城（Freienwalde）时，他们同时安排每年从该城接收 100 英镑。这样的收益使韦德尔家族可以极为大胆地四处攫取土地和权威。1319 年威德高·冯·韦德尔（Wedego von Wedel）与人合伙，以 1.1 万马克的价格从阿斯卡尼亚家族的最后一任侯爵沃尔德马（Waldemar）那里收购了希维德温。这是一次打包购买，包括"希维德温的城堡与城镇，连同那里的人民、土地、地产、高级和低级司法管辖权、货币、木材、桥梁"，等等。[33] 这次收购使冯·韦德尔家族获得了一种"准君主的地位"。[34]

在短短几代人的时间内，来自一个荷尔斯泰因骑士家族的后代抓住了东部边境提供的机会。通过向东迁徙数百英里，依附于那一地区正在崛起的政治力量——无论他们的出身是斯拉夫人还是德意志人，这个家族赢得了地产，成为一股具有统治力、不可或缺的势力。家族成员从伯爵扈从的依附人员一跃成为扈从的领袖、城镇的创建者与大地主。

新王冠

冯·韦德尔家族有"准君主"的地位；约翰·德·库西是位国君。与此相比，还有更进一步的可能。王冠是最高的奖赏。11—13 世纪是一个新王国涌现的时代：卡斯蒂利亚、葡萄牙、波希米亚、耶路撒冷、塞浦路斯、西西里与萨洛尼卡。新的王国需要新的王朝。西欧不安分的贵族承担了这个角色。

渴望王位的家族之一是意大利西北部的蒙费拉（Montferrat）

家族。[35] 为了确保在东部获得新王冠，蒙费拉家族做出了一系列颇有气势，但最终流于失败的事业。蒙费拉侯爵老威廉（William the Old）有着古老且关系极广的血脉——他通过联姻与法兰西卡佩王朝的国王和德国霍亨施陶芬王朝的统治者紧密地联系在一起。他是第二次十字军东征中的英雄，并于 1187 年返回巴勒斯坦，却在穆斯林于哈丁（Hattin）战役的大胜中成了萨拉丁的俘虏。他有 5 个儿子，其中 4 个选择了世俗生涯。老大身材高大，有着一头金发，有酗酒的毛病。他娶了耶路撒冷王国的女继承人，却在某种神秘的情况下很快死去。[36] 他的遗腹子成了耶路撒冷国王鲍德温五世（Baldwin Ⅴ of Jerusalem，1185—1186 年在位）。老威廉的另外两个儿子在拜占庭娶妻成家并建功立业。其中之一成了君士坦丁堡复杂而凶险的政治局势的牺牲品；另一个儿子康拉德前往圣地，对抗萨拉丁的军队，保卫了提尔城（Tyre）。康拉德娶了另一位耶路撒冷国王的女继承人，并作为国王统治了两年，直到被刺客当街刺杀。刺客属于一个伊斯兰极端主义宗派，该宗派在西方的史料中被描述为一位神秘的“山中老人”的吸食大麻的追随者。穆斯林恐惧且仰慕康拉德，既认为他“在统治与守护城市的能力上如恶魔化身”，也认为他是“一个极为勇敢之人”。[37] 最后一位蒙费拉家族的兄弟博尼法斯（Boniface）被选为 1201 年第四次十字军东征的领袖。他把军队引向了君士坦丁堡而不是圣地耶路撒冷。作为攻陷拜占庭帝国分得的战利品，他获得了萨洛尼卡王国。博尼法斯在那里安置了很多他的意大利追随者。他以这种方式实现了他的宫廷诗人贝尔·维达尔（Peire Vidal）的礼貌愿望。在一首献给这位侯爵的诗中，维达尔这样写道：

如果事情如我所愿及所料，

我将能看到一顶金色王冠加诸他的头上。[38]

　　博尼法斯在 1207 年的一场保卫新得王冠的战役中死去。他的儿子和继任者德米特里厄斯（Demetrius）无法维持自己的地位，于 1224 年被逐出了希腊。

　　蒙费拉家族没能守住王冠，让王冠从指间溜走了。其他人则抓得更紧。衡量法兰克贵族在中世纪盛期的扩张的重要意义的一大标尺，是他们在为欧洲提供统治王朝时扮演的角色（参见地图 5）。正如德意志的次等君王将为后来 19 世纪的新民族主义君主国提供有用的储备那样，中世纪法兰西的大家族把后代送到远方争取王冠。他们在这方面取得的成功相当引人注目。1350 年，拉丁基督教世界有 15 位有国君头衔的君主。[39] 其中一些的血统相同，因此，这 15 位国君所代表的家族只有 10 个。如果把这些统治者沿男性直系上溯到 11 世纪（或者，如果无法上溯到那么远，就尽量向前追溯），我们将看到，在这 10 个王朝中，有 5 个来自旧法兰西王国，主要来自北部地区（法兰西岛、诺曼底、安茹与普瓦图），只有 1 个重要的家族（巴塞罗那公爵）来自南部。另有两个王朝的起源在法兰西王国以东不远：其中之一出自上洛林地区的阿尔隆（Arlon）伯爵家族，另一个出自勃艮第伯爵家族；这两个地区从文化上来说都是法兰西的，在更古老的意义上说，也肯定是法兰克的。只有 3 个王室家族不是法兰西血统的：瑞典的福尔孔（Folkunger）家族、丹麦王室和波兰的皮亚斯特家族。如果只考察 1350 年时各位君王本人而不对他们做王朝归类，结论甚至更为惊人。在 15 位君王中，有 5 位直接出自法兰西卡佩王室。在剩

下的 10 位中，有 7 位是法兰西王国的家族或与法兰西王国毗邻的
洛泰尔尼亚和勃艮第法语地区的家族的直系男性后裔。只有 3 位
统治者，即斯堪的纳维亚王国（2 位）与波兰王国（1 位）的国
王，出自古老的非法兰克王朝。在中世纪晚期，80% 的欧洲王国
和王后是法兰克人。

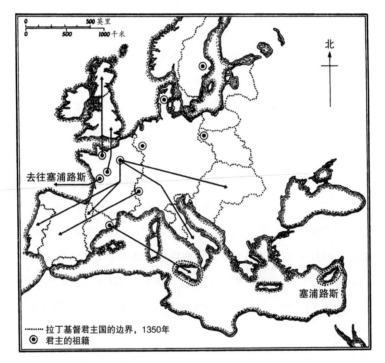

地图 5　王朝扩散，中世纪盛期

　　有人可能会反对说，以上这种分析低估了德意志王朝君主的
重要意义。作为一种策略，计算 1350 年时拥有王冠的人数排除了
很多德意志大家族：哈布斯堡和维特尔斯巴赫（Wittelsbach）在
其他时间都拥有王冠；就权力与先祖而言，韦廷（Wettin）家族

与苏格兰或塞浦路斯的统治家族旗鼓相当。然而，这种情况本身就十分具有启发性。起源于法兰西的很多统治王朝获得了新王国，即11—12世纪伴随着拉丁基督教世界的扩张而创生出的王国，如葡萄牙、那不勒斯–西西里或塞浦路斯。德意志在东欧的扩张没有产生出新的殖民王国。波兰、波希米亚与匈牙利在1000年时就已经是基督教政体，其中两个是王国。德意志人在帝国的宽松框架下进行的扩张的确产生了新的政治单位，例如勃兰登堡或后来聚合为萨克森的韦廷家族的统治地带，但没有产生新的君王。这对于理解东欧扩张的性质很有意义。在东欧更常见的情况是，德意志人的定居之地是已经基督教化的斯拉夫人或马扎尔人的领地，而非出现新德意志领主权的地区。

地图显示，绝大多数中世纪晚期欧洲的统治家族把他们的先祖上溯至法兰克。要解释这一现象，我们应该区分法兰克王朝扩散的两个时期。在那不勒斯和匈牙利的法兰西王朝是圣路易的兄弟安茹的查理（Charles of Anjou）的后代，这是13世纪末和14世纪初的高层政治谋略的结果。西西里的加泰罗尼亚政权是同一组事件的产物，不过是被动而非主动的产物。这些新王朝的关键背景是法兰西王国在13世纪卡佩王朝的君主治下实现的统治性的政治地位。然而，其余由法兰克移民建立的王朝是我们业已讨论的11—12世纪法兰克贵族离散的结果，卡佩王朝的政治权力与之无关。1350年的苏格兰国王是从1066年征服英格兰中获益的诺曼家族的后裔。诺曼征服间接创造的情势还使金雀花家族在威斯敏斯特的统治成为可能。葡萄牙和莱昂–卡斯蒂利亚的王室家族出自一对表亲兄弟，一个属于勃艮第公爵家族，另一个属于勃艮第伯爵家族。他们来到伊比利亚半岛时，那里正处于阿方索六世

（1065—1109 年在位）统治时期，当时法兰克，特别是勃艮第的
影响力非常强。阿方索娶了勃艮第人康斯坦丝做妻子。康斯坦丝
是勃艮第公爵的女儿。当其妻的亲属雷蒙德和亨利——可能是勃
艮第公爵指挥下的十字军中的成员——在卡斯蒂利亚出现时，阿
方索极为厚待他们。在 1090 年前后，雷蒙德和亨利都娶了阿方索
的女儿为妻。此后不久，根据记载，"法兰克人出身"（de genere
Francorum）的雷蒙德在加利西亚（Galicia）享有崇高权威。[40] 亨
利也在布拉加（Braga）地区获得了伯爵地位。他和他的儿子积
极参与对穆斯林的战争。在 1140 年，亨利之子接受了葡萄牙国
王的头衔。同一时期，占据莱昂–卡斯蒂利亚王位的是他的亲戚，
勃艮第的雷蒙德之子，绰号"皇帝"的阿方索。这两名法兰克贵
族在比利牛斯山以南成就斐然。而另一支法兰克家族——吕西尼
昂家族——不但在普瓦图和英格兰积累土地与权力，而且还在地
中海沿岸获得了一个王国——更准确地说，是两个王国：耶路撒
冷和塞浦路斯。他们掌控最持久、最稳固的是塞浦路斯。他们从
"狮心王"理查那里获得了塞浦路斯。[41] 理查在 1191 年去巴勒斯
坦的途中从希腊人手中征服了那里并建立了统治。直到 1267 年，
通过联姻，塞浦路斯传给了同样发源于普瓦图地区的安条克–吕
西尼昂家族，后者在中世纪的剩余时间里统治了这个王国。

　　在这第二种类别中，我们所看到的并非是法兰西王国权力的
产物，而是 11—12 世纪法兰克贵族的活力。法兰西骑士对不列颠
群岛的渗透、勃艮第贵族对再征服战争的参与，以及法兰克人在
东地中海地区的十字军冒险中的统治地位，这些因素导致了从苏
格兰到塞浦路斯的新法兰克王朝的出现。在一些案例中，我们看
到的是通过征服建立的新王国；在另一些案例中，则是法兰克贵

族王朝在旧有本土统治家族上的嫁接。王朝的扩散是衡量中世纪盛期法兰克贵族扩张主义产生的影响的一个天然标尺。

贵族扩张主义的实质

在法兰克人和威尼斯人的军队于 1204 年攻陷君士坦丁堡后，他们开始向拜占庭帝国的周边地区扩散，建立新的领主统治，同时在内部出现了纷争。在他们遇到的当地民族中，有一支是瓦拉几人（Vlachs）。瓦拉几人分布于巴尔干半岛各处，其政治势力在当时一度颇强。瓦拉几人的首领曾与法兰西骑士布拉舒的彼得（Peter of Bracheux）有过一次会晤。据记载，他们说："大人，我们对您良好的骑士精神感到非常惊异，我们也很好奇，您在这片土地上寻求什么，您为何从如此遥远的国度来到此处征服土地。难道在您自己的国度没有土地可以养活您吗？"[42]

现代史家可能会有与瓦拉几人相同的困惑，并且像他们一样，试图把无地贵族对土地的攫取理解为贵族扩张的驱力或动力。很显然，贵族离散中的这些贵族在财富、权力与地位上差距甚大。与皇帝有交情、通过联姻进入十字军王国的王室家族的蒙费拉伯爵和 1066 年追随"征服者"威廉的无地战士有着霄壤之别，对前者的行为和动机的解释，未必和后者的相同。然而，毫无疑问的是，这些贵族中的很多人在他们自己的国度没有土地，或是只有很少的土地。扩张事业的吸引力看上去的确部分地构成了无地贵族获得土地的机会。记载诺曼人在意大利南部扩张事业的历史学家描绘了一幅从招募到征服的成功周期的生动画面：

很大一群族人、同乡和周边地区的人追随他们，希望能有所得。他们则如对待兄弟一般，非常慷慨地接纳了他们，赐给他们马匹、武器、衣服和各种礼物。他们还授予一些追随者广阔的土地，把维持勇敢骑士的生计看得比世间一切财富都更为重要。正因如此，他们战无不胜。福音书中所言看来正适用于他们："你们要给人，就必有给你们的。"他们赐给别人的越多，他们得到的就越多。[43]

11 世纪 40 年代，阿韦尔萨的理查（Richard of Aversa）就是通过这种慷慨招徕骑士："他把所得之物都赠了出去，毫无保留……通过这种方式，他劫掠了周边的整片土地，他的骑士数目也与日俱增……他曾有 60 名骑士，现在则已有百人。"[44]

有学者指出，法兰克殖民者缺乏源于欧洲的姓氏，意味着"这些人的出身十分卑微，因此没有理由保留以其在欧洲地产命名的姓氏"；[45]这个观点在一名记录第一次十字军东征的编年史家那里得到了印证："在那里贫穷的人，上帝让他在这里致富……在那里无法拥有村庄的人，在这里拥有了城镇。"[46]在欧洲的每个角落都可以看到类似的表达和意向。在利沃尼亚立足的首批德意志贵族"能够毫不羞耻地赢得荣耀和财产；他们对这次征程中的收获十分满足……他们在那里的财产变得如此之多，连他们的继承人也依旧觉得十分丰足"。[47]与他们同时代在爱尔兰建立领主统治、获得封地的贵族也是受类似期待的吸引。下面的表达带有一丝招兵买马的语气：

任何渴望土地或便士、

> 马匹、武器或战马、
>
> 黄金和白银的人，我都能为他们提供
>
> 非常丰厚的报偿；
>
> 任何渴望草地或土地的人
>
> 我都能授予他们大量的封地。[48]

在这些军队中，每一名步兵的梦想都是骑上马，从满身尘土的步兵摇身一变成为疾驰飞奔的骑兵。一次成功的劫掠能够使之成为现实。《熙德之歌》中，在主角攻下巴伦西亚后，"那些步兵成了骑兵"。[49]另一位 11 世纪的劫掠大师罗伯特·圭斯卡德，在意大利南部用相同的方式犒赏他的追随者。在一次对卡拉布里亚的夜袭后，"他获得了战利品，把他的步兵升级为骑兵"。[50]这种从劫掠、分赠战利品、征召人手到再劫掠的动态循环的证据随处可见，这些证据在向骑士身份的跨越和土地授予方面出现了重大发展。

军事扈从是中世纪欧洲的基本社会机体之一。它由一群由领主率领的战士组成，誓言、兄弟情谊和自利心把这些人结合起来。它的前身是日耳曼战团，其成员接受的礼物是"迎来送往中必要的慷慨"[51]的一部分，如果幸运的话，他们还能用对领主的服务换得土地。塔西佗所描述的领主–扈从关系基于"因拥有最多、最勇敢的扈从而获得的荣耀"和"从战争和劫掠中获得的慷慨大方所需的资源"。[52]就算不追溯这么远，奖赏与服务之间的互惠关系在贝奥武夫下面的这句话中也彰显无疑："用我最闪亮的宝剑在战役中回报我的主人赠予我的财宝；他授予我土地，可继承的地产。"[53]

但是，土地是一种最不寻常、最稀缺也最值得珍视的特别奖赏。扈从与家臣骑士把地产或封地的赏赐视为目标。赐予封地一事之所以对这些人构成很大压力，是因为他们认为，土地授予是结婚和拥有家庭的必要前提条件。早在 8 世纪时，比德（Bede）就曾抱怨说："没有足够的土地能让贵族与出众的武士之子获得地产，因此，在成年后，他们尚无土地，也没有成婚，又无法忍受独身，于是远走海外，离开他们本应守护的土地。"[54] 几个世纪之后，根据一份生动的记载，法兰克国王的家臣骑士（tirones）试图说服他们的国王把诺曼人的土地作为封地赏赐给他们："国王主子啊，我们一直为您服务，除了吃喝，却没有获得足够的回报。我们恳请您，赶走并打败这些诺曼异族，把他们的封地赐予我们，并赏给我们老婆。"[55]

这些记载展现了长期存在于推行土地封赐行为背后的结构性原因。家臣骑士与扈从都会老去，他们显然更愿意设想自己年老时能在自己的地产上被妻儿簇拥，而非在领主的大厅里靠乞求赏赐度日。12—13 世纪的法律著作用越发具有技术性的语言界定封土，这毫无疑问是一种新现象。然而，用军事服务换取作为赏赐的地产的情况由来已久。这种交换本身，而非某套法律特征，构成了这个扈从世界背后的动力机制。

封地的缺乏是普遍存在的现象，这体现在撰写于 13 世纪 20 年代的德意志法典《萨克森明镜》（Sachsenspiegel）的条款中。[56] 字里行间，我们能感受到没有封地之人持续感受到的压力：对封地继承权——常常还是多重继承权——的封赐的复杂规则；不同人宣称对某一块封地享有权利的情况如何处理；以及一种一以贯之的道德意识，强调领主应当赐予封地，如果他没有满足扈从的这种需求，他们就有权另寻他主。这是一个充满焦虑和竞争氛围的世界；这一点体现为，封臣一旦最终获得封地是何等的如释重负和欣喜若狂。"各位，我获得了封地，我获得了封地！"[57]这是瓦尔特·冯·德尔·福格尔瓦德（Walther von der Vogelweide）的名言。作为一位伟大的德意志抒情诗人，瓦尔特也总在焦虑地敦促领主赏赐封地。

对封臣和新封地的争夺是 11 世纪十分显著的现象，这或许可以被视为萌生于这一时期的贵族扩张主义的成因。如约翰·勒帕图雷尔（John Le Patourel）这般谨慎的史学家也会在对"诺曼帝国"的分析中倾向于暗示："我们或许没有必要在发展中的封建社会的内在扩张需求之外去寻找导致不列颠与法国南部的征服的动因。"他还表示，盎格鲁–诺曼帝国的"形成动因之一，或许是主要动因"是"封建主义在其早期发展阶段中产生的压力"。[58]勒帕图雷尔提到的"压力"或"需求"看上去由两大主要元素构成：封臣对封地的要求及领主对战斗人员的渴求。这构成了一种系统循环。领主拥有越多的土地，就可以封赏越多的骑士；而领主拥有越多的骑士，也就越容易征服新的土地。

然而，骑兵扈从的领主们互相竞争的事实并不能解释为何整个贵族阶层必须向外扩张。日耳曼战团、封建扈从或家臣（mesnie）的世界既有赢家也有输家：缺乏继承人的老人、陷入绝境的家族，以及追随者每年都在减少的领主。领主或扈从感到的"扩张需求"完全可以通过吸收或打败另外的领主或扈从来实现。乍看上去，中世纪欧洲贵族的消亡率为新人提供了足够的空间。在 12 世纪奥斯纳布吕克（Osnabrück）的 16 个自由小贵族家族中，只有 6 个在 1300 年时依然存在；1125—1150 年艾希施塔特

（Eichstätt）的 70 个骑士家族中，有 30 个在 1220 年之前就绝迹了；1275—1400 年，位于今天比利时境内的那幕尔（Namurois）的 25 个主要家族中，有 16 个不复存在，剩下的 9 个地位也开始式微。一项针对法兰西南部的福雷兹（Forez）的低等贵族的研究揭示，这些家族在一个世纪中的消亡率超过 50%。[59] 考虑到婴儿的高死亡率、低寿命预期、贵族生活中频发的暴力，以及那些加入宗教或教士阶层的人的独身需要，以上这些数据可能并不会令人感到惊讶。这些社会因素使区别于结构性变迁的代谢性变迁成为可能，也就是说，系统的内部会出现强烈的竞争动力，但并不会促进整个系统本身的扩张，就好像盛有打着旋的液体的密闭烧杯本身并不会旋转。11—12 世纪的爱尔兰社会就是这样一个完美的例子。在其中，作战团伙间相互竞争的世界并没有提供朝向爱尔兰岛之外扩张的动力。也就是说，军事扈从系统的竞争性可以解释其内部的动态变化，但不足以解释系统本身的扩张。

本章已经讨论过的几个人物，如热纳维尔的杰弗里或约翰·德·库西，属于次子，但他们所属的家族已经拥有很多土地，这两人都并非被迫前往海外追逐财富——他们俩本都尽可以靠家族地产快乐度日。真正不得不在贫穷与冒险之间选择的可能是那些低层贵族。这类子嗣过剩、渴望土地的低层贵族的一个经典案例（可能是最经典的案例）是诺曼领主唐克雷德·德·欧特维尔的家族。唐克雷德的儿子们在意大利南部建立了多个征服政权，它们最终结合成为西西里诺曼王国。编年史家杰弗里·马拉特拉（Geoffrey Malaterra）是这个家族在诺曼的邻人，追随他们的脚步南下。杰弗里在他的著作中描述了唐克雷德，"一名出身好家族的骑士"，和他的第一任妻子生了 5 个儿子，在她死后，"他依旧风华正茂，因而无法守贞"，再婚后又生了 7 个儿子。这 12 个儿子长大后都接受了军事训练，并且大概也接受了一些世事艰难的教育：

> 他们看到，在他们的邻居变老后，邻居们的继承人开始彼此争吵，本来要交给一人的地产如果分割给多人，就没办法满足任何一人。因此，为避免类似的命运，他们一起商讨对策。经过一致同意，比诸弟都更强壮、更年长的大哥率先离家，为谋生而在各地征战，最终受上帝的指引前往了意大利的阿普利亚。[60]

唐克雷德的诸子在意大利南部获得了成功。他们慢慢在亚平宁半岛的这个部分连同西西里岛确立了统治。1130 年，唐克雷德的孙子罗杰加冕成为西西里国王。他开启的新王国一直延续到加里波第的时候。这个由马拉特拉和同为修士的奥德里科·维塔利斯讲述的故事突出强调了，用家族产业养活 12 个儿子是不可能的。根据奥德里科所述，唐克雷德告诉他的 11 个儿子，"他们应该离开家乡，用他们自己的身心力量为自己赢得所需之物"。[61] 除了向下的社会流动，人们的确很难想象，在同一块家族农场上生活的 12 个兄弟还会有什么别样的命运。

就贵族人口过剩的问题而言，欧特维尔家族的故事还能被同时代的其他表述所补充。例如，教宗乌尔班二世在发动第一次十字军东征时声称："你们居住的这块土地各处都被大海锁闭、被山脉包围，你辈在此过度拥挤……这就是你们彼此吞并和争斗的原因。"[62] 这似乎为我们理解贵族扩张的动机提供了一瞥。然而，问题依旧存在。即便在"风华正茂"之时，绝大多数诺曼骑士也不太可能生育 12 个儿子，并成功地把他们抚养至成年。事实上，据统计，在当时的条件下，已婚夫妇生育 1 个以上儿子的比例只有60%。[63] 我们如今和未来都难以知晓 11 世纪法兰西贵族的人口状况，唐克雷德·德·欧特维尔显然不可能代表当时的普遍生育率。如果欧特维尔家族在人口繁衍、军事发展和政治成就上都是当时的例外，那么把他们的案例当成普遍状况，并以此论证 11 世纪贵族移民与征服的惊人故事纯粹是人口过剩的结果，就显得不太合理。

　　当然，最大的可能依旧是，军事贵族因缺乏资产而去海外追逐财富。但是，如果情况如此，难以解释的是，为什么是诺曼的冒险家在意大利南部建立了王国，而意大利南部的骑士却没有涌入法兰西。在那个时代，法兰西王国的部分地区在政治上碎片化的程度与意大利南部相当，要是有外来征服者的话，当是唾手可得。如果我们不考虑法兰西贵族的生育率特别高，我们就必须重新审视单个贵族在家乡获得财富的机会会变得越来越有限的观点。如果要令人信服，我们必须找到后加洛林时代欧洲贵族阶层的某种独特之处，正是这种独特之处促使法兰西贵族和随后的德意志贵族以一种前所未有的方式向外扩张。

　　德国和法国学者的新近研究表明，贵族家庭的结构本身在10—11 世纪经历了一次转型。[64] 界定清晰的谱系与越发重要的长子继承原则取代了关系松散的亲族模式。在先前关系松散的亲族模式中，父系与母系的关系同等重要，并不存在持久的谱系与领土中心。而界定清晰的谱系与越发重要的长子继承原则尽可能地排除了非长子、堂表兄弟与女性，使单一的男性血统成为主流，取代了先前更宽泛、更模糊的亲族模式。如果这一历史描述可信的话，那么11—13世纪的扩张很可能就是这次转型的一个后果。军事贵族中的部分成员——当然特别是非长子——丧失了在家乡安居置产的机会，这很可能构成了他们向外移居的动因。事实上，一位杰出的历史学家在解释12世纪的苏格兰对移民骑士的吸引时，称那里是"属于非长子的土地"；[65] 一位著名的研究十字军国家的历史学家把骑士向海外的移民视为"非长子或年轻人的成就"。[66] 问题的关键并不是儿子太多（如欧特维尔的例子），而是家庭结构的收缩给他们带来的新的不利影响。

13世纪的贵族家族显然具有某些特征，使之与10世纪的贵族相比更可辨认，更强调父系血统，对亲族的范围限制更大。他们用由他们的地产和城堡逐渐演化出的姓氏来标识自己，用规矩日趋繁复的纹章标志来标识自己的家族起源。这些纹章标志显著区分家族主系和旁系，特别看重男性血脉。宽泛的亲族介入诸如血亲复仇或财产继承等重要事务的情况逐渐减少。在12世纪的英格兰，如果一名骑士去世，"根据英格兰国家的法律，长子应继承他父亲的一切"。[67] 1185年，布列塔尼公爵、众主教和男爵一致同意："男爵与骑士的封地不应该被分割，最早出生的儿子应当完整地继承领主权。"[68] 这种惯例也招来了批评。"是谁在兄弟间造成了不平等？"一名12世纪的作者如是问，"他们任凭一个儿子独得一切财富。一个儿子所得丰厚，获得了父亲的所有财产，另一个却哀叹自己从父亲丰厚的遗产中所得极少。"通过这种方式，一种严格意义上的"家氏"（house）——长期的父子单线接续与祖产继承——形成了。"紧紧围绕男性谱系构筑家庭"的情况在多处得到印证。[69]

这种家族的"收紧"是否可以在实证层面上与 11—13 世纪西欧贵族向周边区域富有戏剧性的扩张建立起联系，是更难回答的问题。全面验证这一假说有待于未来的研究。这需要多年细致的工作。即便是在多年的细致工作之后，所得结论可能依旧带有推测的性质，因为即使是在 13 世纪，勾勒贵族谱系也常常需要依赖猜测而无确证。在当下，我们并没有结论性的答案。

"贵族中新的亲族结构的出现与封建系统的建立难道不是同步演进的吗？"一位研究中世纪盛期的杰出历史学家曾如是问。11—13 世纪贵族扩张主义的关键可能既不单是作战团伙的活力，也不单是亲族结构的变化，而是两者决定性的结合。有学者认为，封建结构需要贵族拥有更确定的领土基础，因而导致了"更深地扎根地产"的军事阶层的出现。[70] 11 世纪则被描述为"以领土为基础的诺曼骑士阶层的重组"[71] 时期。也有人认为，财富资源完整的代际传承是永久性地建立封建军事制度的前提。[72] 不过，更为重要的是，11 世纪以土地为基础的骑士阶级所代表的不仅是新的人群，更是一种新的贵族类型。从这一时期的文献中可以看到骑兵是如何从农民中被创造出来的。例如，1035 年的林堡（Limburg）文件允许领主把他的未婚农民变成厨工或马夫，把已婚的佃农变成林木工或骑兵（milites）。[73] 如果贵族身份的候选人持续增加，就算贵族的消亡率达到 50% 也依旧无法满足需要。一个由出身低微又时常无地之人构成的骑士阶层的崛起与长子继承制和单系家族的影响相结合，可能使社会系统超出负荷，向海外的扩张运动就是对这一情况的自然回应。即使唐克雷德·德·欧特维尔是个罕见的案例，家族概念的收缩带来的压力，连同新骑士阶层的需要，或许足以解释一个向外流动的贵族群体的存在。

或许是那些"哀叹自己从父亲丰厚的遗产中所得极少"的非长子在 11—13 世纪通过陆路或者海路向外迁徙。虽然我们无法确定，但可能的是，11 世纪，法兰克贵族——一个规模相对较小的军事精英群体，形成严格的父系或单系家族，深深根植于地产——与他们迁徙进入的周边世界中的贵族亲属结构形成了鲜明的对比。

边缘地带的影响

不管法兰克骑士阶层的扩张冲动是否可以用封建系统内部的张力来解释，毫无疑问的是，封建形式的保有权和对应的义务在这种对外扩张中得以传播。1050 年，封地、封臣与封建效忠在爱尔兰、东波罗的海、希腊、巴勒斯坦和安达卢西亚等地区还不存在，但在之后的几个世纪里变得常见起来。就像在意大利南部，"效忠与封地是在征服之后出现的"。[74] 在中世纪盛期，成功的征服者或武士移民期待回报，而这种回报往往是被称作封地的一片地产，由封臣从领主那里领受，作为对规定服务——尤其是军事服务——的回报。无论是试图招募骑士于麾下的当地统治者，还是如约翰·德·库西和"大熊"阿尔伯特这样的征服冒险家，分配封地是创造新殖民贵族的过程的一部分。

例如，13 世纪记载法兰克人在希腊建立政权的《摩里亚编年史》(*Chronicle of Morea*)，描述了摩里亚的领地分封：沃尔特·德·罗司雅（Walter de Rosiéres）领受了 24 块封地，休·德·布吕伊埃（Hugh de Bruyères）领受了 22 块，奥索·德·图尔奈（Otho de Tournay）领受了 12 块，休·德·里尔（Hugh de Lille）领受了

8 块，等等。十字军修会与地方教会人士同样也领受封地。[75]《摩里亚编年史》的作者最后说："那些领受了一块封地的骑士还有军士（sergeants）的名字，我就不一一列举了。"然而，正是这种最基层的封地授予对有效的军事控制来说最为重要。12 世纪，在勃兰登堡，在从斯拉夫异教徒那里征服的土地上，侯爵的家臣（ministeriales，最初是非自由身份的骑士）被授予封地。[76] 位于易北河以西的旧定居点阿尔特马克（Altmark）提供了大量的骑士扈从，他们负责管理城堡和收取易北河以东土地的地租。在爱尔兰和威尔士，英格兰国王把大片土地的领主统治权赐予显贵，后者则会继续在地方基层分封。每块大土地领主权所对应的服务回报是用固定的骑士数目衡量的：伦斯特（Leinster）是 100 个，米斯是 50 个，科克（Cork）是 60 个，等等。爱尔兰的盎格鲁–诺曼殖民活动的基础就是以这种方式定居当地的军事人员：[77]"这些高贵而著名的封臣因此深深扎根于此。"[78]

　　封地是一种法律实体，是被创造的，而非在自然中发现的，因此是一种可塑的、习俗性的社会形式。然而，有鉴于它的功能是养活或奖赏一位马上武士，中世纪盛期骑士的封地必须要能够提供一定程度的地租收益。因此，封地的数量受特定生态状况的承受能力的限制。不同的生态环境下，封地的数量也会有所不同。在一定区域中，肥沃的农田比贫瘠的农田能提供更多的封地：在都柏林伯爵领，骑士的封地由 10 块田地构成；在米斯伯爵领，这个数目是 20；在荒凉的韦斯特米斯（Westmeath），这个数目是 30。[79] 在如十字军王国这样的城市和商业经济中，除了土地，货币收入也是封地的组成，在 1200 年前后，一般是每年 400 拜占庭币。[80]

　　尽管存在这些变化，我们依然可以更具体地理解封地的概念。正如弗兰克·斯坦顿爵士（Sir Frank Stenton）所言，尽管封地"在价值和规格上具有差异性，但这种差异并不是无限的"。[81] 资料来源之一是根据调查或间接证据计算出来的，要求骑士为国王或领主提供服务的封地数量。英格兰是一个面积为 5 万平方英里的王国，大约有 7 500 块需要提供上述服务的骑士封地，因此，平均每 6 或 7 平方英里就有一块封地。诺曼底的面积大概是 1.3 万平方英里，在 1172 年时可能有 2 500 块骑士封地，平均每 5 平方英里就有一块。香槟比诺曼底要小，但土地更为肥沃，有 1 900 块骑士封地。耶路撒冷王国可以提供大概 700 块封地，尽管其经济基础与法兰西北部十分不同。[82] 在一定区域内，骑士封地的数目往往大于需提供服务的单位数目，因为地方男爵倾向于向比上级领主需要的服役数目更多的骑士附庸授予封地。爱尔兰的伦斯特地区的领主需要为国王提供 100 名骑士，但伦斯特的领主在那里创造了 181 块骑士封地。[83] 根据前一数字，每 35 平方英里就有一块骑士封地，而根据后一数字，则是每 20 平方英里一块。另有一类证据不是关于需为领主提供服务的封地数量，而是关于一个特定区域在必要时能够提供的骑士数量。这一数目显然会更大。例如，在 12 世纪中叶，曾在西西里诺曼王国的阿普利亚与加普阿有过调查，[84] 目的是查明在紧急情况下他们能提供多大一支军事队伍。调查结果显示，这一地区的面积大约是 2 万平方英里；大概能提供 8 620 名骑士，平均每 2.3 平方英里 1 名。以上这些数目，尽管不易诠释，至少为我们提供了大意。就算是在意大利土地肥沃的乡村，一位被授予封地的骑士也至少需要占据数平方英里；而在垦种程度更低的地区，可能需要 10 倍于这个数目的生态基础。

新领主权的巩固可能需要仰赖封地授予政策的成功。一名古法语作者在描述塞浦路斯王国的建立时明白地表达了这一点。他写道：

> 现在我要告诉你们，居伊（Guy）国王在获得塞浦路斯岛后做了什么。他向亚美尼亚、安条克、阿卡和各地放出消息，声称他会让所有前来塞浦路斯定居的人过上好日子……他授予他们丰厚的封地……他封赐了 300 名骑士和 200 名骑兵军士……居伊国王正是靠此在塞浦路斯立足；我可以这么说：如果鲍德温皇帝在君士坦丁堡像居伊国王在塞浦路斯岛一样行事，他就绝不会失去它。[85]

在这位观察者眼中，法兰克人在拜占庭的殖民失败与在塞浦路斯殖民的持久存在之间的关键差异，就在于授予封地带来的强大的鼓动效果。

封建形态的推行并非只存在于征服政权。引入外国骑士的本地王朝同样创造出封地网络来回报他们。盎格鲁–法兰西与盎格鲁–诺曼骑士在本地王朝的邀请下向苏格兰的殖民迁徙得到了非常充分的研究。在那里，封建土地使用权的形态暗示了一种大规模的、有意识的制度引进："早期的苏格兰封建制度，远非不发达或半成品，而是看上去非常稳固成形，几乎就是西北欧封建制度的翻版。"[86] 在克莱兹代尔（Clydesdale），这种"稳固成形"的骑士封地被授予了一个佛莱芒侨民群体。这些外来者可能建立新的定居点，并以他们的名字命名，如多丹（Dodin）之于达丁斯

顿（Duddingston，位于中洛锡安［Midlothian］），修（Hugh）之
于休斯敦（Houston，位于伦弗鲁［Renfrewshire］）。然而，君
主有时候不得不从原本就不充裕的土地资源中拼凑出封地来。苏
格兰王大卫一世（1124—1153 年在位）是一位肯定不缺乏"在
大范围内实现封建化"意愿的国王。但在把阿特尔斯坦福德
（Athelstaneford）和其他土地赐予 12 世纪 30 年代一位名叫亚历
山大·德·圣马丁（Alexander de St Martin）的移民骑士时，他
特别申明，地产"只按照半个骑士封地的规格领受和继承，而我
将从我的财库中向他支付每年 10 马克的银币，直到我能够使他
享有一整个骑士封地"。[87] 苏格兰社会通过引进外国骑士而发生的
激进变革并没有逃过同时代人的注意。一名当时的观察者相信，
大卫一世的继任者具有特别的神圣性，并把他们的神圣性与他们
"驱逐恶习缠身的苏格兰人，引入骑士并赐授封地"[88] 联系起来。

与封地一起到来的是与封建制度相关的语言。位于法兰克欧
洲边缘地带的所有民族都使用外来语（一般来说都源自法语）来
描述在 11—13 世纪定居的骑兵移民的装备和习惯。匈牙利语里
的"头盔""盔甲""城堡""堡垒""马上比武会""公爵""封
地""骑兵长"都是出自德语的外来词。[89] 其中一些，如"马上比
武会"，则原本就是德语从法语借用的。德语词"骑马者"（现代
德语中的 Ritter）在中世纪爱尔兰（ritire）和波希米亚（rytiry）
被用来指"骑士"。[90] 波兰语和捷克语中的"封地"一词直接借用
了德语的 Lehen。[91] 在意大利南部，诺曼人使原本很少使用的"封
地"一词变得常用。[92] 外来者带来了新的术语，反映了社会与法
律关系的不同概念。

外来者之间是否紧密团结，取决于他们殖民迁居地的情况。

有时候，领主与封臣组成的群体被整体移植到新环境，如 1066 年什罗普郡（Shropshire）的诺曼人群落，他们彼此间尚在诺曼底公爵领家乡时就存在封建纽带。[93] 前往意大利南部的诺曼人被紧密而多重的家族纽带与封建纽带相互联系在一起。在更广泛的意义上，共同的地域籍贯也能为新定居者提供特别的凝聚力，例如，的黎波里（Tripoli）十字军王国最初主要由法兰西南部人占据，而安条克十字军王国则最初主要由诺曼人占据。耶路撒冷王国的第一代贵族定居者中，可以追踪的共有 55 位来自欧洲，其中 23 位（超过 40%）来自佛兰德和庇卡底。[94] 但是，在另一些情况中，骑士招募都是以个体为单位进行的，只有他们各自与地方王朝联系在一起，才能使贵族移民结合起来。在匈牙利，新的显贵家族主要来自德意志，但也有些来自法兰西、意大利、西班牙、俄罗斯和波希米亚，他们之间对殖民定居并不存在一致的看法或兴趣。[95]

　　面对征服和移民，本地贵族的命运有时候是灾难性的。爱尔兰东部地区的本地统治者在前几代的移民浪潮中被全面取代。在巴伦西亚，一支穆斯林贵族在 1238 年城市沦陷后仍然维持了数十年，但在该世纪中叶的起义中消失了。[96] 在那些由本地王朝控制移民进程的地区，其结果往往更均衡些。例如，在 1286 年的苏格兰，5 块伯爵领被控制在盎格鲁–诺曼移民家庭手中，但 8 块伯爵领仍被掌控在本地贵族手中。[97] 在中世纪晚期的匈牙利，如前所述，移民的后代是很重要的，但比例仍然只占显贵阶层的 30%。[98] 这更类似于嫁接而非挤占。即使是在封建制度被引入的情况下，对于本地人占有的封地，血统原则有时仍会有变通的余地：威尔士地区的威尔士封地和意大利南部的伦巴德封地都允许在一个以上的继承人中分割；[99] 相比之下，在这两个地区的诺曼封地上使用的则是长子继承的原则。

移民与本地人的联姻有时很常见。移民人口中的性别比例几乎总是失衡的，男性远多于女性，因此，联姻常常在男性移民和女性本地人之间发生。与有权势的当地家族联姻，事实上是外来者立足的一种方式，因为通过联姻他们可以立刻获得亲族、财产和庇护者。有时，雇佣军首领会娶雇主的女儿，例如，罗伯特·圭斯卡德娶了萨勒诺（Salerno）君主盖马尔五世（Gaimar V）之女茜克尔盖塔（Sichelgaita）；"强弩"理查娶了伦斯特（Leinster）君主德莫特·麦克莫罗（Dermot MacMurrough）之女艾奥法（Aoifa）。与此类似，当加普阿君主潘道夫三世（Pandulf Ⅲ）想招募诺曼军事领袖莱诺夫（Rainulf）时，"他安排自己的妹妹与莱诺夫成亲"。[100] 在最高层，联姻的障碍很小。在最早的勃兰登堡侯爵们的 16 位妻子中，有一半具有斯拉夫血统。[101]

贵族移民的长期影响在很大程度上是由人力问题决定的。在移民数量很少的地方，试图推行强占和驱逐的政策是不太可能的。莱昂–罗伯特·梅那热（Leon-Robert Ménager）对意大利南部的细致研究列出了 11—12 世纪每一位可能的移民贵族的名字，他们共有 385 人。尽管资料来源不足，但从中可以看出，在伦巴德人、希腊人和穆斯林占绝大多数的人口环境中，只有一小群诺曼人和其他来自法兰西南部的骑士。在这个案例中，如果殖民贵族在种族上构成了一个特殊的少数民族人口，这种情况也并不会持续太久。在别的地方，这一问题更为微妙。例如，在中世纪晚期的爱尔兰，殖民贵族究竟是与当地人融合，还是一直做一个封闭的精英群体，这是一个至关重要的政治问题。

外来者与当地人之间的敌对程度，很明显与入侵的情况和两个群体之间原有的文化差异有关。基督徒与非基督徒之间的隔阂常常是不可弥合的，但是穆斯林贵族在某些地区的存在表明，斩草除根并非唯一的途径。中世纪盛期的入侵贵族与当地民族及其文化的关系和对他们的态度各不相同。他们有时会形成与本地文化截然不同的征服精英，或是垄断权力但对当地文化持开放态度的精英，或是与当地贵族相融合的群体。

　　文化适应的一个小标志是使用新地而非故乡的名称作为姓氏。这一现象在低于显贵阶层的家族中尤为显著，因为他们可能与自己出生地之间的关联并不紧密。如前所述，在十字军国家中，几乎没有哪个在当地定居的家族使用西欧地望。"曾经的兰斯人或沙特尔人，现在是提尔人或安条克人，"一名新的定居者如此写道，"我们已经忘记了自己的出生地。"[102] 在西西里定居的骑士以他们的新封地作为姓氏；[103] 在法兰克人统治下的希腊，新的领主弃旧姓、用新姓，好似蛇蜕皮：

> 和骑士一道，摩里亚的方旗爵士开始建设城堡和要塞，每个人都在自己的领地为自己兴建；要塞一旦落成，他们就抛弃自己在法兰西的姓氏，采用自己领受的领地作为姓氏。[104]

　　这些只是小的标志，所带来的可能只不过是纯粹语言上的异域性，例如，太巴列的西蒙（Simone of Tiberias）、凯法利尼亚的理查（Richard of Cephalonia）。然而，姓名毕竟是认同的符号。

　　欧洲被殖民地区最终通行的语言，并非主要由贵族移民决定，而是更多取决于与之相伴的非贵族移民的数量。这一话题我们会随后讨论。这里需要指出的是，仅仅靠贵族移民就带来语言变化的例子一个也没有。尽管法语是一种时尚和文学语言，但无论是意大利南部的诺曼人，还是地中海东岸的法兰克人，都没有建立新的法语区域。在英格兰，诺曼贵族很可能在几代人的时间里都把英语作为母语。

在殖民化欧洲的边缘地带立足的贵族与家乡之间的联系，在强度和持久度上彼此差异巨大。有些情况下，至少在一段时间内，出现了跨国与跨区域贵族。在法兰西北部、英格兰和凯尔特诸国均占有地产的男爵们就是很好的例子。例如，德·莱西家族在诺曼底拥有地产；11 世纪，他们获得了位于威尔士边境的一大块男爵领；12 世纪，他们在爱尔兰获得了米斯的领主权。苏格兰国王于 12 世纪在王国内封赐的大领主几乎毫无例外地也在英格兰持有土地，在法兰西或其他地方可能也有。彰显故乡和新地之间的联系不仅仅表现在地产的持有上。在很多情况下，成功的殖民贵族会与他们故乡的宗教团体分享自己的新收入。约翰·德·莱西在他阿尔斯特的新领地上建立了 6 座修道院。这些修道院要么是在英格兰西北部和萨默塞特（Somerset）——德·莱西家族在这些地区拥有地产——的修道院的附属，要么就是由那里的修道院派出的修士建立的。[105] 即便创建者失势了，这种联系依旧会延续。类似的联系也可在威尔士看到。在被征服的过程中（1070—1150年），共有 19 座本笃修道院被建在威尔士，它们一开始都是英格兰或法兰西北方的修道院的附属。[106] 因此，征服与寻求土地的扩张运动给土地占有与修道院的地理分布都留下了长期影响。

但是，要永久维持这种联系是存在困难的。尽管大贵族或许能够自由地在不同的区域性地产带间移居，但地位较低的贵族则倾向于选择要么定居，要么做在外地主。如果是后一种情况的话，要想维持对地产的真正控制会遇到问题，土地持有者会有强烈的动机把地产变现。德·莱西家族的一些地位较低的追随者选择不在爱尔兰永久定居，他们就会这样处理在米斯拥有的土地：把它们卖给当地人。[107] 如果地产逐渐以这种方式被再分配，那么到了一定的时候，新定居地上的贵族就不再具有"殖民"色彩了。在数代之后，当与起源地之间的纽带不再存在，这些移民的后代可能就与当地人的后代一样成为本地人。或者，如果大领主保留了他们在远方的地产，但不再居住在那里，一个在外的领主阶层就会出现：这是一种现代意义上的"殖民"现象。在爱尔兰，这两种情况都出现了：在士绅阶层（gentry level）中，盎格鲁-爱尔兰地主阶级诞生了，他们与英格兰的士绅完全不同；而在显贵阶层中，大量的爱尔兰殖民土地被在外地主所有，如莫蒂默家族（Mortimers）和毕格德家族（Bigods）。[108] 他们都扎根于英格兰，极少甚至从不前往爱尔兰。

　　新旧土地之间的联系可能会中断。在苏格兰，13 世纪晚期至14 世纪初的独立战争给先前的跨境纽带带来了越来越多的困难。在西班牙，作为法兰西骑士对再征服运动的参与的结果，跨比利牛斯山的地产在 12 世纪初出现，但再未得到发展。早在 12 世纪40 年代，贝阿恩（Béarn）与比戈尔（Bigorre）家族就开始把埃布罗河谷的地产转移给圣殿骑士团。12 世纪中叶之后，法兰西势力普遍减少了在西班牙的活动和影响，这意味着，在欧洲别处出现的那种永久联系在比利牛斯山两侧未能建立。再征服运动越来越成为西班牙内部的事情，我们需要关注的是发生在新卡斯蒂利亚与旧卡斯蒂利亚之间、加泰罗尼亚与巴伦西亚之间、梅塞塔（Meseta）与安达卢西亚之间的人口迁徙，而不是把伊比利亚半岛与基督教欧洲的其他区域连接起来的人口迁徙。一个具有象征意义的时刻是，"1212年，基督教军队在拉斯纳瓦斯（Las Navas）大胜之前，一大群来自山脉［比利牛斯山］彼端的骑士"[109] 离开了西班牙。

地理问题在确定故乡和新地之间联系的持久性方面也发挥了重要作用。对可以通过陆路交通到达的毗邻地区的扩张，如勃兰登堡边区对米特尔马克（Mittelmark）的兼并，往往不会打破贵族纽带。正如我们已经谈到的，米特尔马克的骑士阶层主要是由毗邻的阿尔特马克提供的。长距离或海路交通的情况则大大不同。除了最著名的"海外政权"（Outremer），即十字军国家，中世纪盛期的扩张制造了数个较小规模的前哨社会（bridgehead societies），如爱尔兰的殖民地区和波罗的海沿岸的德意志社区。与故乡之间的商业和海运联系容易实现，但跨海的贵族地产是不多见的。绝大多数移民封臣选择把家乡的地产处理掉。梯芬瑙的迪特里希（Dietrich of Tiefenau）就是一例。1236年，条顿骑士把位于提克诺维（Tychnowy）的小凯顿（Little Queden）城堡和300块地赐予了迪特里希。迪特里希在接受赐予之前出让了自己在哈梅林（Hamelin）周边和易北河下游拥有的土地。[110] 在这个意义上，殖民贵族作为移民和侨民的特征逐渐消失了。除了那些外来人口与本地人口之间存在种族或宗教差别的地区，殖民贵族最终变得与非殖民贵族无异，尽管他们可能并未忘记自己征服与开拓的英雄岁月。

第 3 章

军事技术与政治权力

谁能否认，城堡是必需之物？[1]

中世纪贵族主要是军事贵族，而参与中世纪盛期离散的人都是训练有素的战士。他们拥有一套特别的武器装备，从小就接受特别的战斗培训。因此，法兰西贵族的扩张必然意味着军事技术——武器、城防和作战之法——的传播。这些军事技术从其起源的加洛林旧帝国的核心地区（我们还可以加上 1066 年诺曼征服之后的英格兰）传播到欧洲的其他地区。这些贵族的扩张力量和统治者急切招募他们的原因，在一定程度上可以用他们的战争技巧赋予他们的军事优势来解释。

950—1350 年，在西北欧的中心地带有三大战争特点：重装骑兵的统治地位、弓箭手（特别是十字弓手）所扮演的日益重要的角色，以及一种特别的防御工事——城堡——的发展和与之抗衡的攻城术。骑士、弓手和城堡。这幅图景与沃尔特·司各特（Walter Scott）的作品或米高梅史诗电影中所描绘的相似。在这个意义上，浪漫主义小说家和好莱坞理解的是对的。他们只是在描绘围绕这些军事技术的权力、义务和目的时犯了错。

重装骑兵

　　早在 10 世纪时，重装骑兵就已经主导了军事作战。在之后的几个世纪中，步兵的比例得到了提升，但在我们所考察的时段中，他们的战略重要性无法与马上武士相提并论。骑兵在数量上总是处于劣势，而他们的统治地位既需要从战略意义也需要从社会意义的角度来解释。但和 10 世纪时的军队一样，在 1300 年的军队中，重装骑士构成了一支军事精英。

　　在我们关注的时代的早期，骑士的军事装备被描绘在如马加比书莱顿抄本（10 世纪）[2] 和巴约挂毯（11 世纪晚期）[3] 这样的珍贵图像材料中。防御性装备包括锥形头盔、锁子铠甲（史料中称为 byrnie 或 lorica）和一个大盾牌；进攻性武器包括长矛、剑和狼牙棒或棍棒；进攻行动不可或缺的还包括重型战马，被称作 destrier。这些人之所以是重装骑兵，皆因他们全副武装，尤其是拥有昂贵的锁子铠甲。这一时期的拉丁文献把这些人称作 armati（披甲之人）或 loricati（身着铠甲之人）。因为浑身铁甲，所以他们身躯沉重。一支强大的军队需是“全铁装备”的。[4] 铠甲常常是骑士拥有的最珍贵的物件（没有之一），有时被有需要的骑士典当出去也就不足为奇了。[5] 在那个时候，很多农业工具依旧是木制的。犁这种维持人类生存最重要的工具常常也是木制的，或是只在顶端包铁，而重装骑士却把铁穿在身上。这意味着一项惊人的投资。一副全套的骑士装备大概需要 50 磅铁。[6] 奥托二世在 10 世纪 80 年代召集了一支包括约 5 000 名重装骑兵的军队。[7] 这意味着，这支重装骑兵部队本身就带着 125 吨铁。当我们考虑到，在这个时期，一个德意志地区的锻铁炉在两三天的冶炼过程中可能只生产出 10 磅铁时，这个数字就更加惊人了。[8] 经济史家贝弗里奇（Beveridge）曾写道：

> 在黑死病之前，小麦的售价随收成变动，但大约在每夸特（1 夸特约合 12.7 千克）5 先令上下浮动；用来装备犁头或其他工具而购买钢铁的价格也逐年变动，但大概是每磅 6 便士，也就是每吨 50 英镑以上。在今天［1939 年］，小麦的一般价格是每夸特 50 先令，钢铁则是每吨 10 英镑。小麦价格是那时的 10 倍，钢铁价格却只有那时的 1/5。用 1 夸特小麦买钢铁的话，现在的购买力是那时的 50 倍。小麦时代与钢铁时代之间的对比一目了然。[9]

中世纪的重装骑兵生活在小麦时代，看上去却像钢铁时代的人。

重装骑士之所以是重装骑士，不仅因为铠甲，也因为坐骑。能够承载全副武装者并且能面对严酷作战的马匹必须经过特殊的饲养和训练。重装战马是"马中贵族"。[10] 它们在当时的文献中被频繁提及，是被渴求的战利品，或是被当作值钱的礼物用来分配、交易和交换。它们比贵族平日乘坐的普通马匹更大也更壮，一般只在战斗中被使用。这自然意味着骑士也会有其他坐骑，而中世纪骑兵可以被描绘为一个由多人和多个坐骑组成的小团队的焦点。额外的战马和乘用马匹可能都是必需的。英王亨利一世与佛兰德伯爵于 1101 年达成的协议中涉及伯爵要提供骑士，而且每个战士都要配 3 匹马。[11] 这个数目大概具有一定的典型性，尽管一些 13 世纪的文件中提到，骑士有多达 5 匹马。[12] 随着时间的推移，人们也越来越倾向于用马饰和铠甲来保护战马，这也是重装骑兵之所以重装的原因之一。

在我们讨论的时代，即950—1350年，重装骑兵一直非常重要。不过，并非所有的骑兵都是骑士。事实上，这个时段的历史中最重要的问题之一就是"骑士"（cavalier、chevalier、Reiter或Ritter）一词的纯军事意义与其社会意义之间的复杂互动关系。拉丁词miles能同时涵盖这两个方面，史学家已经针对这一术语的语义学做了非常细致的考察。[13] 11世纪早期，被描述为miles的人通常就是一名重装骑兵，即loricatus，一般不暗含社会上层阶级的意思——事实上，有时候刚好相反，那时的milites与显贵或大贵族形成了鲜明的对比。例如，当征服者威廉在1066年屈尊与他的手下商讨关于登基的事宜时，有着古老血统的图阿尔子爵（viscount of Thouars）评论道："在做这种重要决定时，永远或尽量别召集骑士（milites）！"[14] 骑士是一群粗野而吵闹的人，充满活力，但很难得到尊崇。然而，在11世纪的某些地方，这个术语已经开始有了尊敬的意义，这种语义变化在随后的几个世纪里得到了加强并广泛传播。11世纪，给一个人马匹和盔甲就能让他成为一名骑士；到了13世纪，骑士则是一个封闭的世袭阶级的一员。社会排他性、宗教和罗曼文学的联合作用，重塑了这个词的意义。

然而，需要看到的是，这些巨大的变化尽管促生了贵族新的自我描述，以及某种意义上一种新的文化和新的理想，但骑士战争的技术没有受到什么影响。和在10世纪时一样，13世纪主导军事行动的是一小群身披铠甲，手持宝剑、长矛和盾牌的骑兵。除了少数小的例外，在武器、盔甲和（就我们所知的情况来看）

坐骑方面，从马加比书莱顿抄本和巴约挂毯上的人物形象，到 13 世纪末为爱德华一世和"美男子"腓力作战的骑士和马上士兵，并没有什么变化和发展（13 世纪时的描绘，参见插图 4）。[15]

弓弩手

中世纪有三种弓：短弓、长弓和十字弓。第一种短弓大概 3 英尺（1 英尺约合 30.5 厘米）长，满弓时向后拉至前胸。短弓在中世纪欧洲的传播非常广泛，多个民族都在战争中使用它，尤其是斯堪的纳维亚人。在某些情况下，短弓很有效力——它帮助诺曼人在黑斯廷斯战役中取胜，但就射程和穿透能力而言，它无法与长弓相比。长弓大约 6 英尺长，满弓时向后拉至耳朵。它起源于威尔士南部。12 世纪晚期，长弓的效力被如此描述：

> 在与威尔士的战争中，一个战士被一个威尔士人用弓箭射中。箭从右方穿过铁护腿甲的层层保护，射穿大腿，继而穿过他的皮革束腰外衣的裙摆，接着穿过了马鞍上被称作内翼（alva）的部分，最终深深地扎入了他的马匹，杀死了这个动物。[16]

英格兰国王在 13 世纪晚期至 14 世纪习用了这种武器，在百年战争中靠它打了多次胜仗。然而，在此之前，使用长弓的区域极为有限。在那时的欧洲，最重要的远程进攻武器既非短弓，也非长弓，而是十字弓。

十字弓出现于 10 世纪法兰西北部的文献记载里，但在 11 世纪晚期之后才开始被普遍使用。[17] 拜占庭公主安娜·科穆宁娜（Anna Comnena）把十字军的十字弓描述为"希腊人不知道的蛮族用弓"，其效力"如魔鬼一般强大"（daimonios）。[18] 西方教士对十字弓的关注呼应了安娜的观点。1139 年的拉特兰宗教会议规定："从今以后，我们禁止对基督徒和大公信仰者使用十字弓手和弓兵，它们是被上帝如此憎恶的致命技艺，违者将被施以绝罚。"[19] 这种保留意见没有什么实际效果。12 世纪末，大群的马上十字弓手构成了君主最有效力、最令人胆寒的战争工具。1241 年，当德意志国王康拉德四世准备面对蒙古入侵的威胁时，他简短地罗列了各位君主在紧急时刻需要采取的措施。这个单子上共列了五项措施，其中包括一项简短的命令："让他们准备十字弓手。"[20]

十字弓之所以有效，是因为尽管它们的射击速度很慢，但它们的穿透力令人恐惧。从 1361 年的哥得兰岛（Gotland）维斯比（Visby）战役的战场上挖掘出的尸体中，有些头颅的颅骨内有五六根十字弓的弩箭。[21] 也就是说，弩箭穿透了这些哥得兰岛农民士兵的头部护具和头骨本身。铠甲和头盔也起不到防御作用。骑兵的领袖面对十字弓也有很大风险。法兰西国王路易六世被一支十字弓的弩箭所伤，"狮心王"理查更是死于十字弓弩箭。1215—1217 年英格兰内战中的一些事件体现了这种武器的影响力。男爵起义中的若干领袖被躲在城堡围墙之后射击的十字弓手所杀。1215 年，当罗切斯特的男爵部队投降时，英王约翰愿意接受赎金交换被俘虏的战士，但"十字弓手除外；他下令把这些在围城战中杀死了很多骑士和战士的弩手以绞刑处死"。这种不值得钦羡的特殊待遇是这些十字弓手的军事重要性的结果。在 1217 年决定性的林肯战役中，是 250 名国王的十字弓手的"致命箭竿"决定了这场战斗的胜利，他们杀死了男爵们的马匹，"像杀猪一样屠杀了它们"。[22]

十字弓手是贱民。在教会人士留下的文献中，他们常被与雇佣兵和异端并称。但是，他们尽管卑贱，却是职业人士。尽管被厌憎和恐惧，他们的收入却很可观。1200 年前后，法兰西步兵十字弓手的收入是普通步兵的两倍。[23] 为了确保十字弓手的服务，统治者们常常会做出特别安排。土地的使用权可以被用来换取十字弓手的服务（per arbalisteriam）。[24] 一名德意志士兵在西里西亚获得了一个大型农庄，作为回报，"如他的令状中标明的，他需要用十字弓提供服务"。[25] 在 13 世纪的君主财政记录中，支付十字弓手的酬劳、购买十字弓和几万根弓箭的花费不断出现。[26] 这是950—1350 年的重大军事发展之一：一种新的武器脱颖而出，不但造成了道德震惊，还创造了一种新的职业兵种，给统治者提供了新的机会。

在同一时期还出现了意义更为重大的军事发展，即一种新类型的城堡的出现和演变。

城　堡

由于并非所有的领主都有城堡，阿布维尔的休（Hugh of Abbeville）就变得比他的同辈都要有权势。因为依仗城堡的保护，他可以肆无忌惮地为所欲为，而其他人因为无处逃遁，一旦犯事就很容易被击败。[27]

以上这段文字谈到的是蓬蒂厄（Ponthieu）伯爵家系的创立者，他在 10 世纪末从一群竞争者中脱颖而出。正如这段文字非常明确地指出的那样，休成功的决定性因素是他拥有一座城堡。这让他具有优势。10—11 世纪，这种争斗在全欧洲随处可见。竞争的胜出者是那些能够有效利用城堡的人，如施瓦本的弗雷德里克，用他的同族弗赖辛大主教奥托经常被引用的说法来说，他"把城堡拖在了马尾后面"。[28]

发生在 10—13 世纪的欧洲的"城堡化"（encastellation）是在军事和政治方面极其重要的变化，当我们在分析城堡的特别创新之处，应该尽量力求准确。这并不容易做到。在 10 世纪之前，要塞已经在欧洲存在了千年。并没有一套标准能让我们把早期中世纪的堡垒与中世纪盛期的城堡绝对清楚地区分开来。模棱两可或重叠之处总会存在。然而，如果满足于对绝大多数案例中所体现的差别加以描述，那么我们可以说，在 10—12 世纪遍布欧洲的城堡具有两个鲜明的特征：小和高。

城堡的小可以从一些遗址中明显看出，在这些遗址中，城堡建于更早更大的堡垒内。诺曼人征服后在英格兰建立的城堡就是很好的例子。在旧塞勒姆（Old Sarum），诺曼城堡位于一个早期的土方工程的中心位置，这个土方工程的规模大约是城堡的 35 倍。[29] 类似的鲜明对比也可以在别处看到。在奥弗涅，公元 1000 年之后出现的较小的城堡常常建在旧的社区堡垒的边界之内，后者的面积是前者的 20 倍之多。[30] 在德意志北部，8 世纪的大型萨克森堡垒的直径都非常大。其中一个是斯基德里奥堡（Skidrioburg），大概有 1 000 英尺乘 800 英尺。[31] 这种防御据点与后来在同一地区出现的城堡差异巨大。当新形态的城堡建筑在

980 年前后得到发展时，奥尔登堡（Oldenburg）主教在荷尔斯泰因的奈泽纳（Nezenna）建了一座城堡，其直径在 50—150 英尺之间。[32] 尺寸的对比反映了功能的差异。斯基德里奥堡是一座用于保护整个社区的公共要塞，而奈泽纳则是一座主教堡垒——换句话说就是一座领主堡垒，其目的是保护一位领主，即主教，以及追随他的人，即他的教士和部队。（其他例子见图 2。）

因为这些城堡很小，是供领主而非社区使用的，建设城堡消耗的劳力也较少，因此，在建造数目上要比早先时候更大的防御工事多得多。11—12 世纪是新城堡出现的时代，如名称为

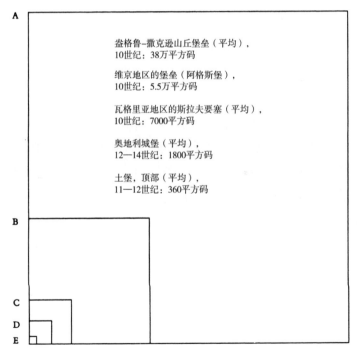

益格鲁-撒克逊山丘堡垒（平均），
10世纪：38万平方码

维京地区的堡垒（阿格斯堡），
10世纪：5.5万平方码

瓦格里亚地区的斯拉夫要塞（平均），
10世纪：7000平方码

奥地利城堡（平均），
12—14世纪：1800平方码

土堡，顶部（平均），
11—12世纪：360平方码

图 2 部分中世纪堡垒的面积（1 平方码约合 0.836 平方米）[33]

Newcastle、Châteuneuf 和 Nienburg 的城堡，散布欧洲各处。在
1100 年前后的英格兰，可能有多达 500 座城堡，均建于之前的 50
年内。[34] 这意味着，平均每 10 英里就有一座城堡。大致类似的数
据也适用于法兰西北部地区。在那些军事压力很大的地区，如英
格兰-威尔士边境或萨克森-斯拉夫边境，堡垒的密度甚至更大。
这是名副其实的社会军事化。

高度是城堡最突出的物理特征，这在一定程度上是城堡面积
狭小的结果。城堡并不是用面积巨大的地面堡垒来抵御进攻者。
它们也不是供整个社区避难的场所，因此并没有大量的人力资源
储备。城堡的设计用意本就是由很少一些人就可以防御，而实现
这一点的方法就是把它建得小而高。这种高度使城堡既难以接近，
又可以操控周边地带。在城堡内，戍守的军队难以接近，并且能
瞰制视野中的一切："城堡是位女王，居高临下，是她所能俯瞰的
一切的女主人。"[35]

增加高度的一种简单方法是把城堡建在山丘或山坡上。有一
大类的城堡，特别是中南欧以霍恩堡（Hohenburg）为名的堡垒，
都是以此种选址为特征的。即便没有山丘，仍然有可能建城堡。
11—12 世纪的西欧逐渐出现了很多土堡，即用人工堆起的土墩构
成城堡的中心。在这一时期，不列颠群岛、法兰西和德意志北部
出现了数百个这样的土堡，底部平均直径约 100 英尺，顶部仅 30
英尺高。[36] 土堡顶端的小空间用来建高塔。这是增加高度的另一
种方式。一旦在自然或人造的山丘上获得高地，建立高塔就是最
后的环节，这使防御者不能被接近，同时为他们提供了可以观察
敌情或射箭的平台。

在较早时期的领主城堡（区别于君主城堡）中，高塔特别

小，却构成了最终的也是最难攻克的防御据点。城堡演化史的本质是防御的集中收缩，高塔代表了这个进程的最终发展。在苏热（Suger）写于 12 世纪早期的《"胖子"路易传》（*Life of Louis the Fat*）中所描述的数不尽的城堡战争中，高塔是终极目标：在克雷西（Crécy），国王"攻克了城堡并占领了坚固的高塔，就好像攻下了一座农夫的小屋"；在勒皮塞（Le Puiset），防御者的领袖撤回土堡，即高处的木制塔楼，因为被城墙包围的城堡对他来说已不够安全；在芒特（Mantes），"身披战甲的国王冲入城堡，迅速穿过后攻入并拿下了高塔"。[37] 高塔的武装，连同其中的人、武器和补给，类似于如今的导弹的地位。

10—11 世纪，小而相对容易建设的城堡提供了新机遇。我们已经谈到，任何愿意利用新的堡垒形态的人，都可能战胜竞争对手，从同辈中脱颖而出，赢得或是扩张自己的领主统治。梅斯的阿伯特（Alpert of Metz）描述 11 世纪初莱茵河下游的诸领主的彼此争斗的史书《论时代诸事》（*De diversitate temporum*）对此有一段绝佳的描绘。他说："默兹河（Meuse）200 步外有一处很难到达的沼地，在那里有一座小山丘……对任何渴望新事物（studenti novis rebus）的人来说，此地都可以用来建设城堡。"[38] "新事物"（novae res）是标准的中世纪概念，用来指称革命性的变迁。这段话表明，10—11 世纪时的人如何把城堡视为一种创新性的力量，重塑了军事和政治生活的法则。

这段来自阿伯特的引文表明，变革的一个方面是地理上的。人们在国内四处巡视，期待找到特定的地点。他们希望找到"有机会建城堡"的地方，除了适合建城堡，这些地点无甚可观之处。在 11 世纪初，一块沼地中的山丘会引起城堡建造者的注意；

这可能是人们第一次发现此类地点的用途。诚然，很多城堡是为控制居民稠密的地区而建造的，或是就建在城里（这通常意味着对原先的定居点有所侵占），但是，城堡扩散的一个重要方面是开始朝远离定居区域的方向分布。德意志国王亨利四世在 11 世纪六七十年代修建的一系列城堡有力地证明了这一点。"他在无人居住之处寻找地势险要的高山，并在那里修建城堡。"萨克森教士布鲁诺（Bruno）如是说。这位国王从对崎岖地形的此类勘测中获得了意外的好处。在遭遇 1073 年的叛乱时，亨利得以穿过野生林地逃脱，"他在为城堡选址时时常经过那片林地"。建造城堡的新机会和新需要使国王把萨克森全面探查了一番。[39] 在他的眼中，具有开发潜力的地带并不是有人定居的农耕地区，而是荒凉的森林和山丘。类似的例子还可以举出很多：奥克汉普城堡（Okehampton）建在达特姆尔高原的边缘，向下俯视着随后滋生的定居点；[40] 图林根的兰德格拉弗家族（Landgraves of Thuringia）的祖先围绕着他们在图林根森林中高耸的索恩堡（Schauenburg），为自己开辟出了一片"林中领地"。[41] 但我们的讨论已经足以展示城堡在这一时期产生的影响了。

11—12 世纪小而高的堡垒本身就是一种技术创新，即便不考虑另一项城堡建造的重大发展，即对石头的使用，也是如此。这两项技术进展应该被分开考察。尽管城堡的进化可以被自然地描述为从 11 世纪土木城寨到 13 世纪的石制城堡，但是这两个阶段需要不同的技术资源，也有着不同的政治后果。

这里只能概述石制城堡在 11—13 世纪的技术进展。石制城堡建于 10 世纪，但直到 12 世纪仍然极为罕见。它代表的是城防技术的全新阶段。与之前大量散布于欧洲各处的土堆或木制塔楼相比，12 世纪晚期和 13 世纪的大型石制城堡是一种非常不同的军事与政治现象。它们要昂贵得多，需要花更长的时间建造。土木城寨可以迅速地建造起来（在 1066 年，诺曼人在登陆英格兰和展开黑斯廷斯战役之间的两周内就建起了两座土木城寨），但像多佛这样的城堡（建于 12 世纪晚期）或爱德华一世在威尔士的多个城堡，每一个都要耗时数十年建造。费用也飙升。1168—1189 年，亨利二世在多佛城堡的建造上斥资 6 500 英镑。他平均每年花在城堡上的钱有 700 英镑左右。在他的儿子约翰统治期间，每年建造城堡的平均花费上升到了 1 000 英镑。而在约翰的儿子亨利三世（1216—1272 年在位）统治期间，这个数字上升到了每年 1 500 英镑。以建造大量城堡闻名的爱德华一世比他们都更舍得花钱，在 27 年的时间里，仅仅在威尔士的城堡上，他就花了 8 万英镑左右。[42] 我们可以做一个比较：在爱德华统治期间，一名出征的骑士每天的收入是 2 先令（10 天的收入是 1 英镑）。[43]

13 世纪更大型的石制城堡有着高耸的主楼、数个同心环墙、细致设计的门房和精密的防御设备，单单靠"胖子"路易那样的勇猛气势是不足以攻下或焚毁的。堡垒的发展促成了攻城术的类似发展。在石制城堡得以推广和改进的同一时期，12—13 世纪也见证了攻城机械和攻城技术的进化。10—11 世纪的射击大炮主要基于拉力，基本就是巨型投石车和弓箭。13 世纪早期开始，英格兰、法兰西、意大利和德意志开始出现利用平衡力的射击武器抛石机（trebuchet，参见插图 5）作为补充。[44] 法兰西工程师与建筑师维拉尔·德·奥内库尔（Villard de Honnecourt）描述了如何建造抛石机并绘制了草图。[45] 最大的抛石机能够把重 500 磅（1 磅约合 453.59 克）的投射物投到接近 300 码（1 码约合 0.914 米）之外的地方。在同一时期，攻城的地道挖掘技术也日渐改进，坑道工兵和工程师受到常规雇用，被唤作"公羊"（rams）的攻城锤和被称作"大猫"（cats）的移动垒梯等攻城机械大量出现。攻城术成为一门科学。1181 年，进攻哈尔德斯莱本（Haldersleben）的攻城者得以占领这座有城墙防护的城市，靠的是阻塞了一条当地的河流，用它淹没了该城。[46]

法兰克武器的传播

因此，950—1350 年西欧"中心地区"的军事技术的主要特征是对重装骑兵的持续重视、火力的提升（特别体现为十字弓手）、城堡的发展（先是土木制，后是石制），以及攻城机械的相应进步。

当我们转而考察这种科技的政治后果时，必须要做一个非常重要的时空区分。前文描述的军事科技在一些地区的发展要早于另一些地区。例如，城寨式城堡在 11 世纪早期出现在法兰西北部或莱茵兰地区，在 1050 年之后才被引进英格兰。同样，十字弓手最早在大陆被雇佣，后来才传播到英吉利海峡的另一边。和英格兰一样，萨克森地区对新技术的接纳，特别是城堡，要晚于法兰西北部或德意志西部。但是，总的来说，在 1100 年时有重装骑兵和城堡的地区和没有这些军事技术的地区之间的差异看来是最为重要的。如果针对 1100 年前后的非地中海地区的军事技术差异绘一个草图的话，大致有三个地带。第一个是我们已经描述过的地区，包括法兰西北部、德意志和英格兰。在这个地区，战争围绕重装骑兵、城堡、攻城术和日益受到重用的弓箭手展开。此外，还有另外两个地带。在其中一个地带，步兵是战争的主力。这个地带包括苏格兰、威尔士和斯堪的纳维亚。在那里，人们徒步作战，手持长矛、弓箭、战斧和宝剑。当英格兰国王于 1247 年为威尔士的圭内斯公国（principality of Gwynedd）指派提供军事服务的额度时，他希望能得到 1 000 名步兵和 24 名装备精良的骑兵。[47] 这个比例很能说明问题。最后一个地带是轻骑兵而非重装骑兵为主流的地区。包括西斯拉夫人、波罗的海人和匈牙利人领土的东欧是这一地带的最主要部分，但爱尔兰的战事大致来看也很类似。爱尔兰骑兵无疑是全欧洲最轻装的，既不配马镫也不配真正的马鞍，是马上的长矛兵或投枪兵。[48] 东欧的骑兵也比德意志和法兰西的骑兵更轻装。一名德意志观察者饶有兴致地注意到，斯拉夫波美拉尼亚的骑兵每人只有一匹马，而且自带武器——没有备用战马，也没有侍从。[49]

　　地中海地区的情况则非常不同。[50] 法兰克军队的确把他们的武器和战术带到了这一地区。在十字军国家、西西里和西班牙，他们建造了城堡，并使用强大的工程机械。西方人的重装骑兵引发了希腊和穆斯林观察者的评论。一则穆斯林史料注意到，1148 年在大马士革，"那些不信教的骑兵"是如何"等待发起他们举世闻名的冲锋"的。[51] 在西班牙，基督教骑士的高马鞍和长马镫被认为非常适合冲锋陷阵。[52] 吟游诗人安布鲁瓦兹（Ambroise）描写一位穆斯林埃米尔在描述第三次十字军东征中的欧洲骑士时说："没有什么能阻挡他们，因为他们有如此强力、坚实和安全的盔甲。"[53] 十字弓也是西方人在地中海地区使用的特殊武器之一。在西班牙和北欧，十字弓手享受免税特权，并常获赠慷慨的地产。[54]

　　然而，西方与非西方军事力量在地中海地区的对比并没有那么突出，西方人在那里的优势不如在非地中海欧洲地区明显。在地中海地区，法兰克军队遭遇的当地社会和文明在建造石制堡垒和使用精密的攻城术方面有着古老的传统。穆斯林和希腊的军队也有武装骑兵，穆斯林很擅长使用复合弓。根据沙特尔的富尔彻（Fulcher of Chartres）的观察，这种复合弓是"用胶水粘起来的"。[55] 军事战绩反映了这种更接近的力量均势。最终，穆斯林把基督徒赶出了巴勒斯坦和叙利亚。在西班牙，直到 1200 年穆斯林都处于攻势。在 13 世纪，希腊人收复了他们在第四次十字军东征中丢掉的很多领土。只有在海上，西方人在地中海地区获得并保持了持续而具有决定性的优势。

　　但是，在非地中海欧洲，在前文提到的以步兵为主流和以轻骑兵为主流的那两个地带，与法兰西、德意志和英格兰的"中心地区"之间的反差是惊人的。在这两个地带，军事统领当然会穿着甲衣，但铁制铠甲很不常见。在那里不存在"全铁"部队。尽管他们也有防御据点，但没有我们先前描述的那种特别意义上的城堡存在。尽管南威尔士人有长弓手，斯堪的纳维亚人有短弓手，但那两个地带都没有十字弓手。在我们看来，1100 年的非地中海欧洲是一个骑士、城堡、十字弓和工程机械的世界，而向北和向东却逐渐变成了另一个世界。12—13 世纪最核心的发展之一是骑士和城堡的世界向另一个世界的扩张。新技术的扩散产生了深远的政治冲击，改变了凯尔特、斯堪的纳维亚和东欧社会。

　　军事技术以三种紧密相连的方式传播。第一种是征服。西欧中心地区的骑士、城堡建造者和十字弓手用他们的军事力量把统治权扩张到东部和西部的土地上。诺曼人在不列颠群岛的征服和德意志人在东欧的征服都伴随着新军事方法和新武器进入被征服地区。第二种技术扩散的方式是第一种方式的直接结果。当侵略势力威胁到当地统治者或贵族的霸权时，他们就会通过模仿这种最有效的形式予以反击。到 13 世纪中叶，如威尔士和波美拉尼亚等地的统治者在武器装备、作战方略和其他很多方面，几乎已经与他们的敌人没有差别了。第三种军事扩散的途径是前述的第一种方式的变体。凯尔特世界、北欧和东欧的很多统治者吸收了在英格兰、法兰西和德意志盛行的军事技术和组织，这并不仅仅是不得已的防御手段，而是一种有意识的，意在发展其权力的政策的一部分，以及为达成这一目标而采取的一种辅助手段，以增加他们所统治的民族的资源。通过这些方式（征服、防御性的模仿和有计划的发展），在 12—14 世纪早期，英格兰、法兰西和德意志的技术和方法逐渐延伸至整个西方拉丁世界，以及更外围的若干信仰异教的民族。

以征服和模仿的方式实现军事扩散的一个绝佳例证来自东波罗的海地区的历史。利沃尼亚的亨利（Henry of Livonia）在他的《编年史》中描述了 13 世纪初德意志势力在这个地区建立统治的过程。亨利以对军事事务的细致观察和对武器与战事的强烈兴趣闻名，他的记载清楚地表明，东波罗的海地区（那时被称为利沃尼亚）的德意志殖民地的出现和维持依赖于他们在军事科技和军事技术上的优势。

第一位在利沃尼亚传教的德意志传教士迈因哈德（Meinhard）在 12 世纪 80 年代跟随德意志商人来到这个地区。迈因哈德是一名精明，甚至有点过度精明的福音传道者。在利沃尼亚人遭到立陶宛人的一次野蛮侵袭之后，迈因哈德指责利沃尼亚人愚蠢，因为他们没有任何堡垒。他承诺，如果他们决定就此成为上帝之子，他就帮助他们修建城堡。利沃尼亚人表示同意并许下承诺，并起誓确认他们会接受洗礼。因此，在来年的夏天，一些石匠被从哥得兰岛带来。

很快，由外国石匠修筑的石制城堡第一次出现在了利沃尼亚。区别于用干石表面加固的土方工程，用砂浆砌合的石制工程在这个地区是全新的事物。迈因哈德观察到了自己所属的德意志民族的军事优势，并试图利用这种优势来推动使信仰异教的利沃尼亚人皈依的事业。但事实证明，他被骗了。利沃尼亚人甫一获得自己的新城堡，就恢复了异教信仰。

利沃尼亚的亨利在《编年史》的篇首记载了这则故事，其中的主题会在这部作品中不断反复出现：德意志人优越的军事科技及其向敌人的逐渐渗透。石制城堡只是这种优势的一个方面。德意志人还有更完备的铠甲。这让他们具有生理和心理的双重优势。在人数远少于利沃尼亚人的情况下，德意志骑士康拉德"本人和坐骑都甲胄坚固，他像一个骑士那样率领在场的少量德意志人对利沃尼亚人发动进攻。但利沃尼亚人被他们的铠甲的耀眼光芒吓到了，上帝在他们中散布恐慌，他们在德意志人面前四散奔逃"。这种"铠甲的耀眼光芒"（nitor armorum）对敌人有一种震慑效果。当一群德意志骑士"冲进敌阵中央，他们的披甲战马令敌人惊恐"。铠甲的优势当然不只是激发恐惧。利沃尼亚的亨利注意到，本地民族特别容易受伤。在一场战役中，"没穿盔甲的敌人被流箭射得遍体鳞伤"。亨利很直白地表达了他所观察到的反差：

爱沙尼亚人"没有盔甲护身，因为他们不像其他民族那样习惯穿铠甲"。

不穿铠甲或铠甲单薄的当地战士的脆弱又因德意志人在射击武器上的优势而更加凸显。德意志人中的十字弓手有着左右战局的影响力。他们能够防御一座堡垒或一艘船只，他们能在野外作战，他们在进攻地方堡垒时特别管用。有一次，一支敌军避开一座堡垒绕道而行，只是因为他们遇到了十字弓手。在 1206 年，当俄罗斯人顺德维纳河（Dvina）而下，来到德意志人建造不久的于克斯屈尔（Üxküll）要塞。"他们中的一些人被十字弓手重伤……他们因此知晓要塞中的是德意志人，他们继续顺流而下……俄罗斯人不知道十字弓的技艺。"

德意志人在攻城术方面也拥有优势。在他们于 1220 年进攻梅索顿（Mesoten）堡垒时，

> 一些人建造移动塔楼，另一些人架起了投石机，还有一些人用十字弓射击，再有一些人建起了"刺猬"[可移动防御掩体]，并开始在堡垒之下打地洞。一些人搬来木材，填充沟渠，把塔楼推过去，而另一些人开始在掩体下方打地道……最终，大型机械被竖了起来，大块石头被投向堡垒。堡垒中的人看到石块的大小，陷入了巨大的惊恐之中。

攻城塔楼、挖地道与投掷武器的组合似乎是极为强力的。重型投掷机械特别具有震慑效应。当地人的战争方式无法对其做出有效的回应。在菲林（Fellin）攻城战中，"德意志人搭建起一个投石机，夜以继日地投掷石头，他们打破了堡垒，在要塞中屠杀

了无数的人和动物，因为爱沙尼亚人从没见过这种机械，也就无从加固房屋来抵御这种进攻"。"因为爱沙尼亚人从没见过这种机械"——这句话一语道尽了在军事科技方面西欧的核心地区（法兰西、德意志和英格兰）与地理边缘地带的鸿沟。这种鸿沟的存在导致一小群德意志人能够对波罗的海东部地区数量远多过自身的当地人实施领主统治。然而，利沃尼亚的亨利的《编年史》所讲述的不仅是德意志人的胜利，还有当地人反击德意志人的努力。当他们反击时，他们也在向自己的敌人学习。

当地民族习得敌人的技术并非易事，他们最初的一些尝试非常失败，以至看上去像是一场闹剧。例如，在 1206 年的霍尔默（Holme）攻城战中，"俄罗斯人也制作了一个像德意志人那样的小型机械，但因为不知道投掷石块的方法，他们把石块投向了后方，打伤了很多自己人"。在这种失败的开端之后，当地民族在 13 世纪 20 年代初，也就是在德意志人第一波入侵之后的大约一代人，习得了投掷机械与十字弓的知识。这些技能传播的方式在一定程度上可以用当地的军事需求来解释。如果德意志人（或是在同一时间入侵的丹麦人）想要在当地建立霸权，他们就不得不利用当地人。德意志人不但需要他们充当缴纳贡赋和什一税的农业生产者，而且需要他们协助军务。并没有足够多的外来人来维持一种可以自足的军事编制。然而，如果当地人要成为合格的军事助手，他们就需要至少在一定程度上接触到他们的德意志首领的高级作战技术。通过这种方式，技术知识的渗透开始发生。

奥塞特人（爱沙尼亚人的一支）习得攻城机械的方式是技术知识通过这种渠道传播的一个例证。奥塞特人是入侵者需要面对的最强硬、最凶悍的民族之一。他们在 13 世纪 20 年代筹划进行大规模的抵抗，准备工作包括向另一个当地民族派遣使团。这个民族已经通过他们的异族征服者掌握了攻城武器的知识：

> 他们中的一些人进入瓦堡勒（Warbole）学习投石机技术。这台机器是丹麦人给他们在瓦堡勒的属民的。他们返回欧塞尔（Oesel）后开始建造投石机和其他机器，并传授给其他民族。他们每个民族都建造了自己的机械。

他们很快就向其他爱沙尼亚人和俄罗斯人传授了这项技术。对攻城器械的使用在亨利的《编年史》中被称为“德意志人的技术”（ars Theutonicorum），在这部作品的篇末，它也成了“奥塞特人的技术”（ars Osiliarum）。

德意志的军事技术也通过其他途径传播。尤其在一开始的时候，入侵者不但需要作为附属的地方武装，也需要作为独立盟友的地方武装。他们能向潜在盟友提供的最具诱惑力的筹码，是把某种新的战争工具作为礼物。因此，德意志人在利沃尼亚的领导人里加主教给毗邻的俄罗斯统治者送去了披甲战马和军事顾问作为礼物。邻近的库克努斯（Kukenois）国王收到了“20 名披甲并骑马的壮汉以及骑士、十字弓手和石匠来加强他的城防”。

当地人与新武器的接触不仅仅局限于其领主的工具或作为盟友受赠的礼物。他们也可以从敌人的身上获得。很多当地的战士从德意志人的尸体上得到锁子甲。一旦堡垒被攻陷，盔甲、马匹和十字弓都会落入他们手中。一些要塞曾被德意志人加固，但后来再度被当地人控制。要想再度攻克这些要塞就更难了。总而言之，到了 13 世纪 20 年代，在某些地区，德意志人面对的敌人所使用的武器和技术越来越和他们接近。[56]

这个故事清楚地说明了两个要点。第一，德意志人拥有基于重装骑兵、石制城堡、十字弓、攻城器械外加造船技术上的军事优势。第二，这种技术鸿沟非常巨大，以至当地人无论如何没有追赶上的希望。这种局面与后来在美洲和非洲的殖民经历有些类似。但在中世纪的例子中，入侵者的技术优势还不至于如此具有压倒性。

12—13 世纪的威尔士和爱尔兰也有十分类似的事件模式。在那里，和在波罗的海东部地区一样，入侵者的军事优势使得最初对国土的入侵成为可能。例如，入侵者把城堡引入威尔士和爱尔兰。在 12—13 世纪，盎格鲁–诺曼人中的冒险家在到达威尔士和爱尔兰后通常采取的第一步行动就是建立一座中央城堡。一位 12 世纪的观察者在谈及威尔士时这样写道："诺曼人通过战役降伏了英吉利人之后，他们也把这片土地纳入了自己的统治，建起了数不清的城堡来防卫它。"[57] 这个过程在威尔士当地的编年史作品《诸王编年史》（*Brut y Tywysogion*）中得到了生动的呈现：

> 吉尔伯特·菲兹·理查（Gilbert fitz Richard）勇敢、有声望且孔武有力，是国王的朋友，在各方面都十分出众。国王遣人找他。他应邀前来。国王对他说："你总是要我给你一块布立吞人（Britons）的领土。我现在把凯德艮（Cadwgan）的领地给你。去占有它吧。"于是，他愉快地从国王那里接受了这块领地。之后，他集结起一支军队，与战友们一同来到凯德艮。他占领了这块土地，并在那里建起了两座城堡。[58]

威尔士以这种方式经历了作为征服工具的城堡的影响，就像一个半世纪前的英国、半个世纪后的爱尔兰一样。在爱尔兰，装备重装盔甲的盎格鲁–诺曼人遭遇的当地抵抗没有这种防护："外来人与塔拉（Tara）地区的爱尔兰人之间的争战是不对等的：康恩（Conn）的子孙身着薄缎衬衫，而外来人则完全是一个铁的方阵。"[59] 当奥康纳人（O'Connors）在 1249 年进攻阿森莱（Athenry）时，"他们看到可怕的铠甲骑兵从城中向他们走来，眼前的情景让他们陷入了巨大的恐惧和惊骇，他们很快就溃散了"。[60]

然而，在利沃尼亚和其他东欧地区，入侵者的技术优势并不大，也不会永远存在。尽管一位 12 世纪的威尔士作家称盎格鲁–诺曼人"以法兰西人的方式"[61] 建造城堡，但是，在该世纪末，威尔士君主们自己也开始使用攻城器械并修建石制城堡。[62] 以通婚、友好往来、人质、流放或短期结盟等形式达成的渗透进程，打破了入侵者与当地人之间的壁垒。城防与盔甲技术方面的优势和一些非科技层面的优势（如更多的财富和更多的人口），使盎格鲁–诺曼贵族能够侵入威尔士和爱尔兰（在某些情况下还有农民的迁徙作为支持），但并不能征服和取代本土社会。因此，从 11 世纪末到 13 世纪末，威尔士是一个被"半征服"的国家。爱尔兰的命运与之类似，但这种"半征服"的情况在 13 世纪之后持续存在。这两个国家显然都经历了外来军事科技的冲击，入侵者的科技优势使他们能建立新的殖民权力，但没有大到足以获得压倒性胜利。

盎格鲁–诺曼人的成功是有限的，其中一个原因是，他们的战争技术并非在所有情况下都具有优势。例如，重装骑兵很适合"空旷的乡野"（广阔而起伏的平原或类似的地形），但在威尔士的山地或爱尔兰的沼泽，在战马上身穿锁子甲的战士可能就并不适应。根据记载，有一次，一位在爱尔兰的盎格鲁-诺曼军事首领催促他的人快点离开山谷，避免被攻击的危险：

> 所有的男爵大人，
>
> 让我们迅速通过这座山谷，
>
> 这样我们就能来到山上，
>
> 站在坚实而开阔的地面上。[63]

不仅在威尔士和爱尔兰，在东欧也是如此，地形带来的困难常常使西欧重装骑兵的影响消失殆尽。[64] 荷兰的威廉（William of Holland）在 1256 年的死可以用来作为例证。他攻击了弗里斯兰人（Frisians），这群"粗俗、野蛮而未受征服之人"身穿轻薄甲衣，徒步，用标枪和斧子作战，他们狡猾地把威廉诱入一片结冰的沼地。威廉"坐在大型战马上，身披铁甲，穿着锁子甲，戴着头盔"，跌入破冰之下，在冰冷的水中挣扎，直到弗里斯兰人结果了他。[65]

尽管存在这样的局限，但如前文界定的西欧中心地区无疑确实具有明显的军事优势。在绝大多数情况下，装甲骑兵、城堡、攻城器械和十字弓是强大而令人向往的战争技术。最清楚地展现了这一点的例子，是地处边缘地区的统治者如何自觉地扶持新战争技术的引入和使用。这就是前文提到的军事技术扩张的第三种方法。

如果当地统治者支持自己的社会转型，他们就可以维持自身的力量来对抗外来的军事威胁。这像是一种预防接种。这个进程出现在苏格兰、波美拉尼亚和西里西亚的西斯拉夫君主国，以及斯堪的纳维亚诸国，涉及多个相关的变迁：需要争取本地贵族的支持并改造他们，或者是让其无法阻挠改革；需要鼓励外来移民；一个新的贵族阶层可能会被创造出来；与外部势力之间的关系可能会发生根本性的改变。

苏格兰是一个在本地王朝的领导下，通过有计划地引入移民实现自身转型的国家的经典案例。这涉及苏格兰人活动其中的军事和政治框架的全面转型。考察苏格兰人对英格兰北部的一系列入侵活动中三个相继的阶段，有助于理解这种内部转型是如何实现的。在马尔科姆三世（Malcolm Ⅲ，1058—1093 年在位）统治时期，苏格兰军队分别于 1138 年和 1174 年洗劫了诺森伯兰。在英格兰编年史家的沉痛报道中，三个时期都一样悲惨。但是，它们之间依然存在着显著的差异，这种差异指示了军事和政治变迁的进程。

当马尔科姆三世的轻装武士在 11 世纪晚期南下时，他们是去放火、抢劫和奴役的。一次成功的劫掠在经济上有巨大的助推效应，可以补充牲畜和劳动力。"年轻男女和所有看上去适合干活和劳作的人都被绑缚起来，驱赶到敌人面前……苏格兰充满了英格兰奴隶和侍女，到了每个小村落，甚至每块田产都有的程度。"[66] 马尔科姆的英格兰妻子玛格丽特王后的一项虔敬功业就是释放和赎买这种英格兰奴隶。[67]

面对这种威胁，英格兰人有两种选择。一是向防御性最强的地方迁徙。在苏格兰人南攻时，如达勒姆（Durham）这样的安全居所就挤满了逃难者。我们有一份对发生在 1091 年的这类场景的描述。家畜挤满了教堂墓地，修士的日课几乎完全被婴儿的哭声和他们母亲的恸哭声盖过而无法被听见。这令记述此场景的教士颇感不适。但并非每个人都离这样一个绝佳的防御地点足够近，那里的空间也无法装下所有人。另一个选择是逃入荒野，那里的高地和森林可能会提供些许保护。在 1091 年，"一些人藏身于森林和山丘中的隐蔽之地"。[68] 在 1070 年，苏格兰人佯装返回苏格兰，目的是把逃难者诱出他们的藏身之地，待他们回到自己的村庄再行劫掠。[69] 如果没有可能逃进山谷避难或躲进达勒姆这样的中心，唯一的办法就是投奔教会，那里的石墙和圣徒的力量可以提供些许保护。在 1079 年前后，马尔科姆国王的手下逼近赫克瑟姆（Hexham）：

> 赫克瑟姆人知晓这位国王的怒火，但他们又能怎么办呢？他们没有足够的人手抵抗，没有要塞可以躲避，也没有任何盟友帮助。他们唯一的希望就是圣徒的力量，一种他们之前常常感受到的力量。因此，他们在教会集结。[70]

在那个时候，英格兰北部几乎没有任何城堡。并不是说如果有城堡，就能盛下所有人口；但驻扎当地的军事力量如果真的存在，势必能阻击或威胁任何入侵者。这种地方军事力量的缺席，使当地人不得不"寄希望于最神圣的躯体所带来的和平的庇护"。[71]（其他中世纪观察者注意到，没有城堡的地区尤其需要能够活跃地提供惩罚和保护的圣徒。[72]）

这种情况很快就改变了。事实上，变化在马尔科姆三世统治期间就已经发生了。边境两侧都发生了改变。首先，在诺曼征服后，城堡开始在英格兰北部各处出现。早在 1072 年，达勒姆就建了城堡。它的目的不是保护农民的家畜或号哭的婴儿，而是用作"主教和他的下属躲避进攻者"的避难之所。纽卡斯尔（Newcastle）建于 1080 年，卡莱尔（Carlisle）建于 1092 年。在 12 世纪最初的几十年，达勒姆主教在特威德河畔的诺勒姆（Norham）修建了城堡，意在"遏制盗匪的劫掠和苏格兰人的入侵"。[73] 其次，也需要看到，苏格兰本身也在发生重大变化。马尔科姆三世的诸子，特别是大卫一世（1124—1153 年在位），注意到了在南方的邻居和对手的军事力量的强大，开始推行周详的政策，招募盎格鲁-诺曼骑士和男爵在苏格兰定居，做封臣。[74] 与威尔士和爱尔兰形成鲜明对比的是，苏格兰的"诺曼征服"只是通过邀请实现的。在那之后，苏格兰人的国王不但能集结轻武装的本地军队，而且能集结外来的重装骑兵和城堡建造者。展示这一历史进程的最著名的历史文献之一是 1124 年的一份令状，记录的是大卫国王把位于苏格兰西南部的安嫩代尔（Annandale）授予盎格鲁-诺曼贵族罗伯特·布鲁斯。[75] 这位布鲁斯后来也是苏格兰国王的祖先之一。通过此次授予，国王在素有异心的加罗韦省（Galloway）的边境创造出一块很大的封地，连同数个城寨城堡，由一位与国王关系密切的诺曼男爵领受。这个进程在国王眼中的好处与其在本地贵族和加罗韦人眼中的威胁一样明显。这封令状在 1124 年的见证人已经是盎格鲁-诺曼移民而非本地贵了。

当我们转而考察 1138 年苏格兰的入侵时，新的战争技术的扩张对英格兰北部和苏格兰造成的政治和军事影响都是显而易见的。从某些方面看，这一年的袭击和大卫国王的父亲的入侵性质类似，都是旨在劫掠和俘获奴隶："男人被杀，年轻女子和寡妇赤裸着被绳索绑缚，成群结队地被送往苏格兰为奴。"[76] 然而，事情在发生变化。大卫国王退还了自己分得的奴隶，尽管这可能反映的不过是他个人的态度。编年史家特别突出的是皮克特人（Picts），也就是苏格兰本地人，他们在猎奴时行径野蛮。[77] 1138 年的苏格兰军队不仅包括皮克特人和因在门框上猛击婴儿的习惯而臭名昭著的加罗韦人，[78] 还包括新吸纳的相当数量的诺曼骑士。1138 年的苏格兰军队开始看上去更像是英格兰的盎格鲁–诺曼人的军队了。

战争的方法也在 11 世纪 70 年代之后发生了改变。英格兰北部的城堡化意味着入侵者不得不面对新的困难。英格兰城堡中的骑士能够突袭和骚扰苏格兰人。[79] 这些城堡必须被捣毁。有时需要长时间的围城战。有一次，大卫国王用"十字弓和机械"围攻了沃克（Wark）城堡达 3 周之久。城堡是新的战争目标和工具。[80] 它们不但意味着新的困难，也是新的机遇。对于 11 世纪晚期的马尔科姆三世来说，"夺取"诺森伯兰的问题几乎不会出现。他可以放火、劫掠和俘虏奴隶。他可以设法强加贡赋、敲诈勒索，或劫持人质。但只要他的人返回苏格兰，他的力量就变成仅仅具有威胁性而已。但是，在英格兰北部城堡化之后，占领这片地区变得切实可行。攻克并控制住这些城堡就能做到这一点。在 1138 年入侵前的几年里，大卫一世就是这么做的，"他率大军占领并控制了 5 座城堡"。[81] 这 5 座城堡包括卡莱尔、纽卡斯尔和诺勒姆，修建这些地方的目的是抵御苏格兰人。颇为悖谬的是，建造用来抵御入侵的要塞却大大增加了一种真正意义上的、更为持久的征服的可能性。城堡提供了实现占领的支点。

一个王国面对上述军事和政治进程时承受的紧张和压力，在 1138 年的诺思阿勒顿（Northallerton）附近的战场上得到了最好的体现。大卫国王率领的苏格兰人与英格兰北部的英格兰人和诺曼人组成的军队进行了军旗之战（battle of the Standard）。在开战前，苏格兰内部出现了一场激烈的争吵。国王、他的诺曼武士以及英格兰谋士决定在阵前布上"所有铠甲骑兵和弓箭手"。加罗韦人立刻表示反对："国王，你为什么害怕，为什么恐惧那些你眺望到的铁甲？……我们打败过身着铠甲的士兵。"一位苏格兰伯爵接着夸口道："国王，为什么你同意这些外国人的愿望？这些身披盔甲的外国人中没有一个能在开战后冲在我之前，尽管我没穿铠甲。"在这番言论的刺激下，国王的一名诺曼武士称这位伯爵是在虚张声势。国王平息局面的唯一办法是对加罗韦人让步，答应让他们享有打前阵的权利。

就在战场之上，新战争方法的传播所造成的紧张局势展露无遗。这种区分是显而易见的。站在最前排的苏格兰人由加罗韦人组成，他们"没穿盔甲，身体赤裸"，[82] 手持标枪和牛皮盾牌；在他们之后，是由国王之子率领的军队，由骑士和弩手组成；国王本人的贴身护卫由英格兰和法兰西骑士组成。与己方的前阵相比，他们反倒更像他们的敌人。

在军旗之战中，加罗韦人勇猛地进攻，在作战中高声呐喊，但被对面的铠甲骑士组成的牢固队列和箭雨所阻——"北方的苍蝇从箭筒的洞穴中蜂拥而出，如大雨一般倾落"。他们"像刺猬一样，浑身中箭"，痛苦地挣扎。在头领身亡后，其余的苏格兰部队也开始退却。英格兰人立刻开始推进，苏格兰国王的骑士们把他从战场上拖走，整支苏格兰军队溃逃，被他们一直以来劫掠和袭击的当地人一路追打到边境。大卫国王一定曾希望有更多的外国骑士和男爵，希望军事变革的进程更深些、更快些。

他的孙子，"狮子"威廉（William the Lion，1165—1214 年

在位），延续了大卫国王的政策。"他珍视和喜爱外国人，留下并善待他们。他对自己国家的人从没有多少感情。"当他于1173—1174年入侵英格兰时，他试图占据诺森伯兰，期望"用城堡和塔楼维持统治"。他发动了一场攻城战争。他的攻城术并不完美（一架器械在一场事故中打死了一些自己人，和前文描述过的那场30年之后发生在遥远的波罗的海地区的攻城战中的事故类似），但可以看出的是，这场战争与同时期发生在法兰西和德意志的战争同属一种。除了在本地人中招募的不穿铠甲的士兵，他还有自己的骑士和很多佛兰德雇佣军。当我们读到有关国王遭俘的阿尼克（Alnwick）战斗的记载时，我们看到苏格兰人的国王是何等"勇猛"（pruz）和"果敢"（hardi）——骑士文化中表达称赞的经典术语，苏格兰的骑士是何等"出色的封臣"（mult bons vassaus），他们如何与英格兰骑士在彼此尊重的情况下作战，直到被迫投降、等待赎金；对一场发生在苏格兰骑士与英格兰骑士之间的决斗的描述如下：

> 威廉·德·莫蒂默（William de Mortimer）在那天尤为神勇。他像一头发疯的野猪一样穿过阵列。他展开了一系列重击，拼尽全力做到最好。他发现自己对上了一名果敢的骑士，伯纳德·德·巴利奥（Bernard de Balliol）大人……他俯身下马，按照骑士决斗的惯例，与伯纳德立誓，伯纳德大人自我称颂了一番而没有招致责难。在战役的最后，用剑击杀得最厉害、进行战斗最多的那个人会得到称颂。[83]

由此来看，苏格兰骑士与英格兰骑士的唯一区别是他们属于不同的阵营。根据一段记载，威廉国王一开始错把英格兰入侵者当成了劫掠归来的自己人；[84] 这清楚地显示了敌对双方的重装骑兵在外观上已经变得相差无几。加罗韦人完全认同这一点。英格兰和诺曼侨居贵族与边境南边的人一样，都是他们的敌人。威廉国王在阿尼克被俘的消息甫一传来，他们就起兵造反，摧毁了加罗韦中所有新建的城堡，屠杀可以找到的所有外来人。[85] 这一行径反映了由承载新战争技术的新贵族在苏格兰内部造成的影响所引发的斗争的残酷性，尽管是苏格兰王室把他们请来的。但是，未来属于外来者。13 世纪，一支由盔甲兵和十字弓手组成的苏格兰部队征服了"未穿盔甲、赤裸身体"的马恩岛人（Manxmen）。[86] 到 14 世纪时，诺曼骑士的后裔成了苏格兰的国王。

11—14 世纪在苏格兰发生的历史进程，在其他国家也有类似的情况。例如，波美拉尼亚在 11 世纪末以轻装武士为主要军事力量，经常掠人为奴，没有一个政治中心，但在 12—13 世纪，波美拉尼亚发生了转型。随着当地的王朝邀请了大量德意志骑兵，赐给他们土地以换取其军事服务，波美拉尼亚的王权稳固了自身的力量，确保了波美拉尼亚与苏格兰一样，能够在其他势力的压力下幸存。13 世纪上半叶，在波美拉尼亚君主颁布的令状中，德意志骑士作为见证人的数量逐年增加。这让我们想起在前文中讨论过的安嫩代尔授予令状那样的文件。尽管时间和空间上都距离遥远，但这份文件和 13 世纪的波美拉尼亚令状背后的主要动力和需求是相同的。

在斯堪的纳维亚诸王国，与苏格兰的情况一样，军事变革是在没有外来征服的情况下完成的。以 12 世纪 30 年代的丹麦内战为契机，德意志重装骑兵和攻城技术被引入斯堪的纳维亚：1133

年，萨克森人在罗斯基勒（Roskilde）建造了攻城器械；在接下来的一年，300 名德意志"最勇敢的军人"（milites... fortissimi）参加了福特维克（Fotevik）战役，但这种外来军事人员和技术的引入是在当地统治者的庇护下稳步完成的。[87] 尽管在创新者与传统主义者之间存在着激烈的斗争，但斯堪的纳维亚王室与贵族在这一军事转型时期中保持了自身的权力和独立。[88]

苏格兰国王招募诺曼骑士，波美拉尼亚或丹麦统治者招募德意志骑士，可以从两个互补的层面来解释。一方面，在更普遍的意义上讲，雇佣国外武士对任何中世纪君主来说都具有一定程度的吸引力。在这些君主中，没有人对发展民族国家感兴趣，而是都渴望巩固和扩张自身的军事权力。实现此目标的一条显而易见的道路即是招募武士并赐给他们奖赏。君主们没有理由把招募对象局限在政治边界之内，同时，从其他疆域内招募武士会带来显而易见的好处。这种外来武士会完全依附于他们服务的君主，至少一开始会是如此。他们缺乏地方贵族与地方领土之间的纽带，这种纽带往往会让人的忠诚度大打折扣，甚至使他们能够成为君主的敌对力量。他们有动机和热情来证明自己并去赢得奖赏。因此，很多中世纪的大领主麾下的军事扈从中有很大比例的外国士兵也就不足为奇。然而，在如苏格兰和西斯拉夫这样的地方，在这种招募外来武士的问题上，一些特别的考虑加强了以上普遍的考量：对这些地区来说，外来者还带来了先进的战争技术。这可以解释在 12—14 世纪盎格鲁-诺曼骑士为何被引入苏格兰，以及德意志"外乡人"（hospites）在波兰、波希米亚、匈牙利和其他东欧地区所扮演的角色。[89] 用一名匈牙利教士的话说："当移民从各地前来，他们带来了多种多样的语言和习俗、各种各样的技艺和不同形式的武器。它们为王室增光添彩，平息了外部势力的傲慢。一个只有单一种族和单一习俗的王国是弱小而脆弱的。"[90]

　　当然，如果仅仅用特定军事技术的影响来解释 1300 年时的欧洲政治版图，那就有过分简单化之嫌了。其他因素常常造成决定性的差异。暂且不提更为基础性的人口和经济力量，很多政治和文化因素也值得考量。与威尔士和爱尔兰相比，苏格兰早期的王朝统一至关重要。在东欧，皈依基督教的时间决定了不同民族的政治命运—— 较早皈依（在公元 1000 年之前）的民族得以维持独立，在中世纪晚期成为王国，其他民族则未能做到这一点。可以想见，军事因素更多地是与政治因素互动的，而非决定后者。然而，重装骑兵、城堡与先进的射击技术如何从卢瓦尔河与莱茵河之间的核心地带向爱尔兰诸位国王和立陶宛诸位公爵的宫廷和扈从扩散，依旧构成了理解这段历史的一条中心线索。

第 4 章

征服者的形象

剑的令状——还有什么比这更厉害的吗？[1]

当西欧的军事贵族在 11—13 世纪向外扩张统治时，其成员不但创造了征服政权和殖民社会，还创造了呈现他们自己和其事业的方式。这些征服者的形象与征服活动被铭记并永存在由他们的教士同胞书写的史书和令状中，以及贵族阶层创作和传颂的诗歌与故事中。这类成文的记录记载了著名征服者的言论和举止，精妙编织了描绘扩张性暴力的术语和修辞。神话性的主题情节反复出现：征服者的初次到来；进行军事开拓的英雄的风姿，一般是一名通过在外征服进行人生豪赌的穷骑士或穷贵族；新人的超人功绩。从这种记录中浮现的是征服者的自我形象。

征服者有着特定的进取精神和特殊的情感模式。记录诺曼人在意大利南部的征服活动的早期编年史家，如杰弗里·马拉特拉、阿普利亚的威廉和卡西诺山的阿玛图斯（Amatus of Monte Cassino），是这种征服者形象的经典制造者。[2] 他们把诺曼人的成功解释为一系列的精神品质，而非人数或技术上的优势。来自北方的诺曼人在伦巴德人、希腊人和穆斯林那里如沧海一粟，但他们所拥有的精神品质使他们无往不胜。首先就是他们的力量（strenuitas）。这个主题在马拉特拉的编年史中尤为突出，他提到诺曼事业的领袖家族奥特维尔集团的力量；这些诺曼头领各个"孔武有力"；他们"通过力量赢得一切"；在一场战前陈词中，诺曼人被敦促"铭记我们的祖先和本族饱受赞誉的力量，由我们延续至今"；以及，希腊人畏惧受制于"我们的力量"。罗伯特·圭斯卡德在 1081 年对拜占庭大陆的入侵展现了他的"勇敢和骑士般的伟大力量"。[3]

除了充满能量，诺曼人还很勇敢，马拉特拉说，他们是"最勇猛的军人"（fortissimi milites），总是"勇敢地作战"（fortiter agentes）。[4] 卡西诺山的阿玛图斯的编年史只有后来的法译本传世，理由可能是法语译文很好地把握了诺曼人早年冒险事业的精神，可能也保存了原文中的术语。他描述了从位于阿韦尔萨的中心——"充满骑士精神的阿韦尔萨城"（plene de chevalerie）——统治意大利南部的"最为勇敢的骑士"（fortissimes chevaliers），并记述了"诺曼人的荣耀如何日益增长，最为勇敢的骑士人数如何日益增多"。他颇为恳切地说道："说实话，这少数几个诺曼人的大胆和勇敢（la hardiesce et la prouesce）胜过所有希腊人。"他称赞诺曼人的"果敢"（corage）、"大胆"（hardiesce）和"勇猛"（vaillantize），甚至借拜占庭皇帝之口说到"诺曼底民族的大胆与力量"。[5]

对这些支持诺曼人的编年史家来说，诺曼人的到来代表了一种全新的势力走上舞台，意味着一个以军事实力著称的民族的到来——阿普利亚的威廉表示，"高卢民族比其他民族更孔武有力"。[6] 在 1040 年的西西里战役中，诺曼人是拜占庭人的雇佣军。墨西拿最勇敢的穆斯林击溃了希腊人的部队："接下来轮到我们的人了。墨西拿人还没有见识过我们的英勇，开始的时候他们发起了猛烈地进攻，但当他们意识到遭受的反击比以往要强硬得多，他们调头逃离了这个新种族的战场。"[7]这个"新种族"改变了战事的规则和预期。

部分的改变意味着新的残酷、暴行和嗜血的出现，因为野蛮与力量和勇气一样，是征服者形象的重要组成部分。阿普利亚的威廉所称的"残忍的诺曼人"[8]名声在外。对伦巴德当地的君主来说，他们看上去是"一个凶暴、野蛮和可怕的种族，本性残酷无情"。[9]这是一个精心塑造的形象。一场发生在诺曼人与希腊人之间关于战利品分配的争执，展现了诺曼领袖这种蓄意制造的残暴形象。一名希腊使节来到营地。一个站在近旁的诺曼人抚玩这名使节的坐骑的马头。突然，"为了让这名使节可以向希腊人汇报诺曼人的骇人之举，他空手用拳头猛击马的颈部，一拳就把马击倒在地，使它奄奄一息"。[10]对使节马匹令人毛骨悚然的暴行（诺曼人立刻送给使节一匹更好的马作为补偿）意在传递这样的信息：诺曼人不惮使用令人感到恐怖的暴力。关于这种刻意制造的恐怖，一个更显著的例子发生在诺曼头领罗杰伯爵于1068年在远离帕勒莫城的地方击败帕勒莫人之后。[11]穆斯林在随身包囊中携带的信鸽落入了诺曼人手中。罗杰放飞它们前往帕勒莫，那里的妇女和儿童在等待战事的消息。它们带去的却是诺曼人胜利的消息。这些记述是用死去的穆斯林的鲜血写下的。

这种突然爆发的暴行是一种对无法约束之人的限制性的运用，意在赢得臣服。它并不是单纯的无法无天或是野蛮的自我表达。使用这种暴力，意在向当地人宣告舞台上新角色的到来，这些新角色决心成为赢家。在阿普利亚的威廉所写的另一段文字中，我们读到了罗伯特·圭斯卡德对卡拉布里亚的首次入侵：

> 诺曼民族在各处都享有盛名。
>
> 但是，之前没有切身经历过他们的武力的卡拉布里亚人对这样一位凶悍的首领的到来惊恐不已。
>
> 在众多士兵的簇拥下，罗伯特下令，在他们侵入的土地上到处劫掠和放火。要做到彻底的摧毁，
>
> 所做的一切都是为了给当地居民带来恐惧。[12]

以类似的方式，罗伯特对卡里亚蒂城（Cariati）实施围攻，目的是"通过这座城的陷落给其他城带去恐惧"。这背后的逻辑很明晰：必须得有"让这位使节可以向希腊人汇报的诺曼人的骇人之举"。[13] 在被人数远超己方的敌人重重包围的情况下，只有一种"在战场上与生俱来的残暴"[14] 才能扭转局势。

恐怖的目标是财富和统治权。正如诺曼人和他们事迹的记录者对他们自身的暴力有着清醒的认识，他们也毫不掩饰地谈论自己的占有欲：

> 他们前往世界各处，在不同的地区和国家……这个民族弃下小财，为的是赢得更大的财富。与在世界各地闯荡的很多人的习惯不同，他们没有去为他人服务，而是和古时的骑士一样，希望所有人臣服于自己、受自己统治。他们拿起武器、打破和约，建立起卓越的战功，笃行骑士之道。[15]

阿玛图斯的这些话勾勒出了一幅四处漫游的军事族群的画面，他们的目标是财富和统治。马拉特拉也表达了相同的观点："诺曼人是一个狡猾的种族，他们总会为自己吃的亏寻求报复；与自己的土地相比，他们更喜欢外国的土地，并总希望夺取这些土地；他们渴求战利品和权力。"[16] 马拉特拉使用"对统治权的贪婪"来描述奥特维尔家族。罗杰伯爵，这个家族最成功的成员之一，有一种"对统治权的与生俱来的渴望"。[17]

这一系列的形象和情感与品质的集合标志了 11 世纪意大利南部的诺曼征服者的形象，但并不局限于这个特定的历史语境。其他记述扩张贵族的行动的作家也使用类似的术语和形象。奥德里科·维塔利斯的编年史记述了诺曼人扩张运动的巅峰时代。"孔武有力"（strenuus）这个词和其同源词在他的编年史中共出现了 142 次。[18] 根据一项史料的记述，对一支在 1147 年围攻里斯本的诺曼人、英格兰人、佛莱芒人和德意志人组成的联军，其盟友葡萄牙国王有如下赞词："我们亲眼见识到了你们是如此的强硬而有力，是如此有干劲儿。"当然，诺曼人的自我表扬让上述赞颂显得黯然失色。据记载，他们在里斯本的头领格兰维尔的埃尔韦（Hervey de Glanville）如此说：

> 谁人不知，诺曼民族会毫不松懈地发挥他们的力量？挫折只会加强这个民族的好战心。我们不会被困难轻易折服；当困难被克服后，我们不会陷入惰息，因为我们时刻注意着用行动摆脱懒惰的恶习。

在这部记述里斯本的征服的作品中，还有一处提到被围城的穆斯林对法兰克军队说："驱使你们的并非贫穷，而是一种内在的野心。"[19] 这种"内在的野心"（mentis... ambitio）是一种超越单纯的经济需求的心理驱动力，奥德里科·维塔利斯在他的编年史中对此也有提及。根据他的记载，1107 年诺曼人攻打拜占庭的战役失败后，一名军队士兵对他们的头领罗伯特·圭斯卡德之子博希蒙德（Bohemond）说："让我们做出这种大胆之举的并非世袭权利……在他人的领土上建立统治的欲望促使你从事如此艰难之事……攫取的欲望吸引了我们。"[20]

这些西方编年史家所描写的力量、野蛮和统治欲也出现在穆斯林与希腊观察者对这些西欧征服者的描述中。他们的敌人也接受这种形象，这表明，西欧的军事贵族真的表现出了一种看得见的行为差异。当然，这种形象是一种表现，一种精心营造出的自我，但它并不只是一个文学主题。征服者的心理、他们的自我形象、他们呈现出的个性、他们的教士同胞所描绘的特征，以及他们的敌人感受到的本性：所有这些形象构成了一个连锁的网络。

很自然，在这种暴力和力量的受害者的笔下，这种形象就没那么正面，但仍旧可以从中看出诺曼史家为我们记述的那种征服者的品性，只不过是受害者版本的。诺曼人在意大利南部的征服事业的记录者，如卡西诺山的阿玛图斯，多次把希腊敌军与不善战和气质阴柔联系在一起。例如，在诺曼人与希腊人的首度交锋中，北方人"认为他们看上去很像女人"，他们的头领在一次战前的慷慨陈词中说："我将率领你们击败这些娘娘腔（homes feminines）。"[21] 这种在诺曼人的阳刚之力与拜占庭人的阴柔娇弱之间建立的对比的特别之处是，它清晰地呼应了希腊人自己在这两个种群之间辨识出的社会心理学意义上的差异，尽管希腊人当然没有使用完全相同的语汇。

安娜·科穆宁娜是拜占庭皇帝阿莱克修斯（1081—1118 年在位）之女。她撰写的《阿莱克修斯传》（*Alexiad*）塑造了西方骑士的著名肖像，包括经过君士坦丁堡前往圣地耶路撒冷的西西里的诺曼人。根据她的记载，她的父皇在听说"数不清的法兰克军士"即将到来时，"他对于他们的迫近十分警觉，因为他熟知他们未加抑制的激情、偏激的思想……以及他们如何总在贪图财富，又会如何用极小的借口随便背弃前约"。然而，与他们的鲁莽和不可预测联系在一起的是一种无法抵抗的狂热力量："凯尔特种族〔安娜常常这么称呼西方人〕在任何情况下都极端鲁莽和暴躁，但一旦被他们抓住时机，他们就是不可阻挡的。"他们的贪婪也是这种相同的征服气质的一部分："这个拉丁种族在任何时候都极为贪婪，但当他们意图攻破一个国家时，他们是肆无忌惮而且丝毫不讲道理的。"西方的军士处在一种狂暴的精神状态中，随时准备与他们的敌人开战：

> 凯尔特种族从不依赖外人，也不征询外人的意见，向来缺乏良好的军纪或战斗技巧，但一旦战役和战争开始，他们会从心底生出怒吼，变得无法遏制。无论是士兵还是头领都会不可阻挡地奋然冲入敌阵中央。[22]

正如安娜·科穆宁娜注意到的，西方头领的军事竞争意识与他们的战士别无二致：那种谙熟战略、在远处观望战况发展的将军与在战场上近身搏杀的兵士的区别对拜占庭人来说不言自明，却不适用于西方军队。另一位非西方的十字军观察者，穆斯林埃米尔乌萨马·伊本·蒙奇德（Usamah ibn Munqidh）如是说："在法兰克人中，对一个男人来说，最被崇敬的品质就是他在战场上表现出的勇猛。"[23] 安娜表示"每个凯尔特人都欲求超过他人"；在这个竞争性的军事社会中，成功的关键是一种个人性、物理性的暴力。安娜指出，罗伯特·圭斯卡德"有一颗充满了激情和愤怒的心，并且，在敌阵之中，他期望要么用他的长枪贯穿自己的对手，要么自己被干掉"。安娜对他的儿子博希蒙德既厌恶又着迷，说他"严酷而野蛮……单是他的笑声就能让他人颤抖"。博希蒙德之侄坦克雷德（Tancred）的行事作风"符合他的种族"。[24] 这些人被诺曼历史学家们描绘为粗野的英雄。安娜·科穆宁娜应该会认同马拉特拉对圭斯卡德的形容："面对任何事，他都是最大胆、最敢于为伟大的事业舍身奋斗的人。"[25]

在希腊人的眼中，这些西方人对权力有着非理性的和野蛮的冲动。用米哈伊尔·阿塔莱特斯（Michael Attaleiates）的话来说，就是"一群嗜血与好战的家伙"。[26] 穆斯林绅士乌萨马写道："法兰克人是……除了勇敢和作战毫无德性可言的动物。"[27] 力量、胆量、野蛮与贪婪：这种浮士德式的品质成就了征服者。在这些诺曼征服者身后，这些西方人的精神元素在长远的未来一直发挥着举足轻重的作用。

征服与想象：时间、记忆与过去

在中世纪盛期，西方军事力量的胜利（常常还是戏剧性的）挺进，把小股精英征服者带到了巴勒斯坦、希腊、安达卢西亚、阿尔斯特和普鲁士，与之相伴的还有乡村和城市居民的向外移民。这种胜利挺进制造了一种充满自信的期待心理。法兰克武士开始把自己视为"上帝把胜利作为封地授予"的对象。[28] 他们期望未来的扩张并发展出一种只能被称作"扩张心态"的心理。成功的征服和殖民经历给君主、领主和教士的内心留下了很深的印象。他们开始期待或预期，在未来会通过武力建立起更多的新统治权、更多有计划地开垦土地和建立定居点，以及从贡赋、税收、租金和什一税中获得更多收入。

这种对进一步扩张的自信的一个显著标志是，存在着很多预期性的、投机性的和前瞻性的土地授予和头衔。在这些中世纪贵族中，存在着一个期货市场。意大利南部的诺曼征服者罗伯特·圭斯卡德在 1059 年采用的头衔很好地体现了这种预期心理："蒙上帝和圣彼得的恩典，阿普利亚与卡拉布里亚公爵，以及，蒙他们所助，未来的西西里公爵。"[29] 在当时起草的文书中，经常可以看到仔细规划，但尚且停留在设想之中的征服行动。例如，在 1150 年，卡斯蒂利亚王国与巴塞罗那伯爵"就撒拉森人现在占据的西班牙土地"达成了一项协议，根据其中的条目，在收复巴伦西亚与穆尔西亚（Murcia）之后，伯爵将占有这两块地方，作为对国王的效忠的交换。[30] 在这个例子中，对战利品的瓜分有点为时过早，因为在过去不到 10 年的时间里，阿尔摩哈德人（Almohads）从摩洛哥山区北上攻来，基督徒在战事中处于绝望的守势。巴塞罗那伯爵的后代直到 13 世纪三四十年代才实现他们在 1150 年设定的目标。当然，扩张心态并不能保证扩张实现。然而，这种授予的频繁出现暗示了在当时的世俗与教会贵族中普遍存在的一种对外来扩张的期待。

军事修会特别渴望在他们作战的三个区域——地中海东岸、伊比利亚半岛和波罗的海地区——接受这种预期性授予。十字军君主的黎波里伯爵雷蒙德三世（Raymond Ⅲ of Tripoli）在 1185 年把伊斯兰城市霍恩斯（Horns）的权利授予医院骑士团，而当时萨拉丁正在逐渐把十字军国家完全纳入掌控。[31] 西班牙国王有规律地向军事修会和各个教会提供预期性授予。阿拉贡-加泰罗尼亚君主雷蒙德·贝伦加尔四世（Raymond Berengar Ⅳ）在 1143 年向圣殿骑士团提供了大量的赠予，并有如下具体规定："我把自己蒙上帝的恩助公正地获得的一切的 1/10 无偿赠予你；占领的撒拉森人的土地的 1/5，我也赠予你。"[32] 在 11 世纪末，阿拉贡国王桑乔·拉米罗（Sancho Ramírez）把埃赫亚（Ejea）和帕拉迪拉（Paradilla）的穆斯林偿付的贡金的 1/10 赠予一座法兰西修道院，此外"当上帝以神圣的意志把这些村庄纳入神圣的基督教世界时，这两座村庄中的清真寺将会被变成以上帝和拉瑟夫-马热赫的圣玛丽（St Mary of Sauve-Majeure）之名的教堂"。[33] 显然，在当时的人眼中，拉丁基督教世界的扩张不但正在发生，而且会在未来不断延续。在以下这个波罗的海地区的案例中，十字军骑士看上去有点贪过头了。根据利沃尼亚的亨利的记述，宝剑骑士团这个以在利沃尼亚（波罗的海东部地区）推行十字军运动为目的的军事修会向里加主教索要"整个利沃尼亚和所有那些尚未皈依的土地和人民的 1/3，上帝在将来定会通过他们和里加地区的其他人将这些尚未皈依的土地和人民纳入神圣的基督教世界"。主教没有同意。他表示："一个人不能把不属于他的东西赠出去。"骑士们只能满足于已经获得的土地的 1/3。[34] 然而，更常见的情况是，地方显贵很乐意赠出不属于他们的东西。就像征服者威廉一样，他们相信，"那个把自己的所有连同敌人的所有都赠出去的人定能战胜他的敌人"。[35]

预期性授予在爱尔兰和威尔士也很常见。英格兰国王会赠予一位男爵"他已获得或在未来能够从我们的威尔士敌人那里获得的所有的土地和财产"或"他能够从国王的敌人威尔士人那里征服的所有土地"。[36]爱尔兰国王统治的土地被作为预期性授予大规模地赠送了出去。在一个著名的例子中，康诺特在同一天被赠予了一位盎格鲁-诺曼领主和康诺特的当地国王。[37]领主们也在更为基层的层面上做预期性授予。例如，韦尔东的尼古拉斯（Nicholas de Verdon）赠出了"将在我的乌列（Uriel）领土上建立的第一座城池的两位骑士的封地"的什一税；[38]骑士罗利努斯（Roelinus）赠出了"我已经获得或在未来能够在爱尔兰征服的所有教堂和什一税"。[39]意大利的诺曼人也同样地乐观。11世纪中叶，他们的首领"铁臂"威廉（William Iron Arm）提出与萨勒诺君主分享"已经获得和有待征服的土地"。[40]在罗伯特·圭斯卡德与他的兄弟罗杰解决了彼此之间的分歧后达成协议，罗杰当获得"已经获得或将会获得的"卡拉布里亚的一半领土，"直到雷焦（Reggio）"。[41]预期性的征服甚至延伸到了梦中。一名贝内文托的修士梦到两块人口稠密的土地，一块大些，另一块小些。给他解梦的人解释道："这些人是至高的上帝交付给罗伯特·圭斯卡德的属民，较大的土地是那些尚未但将要臣服于他的人的土地。"[42]梦中的想法实在地指向了新的征服土地。

因此，在中世纪盛期从西欧涌向大陆边缘地区的征服者与殖民者期待着扩张性的未来。当他们回首过往，他们看到的是征服与殖民的形成阶段。征服者们意识到他们的权利是在征服活动中而不是在原住地，而且他们以此为荣。对于征服贵族的后代来说，征服被神化为一个原初时刻和决定性的时间缺口。阿普利亚的威廉在写《罗伯特·圭斯卡德事迹》时，用以下文字表明了自己的写作意图：

> 作为这个时代的诗人，我将努力宣扬这个时代人类的事迹。
>
> 我的目的是讲述，诺曼人是在谁的命令下
> 前往意大利，他们又是如何在那里定居
> 以及，他们在谁的领导下在那片土地上赢得胜利。[43]

占领土地的时刻成了一种组织记忆与过去的定向点。一名法兰西教士在提到 1099 年十字军占领耶路撒冷时这样说道："啊，如此渴望的时光！啊，所有其他人都铭记在心的时光！"[44]耶路撒冷王国后来的作家也时常用"城市的解放日"来纪年。[45]这只是英雄式的土地占领的最极端的例子。在编年史中特意使用城市的占领日作为纪年标志，突出了征服所代表的戏剧性的新起点。勃兰登堡侯爵用如下文字记述他对勃兰登堡的占领："在主道成肉身的第 1157 年，6 月 11 日，侯爵蒙上帝的恩典，作为胜利者攻克了勃兰登堡城。"[46]在西班牙史书中也可以见到类似的胜利入城和崭新起点：

> 在曾经的塞维利亚大主教，莱昂的圣伊西多尔的圣骸迁移日，根据西班牙纪年法的第 1286 年，我们的上主耶稣基督道成肉身的第 1248 年，当高贵而幸运的国王费迪南大

人进入这座高贵的塞维利亚城。[47]

那些参与这些新起点的人被迅速神化，并在集体记忆中占据了特殊的地位。在爱尔兰，1299 年一起案件的陪审员可以向前追溯到 100 年前"第一次爱尔兰征服的征服者罗杰·皮帕德（Roger Pipard）"的先例。[48] 当米斯领主热纳维尔的杰弗里在 13 世纪的最后 25 年批准他的男爵享有的特权时，他先行"聆听并理解了我的米斯显贵及他们的祖先——那些跟随莱西的休（Hugh de Lacy）首次前来爱尔兰征服之人——的令状和记录"。[49] 对征服活动的参与可以成为特殊地位的基础。例如，希腊的摩里亚（伯罗奔尼撒半岛）在 1204 年第四次十字军东征后被法兰克骑士征服。在那里，一个由"征服男爵"构成的享有极高特权的群体出现了。这些人是那些在"初得政权"时接受封地封赐者的后代。他们有权通过遗嘱随意处置他们的封地，而其他没有这项特权的封臣在没有直接继承人的情况下须把封地归还领主。在一个案例中，对一名参与反叛的封臣的惩罚是把他的封地从前一种类型降格为后一种，"这样一来，在未来，他就不再以征服的方式持有它了（tenir de conqueste）"。[50] 在这一表述中，这种特权化的男爵领长期召唤着关于征服的初始时刻和征服参与者的记忆。正如一位专家所言："摩里亚的法律是由征服的事实所主导的。"[51]

对这种征服战役的记忆可以为一种原始的贵族平等主义提供一个创立令状。如果一个政策的形成阶段被描绘成一项危险的事业，所有的参与者都分担风险并赌这项事业能有收益，那么征服者的后裔就能够通过诉诸这种初始的联合事业来抵制来自君主的压力。法兰克人统治下的摩里亚正提供了这样一个例证。当摩里亚君主维勒哈杜因的威廉（William de Villehardouin）被拜占庭皇帝囚禁并被逼迫割让他的领土时，他的回应所体现的正是这样一种观念，尽管其中或许带有他的主观倾向：

> 我的大人啊，摩里亚的土地如今并非我继承的私产，并非从我的祖先那里继承过来因而有权让渡或当作赠礼的土地。这片土地是由那些与我的父亲一起从法兰西前来罗马尼亚（Romania）的贵族征服的，他们是我父亲的朋友和同伴。他们用剑征服了摩里亚的土地，并异常仔细地做了分割。每个人都根据自己的等级获得了一份土地，随后，他们一起选举了我的父亲……让他成为他们的首领……因此，皇帝大人，我无权从这片我统治的土地中让渡哪怕一小块，因为按照我们的惯例，是我的先辈用剑赢得了它。[52]

如出一辙的观点也在其他的征服国家和政权中出现。伯爵瓦伦（Warenne）在被为爱德华一世做"以何为凭"（quo warranto）调查的法官问询时如此反诘："我的祖先和'杂种'威廉一道来到这里，并用剑征服了他们的土地。"[53] 当同一位爱德华国王质疑格洛斯特（Gloucester）伯爵在他的威尔士领地格拉摩根（Glamorgan）的统治权时，这位伯爵的回答是，"他是通过他与他祖先的征服拥有的这些土地和权利"。[54]

征服产生出一种比简单的丛林法则更复杂的"征服法则"。当基督徒于 1099 年占领耶路撒冷时，他们根据一种规范化的征服权利攫取城中的房舍：

　　大屠杀过后，他们进入了市民的房舍，搬走了能够找到的一切。无论富人还是穷人，第一个踏入房舍的人都不会受到任何其他人的伤害，并可以把该房舍或殿宇及其中可以找到的一切都据为己有。他们彼此之间确立并遵守这项规矩。[55]

　　12 世纪时，穆斯林埃米尔乌萨马描述了基督徒如何攻占城市，并在此之后"占据房舍，而且，他们中的每一个人都在一间房舍挂上十字架的标识，并竖起他自己的旗子"。[56]

　　把征服看作历史节点的强烈意识自然隐含了前征服时代的意象，即在征服者到来之前，土地由其他人占有和居住的时期。对被夺取土地的前主人的意识也反映在令状中使用的如下短语里：爱尔兰令状中的"在爱尔兰人的时代"、西班牙令状中的"在摩尔人的时代"和"在撒拉森人的时代"，以及在威尼斯人统治的克里特岛令状中的"在希腊人的时代"。[57]至少在一份令人困惑的令状中，"在撒拉森人的时代"这个短语被用于一项预期性授予：在未来击退穆斯林之后，巴塞罗那伯爵将获得德尼亚城（Denia，位于巴伦西亚南部），连同"其中的附属物，以及所有那些在撒拉森人的时代撒拉森人所拥有的地产"。[58]起草这份令状的人不但遥望未来，还从未来回望过去——当然，那就是他们的当下。

　　这幅深嵌于征服者与新定居者心中的画面，包含了大概可以被宽泛地称为"那个时候"——当下新体制之前的时代——的强烈意象。一个关键的问题自然是以"那个时候"为依据所主张的法律权利的地位。人们并不确定，征服是否创造了一个司法意义上的"白板"（tabula rasa），即一个全新的起点，以及在这个戏剧性的断裂时刻之前的占有权和特权是否在新时代还具有效力。例如，在爱尔兰，征服的法律意义对于界定财产权具有决定性的重要意义。在盎格鲁–诺曼人到来之前就存在的教会急于确认它们对在这个重要时刻之前获得的土地和被授予的权利。在令状术语中，那个决定性的时刻被界定为"英格兰人的到来""英格兰人对爱尔兰的征服""法兰克人来到爱尔兰"或——根据一个名为亨利·菲茨·里斯（Henry fitz Rhys）的人的令状——"英格兰人与威尔士人来到爱尔兰"，而最准确的界定是"[强弩]理查伯爵首次来到爱尔兰"。[59] 1256 年，蒂厄姆（Tuam）教省的主教与他们的佃户抱怨说："有人对他们和他们的前任在国王的祖父亨利大人[亨利二世]时代毫无争议地持有的土地提出诉讼，这些土地从英格兰人的征服起，甚至在他们来到爱尔兰之前，就属于他们的教会。"[60] 对于这项案件，王室的裁定表明他们对教会在征服之前的占有权不予考虑：

> 对于这类案件，我们规定，如果原告的起诉所基于的是他的祖先在国王的祖父亨利的时代之前和英格兰人的征服之前所持有的财产占有权，而没有提及国王的祖父的时代或征服时代之后的财产占有权，他将在案件中败诉，并因此失去他的权利。

对"征服以来"的权利行使的确立在爱尔兰法律案件中是打赢官司的关键。"征服以来"构成了一种法律记忆的限定。[61] 在威尔士也存在类似的情况。王室律师不承认基于当地君主的令状所宣称的权利，他们的整体反驳是，"威尔士的土地是征服的土地……这次征服废除了每个人的所有人身与财产权利，把它们与英格兰王室相联系，并依附于后者"。[62] 即使在那些本地王朝并没有遭到征服，而是由他们自己主导了新贵族阶层的引入和社会变革的政权中，对一种时代裂点的强烈意识也依然存在。有一位梅克伦堡（Mecklenburg）公爵是异教斯拉夫君主的后代，他在 13世纪德意志贵族、市民与农民移民的风暴中成功维持了统治。当他确认自己的封臣的权利时，他所批准的是"他们的父辈和祖先自新殖民以来所享有的权利"。"新殖民"（novella plantacio）意味着地方史中的一个"崭新的起点"。[63] 它在那些后来人的心中留下了深深的烙印。

征服文学

因此，征服和殖民可以呈现为一种充满戏剧性的形成过程，对参与者（或受害者）来说常常表现为一种独特的、具有决定性的，可能还是英雄式的故事。第一代殖民者讲述他们来到新土地的故事，描绘这些早年岁月中的恶棍和英雄，并神化某些历史时刻。因此，一系列的故事、传奇和记忆被创造了出来，其中一部分因为得到了文字传播而能够还原。这些征服者与移民制造了一种征服文学。

表现征服活动的文学（既有韵体，也有非韵体）在中世纪盛期的勃兴，是文学史的一个重要部分。例如，法语非韵文文体就起源于征服文学。其最早的例子是写于 1210—1220 年的两个文本。一个是克拉里的罗伯特（Robert of Clari）对第四次十字军东征的法语非韵文记述，其开篇是："那些征服了君士坦丁堡之人的历史由此开篇，我之后将向你们讲述他们是谁，以及他们为什么会前往那里。"[64] 类似的一部阐述性的征服文学是维勒哈杜因的杰弗里（Geoffrey de Villehardouin）的《君士坦丁堡的征服》（*Conquest of Constantinople*）。[65] 作者杰弗里是这次出征的首领之一，这部作品因此具有很浓的辩白色彩。大约在同一时期，提尔的威廉（William of Tyre）的《编年史》的俗语译本问世了，这本书描绘了十字军政权的创立和历史。这本译著连同该书的法语续写本（其出现甚至可能早于译本）被当时的人称作"征服之书"（Livre dou conqueste）。[66]

　　盎格鲁–诺曼人来到爱尔兰 20 年后，1169 年，威尔士的杰拉德（Gerald of Wales）撰写了《爱尔兰征服记》（*Expugnatio Hibernica*），以带有高度倾向性的方式叙述了他的亲戚是如何"击溃爱尔兰人的垒阵"的。[67] 作为参与这项冒险事业的主要家族之一的成员，杰拉德可以收集他那些在爱尔兰打了 20 年仗的叔叔和堂兄弟的记忆。杰拉德写道，他们"高尚的行为能确保他们每个人获得永久的赞颂与纪念"。[68] 这本史书是一部关于征服的家族史诗，在很多方面类似于记述 11—12 世纪诺曼人在意大利南部的功绩的史家作品。与杰拉德的作品构成姊妹篇的，是另一部对相同的事迹的英雄式记述，但这部作品属于另一种文体，并非拉丁史书，而是法语韵体编年史。这部后来被称作《德莫特与伯爵之歌》（*The Song of Dermot and the Earl*）的作品由 3 500 个押韵的八音节诗句构成。《德莫特与伯爵之歌》的很多地方都有所谓口头文学的痕迹，例如，用呼语称呼听众（"男爵大人们……你们知道……"）；强调故事的真实性（"绝无欺言"［sanz mentir］、"属实"［de verite］等），尤其是通过援引史源（"根据提供信息给我的人所说"〔solum le dist de mun cuntur〕和"正如这首诗歌告诉我们的"〔Cum nus recunte le chanson〕）和重复诗行（"他们到处寻找医生／为的是治疗病人：／为治疗他们中的伤者／他们到处寻找医生"）的方式。[69] 尽管《德莫特与伯爵之歌》确切的撰写年代和作者都存在争论，但它很可能是在13世纪的头25年被写成我们今天所见的样子，而其所使用的主要史料信息则来自12世纪70年代。[70]

有趣的是，德意志人在波罗的海东部地区的殖民定居发生在盎格鲁–诺曼人入侵爱尔兰数十年之后，而记述他们的事迹的，也是一份由教士撰写的拉丁编年史和一份俗语韵文。可与杰拉德的作品相比拟的拉丁史书是利沃尼亚的亨利的编年史，它逐年记载了从12世纪最后几十年到1227年德意志人在利沃尼亚建立统治的历史。与杰拉德不同，亨利对当地土著持鲜明的同情立场，他更是将自己视为一名传教士而非殖民者。他批判德意志审判官的严苛行径，"他们在履行公职时更多的是为了中饱私囊而非敬重上帝的正义"。[71] 他还用很长的篇幅颇为认同地描述了教宗使节萨比纳的威廉的来访。根据他的记述，威廉"劝解德意志人不要让新入教的信徒承受重量难以忍受的轭，而是要给他们我主那甜蜜的轻轭"。[72] 利沃尼亚的新殖民地在创建时经历的阵痛和随后的历史，也被记述在一部德语双行体韵诗《利沃尼亚韵律诗编年史》（*Livländische Reimchronik*）中。《利沃尼亚韵律诗编年史》写于13世纪晚期，作者很可能是条顿骑士团的成员。对爱尔兰和利沃尼亚的征服事迹的历史记录，均各有一部拉丁文献和俗语文献，这为我们审视一个殖民社会在创立之初的岁月里的自我呈现提供了异常丰富的材料。[73]

所有的征服文学都试图向征服者们解释"我们为什么会在这里"。《德莫特与伯爵之歌》用一种相当个人化的方式提供了这个解释。爱尔兰国王德莫特在得到他的对头奥罗克（O'Rourke）美丽的妻子的默许后携走了她，奥罗克"为报复这一羞辱"（sa hunte... venger），联合当时的爱尔兰至高王（High King）奥康纳（O'Connor）对德莫特发动了攻击。在这种情况下，德莫特的很多附庸都抛弃了他们的领主：《德莫特与伯爵之歌》的作者谴责了这些人的"背叛"（traisun），称他们为"叛徒"（felun 或 traitur）。遭到背叛和流放的德莫特向英格兰寻求庇护，抱怨说："我自己的人民不公正地把我赶出了我的王国。"在得到英格兰国王的同意后，一群盎格鲁-诺曼骑士和男爵同意帮助德莫特。不久之后，他们就奔赴爱尔兰岛，占据土地，并开始降伏背叛者。作为这部诗歌的主题，掳拐美貌的德沃尔吉拉（Devorguilla）的故事和复仇的需求，一定颇能打动封建贵族，无论他们是否了解《伊利亚特》的情节。把最初到达爱尔兰的盎格鲁-诺曼人描绘成旨在协助一位"谦恭的国王"重获世袭产业的骑士冒险家，也一定颇合这些殖民者的胃口。此外，这部诗歌还更直白地为英格兰殖民贵族的地产权利提供合法性依据。诗中包含了一段对第一代殖民者的土地分配的详细叙述，超过百行：

> 伯爵理查于是赐予
> 马里斯·菲茨杰拉德
> 纳斯（Naas）；这位好伯爵把它赐给
> 菲茨杰拉德，使他充满荣光。
> 这块土地位于奥费兰（Offelan），

过去属于背叛者麦卡兰（MacKelan）。

他还把威克洛（Wicklow）赐给了菲茨杰拉德，

这块土地位于布雷（Bray）和阿克洛（Arklow）之间。

这片吉尔曼丹（Killmantain）的土地

位于都柏林与韦克斯福德（Wexford）之间。

奥慕莱希（Omurethy）的 20 块封地，

高贵的伯爵也赐予里德勒斯福德的沃尔特（Walter de Ridelesford）。[74]

　　这段对伦斯特和米斯的领地分封的记载本身构成了一份创立封地的令状。有学者有些过于热情地将其描述为"首批盎格鲁–诺曼殖民者的最初《末日审判书》"。[75]

　　威尔士的杰拉德的《爱尔兰征服记》也回答了诸如"最早来到爱尔兰的盎格鲁–诺曼人是谁？"和"我们的殖民地的根源在何处？"的问题。但是，杰拉德的宗派色彩更为明显，在他的笔下，并非所有的入侵者都是英雄。他所拥护的是由主要来自威尔士南部的首批殖民者构成的征服精英群体内的一个团体，当然，特别是他本人的家族。这部史书本身揭示了对菲茨杰拉德家族的偏爱与汲汲于王室庇护机会之间的紧张关系。《征服记》是献给英格兰的"狮心王"理查的，并包含了一则献给英王亨利二世的颂词。在一段名为"赞颂他的家族"（Generis commendatio）的文字中，杰拉德写道："家族啊，族人啊！总是因为你们的数量和内在的力量（innata strenuitas）而遭到猜疑。家族啊，族人啊！如果上面没有对他们的力量（strenuitas）的嫉妒之心，他们有能力凭借自身征服任何王国。"[76] 我们能从这段话听到一个征服贵族群体的不满之声，他们感到，英格兰国王对自己的支持并非全心全意，这束缚了他们的手脚。尽管表达了这种紧张（或者说，恰恰因为表达了这种紧张），但《征服记》成了一部成功的作品。它共有15部中世纪抄本（不包括节选），在15世纪，它被译成了英语和爱尔兰语，英语译本在爱尔兰的流传很广（有6部抄本）。[77] 很显然，这部作品所记载的殖民地的起源故事在后来也十分流行。事实上，《霍林斯赫德编年史》（Holinshed's *Chronicles*）在1587年的修订版收录了该书的译本，使《征服记》在伊丽莎白与斯图亚特王朝依旧流行。

利沃尼亚与爱尔兰的情况很不一样，因为在那里，殖民者是基督徒，而当地土著是异教徒。《利沃尼亚韵律诗编年史》的作者选择的开篇方式，并不是对利沃尼亚的地理或历史描述，也不是对德意志十字军的描述，而是创世和道成肉身。对他来说，这才是恰当的起点。德意志骑士在13世纪发动的战争并非作为民族历史的一段情节而出现，而是作为"上帝的智慧使基督教世界扩张壮大"这个长期历史进程的一个部分。"基督教世界"一词的抽象形式 kristenheit 和集合形式 kristentuom 在这部作品中经常出现。这解释了为什么诗人选择在诗歌开头几行提到圣灵降临节和使徒的传教。对"没有使徒前来传教"的利沃尼亚的征服，当然构成了这个对基督崇拜的传播故事的一个独特部分，但也只是其中的一个部分。这个主题贯穿全诗，从12世纪晚期到13世纪来到利沃尼亚的德意志商人与骑士一直都被称作"基督徒"（die kristen），而他们的对手——尽管诗人准确地区分了其中的众多不同部族——则被整体地称为"异教徒"（die heiden）或其抽象与集合名词形式（heidenschaft），与"基督教世界"构成对比。尽管就其本质而言，《利沃尼亚韵律诗编年史》是一部记述血腥战争的胜利主义史诗，它的框架在开头数句就表露无遗："现在我将让你们知晓，基督教是如何被传播到利沃尼亚的。"

混入这个更广阔的基督教化视野的，是中古高地德语武士文学中史诗般的英雄主义和严酷的反讽。对格里克（Jersika 或 Gercike）的一次袭击被用欢快的语气描述如下："他们在清晨来到格里克，闯入了城堡并击倒了很多强悍之人，这让他们大叫'哎哟'和'哎呀'。他们叫醒了很多当时还在城堡里睡大觉的人，并敲破了他们的脑袋。多么好的一次骑士出击啊！"另一段文字描述了立陶宛人如何"击杀了众多强悍之人，如果稍有点运气的话，这些人本还有机会抵御一番"。这种迂回并充满了宿命感的写法，从《贝奥武夫》到《尼伯龙根之歌》都很常见。整个故事充满了无尽的打斗，对条顿骑士团领袖的谱系的记述被精心穿插于其间。异教徒也可以是英雄。命运对于基督徒和异教徒同样残酷无情："因此，你能够看到如此之多毫不气馁、强悍而杰出的英雄，既有基督徒，也有异教徒，以暴死而终；那里的雪地已被鲜血浸红。"[78]

并非所有的征服记忆文学都是纯粹胜利主义的。尽管其中一些的确为进行征服的世俗贵族说话，但另外一些，例如利沃尼亚的亨利的《编年史》，则为传教的教会发声。但很明显的是，诸如《爱尔兰征服记》、《德莫特与伯爵之歌》、利沃尼亚的亨利的《编年史》和《利沃尼亚韵律诗编年史》这样的作品都属于殖民文学。它们是由外来移民撰写的；在撰写它们的地方，数代之前还没有人说这些俗语诗歌中所使用的语言。这些作品采用的文学模本拉丁非韵体史书和俗语韵体编年史都产生于西欧，即法兰西或英格兰，而非被殖民地区当地的文学。这些征服文学可谓众声喧哗，但都有着相同的殖民腔调。与诺曼神话的制造者所呈现的征服者的恶魔人格意象和法律与传说中宣扬的被征服地的历史新起点一样，赞颂性的征服文学也为征服政权和殖民社会提供了想象性的合法性依据。在这个意义上，它们构成了征服者与殖民者的令状。

命　名

征服带给西欧贵族的最终礼物是一个命名。正是在 11—13 世纪的急剧扩张过程中，"法兰克人"作为"好斗的西方人"的同义略称，被广泛使用。

这个概念如何被使用，又是何等好用，在《里斯本征服记》（*De expugnatione Lyxbonensi*）中得到了很好的体现。这部作品生动地记述了一支由来自西北欧的水手和海盗组成的十字军部队如何在 1147 年攻克里斯本城。这位不具姓名的作者很可能是一名东盎格利亚的司铎，他一开篇就立即强调了为这次出战征募集结的舰队的多元性："不同种属、习俗和语言的各个民族都聚集于达特茅斯。"他接下来详细说明了主要部队：在下洛泰尔尼亚（Lower Lotharingia）公爵之侄的指挥下，"来自罗马帝国"的人——之后我们会看到，主要是科隆的居民；在一位佛莱芒领主统领下的佛莱芒人与布洛涅人；以及以盎格鲁–法兰西骑士和英国市镇居民为首的四支分队，主要由来自英格兰港口的人构成。后文的叙述表明，舰队也包括布立吞人与苏格兰人。舰队采用了严苛的规章条令来管理，这种种族与文化的异质性无疑是原因之一。

在《里斯本征服记》的后文中，作者对这种种族区分的意识贯穿始终。正如通常会发生的情况一样，这种分类并不是纯粹中性的描述。种属的特征化伴随着种属标签：佛莱芒人是"一个凶猛、不羁的民族"；苏格兰人很守规矩，"尽管没人会否认他们是蛮族"。不难猜到，作者本人的种属——"我们的人，即诺曼人与英格兰人"——得到了颂扬。"诺曼种族总是时刻保持勇敢，这一点何人不知？" [79]

这些种族区分的力量在整个战役过程中随处可见。不同的群体之间每时每刻都在争吵和相互嫉妒。但这并不是故事的全部。作者在两处描述了超越这种种族多样性的情况。一处是，作者有时希望用一个词来概括出征的所有成员。他用的词就是"法兰克人"。他写道："法兰克人建起了两座教堂，其中一座是科隆人和佛莱芒人建的，另一座是英格兰人和诺曼人建的。"这段话中的"法兰克人"来自三个不同的王国，使用三种不同的语言（需要注意的是，政治版图的区分与语言区分并不是完全重合的）。然而，这个由骑士、水手和他们的女眷组成的异质团体，集结自莱茵兰地区、北海地区和英吉利海峡地区的各个港口，都可以被合理而方便地囊括在"法兰克人"这个概念之下。

另一个认为这个分类标签好用的人是葡萄牙君王阿方索一世。尽管如我们在第 2 章中所讨论的，阿方索本人是一个法兰克贵族侨民的儿子，这个侨民是一个在伊比利亚半岛发迹的勃艮第人，而阿方索也使用"法兰克人"这个词来描述那些"他者"。如果我们这位不具名的作者的记录准确的话，这位国王称这支由德意志人、佛莱芒人、诺曼人和英格兰人组成的混合舰队为"法兰克人的战船"。在和他们签署书面条约之后，他向所有人宣告了"在我与法兰克人之间达成的协议"，并向他们承诺，在攻克里斯本及其土地之后，将"依据法兰克人尊贵的习俗和权力"来占领这座城市。[80]

因此，这两处对"法兰克人"这个广义标签的使用是紧密关联的。其一是，这个由西欧多个种属人群构成的群体成员希望用一个标签来指称整个群体；其二是，一个自认为在这个群体之外（尽管在阿方索的情况中，这种外在性是主观的）的人，希望用一个集合名词来囊括所有的外国人。因此，在自我指称与他人命名的双重意义上，"法兰克人"这个名词都意味着"背井离乡的法兰克人"。这个概念源于一种具体的种族名称，但在 11—12 世纪被用来广义地指称西欧人或拉丁基督教世界的人，特别是那些离开家乡或远在海外的人。

十字军东征对广义"法兰克人"概念的推广起到了决定性的作用。最早记述十字军的编年史称之为"法兰克人的功业"，并且，很可能就是第一次十字军东征使"法兰克人"这个概念得到普遍使用。[81]当然，在此之前，"法兰克人"的概念已经有了很长的历史。它首先是一个种族的称呼，后来与一个特别的政体"法兰克人王国"（regnum Francorum）联系到了一起。用这个词泛指所有的西方人是 9 世纪时加洛林帝国实际等同于西方基督教世界的自然结果。[82]可以想见，最早这样使用这个概念的是非西方人。穆斯林把西欧居民称为 Faranǧa 或 Ifranǧa。[83]在 10 世纪的穆斯林眼中，法兰克人的土地寒冷但肥沃，其中的居民特别勇敢，但极不讲究个人卫生。

拜占庭人与西方政权有很多接触，常常还是不友好的接触。与穆斯林一样，他们似乎也把所有的西方人都称为"法兰克人"

（φραγγοι）。发生在 11 世纪中叶的一次交流极具启发性，当时正值君士坦丁堡牧首米哈伊尔·瑟如拉留（Michael Cerularius）与教宗之间论争的高峰。瑟如拉留给西方教士写了一封通函，被翻译成了拉丁文。译文的收件人是"给所有法兰克人的司铎首领与司铎"。希腊原文用的词肯定是 φραγγοι。易怒的枢机主教希瓦康第达的亨伯特（Humbert of Silva Candida）写了一封气愤的回信："你声称你写给法兰克人所有的司铎……但不仅是罗马人和法兰克人的司铎，而是整个拉丁教会……都出来反驳你。"[84] 亨伯特似乎认为牧首用"法兰克人的司铎"这个词是为了做种属限定，但在希腊原文里肯定没有这个意思。这里需要重视的并不是"司铎"与"整个教会"的对比，而是枢机主教认为"法兰克"并不等同于"拉丁"，仅是对后者的限定。在他回信之时，这两个概念的等同已经在东方出现，但还没有被西方接受。

很可能的情况是，第一次十字军东征中人数众多、语言纷杂的军队从已经普遍使用"法兰克人"这个概念的非西方人那里借来了此概念来指代自己。11 世纪的拜占庭作家习惯上称诺曼雇佣军人为"法兰克人"，他们也就自然而然地使用这个名称来称呼 1096 年到达君士坦丁堡的西方骑士（其中包括诺曼人）。[85] 穆斯林非常广义地使用这个概念，以至把 1110 年到达圣地的挪威国王西格德一世（Sigurd Ⅰ of Norway）称为"法兰克国王"。[86] 十字军意识到这个词是对他们的统称。奥拉的埃克哈德（Ekkehard of Aura）写道："野蛮人习惯于把所有西方人都称作法兰克人。"[87] 陪伴图卢兹的雷蒙德家族出征第一次十字军东征的牧师阿吉莱尔的雷蒙德（Raymond of Aguilers）细致地区分了十字军自己对"法兰克人"这个词的使用（指"来自法兰西北部的人"）和"敌人"对这个词的广义使用。很久之后，在 13 世纪，这种广义的用法再度流行。蒙古人的观察者，多明我托钵僧圣昆廷的西蒙（Simon of Saint Quentin）提及："所有生活在海的那一边的人把所有基督徒都称作'法兰克人'，他们是在宽泛的意义上使用这个词。"[88] 第一次十字军东征中的西方人开始愿意在这种"宽泛的意义上"用"法兰克人"指称自己。

十字军运动把很多不同种族与语言的人群聚在了一起并把他们带到了远离家乡数千英里之外的地方，这显然构成了新的认同形成的温床。十字军自然都是"朝圣者"，但他们也是"朝圣的法兰克人"。第一次十字军东征的参与者把"我们法兰克人"与"基督的朝圣骑士"[89] 等同起来，视他们的胜利有助于"罗马教会与法兰克人民的荣耀"，并为耶稣给"法兰克人的朝圣教会"带来的胜利而欢庆。[90] 当鲍德温一世于 1100 年在耶路撒冷接受加冕时，他视自己为"第一位法兰克人的国王"。[91] 这个名称象征了对不同地方的不同种族间的敌对关系的渴望已久的超越，大声宣告了在那个时代所达成的西部基督教的一统。愤恨于第三次十字军的争吵与相互中伤，吟游诗人安布鲁瓦兹（Ambroise）颇为怀旧地回顾百年前大家的团结一心：

> 当叙利亚在另一次战争中被光复、安条克被围之时，在对抗土耳其人与恶棍们的大战中，我们的人杀了很多敌人，我们之间没有算计和争吵，没有人问谁是诺曼人或法兰克人，是普瓦图人或布立吞人，是来自缅因地区或勃艮第，是佛莱芒人或英吉利人……所有人都被称作"法兰克人"，不管他们的皮肤是棕色、栗色、褐色还是白色。[92]

新的属称并不仅仅在十字军东征中存在价值，对于从西欧的中心地区向外部各处迁徙的侨民，它同样是一个方便的标签。当然，在作为外来者的情况下，泛指的法兰克人这个称呼才特别适用，因为用于西欧故乡时，这一术语有更具体的含义。因此，在12世纪下半叶，我们能在史料里读到"那些生活在君士坦丁堡的人……他们［希腊人］称之为法兰克人，是来自各个民族的外国侨民（advene）"，[93] 而在匈牙利，殖民者的定居地被称为"法兰克侨民的村庄"（villa advenarum Francorum）。[94] 在凯尔特地区也感受到了法兰克人的影响。威尔士编年史家们把11世纪晚期到13世纪早期的入侵者称为 Franci 或 Freinc。[95] 同时，正如我们已经论及的，盎格鲁–诺曼人在爱尔兰的征服活动被称为"法兰克人的到来"（adventus Francorum）。

对凯尔特地区的统治者来说，法兰克人不仅是需要对抗的对手，也是需要效仿的榜样。芒斯特的奥布莱恩家族（O'Briens）在宣示该王朝的统治权时，自称为"爱尔兰的法兰克人"。[96] 在苏格兰，这个称呼也被以相似的方式使用。那里的当地统治王朝在12世纪主导了一场对自身权力基础的激进重塑，使苏格兰的君主政体变得非常接近他们南方的邻国。在这次改革中，苏格兰国王为自己找到了一种新的认同——"法兰克人"。一名13世纪早期的编年史家观察到："最近的几位苏格兰国王，在种族、行为方式、语言和风格上自视为法兰克人，他们把苏格兰人压迫为奴，只允许法兰克人效力王室。"[97] 在12—13世纪，成为法兰克人意味着一种现代性与权力。

这个称呼出现在拉丁基督教世界的每个角落。在11世纪末和12世纪越过比利牛斯山来到伊比利亚半岛的殖民者是法兰克人，他们依"法兰克人的法律"行事。我们知道，葡萄牙国王阿方索一世曾给外来侨民（forum Francorum）授予某些特权，[98] 这或许可以解释他在 1147 年与十字军战舰打交道时对这个术语的熟悉。在 1204 年西方人攻陷君士坦丁堡之后，他们取而代之建立起一个帝国，称之为"新法兰克"（New Francia），[99] 而希腊人如果向他们的新征服者投降，便可以争取到与"享有特权的法兰克人"（φραγκοι εγκουσατοι）[100] 同等的待遇。在东欧，西里西亚、小波兰（Little Poland）与摩拉维亚的殖民定居点被授予"法兰克法律"，可以使用"法兰克类型的"土地丈量方式。[101]

因此，"法兰克人"这个词用来指作为殖民者或在远离家乡的地方征战的西方人。毫不意外，当葡萄牙人与西班牙人在 16 世纪抵达中国海岸时，当地人称它们为"佛郎机"（Fo-lang-ki），[102] 这个名字来自阿拉伯商人使用的 Faranǧa 一词。直到 18 世纪的广州，来自西方的野蛮人还在使用着他们从事劫掠活动的祖先的名称。

第 5 章

自由村庄

通过赐予权利与友好的法律，把人们从各地吸引到人迹罕至之处定居，对国家来说是十分有益的。[1]

人口背景

拉丁基督教世界为何会在中世纪盛期扩张的问题自然会引起这样一种疑问：西欧的人口是否在那时上升了呢？当然，对文化区域的扩张来说，人口增长既不是充分条件，也不是必要条件。技术与社会组织方面的优势，以及无形的文化威望和扩张的野心，都能够在人口变化不大的情况下导致文化扩张。例如，日本的部分西化就是在几乎没有任何西方殖民的情况下实现的。但中世纪欧洲的情况很显然与此不同。移民很显然构成了扩张的重要方面。因此，我们有理由直接提问，这一时期的欧洲人口有没有增长；如果有，这种增长有多快、影响有多大。

回答欧洲人口变化趋势的问题所需的历史证据，在不同时期的情况很不一样。我们大致可以将其分为三个时期：一是 19 世纪前后，全国人口普查和出生、结婚与死亡登记的存在，使高端的数据分析技术有了用武之地；二是 16—19 世纪，那时关于洗礼、葬礼与婚姻的地方登记和很多全国范围内的财政记录使细致的人口分析成为可能，尽管有时候统计数据仅限于局部地区，而且并不十分精确；三是古代与中世纪时期，总的来说，这个时期极少有数据可供使用，有的话也仅限于当地和局部，且在时间上没有连续性。中世纪盛期很显然属于人口史中最难处理的第三时期。

因为存在这些限制，在分析中世纪欧洲人口趋势时，我们不可太过自信。我们自然必须利用能够获得的统计数据，但基于这个基础远不足以建立起统计学意义上的人口史。在缺乏可靠的统计数据的情况下，间接的或印象式的证据必须被最大程度地利用。因此，历史证据的特性决定了研究中世纪盛期人口问题的历史学家所面临的任务，在性质上与研究工业时代欧洲的人口史学者的工作有所不同。

但我们也不必太过悲观。间接的或印象式的证据都指向了一个相同的历史判断，即中世纪盛期确实是欧洲人口增长的一个时期。例如，毫无疑问，在这一时期，城镇的数量和规模都有提升。单单在英格兰，12—13 世纪就规划和新建了 132 个城市定居点。[2] 在 1172 年，佛罗伦萨城墙之内的面积为 200 英亩（1 英亩约合 4 047 平方米）；在一个世纪之后的 1284 年，这个数字就变成了 1 500 英亩甚至更多。[3] 到 1300 年时，一些西欧大城市的人口可能已经接近 10 万。这种急剧的城市化并不必然构成人口增加的绝对证据，但它确实可以在这个大背景下得到很好的解释。对新农业土地的类似证据也指向人口的增长。在欧洲各地，定居网络与领地组织——包括堂区、领主领地和行政区（bailiwick）——的人口密度都在增加。整个欧洲，特别是大陆的东部，都出现了大规模且有计划的迁移和定居。价格、薪酬、租金和货币纯度这些经济指标尽管常常不易阐释，却都普遍指向人口的扩张。例如，13 世纪"巨大的通货膨胀压力"可以用"日益增长的人口对农业资源造成压力"这一事实来解释。[4]

尽管从整体上来说，这一时期的欧洲缺乏大规模的统计资料，但存在一个最显著的例外，那就是英格兰。1086 年的《末日审判书》和 1377 年的人头税申报名册（Poll Tax returns）都是全国范围的，而且几乎保存完好。它们足以吸引几位历史学家接受"做总计的诱惑"，[5] 即尝试得出整个英格兰王国的人口数字。这些史料的部分吸引力自然源自它们在时间上相隔 3 个世纪，涉及的大致是同一片区域。就我们的关注点来说，它们具有特别的价值，因为它们的时代分别是我们关注的欧洲扩张进程的早期和结束后不久。尤其是，如果有人愿意推测 1377 年的数据之前的一代或两代人（在 1348 年黑死病的影响发生之前）的人口规模，我们就有机会创造出一幅前后时代对比的画面。然而，这些资料可能不足以使我们进行这样的重构。

毫无疑问，这两份史料都很难运用。它们都不是人口普查。要想从它们中的任何一份推导出可能的人口数字，我们都不得不引入一定程度的猜测。例如，《末日审判书》记载的人口总数是268 984。[6] 这并非 1086 年时英格兰的人口。但我们大可猜测，这个总人口数究竟会是多少。达尔比（Darby）在他的权威研究中列出了这个人口清单忽略的人口，需要通过数据调整来矫正，包括城市人口、《末日审判书》未涵盖的北部各郡等。此外，在涉及那些涵盖地区的农业人口时，也自然很有可能出现误算或少算。更关键的是，被记录的人口只包括户主，而非所有个体。因此，要想获得总的人口数，这个数字就必须得乘以家庭人数，而这个乘数是多少，争议就很大了。达尔比提供了 6 种不同的算法，基于乘数是 4、4.5 或 5，以及奴隶算作个人或算作户主的不同情况。结果在 120 万到 160 万之间。把 120 万当成 1086 年英格兰的最小人口数应该是没有问题的，但最大人口数就难以确定了。波斯坦（Postan）指出，《末日审判书》中记载的人数所代表的可能并非所有户主，而只是那些享有完整租赁的人。人数无法确定的无地人口和转租者因此需要被算入总人口之中，这样大概会把这个数字增加一半。[7] 如果我们接受达尔比提供的最大数字 160 万，在此基础上再加上假设的这个一半，那新的最大数目是 240 万人。

1377 年的人头税申报名册也呈现出类似的问题。这些名册记录了 1 361 478 名年龄超过 14 岁的个体。要想从这个数字中推算出英格兰在 14 世纪的人口峰值，我们必须要考虑到逃税的比例、无须纳税的 14 岁以下人群在总人口中的比例，以及这个瘟疫之后大幅减少的人口与瘟疫之前的显然多得多的人口之间的关系。以上的每一个估算都顶多算是据理推测罢了。学者们的普遍共识是，在黑死病暴发期间，英格兰人口大概减少了 1/3。然而，瘟疫在 1348—1377 年又出现了几次反复，一些学者由此认定，1377 年的人口数可能只有瘟疫暴发前人口峰值的一半。如果接受 1/3 或 1/2 为极限参数，我们现在再来引入对逃税率（也包括豁免税赋的情况和记录遗失的情况）和对 14 岁以下人口比例的不同算法。根据已知的人类生物能力和与其他人口年龄结构的比较，后一个数字很可能在 35%—45%。最难估算的是逃税率，但有学者提出在 20%—25%，而这个估算应该是比较现实的。比这个数字还低很多应该是不太可能的。基于这个猜测，我们可以建构出人口总数的可能区间。如果逃税率低（20%）、儿童比例低（35%）而且瘟疫中死亡的人口只有 1/3，那么，根据 1377 年的数字，14 世纪英格兰人口的峰值略低于 400 万。如果我们做完全相反的假设，认定高逃税率、儿童占总人口的比例高达 45%，而且瘟疫带来的死亡率高达 50%，那么我们得出的人口峰值就会超过 650 万（参见表 1）。

**表 1　中世纪英格兰人口峰值的可能数字
（以千为单位，四舍五入）**

记录的人口	逃逸率	成年人口	儿童占比	1377 年总人口	瘟疫损失人口	最大人口
1 360	25%	1 813	45%	3 297	50%	6 594
1 360	20%	1 700	35%	2 615	33%	3 923

根据以上算法，1086 年的人口可能的最小值是 120 万、最大值是 240 万；14 世纪的人口峰值时期，这两个数字则分别是 400 万和 660 万。有人可能会说，误差边际如此之大的数据没有什么价值。然而，首先，它们毫无疑问地显示了 12—13 世纪的人口趋势是上升的。因此，它们印证了间接证据。其次，这些数据能够用来构建人口增长率的可能区间。如果我们取 1086 年数据的最小可能值和 14 世纪的最大可能值，那么就能得出这段时期最高可能的人口增长率；如果我们取 1086 年数据的最大可能值和 14 世纪的最小可能值，那么就能得出最低可能的人口增长率。这些比例可以与其他历史时期的数据做比较。其结果见表 2。

表 2 不同历史时期的人口增长率

增长率 （% 每年）	具体历史时期	增长率 （% 每年）	具体历史时期
−0.07	英格兰 1650—1700 年	0.68	**英格兰 1080—1330 年 （最大假设）**
0.20	**英格兰 1080—1330 年 （最小假设）**	0.80	现代发达国家
0.27	英格兰 1700—1750 年		
0.35	英格兰 1541—1741 年	0.81	英格兰 1750—1800 年
0.48	英格兰 1600—1650 年	1.33	英格兰 1800—1850 年
0.62	英格兰 1550—1600 年	2.50	现代不发达国家
0.62	英格兰 1541—1871 年		

如我们所见，12—13 世纪英格兰人口年增长率的可能区间是 0.2%—0.8%，大概相当于 16 世纪中叶至 18 世纪中叶的人口增长率，[8] 即英国尚处在前工业时代，但记录保存要好得多的时代。考虑到长期趋势和这种增长的持续性，我们能合理地宣称，中世纪盛期的人口增长率总体上与 16—18 世纪初的增长率相近。当然，这里肯定存在时间和地点上的巨大变化。人口有时会下降；有时，增长的速率会比我们估算的最大可能值还要高。例如，萨默塞特郡（Somerset）的汤顿（Taunton）的地方记录被幸运地保存了下来。这些记录显示，1209—1348 年的人口年增长率是 0.85%。[9] 在尼斯（Nice）周边地区，家户数目从 1263 年的 440 户增长到了 1315 年的 722 户，年增长率为 0.95%。[10]

关于中世纪的人口史，还存在众多未解之谜。我们完全不清楚，这种人口增长究竟是在 11 世纪之后还是在 11 世纪时就已经开始发生或加速，或者它是否是多个世纪长期增长的顶点。我们也没有一个完全令人满意的模型，可以把影响生育的因素（包括出生率、结婚率和死亡率等）与生产力的限制（如农耕技术）或社会结构（如家庭模式和财产权利）等参数整合在一起。然而，在考察中世纪盛期的扩张动力时，我们要心中有数：这段时期出现了可以与现代早期相当的长期人口增长、高速城市化和对外迁移。

迁移模式

在中世纪盛期，欧洲的人口不仅在增长，而且在移动。有些人口移动是短距离的，比如新的城镇被邻近村庄的移民填充，或者是农业定居者在离他们原住处不远的地方新建附属农庄或农场。但是，也有些人口移动以陆路和海路的方式把殖民者带到距离出生地数百，甚至数千英里之外的地方，有些目的地的环境在气候和文化上都让迁移者感到完全陌生。历史学家把 4—6 世纪这段时期称为"民族大迁徙时期"（Völkerwanderungszeit），但如果就移民的数目和长期影响来看，中世纪盛期的迁徙运动事实上更配得上这个称呼。

这段时期人口迁移的空间格局十分复杂，但是，欧洲人口重新分布的总体状况是十分清楚的。随着人口的增加，人们从西欧的核心地区向外迁移，进入与之毗邻的大陆边缘地区，包括凯尔特地区、伊比利亚半岛、地中海零散分布的各处，特别是易北河以东的欧洲。"扩张"是一个隐喻，但从人口驱动的角度看，也是字面意义上的事实。无论有多少雇佣兵或学者从拉丁基督教世界的边缘向它的中心移动，在人数上比他们要多得多的农村与城市人口都朝着相反的方向，即向外移动：从英格兰到爱尔兰、从萨克森到利沃尼亚、从旧卡斯蒂利亚到安达卢西亚。

　　当然，出现在基督教世界各处的迁移，在规模和方向上并不一样。有些地区所受影响较深，而另一些地区的卷入程度较低。规模上的一个重要差别在于海路迁移与陆路迁移之间，在现代对"新大陆"意义非凡的大规模跨海迁徙在中世纪欧洲似乎并未发生。当时确实建立了若干跨海殖民地，特别是在圣地耶路撒冷（被称为 Outremer，即海外之地）、波罗的海东岸和爱尔兰。但在这些地区，移民通常只占少数，一般由世俗和教会贵族、市民阶级和少量持有农地的农人构成。只是在对领土毗邻地区（如伊比利亚半岛和易北河以东地区）的扩张中，我们才能看到规模达到足以产生最激烈的文化断裂和根本性的语言改变的迁徙。正是 12—13 世纪数以万计的德意志城乡移民的殖民定居——被称为"东进运动"（Ostsiedlung）——最终导致了易北河以东地区的德意志化，使讲德语的人在柏林和吕贝克等地区扎根，这些地区后来成为德意志世界的标志。对于这种类型的稠密定居与如利沃尼亚或叙利亚等"海外之地"迁移人口的稀疏分布之间的反差，一个可能的解释是，跨海迁徙需要支付路费。尽管陆上交通既慢又艰辛，而且运输货物时陆路比海路的运费要昂贵得多，但对个体移民或迁移家庭来说，无论是靠步行、骑行或坐车，都能沿着陆地线路便宜且十分独立地出行。海上旅行也会瞬间制造更高的花费。

　　扩张性移民主要出现在 12—13 世纪，但在一些地区出现得更早。在伊比利亚半岛，早在 9—10 世纪，基督徒的殖民定居就伴随着征服出现了，但 1085 年攻克托莱多着实加速了这一进程。根据穆斯林作家的记载，就是在那时，"法兰克人的力量第一次得到展示"。[11] 12 世纪上半叶阿拉贡人夺得埃布罗河谷，13 世纪中叶卡斯蒂利亚人进入安达卢西亚，葡萄牙人在 1249 年永久性地占据了阿尔加维（Algarve）。在基督教国王们占据了伊比利亚半岛原本由穆斯林控制的地区时，当务之急永远是在夺得的土地上实现定居。有时候，先前的穆斯林人口的迁出使迁徙和定居成为必需；有时候，是在先前无人居住的地区设立新的定居点。绝大多数定居者来自半岛内部，但其他人是从法兰西南部漂泊而来。12 世纪中叶，在圣殿骑士团位于图德拉与萨拉戈萨之间的地产上一些佃户的姓名具有提示性：加斯科涅人雷蒙德（Raymond Gascon）、孔东（Condom）的威廉、图卢兹的马丁和卡奥尔（Cahors）的理查。[12] 那里有广阔的土地可以容纳这些外来移民。在整个再征服运动中收复的土地总量巨大——多达 15 万平方英里，同时，伊比利亚诸王国的人口仍旧相对稀疏。然而，这一时期朝向新征服地区的迁徙重塑了半岛的人文地理。

东进运动，即德意志人在作为传统意义上德意志定居点的东部边界的易北河与萨尔河以东的殖民定居，其规模甚至比伊比利亚半岛上的更大。这一进程从 12 世纪上半叶逐渐开始，特别是在东荷尔斯泰因地区，在那里，吕贝克于 1143 年首度建城。12 世纪下半叶，德意志定居点延伸到了勃兰登堡，可能还到了梅克伦堡。1175 年，可能还到了西里西亚，在那一年，公爵波莱斯劳一世把不受"波兰法律"约束的自由赐予利布斯（Lubiąż/Leubus）的熙笃会，适用于"任何耕种修道院土地或被修道院院长安置在那些土地上生活的德意志人"。[13] 同一时期，波希米亚与特兰西瓦尼亚（Transylvania）也出现了若干德意志人的定居点。之后，在 13 世纪，从爱沙尼亚到喀尔巴阡山，整个东欧到处都是说德语的人。其中一些是农人，一些是商人，另一些是矿工。他们的到来永久改变了欧洲的版图，并产生了迄今为止最重要的历史影响。

与再征服运动和东进运动中的殖民定居相比，其他的人口移动案例当然没有那么具有戏剧性。但是，对殖民定居的发生地来说，这些人口移动都产生了重大影响。它们进一步印证了，人口的迁移是一种实实在在发生在整个欧洲大陆的普遍现象。当农业移民进入塔霍河（Tagus）河谷或西里西亚森林时，凯尔特地区（威尔士、爱尔兰和苏格兰）从英格兰（也部分地从法国北部）迎来了新的殖民人口，而在地中海东岸的一些定居点伴随着十字军东征出现了。在所有这些例子中，我们都可以看到人口从西欧核心地区向外流动。

我们可以用佛莱芒人作为这种向外流动的一个例子。佛莱芒人居住在北海海岸的佛兰德低地地区。在中世纪欧洲的框架中，佛兰德应该被归于"中心"地区。它位于英、法、德之间繁忙的航线上。佛兰德见证了集权化的封建公国的早期发展，拥有阿尔卑斯山以北最重要的商业与制造业城镇群，并且人口密度很可能比意大利以外任何规模相当的欧洲地区都要高。即使在 14 世纪的诸多危机之后，佛兰德依旧有足够的活力形成一种独一无二的文化，这种文化被误称为"勃艮第文化"。

在中世纪盛期，佛莱芒人散布欧洲各处。他们中很多人是农业定居者，但佛莱芒骑士、士兵、工匠也出现在拉丁基督教世界的各个角落，甚至在更远的地方活跃：一个名叫雷蒙德的佛莱芒人在 1081 年的君士坦丁堡担任"城门的首席守卫与看护人"。[14] 1066 年诺曼征服英格兰时，有如此之多的佛莱芒人涉身其中，以至在征服完成后，威廉一世在颁发保护约克大主教的土地的法令中，威胁要制裁那些"法兰西、佛莱芒或英格兰的"违法乱纪者。[15]
发生在英格兰的军事冒险持续吸引着佛莱芒人，他们在 12 世纪
的诸场内战与反叛中充当了重要的雇佣兵角色。例如，在 1173—
1174 年的大反叛中，反叛首领之一的莱斯特伯爵"与佛莱芒人、
法兰西人和来自弗里斯兰的人一起踏上征程"。加入反叛者行列的
苏格兰国王有兴趣从佛兰德招募佛莱芒人"和他们的舰队，连同
数百名强健之人"。一名当时的观察者却并不看好这些来自城市的
募兵，把他们前来的目的描绘成"来为自己赢取热切渴望的英格
兰羊毛"。我们的编年史家补充说："事实上，他们绝大多数都是
织布工，并不知道如何像骑士一样使用兵器，他们前来的原因无
非是劫掠与收获战利品。"[16]

其他的佛莱芒战士感兴趣的是另一种更实在的回报，他们成
功在东道国成为受人尊敬的地主。例如，他们中的一小群人作为
骑士土地承租人，被苏格兰国王马尔科姆四世（1153—1165 年在
位）安置在上克莱兹代尔地区（Upper Clydesdale）。他们特征明
显的名字，如维佐（Wizo）和拉姆金（Lamkin）也体现在他们的
地产命名上：维斯顿（Wiston）、拉明顿（Lamington）。其他佛莱
芒人，如佛莱芒人弗莱斯金（Freskin）和贝罗瓦德（Berowald），
在甚至更靠北的马里（Moray）与埃尔金（Elgin）地区获得了土
地，狮子威廉的兄弟加里奥（位于阿伯丁郡）领主大卫伯爵的一
部令状是颁给"法兰西人、英格兰人、佛莱芒人与苏格兰人"的。
中世纪苏格兰的两个最重要的贵族家族，道格拉斯与马里，都是
佛莱芒人的后裔。[17]

另有一些佛莱芒人在城镇中定居。他们被描述为构成苏格兰
"早期市民人口的重要组成部分"。他们在贝里克郡（Berwick）有

属于自己的中心"红屋"（Red House），它们是由苏格兰国王授予的。[18] 他们在维也纳也显然拥有一块殖民地。1208 年，奥地利公爵利奥波德六世把一些特权授予了"我的市民，我把这些我称之为佛莱芒人的人安置在我的维也纳城中"。[19] 所有东进运动的大城市都有姓氏中带有"佛莱芒"的居民，这揭示了他们的原初出身。[20] 作为农业殖民者的佛莱芒人，与他们的荷兰邻居一样，特别擅长排水（drainage）。这个专长使他们很受欢迎。在公元 1000 年以前，他们已经开始通过修筑堤坝与排水沟来保护与开垦土地。佛兰德伯爵鲍德温五世（1036—1067 年在位）因"你的关心和努力使荒地变得肥沃"而受到称赞。[21] 在随后的一个世纪中，这项专长也被佛兰德以外的领主发掘利用。1154 年，迈森主教盖鲁恩（Bishop Gerung of Meissen）"把从佛兰德移民来的精力十足的人安置在某个未开垦而且几乎无人居住的地方"，建起了一座有 18 份地的村庄。[22] 5 年之后，巴伦施泰特修道院院长阿诺德（Abbot Arnold of Ballenstedt）把易北河附近的一些曾经被斯拉夫人占领的村舍卖给了佛莱芒人。这些佛莱芒人把这些村舍重新组织为一个 24 份地的村庄，这个村庄遵守佛莱芒法（iura Flamiggorum）。[23] 佛莱芒人对易北河以东的殖民活动的参与是如此的独特，以至那里的两种农民土地持有形式（以"份地"为单位）中的一种被称为"佛莱芒份地"。[24] 直到今天，弗莱明格（Flemmingen）这样的村名、弗兰明（Fläming，位于勃兰登堡）这样的地名，以及，如有些学者所指出的，低地方言的痕迹，都彰显了佛莱芒农民在易北河以东的殖民活动留下的印记。[25] 特兰西瓦尼亚位于人烟稀少的匈牙利王国东部。那里最早的德意志定居者是应国王盖札（Geza）的邀请在 12 世纪四五十年代前去的。在 12 世纪的文献中，他们被称为佛莱芒人。[26] 尽管有些学者认为，这个称呼在那时已经泛化为"殖民者"的含义，但另一些学者则指出，在某种程度上，"佛莱芒人"的称谓确有具体的种族指向，而且所指的可能是那些并非直接来自佛兰德，而是从德意志东部的新佛莱芒村庄中前来的佛莱芒定居者。

1108 年前后，英格兰国王亨利一世也在威尔士南部安置了大量佛莱芒人定居。他们给威尔士人带来的影响被记载在当地的编年史书《诸王编年史》中：

> 亨利国王把一群出身和习俗都很奇怪的人送到了达费德（Dyfed）的土地上。这群人占领了整个罗斯（Rhos）地区……在彻底驱逐了当地居民之后。据说，这帮人来自佛兰德。佛兰德位于布立吞人的海边。因为海水吞没了他们的土地……他们无法找到容身之地——因为大海淹没了海岸的土地，而山上挤满了人；因为人多地少，不可能每个人都在那里生活——这群人恳求亨利国王赐给他们一个地方居住。他们此后就被送到了罗斯，赶走了在当地本分生活的居民，使他们失去了自己合法拥有的土地和应有的容身之所，从那时起直到今天。[27]

这段话并非完全准确。所谓佛兰德的"山"不过是这位威尔士编年史家想象的景观，而非佛兰德的实际地貌。但这里提供的核心信息很明确：从一块相对狭小、人口过剩还受海水侵袭的土地，走出了一群移民，他们来到了遥远且在文化上非常不同的新环境。

　　佛莱芒人在威尔士南部的殖民地以彭布罗克郡南部的罗斯地区为中心，之后的几代人都保持了自身的文化独特性。那里有独特的人名，如在 1112 年从佛兰德到彭布罗克郡的途中路过伍斯特的"佛莱芒人的头领"维佐的后代[28] 和 1130 年王室档案中记载的奥莱克（Ollec）之子弗莱斯金；可辨认的佛莱芒地名，如维斯顿（可比较克莱兹代尔的同名地）；甚至还有独特的占卜术。至少在公元 1200 年之前，彭布罗克郡一直都在讲佛莱芒语。外来移植的殖民者与威尔士本地人之间的敌意持续不断。整个 12 世纪，甚至直到 13 世纪，相互袭击和杀戮都常常发生。在 1220 年，威尔士君主罗埃林（Llywelyn ap Iorwerth）"召集了一支强大的军队进攻罗斯和彭布罗克的佛莱芒人"，并且"在罗斯和邓乐迪（Deugleddyf）盘桓达 5 日之久，大肆屠杀那里的人"。[29] 敏锐的观察家威尔士的杰拉德在 1188 年这样说起佛莱芒人：

　　　　他们是一个勇敢而强健的民族，是威尔士人的死敌，与威尔士人之间的冲突不断；这个民族善于纺织，精于贸易，为了逐利不惜在陆地或海上面对任何艰难险阻；根据时间和地点的需要，他们能迅速从事农耕或拿起武器；这是一个勇敢而幸运的民族。[30]

　　在这里，以一种更赞许的方式，让我们再次看到了佛莱芒人是织工而非骑士的观念。杰拉德将他们同样视为战士、商人和工匠的看法可能更为准确。佛莱芒人可能也是牧人，因为彭布罗克郡的佛莱芒人显然也养殖羊群。事实上，佛莱芒人最大的特点之一就是他们身份的多样性，他们既可以当骑士，也可以做雇佣兵、织工、商人和农业定居者。

1169 年，盎格鲁-诺曼人来到了爱尔兰。至少，这是史学家对这一事件的通常描述。然而，对一名爱尔兰年鉴作者来说，所发生的事情是"佛莱芒人的舰队的到来"。[31] 一大群彭布罗克郡的佛莱芒人加入了最早参与入侵爱尔兰的雇佣兵群体，在之后的数十年，他们中的很多人赢得了土地并在那里定居，就像他们已经在英格兰、威尔士和苏格兰所做的那样。以这种方式，中世纪盛期的扩张运动使佛莱芒人遍布基督教世界。我们可以在 12 世纪 60 年代的巴勒斯坦发现在那里定居的佛莱芒人杰勒德，[32] 在 1200 年前后的爱丁堡发现在那里做治安官的佛莱芒人迈克尔，在 13 世纪末的普鲁士发现在那里做埃姆兰主教的佛莱芒人亨利。佛莱芒人是这个时期人口大扩张的一个缩影。

法律框架

很显然，扩张性的迁徙把移民带去了非常多样化的环境之中。当卡斯蒂利亚人进入梅塞塔高原时，他们发现一个可以发展谷物农业、葡萄栽培和牧羊业的乡村，他们要做的只是引入足够多的定居者，并保卫这块土地免受穆斯林的侵袭。埃布罗河和瓜达尔基维尔（Guadalquivir）河谷有着非常发达的灌溉农业。在易北河以东的西里西亚、梅克伦堡和波美拉尼亚有着浓密的林地，砍伐树木后可以建立种植庄稼的农场。事实上，直到中世纪晚期，易北河以东的土地都是欧洲最重要的谷物出口区域。德意志人定居的地区向北沿波罗的海延伸直至芬兰海湾，向东延伸直至特兰西瓦尼亚。直到 12 世纪末，德意志人在特兰西瓦尼亚种植葡萄，在林间牧猪，并从匈牙利国王那里获得了特权地位。德意志人的定居区域也向东延伸至波兰东部，对那里浓密的自然森林覆盖有所蚕食，却不曾彻底将其清除。中世纪盛期殖民区域气候的多样性也十分显著。西方侨民在耶路撒冷王国遭遇到的 7 月平均气温高于华氏 77 度（25 摄氏度），而在爱尔兰的领地则低于华氏 59 度（15 摄氏度）。在一些地区，他们不得不对土地做排水处理，而在另一些地区，则需要加以灌溉。因此，殖民者发现，他们不得不适应各种差异巨大的自然与人为生态环境：亚北极森林区、沼泽湿地、肥沃而适宜的土壤、高纬度的高原、灌溉园林和半沙漠。

然而，移民在他们的新家乡确立的社会与制度安排等人为框架与这些地方的地理与农业多样性相比，却没有那么大的差异性。例如，当我们把涉及东欧与西班牙定居点的文件并置在一起时，很容易察觉到一些相似之处。我们可以举一个具体的例子。1127 年，阿拉贡国王阿方索一世把韦斯卡（Huesca）附近的特尔米诺城堡或村镇（castro or villa of Término）授予了纳瓦斯库埃斯的桑乔·加西亚斯（Sancho Garciez of Navascués），"使你可以在这座城池和村镇中定居（ut popules illo castello et illa villa）"。这是作为封地授予的。国王将拥有三份标准地产（iubatas）作为自留份地（demesne）以及另外三份供城堡使用，而桑乔也将获得三份标准地作为可继承地产。未来的定居者，如果属于骑士阶层，可领受两份标准地产；如果不是，则领受一份。他们还被赐予受fuero——埃赫亚（Ejea）的法律——的保护。国王令状的结尾写道："我把这片土地授予你，桑乔·加西亚斯，无论你们有多少人在这里定居，也无论你们如何分割它。"[33]

　　我们可以把这份令状与弗罗茨瓦夫（Wroclaw）——也就是布雷斯劳（Breslau）——主教托马斯在 13 世纪中叶颁布的一份文件做比较。这位主教把布洛肖村（Proschau）——也就是布洛肖夫（Proszów）——授予了他的骑士高迪斯劳斯（Godislaus），"作为对他的服务的报偿"，"使他根据德意志的法律以同样的方式在那里定居，就像我们那些毗邻的村庄以前依照十字军骑士团的方式定居一样"。[34] 根据估算，这个村庄能保留 50 份地土地，高迪斯劳斯将从其中领受 10 份地，而他还得相应地把 10 份地中的 4 份地让渡给主教的代理人。高迪斯劳斯还拥有在布洛肖建设磨坊和酒馆的权利。作为地方治安官（被称作 scultetus 或 Schulze），他还可以收取司法收益的 1/3。这些定居者在 8 年之内免缴什一税，以便在当地安居，之后将以每块份地 1/8 银马克的额度缴纳地租和什一税，从田地所收中收取。

　　西班牙和波兰案例之间的重要共同点包括：专门为"定居"授予的土地、受封者所扮演的中介和承包商的角色、为授予未来的定居者准备的标准小块土地、对受封者的多份小块土地的赏赐、对已经在附近定居点推行的法律模式的运用。这种相似性表明，在这两个地区，建立新定居点的进程都曾经过考量和规范化。授权和一致性是被青睐的组织原则。之所以这两个截然不同的新定居区域之间有着大致相似的组织形式，是因为无论是在伊比利亚半岛还是东欧，同样包括爱尔兰和巴勒斯坦，有着相同的"法兰克"或"后加洛林"文化背景的领主和殖民者都面临着类似的问题。他们继承了相同的社会资源库：对土地丈量、权威和权利的态度，农业共同体的形态，以及以令状为载体的授予。他们也面临着相同的迫切需要，即招募劳动力。让我们先来看看这个困境，然后再更细致地考察解决困境的机制。

在中世纪的绝大部分时间里，在欧洲的绝大部分地区，领主们有地，但缺乏干活的人，而不是反过来。欧洲有着充足的森林区、灌木区和沼泽区，却是一个相对来说人口远非稠密的大陆，劳动力是一种稀缺资源。对这个问题的反应各不相同。领主采用的一种策略是，通过设置法律障碍强行限制劳动力的流动：农业佃户被"束缚在土地上"，在地产之外的婚姻是被禁止的，佃户的儿子不允许进入教士阶层。这是一种最低限度的反应，因为尽管它意在确保某个领主已经控制的劳动力供应，但其所采取的方式仅仅是试图冻结劳动力分配的现有格局。这种农奴制政策缺乏活力。尽管夺取邻人的农奴始终是一种诱惑，领主也常常通过共同协议来杜绝这种行为，但在理论上，在一个农奴社会，对劳动力流动是不存在刺激和动力的。

现实情况显然不是这样。一部分原因是领主之间实际上存在着对农奴的竞争。另一部分原因是中世纪早期社会确实存在着一种获得劳动力的更积极的选择，即劫掠奴隶和对人口的强制迁徙这两种方式，例如，当波希米亚公爵布热季斯拉夫一世（Bretislaw Ⅰ of Bohemia）在 1038 年入侵波兰，到达杰茨城堡（Giecz）时，当地居民无力抵抗，他们最终同意带着他们所有的牲口和动产迁居到波希米亚。布热季斯拉夫一世赐予他们一片领地，由他们自己清理，并允许他们由自己的首领统治，按照自己的习俗生活。两代人之后，他们依旧是捷克人口中特征明显的一支族群，被称为 Gedcane，意为"杰茨的人"。[35] 数十年之后，在欧洲的另一个地方，诺曼人的领袖罗伯特·圭斯卡德在意大利南部的卡拉布里亚恢复并新建了一批定居点。他采取的方式是，把他洗劫和摧残的西里西亚城镇中的居民安置在卡拉布里亚。[36]
在 1165 年，威尔士王公圭内斯的戴维兹（Dafydd ab Owain
Gwynedd）"劫掠了恩格尔菲尔德（Tegeing），并把当地人和他们
的牲畜一起带到了达夫林克卢伊德（Dyffryn Clwyd）"。[37] 在上述
所有例子中，攻陷一个定居点的意义只在于掠夺其中的居民。这
些男人、女人、动物和动产，而非单单领土本身，构成了胜利的
奖赏。人口的强制迁移是向一个以强制束缚为主导的社会输送新
鲜血液的方式之一。

　　然而，早在 11 世纪，尽管在那时农奴制和掠夺人口肯定是保
证劳动力的最直接方法，但是一种为自己的土地招募定居者的新
方法已经开始出现。诺曼人统治的西西里提供了一个很好的折中
案例。在 1090 年，圭斯卡德的兄弟伯爵罗杰确认释放来自马耳他
的基督徒俘虏：

> 　　他把所有俘虏都叫到一起，这些人被他从奴役中解放出
> 来，他带他们离开马耳他并赋予其自由。对于那些希望在西
> 西里追随他的人，他提出由自己出资新建一个村庄，为他们
> 提供维持生计所需的一切东西。这个村庄将被称作 Franca，
> 即自由村庄，因为它将永远不会被强加任何奴役。对那些希
> 望回到他们的土地和亲人身边的人，罗杰赐予他们自由，允
> 许他们去任何想去的地方。[38]

在罗杰伯爵洗劫了马耳他之后，这些俘虏被从那个岛屿带出。
罗杰并没有像他的兄弟在数十年前所做的那样，简单粗暴地强制
他们重新定居，而是让他们自己在返回家乡和在新村定居之间自

由选择。他建立的新村将会是一个"自由村庄"——franca 或 libera——不受"奴役"的束缚。我们看到了用创造更有利、更吸引人的经济与法律条件来引诱劳动力的尝试，而不是对劳动力的强制安置。

发生在中世纪盛期的大规模新定居点的建立、移民和殖民化所基于的正是这种新的劳动力招募模式，而非农奴化或俘虏。专门用来吸引新定居者的自由村庄随处可见，尤其是在欧洲的部分地区，包括伊比利亚半岛和易北河以东的土地，这些区域在这段时期向大规模移民开放。基本的互惠交易明了地写在 13 世纪的德意志法典《萨克森明镜》中："当农民通过垦荒建立起一座新的村庄时，村庄的领主可以授予他们可继承的承租权，使他们成为佃户，尽管他们并非生来就属于这个阶层。"[39] 农民可以改变他们的出身，成为可继承租户。领主授予他们这种新的、有利的身份，以换取他们作为农人和定居者的农业活动。领主的收入增加了，农民的收入增加了并得到了更好的身份（如插图 6 中所描绘的这种互惠交易）。

这种精心设计的领地开创事业显然是开拓新土地的一个非常重要的元素。例如，那些记载了易北河以东农耕土地的逐渐扩张和农业移民到来的文件，也用某种程式化的修辞描述了主导和鼓励这一进程的领主的动机。文件中反复出现的关键词有"有用"或"有利可图"（utilitas）、"改进"（melioratio）和"改革"（reformatio）。这是一套关于积极改良的语言，强调欲求和思虑的修辞加强了这套语言的力量。领主几乎毫无例外地"想要"改进；他"关心"他的教会或领地的"状态"或"状况"。1266 年，当波兰公爵波莱斯劳在自己的领地里建立起一个新定居点时，他这么做"是想要以合适的方式为我们的土地赢得改善或改革"。[40] 这种修辞给人的总体印象是一种对经济发展谨慎但充满热情的追求。

中世纪盛期的领主，无论是世俗的还是教会的，都敏锐地意识到了收入的重要性。1050—1300 年，领主地产和君主地产都发展出了簿记和会计的新形式。财政预算和调查统计大量出现。《末日审判书》是最早最令人惊异的调查之一，它的众多目的之一就是探询土地"是否可以比现在产出更多"。[41] 到 12 世纪时，英格兰国王会进行年度审计，其结果会保存在中央档案中，法兰西和阿拉贡的君主紧随其后。这种领主进行的测量调查和会计账簿从 12—13 世纪保存至今。在这一时期结束时还出现了专门用于地产管理的技术文献的发展。产生这些文件的心态，在 13 世纪的一首奥地利诗歌中以一种更朴素的方式得到了揭示。[42] 这首诗歌描绘了乡下骑士讨论如何让一头奶牛产出更多的奶。封建领主和大贵族或许总是把他们的金钱收入视为一种手段而非目的，即一种通向胜利、荣耀和拯救的手段，但他们对这个手段越来越精打细算。一位 12 世纪的统治者说道："我们把一块沼地交给定居者耕种，是考虑到把殖民者安置在那里并从他们的劳动中收取产出，比让这块地继续荒芜下去和几乎毫无用处要更好和更有利可图。"[43] 我们在第 3 章中已经描述过的那些用热情而敏锐的目光审视林地、荒地和山丘，以寻找地点建立新城堡的领主，也注意到了他们先前获取鱼、柴火和猎物的沼泽与森林，开始想象把它们变成住满了交租佃户的麦田。

这些推动了 12 世纪殖民化的积极进取、富有创新精神的领主中的一个例子，就是马格德堡大主教维希曼（Wichmann，1152—1192 年在任）。[44] 他出身于一个萨克森贵族家庭，通过母系与韦廷侯爵家族有亲戚关系，并受德意志皇帝弗雷德里克·巴巴罗萨之惠出任大主教一职。他利用自己先天具备和后天获得的权力与权威来发展这个教区的经济资源。在他出任马格德堡大主教之前、尚为瑙姆堡（Naumburg）主教时，他就与他的前任主教从低地国家邀请来的定居者（"从一个叫作荷兰的地方过来的民族"）打交道。这些定居者（瑙姆堡的弗莱明格之名就取自他们）享有经济和司法特权，包括选择自己的地方长官（或称为 Schulze）的权利，作为回报，他们向主教缴纳货币地租。作为大主教，维希曼有意识地利用"猎头"（locatores）来计划性地经营殖民定居。"猎头"是东欧殖民化进程中的重要人物。作为承包人，他在渴望开发自己土地的领主和新的定居者之间充当了中间人的角色。"猎头"负责定居事宜的具体实施，例如招募殖民者和分割土地。作为报偿，他能在新定居点获得一块可观的地产，并享有可继承的特权。例如，1159 年，当维希曼把位于马格德堡东南的佩朝村（Pechau）授予"猎头"赫伯特，"让他定居于此并让此地兴旺发达"时，双方达成的协议是，猎头的奖赏包括 6 块属于他自己的份地，出任地方长官的权利，以及司法收益（包括罚款和财产没收）的 1/3 份额。所有这些特权都是可继承的。为了鼓励定居者，佩朝的居民被授予享受与马格德堡邻近的布尔格的法律中的有利款项，并在定居后的 10 年内不必为城堡服徭役。

这种新村庄并不是在一种法律真空中建立的。在维希曼可以把马格德堡以东的波彭多尔夫（Poppendorf）村交给"猎头"帕德博恩的维尔纳（Werner of Paderborn）与戈特弗里德（Gottfried）前，他必须得钱向拥有那块土地封建权利的人买断产权。他清楚地判断出这是一项有利可图的投资，并预见到在未来：

> 他们可以把新殖民者安置在那里定居。这些人将把那些
> 现在除了提供杂草和干草便一无是处的沼泽性草地排干水，
> 在上面耕种、播种，让它们结出果实，并从这块农地上定期
> 支付年租，供大主教使用。

租金将包括：每份地 2 先令，外加 2 蒲式耳（1 蒲式耳约合
36.4 升）的黑麦和 2 蒲式耳的大麦，以及向教会缴纳的全额什一
税。维希曼为换得对这块土地的完全所有而付出的暂时的现金支
出，会在未来得到以银两和谷物为稳定收入的无限期回报。

维希曼不仅在自己教区的现有边界之内倡导殖民定居和租
赋农业，还参与了 12 世纪中叶著名的针对西斯拉夫异教徒的向
东扩张运动。1157 年，他与"大熊"阿尔伯特联合发动了对勃
兰登堡的最后战役。1159 年，在免除定居于哈弗尔河畔的格劳
斯乌尔特里茨（Grosswusteritz on the Havel）的佛莱芒人对城
堡的徭役时，他补充道："除非他们被命令修建壁垒以保护自己
免受周遭异教徒的侵袭。"可能是在 1147 年的文德十字军东征
（Wendish Crusade）期间的某个时候，他获得了易北河对岸的于
特博格（Jüterbog）的土地。他对那里的城乡发展有一套系统性的
设想。1174 年，他授予那里的居民与马格德堡城同样的自由权利。
他这么做"是为了让我们在建设于特博格教省（ad edificandam
provinciam Iutterbogk）时付出的辛勤和善意能够更有效、更自由
地延续下去"。他宣告了新教省和旧大主教区中心之间的贸易自

由，并意图把于特博格城发展为"这个教省的起点和领导"。经济
发展与基督教齐头并进：

> 在上帝的恩典的帮助下，并通过我们的努力，现在在于
> 特博格教省，这个曾经举行过异教仪式和曾经频繁发起对基
> 督徒的攻击的地方，基督教如今已兴旺发展，对基督教的保
> 卫和防护稳固而安全，在这个地区的很多地方，人们都依照
> 礼仪敬拜上帝。因此，既受到我们自身收入的激励，也出于
> 对基督教的热爱，我们努力保证所有已经来到这个教省或是
> 希望前来的人的安全与利益。[45]

"以上帝和利益之名"这个短语传统上是用来形容文艺复兴时
期意大利精明而虔诚的商人的，但如果用它来指 12 世纪的某些封
建领主，也并非不贴切。

马格德堡的于特博格把先前的各种定居与殖民经验中的不同
元素以崭新和富有成效的方式融合在了一起。他清楚地意识到了
与农业共同体打交道的价值，并且知道法律特权意味着什么：他
拟定了第一部成文版的马格德堡法律，这部法律之后在中欧和东
欧产生了巨大的影响；他还在马格德堡批准了第一批行会。[46] 他
经常利用"猎头"并与他们达成了详细的书面协议。他鼓励来自
低地国家的移民。在于特博格，他有一个区域规模的发展愿景。
正是这些出身高贵的教会人物的参与，使新的农民定居如此迅速
而成功，而他们采用的主要手段之一就是"不会被强加任何奴役"
的自由村庄。

自由的含义

来到新建村庄的定居者必须被给予特殊的条件和特权，这样既可以鼓励他们前来，也使他们能够安家。长途跋涉、与家族和地方联系的割裂，有时还有对其他财产的舍弃，都需要加以补偿。位于边境地带的定居点为他们提供的新条件和新地位，必须要具有足够强的吸引力去打破将人们束缚在原地的纽带。在移民到达他们的新目的地后，最初的年月可能会是艰辛而充满危险的，尤其是如果定居点是完全新建的，人们还必须通过清理林地或排干沼地来开垦可耕种土地。领主必须做好在早期数年中让渡某些权利和收入的准备，目的是确保新定居点能养活人且有利可图。

在定居的最初岁月里，地租和什一税按惯例会比一般情况要低，甚至完全免缴。定居者能够享有此类减免的年限和减免的程度则并不统一。1233 年，当普鲁士的条顿骑士团的地主（Landmeister）赫尔曼·巴尔克（Hermann Balk）在西里西亚组织人们在他的骑士团的一些土地上定居时，他规定每两块小份地的土地租金为 1/4 银币，外加全额什一税；但他在补充的附加条款中表示：“我已经赋予了他们特权，免除了他们在未来 10 年之内的地租和什一税，但那些适于耕种的土地除外，对这些土地，从定居的第一年起就要交什一税。”[47] 设置豁免租金的年限是为了实现荒地的开垦，这个功能在这份文件里得到了非常清晰的表达。这一点在另一份授权文件中表达得甚至更为清晰，这份文件的授予对象是 12 世纪在易北河以西地区的新定居者。希尔德斯海姆（Hildesheim）主教在文件中如此宣告：

他们已经同意了下述关于开垦耕地的款项。在一个人伐倒树木、为灌木除根、使土地变得可耕种的时候，只要他还在用鹤嘴锄耕地，便不需要缴纳租金或什一税。一旦土地开始用犁耕地，并且变得更为高产，他将享有 7 年的租金豁免。但是，在第七年，他需要缴纳 2 便士，第八年缴纳 4 便士，第九年缴纳 8 便士，第十年及之后的租金都是 1 先令。[48]

在这个例子中，存在着租金的浮动，部分基于租种地的实际状态，部分基于年限。用鹤嘴锄耕地与用犁耕地的区分十分显著。鹤嘴锄对于新开垦的土地来说是一种必要的工具，这是因为这样的土地中有根茎、石头和其他障碍，用犁耕地行不通。

根据设想中租种地的最终面积的不同，租金豁免的年限也有差异。因此，当西里西亚公爵康拉德在 1257 年组织谢德尔采村（Siedlce/Zedlitz）的定居事宜时，已经完成清理或只有灌木覆盖的土地被按照佛莱芒份地分割，而树木浓密的林地则按照法兰克份地分配。[49]这是符合逻辑的安排，因为一块佛莱芒份地是由很多块土地构成的，而一块法兰克份地是一条连续的带状土地。林地无法在一个季度的时间内被完全清理，因此采用的是逐渐延伸的法兰克份地，这是一种系统性地逐步清除林地的实用而且合适的方式，形成了所谓的瓦尔德胡芬地貌（Waldhufen landscape）。另一方面，开阔地能够被一次性、按计划分配，正如散开分布的佛莱芒份地所要求的。然而，这其中还有尺寸的差异。一块佛莱芒份地大约 40 英亩（1 英亩约合 4046.86 平方米），而法兰克份地大概只有它的一半。因此，谢德尔采的佛莱芒份地享受 5 年的租金豁免，而对法兰克份地，这个期限是 10 年。这既反映了租种地的大小，也反映了开垦的难度。另一个西里西亚的例子是，从 13 世纪晚期开始，给予已经可以耕种的土地 3 年的租金豁免，给予灌木地 9 年，给予浓密林地 16 年。[50] 1270 年，摩拉维亚地区的奥洛穆茨（Olomouc/Olmütz）主教向在弗里茨多夫（Fryčovice/Fritzendorf）的定居者授予了 12 年的租金豁免期，但向在史塔里克（Staric/Staritsch）方向持有租种地的定居者授予 16 年的租金豁免期，"因为他们的土地比其他人更糟"。[51]

13 世纪，西里西亚流行的租金豁免的期限从 1 年到 20 年不等，而这个区间似乎也适用于其他地区。[52] 1160 年，迈森主教盖鲁恩授予布赫维茨（Buchwitz）的定居者 10 年的租金豁免期。[53] 一个世纪后，当条顿骑士希望从吕贝克和内地吸引移民前来库尔兰（Courland）定居时，他们向农人敞开提供土地，只要他们能够耕种，并授予 6 年的租金豁免期。[54] 1276 年，波兰加利西亚（Galicia）的一个村庄中的居民被授予了 13 年的租金豁免，"这样他们可以在这段时间内全力清理森林和增加能种谷物的租种地"。[55] 医院骑士在 13 世纪三四十年代组织了约 1 500 名殖民者在他们位于新卡斯蒂利亚的村庄定居，授予的租金豁免期限一般是 3 年。[56] 1258 年，当托莱多宗教会议在城南约 20 英里处建立谢韦内斯（Yébenes）农业社区时，其中的居民将享受 10 年的租金豁免。[57] 豁免有时也会覆盖租金和什一税之外的其他义务。正如前文已经提到的，马格德堡大主教维希曼免除了佩朝的居民为期 10 年的参与城堡修筑工作的徭役，而在西里西亚，免除租金的年份里同样豁免了绝大多数军事义务。[58] 巴塞罗那伯爵雷蒙德·贝伦加四世（Raymond Berengar IV of Barcelona）授予圣埃斯特万·德·卢埃西亚（San Esteban de Luesia）的定居者（populatores）为期 7 年的军事徭役豁免（exemption from hoste）。[59]

殖民定居的早年岁月虽然伴随着特殊的特权，但也并非没有相应的义务。尤其是，定居者有时被明确规定建造或耕种的义务，如果他们未能履行，甚至可能会失去土地。1185 年，通过萨拉戈萨的耶稣救主主教座堂（San Salvador of Saragossa）和它的代理人多米尼克（Dominic），阿拉贡国王阿方索二世发起了在埃布罗河谷的巴尔马德里德（Valmadrid）的定居活动，设定了如下的条款：

> 我命令，所有前往那里定居或在那里持有租种地的人都要在圣诞节前在那里建造房屋，如果他们没有在该日期前建造房屋……多米尼克……将有权收回其租种地并授予将在那里定居并建造房屋的其他人。[60]

谢韦内斯的农民有义务在头两年中，在某个区域内种植葡萄树。[61] 有时候也会明确规定，尽管定居者享有自由处置土地的权利，但他们不能在第一年或头几年将其转让。[62]

殖民定居后的头几年的款项和条件是根据特定的和暂时的情况而调整的。它们属于启动条款。当然，在殖民者与显贵之间存在着更大的共同利益。让我们更具体地看看是怎样的期待把移民带去了他们的新故乡。领主提供的和移民追求的最明显的东西是土地。在人口稠密的莱茵兰、佛兰德或英格兰，人口的增长逐步但无情地削减着农民持有的租种地的面积，甚至是获得一块租种地的希望；在易北河以东和通过西班牙再征服运动收复的地区，有充分的土地可以提供给需要者。例如，在新卡斯蒂利

亚，通常的土地授予量是一个"尤加达"（yugada）。[63] 这个词与
"轭"有关，本意是指一轭牛能耕种的土地量。任何熟悉中世纪
度量衡系统的人都能理解，这个单位的具体尺寸可以有巨大的浮
动，但现代西班牙历史学家认为一个尤加达大约相当于 80 英亩
可耕地，而这个判断看上去是可信的。在易北河以东，80 英亩大
小的农场分布很广；这是因为，尽管通常的土地单位是"份地"
（mansus）——要么是 40 英亩的佛莱芒份地，要么是 60 英亩的
法兰克份地——由两块份地，特别是两块佛莱芒份地构成的租种
地，在勃兰登堡、普鲁士和波美拉尼亚很常见，在其他地区也可
以找到。[64] 要知道，在 13 世纪的英格兰，在大量的小土地佃户中，
能持有完整一个威尔格（virgate，约 25—30 英亩）租种地的人只
占极小部分（有些地方大概只占 1%）；[65] 或是在 1300 年前后的庇
卡底，超过 1/3 的农民租种的土地少于半英亩。[66] 新定居点的土
地提供的大把机遇一目了然。

　　然而，在中世纪盛期，提供给殖民者的并不单单是土地，而
是带着有利条款的土地。在易北河以东，提供的土地的固定租金
一般都很低。因此，当骑士克腾的杰博尔德（Gerbord of Köthen）
把什切青以北的一块林地围场授予定居者时，他明确规定："所
有在围场中定居和耕种其中土地的人须缴纳每份地 1 先令的租
金，外加什一税。"[67] 在"兰普雷希特多夫"（Lamprechtsdorf），
即坎姆约特肯 / 利伯（Kamjontken/Liebe），迪特里希·施坦格
（Dietrich Stange）在 1299 年授予定居者的土地，每份地的租金是
半马克。[68] 类似地，在西里西亚，一块佛莱芒份地通常的租金和
什一税是半马克。[69] 与非殖民地区的欧洲相比，这种租金额度对
农民佃户来说是有利的。例如，在勃兰登堡，须向领主缴纳的所

有租赋（在 13 世纪晚期时包括什一税和赋税）的平均值，大约是每年每份地 26 蒲式耳谷物。[70] 一块 40 英亩的份地，如果对其中的 2/3 播种每英亩 1.5 蒲式耳的话，每年可以轻松以 1∶3 的收成率出产 120 蒲式耳。因此，在 1300 年左右，勃兰登堡的农民大约把收成的 20% 交给他们的领主。[71] 西里西亚的情况与此非常类似，份地的租赋大概是产出的 20%—25%。[72] 与之相比，在 13 世纪的英格兰，根据计算，一名中等隶农的庄园租赋在他的总产出中所占的比例大概"接近或超过 50%"——这还不包括什一税和缴纳给王室的税赋。[73] 在同时代的庇卡底地区，农民的处境也好不了多少。[74]

　　另一个可以用来粗略比较的标尺是佃户每英亩地所需要缴纳的白银总量。在 13 世纪晚期和 14 世纪早期，英格兰的农民每英亩地要交的租金从 4 便士到 1 先令不等，[75] 以当时的英格兰便士的纯度核算，就是 1/5 到半盎司白银。[76] 同时代的西里西亚佃户需要交纳的地租和什一税为平均每份地半马克。用 8 盎司重的科隆马克和大约 40 英亩的佛莱芒份地来计算，大概就是每英亩地 1/10 盎司。无论以上计算是如何的不精确——也的确是不够精确，我们还是可以清楚地看到东进运动中的农业定居者相比在英格兰"老家"（old country）[77] 的耕种者承受着更轻的租赋负担。

　　总的来说，新的定居者不需要付出劳力地租（在领主的土地上耕种的义务），而只是以现金或出产物的方式交租。以现金交租意味着固定的租额，而以出产物交租要么是固定租额，要么是出产的一定比例。12 世纪五六十年代，托莱多大主教向村庄定居者授予土地，以换取如 1/10 的谷物、1/6 的葡萄和每年 3 次非常轻微的劳作，或是每"尤加达"土地一定数量的谷物。[78] 极少有文献提及加诸东进运动的新定居者之上的劳役。在爱尔兰，主要由英格兰定居者构成的自由佃户只用交纳固定数额的货币地租，即使在领主自留地（demesnes）的面积很大的时候，劳役也不是庄园经济的重要组成部分。[79] 1344 年，在克朗金（Clonkeen），佃户按惯例只提供收割所需全部劳力的 16%。[80] 看起来，领主似乎更愿意牺牲他们对佃户的劳力的直接权利，以鼓励定居并增加自己的地租收入。

并非只有定居者的直接领主愿意让渡特权以期换取长期利益。统治者、君主和"土地的主人"（domini terrae）同样参与了这场深谋远虑的自我抑制，因为他们意识到，"人民的数目是君主的荣耀"。[81] 当阿拉贡的"征服者"海梅希望鼓励"人们前往比拉诺瓦（Vilanova）定居"时，他免除了他们一系列的交纳义务："exercitus... cavalcata... peyta or questia... cena... 和其他任何对国王的捐税。"[82] 对 peito 或 pactum，即标准的王室捐税的免除，或确定一个较低的额度，是西班牙定居令状的普遍特征。在阿拉贡国王阿方索一世统治期间（1104—1134 年），来到巴瓦斯特罗（Barbastro）附近的阿塔索纳（Artasona）定居的殖民者被授予王室捐税的完全豁免，外加其他特权。[83] 类似地，易北河以东的定居者所享受的"德意志法律"（ius Teutonicum）的关键要素之一就是豁免一系列对君主的捐税：

> 我，亨利，蒙上帝恩宠的西里西亚公爵，应位于弗罗茨瓦夫的圣玛丽修道院院长维托斯拉斯（Vitoslas）和他的修道院弟兄的请求，将德意志法律授予他们的堡迪斯（Baudiss）和被称作克莱德尔（Kreidel）的两个村庄的定居者，使他们豁

免于根据此地的习俗加诸波兰人的义务（俗语中称作 povoz、prevod 和 zlad），也豁免于 stroza、podvorove 和 swetopetro 等租赋。[84]

13 世纪末，克拉科夫（Cracow）公爵普热梅希尔（Przemysl）确认免除"所有波兰法律下的义务和税负，即 *naraz*、*povoz*、*prevod*、*podvorove*、*stroza*、*opole*、*ova*、*vacca*、'城堡传唤（castle citation）'或其他任何它们可能被称作的名字"。[85]"波兰法律"是一个与"德意志法律"[86] 相对的概念，包括各种苛捐杂税，有些无疑是可以折换成固定额度的，另一些则不可预期，通过实物或劳役征收。新定居者被免除了这些诉求。这是只有君主才能授予的权利，我们在这里看到的是君主与其他领主合作创造了一种针对定居者的同质性法律，其最终结果是对殖民者强制性开销的削减。

因此，定居者既可以期待获得大量的田地，也可以期望保留更多的产出。此外，可靠的且更友好地界定的继承权也对他们构成吸引。我们前面提到的克腾的杰博尔德同样承诺："我们向围场的居民授予的一切，都是根据封建法律授予的，因此，依据该法律，它可以被传给他们的妻子、子女、其他亲属和同族。"[87] 西里西亚的定居者享受"继承权"或"封建与继承的权利"。[88] 事实上，ius hereditarium，也就是"继承权利"，有时被作为 ius Teutonicum 的同义词使用，也就是新定居者适用的"德意志法律"。[89] 当阿拉贡国王阿方索一世把穆萨拉布（Mozarabs，即说阿拉伯语的基督徒）从穆斯林控制的西班牙地区带到阿拉贡定居时，他承诺他们将是自由的："你们、你们的儿子、之后的每代人和你们的后代，任何其他和你们一道前来定居的人，以及我将授予你的在村庄和土地上可以安置和耕种的一切。"[90] 这位国王承诺，阿塔索纳的定居者（populatores）将自由并安心地享有他们的权利和特权："你们、你们的儿子、之后的每代人和你们的后代。"[91]

除了可继承权，还有可转让权："不管是什么人，如果他没有继承人，即儿子或女儿，子爵领主便无权处置他的动产和不动产，但是此人可以自由地赠予或转让给任何他希望赠予或转让之人。"匈牙利国王贝拉四世（Bela Ⅳ of Hungary）在授予定居在他辽阔的王国的遥远东部的人的令状上如是说。[92] 当医院骑士团把谢拉·德·洛斯莫内格罗斯（Sierra de los Monegros）授予他们在阿拉贡的塞纳（Sena）和喜罕娜（Sijena）的定居者时，他们确认道："他们应该自由地拥有这份授予，并和平而安心地享有对它的可继承权，他们、他们的儿子和所有他们的后人都永远可以根据自己的意愿，像对待自己的东西一样出卖或抵押它。"[93]

对转让权利的唯一显著限制，产生于领主渴望确保新殖民活动的目标不会被破坏，即创造一个积极的、欣欣向荣的，但同时又从属于他们的交租农民阶层。土地投机、怠工和外来显贵的侵入对他们都没有好处可言。因此，他们有时会添加附文明确规定，新殖民者只能把他们的地产转让给可以接受的代替者。新卡斯蒂利亚的谢韦内斯的定居者就受这样的条款的约束：

> 这个地方的每位居民或定居者能够根据自己的意愿处置自己的地产：出卖、购买、抵押和交换，只要对象是像他本人一样（omme llano labrador tal commo el）愿意从事和履行义务的农民。不能把任何他的地产卖给或转让给骑士、妇女或乡绅、教士或僧侣、犹太人或摩尔人，只能卖出或转让给像

他自己一样愿意在这里生活并从事和履行义务的农民。[94]

在布拉格外围的维谢赫拉德（Vysehrad）的教士团成员也对定居问题表现出同样的关注。他们在 1252 年组织农民在他们的俸禄田产上定居时，附加的条款有"那里的耕种者不能把他们的权利转移给其他将不在地产上居住的人"。[95] 西里西亚的一块德意志殖民地是弗罗茨瓦夫的圣文森特修道院的地产。他们的定居条款规定："他们［农民］中的任何人都不能离开，除非他们找到另一个人代替他向修道院长交付他本人应该缴付的租赋。"[96] 对地产可能落入骑士手中的担忧在萨克森东部也可以见到："任何定居者都不得把他的份地或耕地赠予或出售给骑士或任何其他将成为骑士的人。"[97] 在埃布罗河谷，自由转让权被授予时外加了条款 exceptis cavalariis，即"骑士除外"。[98] 甚至在巴勒斯坦，医院骑士团授予在贝斯·吉贝林（Beth Gibelin）的定居者自由转让条款时，也附加了相同的限制。但是，除了这种限制条款，新定居者仍享有相对自由的处置财产的权利。[99]

很显然，新定居者享受的特权并不仅仅是经济上的。他们享受的君主税负的豁免自然在财政之外也有司法方面的。另外，东欧的"德意志法律"不但使殖民者享有相对较低的地租和税负，而且赋予了他们一种特殊的地位，这在他们适用的司法程序条例中可以得到最清楚的显现。西里西亚的波莱斯劳公爵（Boleslaw）与亨利三世公爵于 1247 年向属于弗罗茨瓦夫的奥古斯丁教士团的三个村庄的佃户颁布的令状，不但规定了每份地每年向公爵们缴付两份谷物，而且还有其他的专门条款。佃户被豁免了对公爵的义务，如载运服务和参军出征的义务。令状接着表示："我还做如下补充，他们不应在没有我的书信或印章的情况下被宫廷掌财（chamberlain）传唤或烦扰；我命令，他们应该在我的面前被传唤和询问。"在授予了对 prevod、zlad 和其他一系列波兰捐税的豁免权之后，公爵们以下文结束了此令状：

> 我们规定，我们的代理没有任何权力在这些村庄中审判、控制和管理，但是，在涉及更重大和困难的事件时，如死刑指控和严重的袭击，这些属于高级司法管辖权的范围，我们应当获得司法收入的 2/3，而教士团将享有 1/3。[100]

也就是说，这些村庄的司法体制的特点是"直达君主"。公爵的掌财和代理，这些潜在地不受欢迎的中间人被排除了，佃户直接服从于公爵的司法管辖。这种规定在西里西亚是"德意志法律"的标志之一。当亨利三世把亨茨菲尔德（Psie Pole/Hundsfeld）村赠给弗罗茨瓦夫的圣文森特修道院时，"根据德意志法律"，他

> 免除了村庄所有的征收和捐税、波兰法律的其他负担，以及我们的城堡主和其他波兰法官和官员的司法管辖权。对于最重要的案件，我保留了自己的司法管辖权，并收取司法收益的 2/3，修道院长将获得 1/3。他们不用接受任何人的审判，除非他们被加盖了我的印章的文书传唤到我面前来，根据德意志法律接受问讯。

低级司法常常由地方上自行解决。例如，奥波莱/奥珀伦公爵卡西米（Casimir of Opole/Oppeln）向卢比亚兹（Lubiaz）修

道院的新定居者们规定："只要没有人被杀，我的代理或法官就无权涉足冲突、打斗和小伤，而他们有权自行解决司法问题（iudicium inter se habeant）。我免除了我们的法官在这个村庄的审判权力，除非涉及仍需要由我处置的死刑案件。"有时候，死刑案件甚至也可能授权地方处理。例如，1234 年的多马纽夫 / 托马斯教堂（Domaniów/Thomaskirch）案，该案裁定："如果任何人理应处死，他将在这个村庄接受审判，由本村的地方治安官连同［邻近的］奥瓦瓦（Olawa/Ohlau）的地方治安官一起主持。"这个文本接着揭示了这种地方委托司法可能会在实际操作中遇到的困难：

> 如果某个城堡主或其他贵族的手下与这个村庄中的一个德意志人争讼，又不愿意服从地方治安官的裁断，为了对双方都做到公正，我们希望，如果公爵本人离得不远的话，这个案件应在公爵面前定案，或者在一个双方都能接受的城堡主前定案。[101]

在这个案例中，当错综复杂的贵族庇护网使地方授权司法无法运作时，"直达君主"是一种解决方案。

这一系列司法特权很可能源于 12 世纪在威悉河（Weser）下游和易北河中游定居的荷兰与佛莱芒人所享有的权利。他们曾被授予在地方上自行安排低级司法、限制罚款额度和废除不受欢迎的程序性规定的权利。在 13 世纪下半叶，这些权利被授予了大波兰的定居者，如瑟佛斯（Jerzyń/Jerzen）的村民。他们"即使是在［邻近的］波别济斯卡城（Pobiedziska/Pudewitz）犯了案，也将在自己的村庄接受他们的长老的审判……任何人，无论地位和所说的语言，如果在本村的土地上犯了案，都将在那里接受审判和处罚"。1294 年，卡利什（Kalisz）的佃农被授予特权，"他们能够自由地享受德意志法律，在审判和诉讼中，当他们被按照德意志的习俗、以恰当的方式传唤来接受审判时，他们不用接受除了我们的官员的任何人的问讯"。在西里西亚，某些法庭被指定为所有依据殖民者的法律生活的人的主法庭。1286 年，奥珀伦–拉齐布日的公爵以这种方式为所有"那些在我们的领土上依据佛莱芒法律定居的人"建立了拉齐布日（Racibórz/Ratibor）。1290 年，弗罗茨瓦夫主教把尼斯（Nysa/Neisse）确立为主法庭，处理"我们的德意志城市和村庄中"所有疑难的世俗案件。因此，根据德意志法律生活的定居者不但享有特权，还在司法系统有特殊途径可走。[102]

移除中间官员也是在再征服运动期间授予西班牙社区的特权令状（fueros）的基本主题之一。在地方上接受审判的权利特别受到珍视。这一点清晰地体现在阿方索一世给穆萨拉布的令状中。他向他们保证："你们将和其他地方的所有其他民族一起，在自己的家门口接受所有的判决。"[103] 他同样授予阿塔索纳的定居者权利，使他们"不需要接受任何人和任何法庭的问讯，而只在你们阿塔索纳的门口，按照你们的法律［接受问讯］"。[104] 图德拉（Tudela）的定居者在 12 世纪 20 年代及之后，"在出现在那里代我的审判员面前，将可以直接在自己内部、在邻人之间（vicinalimente et diractamente）接受审判"。

能够概括所有这些权利和特权的，是一个简单但意蕴丰富的词：自由。13 世纪初医院骑士团允许在摩拉维亚定居的人"将在所有事情上享有有保障的自由、坚实而恒定的法律（securam libertatem, ius stabile et firmum）"。[105] 前往在再征服运动中收复的埃布罗河流域定居的基督徒移民将是"自由而生而自由的（francos et ingenuos），将自由而无虑地（francum et liberum et ingenuum et securum）拥有他们的土地"。[106] 这种自由超越了种族与阶层的区隔。贝拉四世对别列戈沃（Beregowo）的新定居者宣告："让人们在这里定居，无论地位或语言，他们都享有同样的自由。"[107] 1182 年，圣玛丽·德·科尔特斯（Santa Maria de Cortes）的法律直截了当地表示："来到这里定居的贵族、骑士、犹太人和穆斯林，都将和其他定居者一样，面对同样的罚款额度和相同的司法系统（talem calumpniam et tale forum）。"[108] 这些关于自由的简单语汇浓缩了一个大计划，西西里伯爵罗杰曾用同样雄辩而简洁的语言将之概括为："这个村庄将被称作 Franca，即自由村庄。"和中世纪欧洲的其他地方一样，新的定居土地也是一个属于领主的世界。但是，在一个并非绝对悖谬的意义上，它们也是自由的土地。

第 6 章

新地貌

你们需要在这里永久定居，建造新房屋并修缮已经建成的房屋……为了我们和你们的利益，你们需要精心而忠实地劳作，并耕耘所有这些已开垦或未开垦的土地和葡萄园；你们需要细心地清理这片土地上的所有橡树，确保这片土地能够产生收益，适于产出面包，并使其一直被耕作……你们需要改善一切。[1]

1237 年，弗罗茨瓦夫主教托马斯把"在一片黑色橡木林"中的 200 佛莱芒份地授予了他教区内的第二大城市尼斯的地方治安官彼得，请他清理并安排人定居。这片被授予的土地构成了从奥得河的重要支流尼斯河的左岸向西延展出的一大块区域。200 佛莱芒份地大概是 8 000 英亩大小。因此，这显然是一项野心勃勃的事业。在这次授予的一个世纪之后，一次针对这个教区的土地的调查使我们有机会看到这次发展规划的实际推进有多么成功。在原来的"黑色橡木林"中出现了 4 座大小不一的村庄（面积分别是 61、20、80 和 43 佛莱芒份地），整块区域的面积几乎刚好是 200 份地大小。这些村庄都有德语名字，其中之一为彼得斯海德（Petersheide），意为"彼得之野"，如此命名大概是为了纪念最初的定居者尼斯的彼得（Peter of Nysa）；另外两个村庄分别名叫申海德（Schönheide，意为"美丽的荒野"）和弗里德瓦尔德（Friedewalde，意为"祥和的森林"），有点宣传资料的意思。彼得斯海德、弗里德瓦尔德和大布里森（Gross Briesen）这 3 个村庄各有 1 座教堂，分别享有 2 份地土地，申海德村要小得多（只有 20 份地大小），其居民想必要去上述 3 个邻村之一的教堂从事礼拜活动。地方治安官在每个村庄都拥有很大的土地（分别是 14、4、18 和 7 份地大小）。大布里森有一间酒馆，彼得斯海德和申海德分别有一间酒馆和一座水力磨坊，而面积最大的弗里德瓦尔德（80 份地或 3 200 英亩耕地）则拥有两间酒馆和两座水力磨坊，显然构成了地方上重要的中心。[2] 在一个世纪的时间里，一片自然林地被转变成了拥有食品加工、社交和基督教礼拜等中世纪盛期社区需要的复杂配套设施的人文地貌。这种革命背后的机制是怎么样的呢？

离　家

　　新的农民定居点有很多形态。它可以是零散的，在旧定居点的边缘延展；也可以是整块的，如东欧从林地中开拓出的新村庄。有时候，新定居点是受新的堡垒或新的教会机构的建立的刺激而出现的。它们就像牡蛎中的沙砾，对周边的环境产生作用，最终使其周围出现新定居带。例如，1101 年，萨尔河（构成了那个时候德意志定居点与斯拉夫定居点之间的大致边界）以东的佩

高（Pegau）修道院经历了改革并接受了一位新的修道院长温道夫
（Windolf）。温道夫上任后立马开始重建修道院建筑，"像一名技
艺高超的制印人一样"工作：

> 他研究了这个地方，然后命人把凹凸不平的地方或沼地
> 填平，并清理了荆棘和灌木。他把一切都变宽变大，并把他
> 受命出任院长的修道院当作一枚印章般精心打造，塑造成完
> 美的形象……他开始开垦现在以他命名的"阿巴提斯多夫"
> （Abbatisdorf，即"修道院长之村"）的地方，清理了乔木和
> 灌木，根除了浓密的林区并扩展了新田地。一座教堂和一座
> 庄园宅邸在那里被建起，供当地居民使用。之后，他把这个
> 村子永远地授予了修道院的修士们。[3]

近来的史学研究倾向于弱化修道院，特别是 12 世纪新建的修
道院对农业的重要意义，但在这个例子中，传统史学中的英雄式
图景看上去更为合适。新的修道院可以带来新的村庄。

与之类似，新的城堡也可以在其周边产生定居点。堡垒常常
位于野外，这么选址要么是为了让敌人无法靠近而取得防御优势，
要么是因为他们位于危险的边境地区，例如加泰罗尼亚地区的圣
库加特修道院的修士在 1017 年计划修建的防御工事，"在贫瘠的
边境和荒无人烟之处，抵御异教徒的伏击"。[4]然而，一旦这些防
御设施被建起并且人员就位，它们就需要在邻近地区有农耕人口
为他们很方便地提供劳动力和食物。当然，它们也可以给这些人
提供保护。定居点的增加确实是加泰罗尼亚边境军事建设的结果：
"在这个地区，几乎没有一个现代村庄的起源与 10 世纪的要塞

无关。" [5]

提尔大主教威廉描述了另一处城堡建造工程带来的效果。这些城堡在 12 世纪三四十年代由十字军军人在耶路撒冷和阿斯卡隆（Ascalon）之间的地区建立：

> 那些在毗邻地区拥有地产的人对这些附近的城堡可以带来的保护充满信心，并且"在其周边"（suburbana loca）建起了很多定居点。这些定居点里有很多家户和土地耕作者，由于他们在那里定居，整个地区变得越发安全，并且能够产出大量的粮食供应周边的聚居地。[6]

贝斯吉贝林（Beth Gibelin）是这些新定居点的其中之一。在这里，医院骑士团授予殖民者以优厚的权利，"为的是这片土地能够有更多的人口"。每位居民拥有足有 2 卡勒凯特（carucates，约合 150 英亩）的大片土地，缴纳地租就可以保有并传给后代。1168 年的一份定居者名单显示，其中很多人来自西欧：加斯科涅人桑乔、伦巴第人斯蒂芬、加泰罗尼亚人彼得、勃艮第人布鲁诺、佛莱芒人杰勒德、卡尔卡松人（Carcasonne）吉尔伯特等。12 世纪 30 年代的堡垒孕育了欧洲农民与工匠的殖民定居点。[7]

尽管关于我们在上一章中讨论的新村庄的司法结构的证据相当丰富，迁移的发生机制可以被想象性地重构，但几乎没有任何文献记录。移民肯定对如何处置他们的旧地产、如何向新址迁移，以及如何在那里取得新地产都有所安排。在移民的头几年，他们肯定也需要信息、资本和帮助；但从现有的证据中，只能对这些重要过程做最笼统的还原。例如，我们知道，在 1210 年，彼得与佛图尼乌斯·加西亚（Fortunius García）两兄弟把他们的土地以166 莫拉比（morabetinos）的价格卖给了圣多明戈·德·拉·卡尔萨达修道院，因为"他们希望加入前往莫亚（Moya）的新移民队伍（volentes ire ad populationem Mohie）"。[8] 我们不知道他们出卖的土地到底有多少、他们以何种条件在莫亚获取地产，以及就长期或短期而言，他们在这次交换中是否获利。即使是在现代，想要对个体移民在起点和最终目标这两端都实现追踪也是件困难的事；对中世纪而言，这一般来说是不可能的。关于移民离家的记载，例如上述的加西亚兄弟的例子，是极为罕见的。因此，我们对中世纪盛期移民活动的实际进程的勾画将不得不流于笼统，而且多少需要借助猜测。我们只能尽力而为。

我们可以从希望迁移的农民和希望招募佃户的殖民领主说起。前者可能是非长子、罪犯或只是单纯地受饥饿驱使的人，就像 1264 年"许多因为德意志的大饥荒而离开他们的土地并逃难到波兰的人"。[9] 领主和这个潜在的移民群体之间想必一定存在着某种沟通方式。这种沟通可能是通过旅行者传播的小道消息等非正式的方式提供的，但更稳妥的方式是有组织的广告宣传。东德意志的领主希望在他们所据有的人口稀疏的边境地区或新征服地区实现殖民定居，他们常常会在定居人口更稠密的德意志西部开展招募运动。格罗伊奇的维普雷希特（Wiprecht of Groitzsch），"［斯拉夫］索布人（Sorbs）居住地区的统治者"，就是一个早期的例子。在 1104 年左右，他"命人开垦梅泽堡（Merseburg）教区的新土地"，之后前往他的母亲与她的第二任丈夫所在的法兰克尼亚（Franconia），"从那里带回来很多法兰克尼亚农民，并教导他们如何在清理树林后耕植这片地区，保有土地并享有世袭权利"。[10]

博绍的黑尔莫尔德（Helmold of Bosau）于 12 世纪 70 年代撰写的《斯拉夫人编年史》对招募驱动有一系列生动的描述。他描述了伯爵阿道夫二世主导的瓦格里亚（Wagria，位于东荷尔斯泰因）的殖民定居情况。厄格里亚于 12 世纪 40 年代刚刚被征服：

> 因为这片土地无人居住，他派遣信使前往各地，即佛兰德、荷兰、乌得勒支、威斯特伐利亚和弗里斯兰，并表示，任何受土地匮乏之苦的人都应该偕同家眷前来，占据这里美好而宽广的土地，那里土壤丰腴，到处都是鱼和肉，很适合放牧……受他的吸引，多个民族中有数不清的人携带家眷和动产来到瓦格里亚找阿道夫伯爵，获得他承诺他们的土地。[11]

在接下来的几十年里，其他德意志领主也采取了相同的政策。绰号"大熊"的勃兰登堡侯爵阿尔伯特

> 遣人前往乌得勒支和毗邻莱茵河的地方，特别是去找那些生活在海边、受海水侵蚀土地之苦的人，即荷兰人、泽兰人和佛兰德人，把这些地方的很多人带到他的堡垒和斯拉夫人的城镇中定居。[12]

1108 年的一份文件为这些招募活动提供了一抹生动的色彩。这份文件号召威斯特伐利亚、洛林和佛兰德的头领帮助征服文德人的领土。当然，这次号召针对的是领主而非农民，但可能这两

类人对土地有着共同的梦想：

> 这些异教徒是最坏的人，但他们的土地是最好的，肉、蜜和面粉丰富。如果加以耕种的话，这片土地的产出将会是无与伦比的。这是了解那里的人说的。所以啊，萨克森人、法兰克尼亚人、洛林人和佛莱芒人，在这里你们不仅可以拯救你们的灵魂，而且，如果你们愿意，还可以获得上等的土地定居。[13]

　　西方人常常感叹东欧土地的空旷及其肥沃的潜力。德意志皇帝弗雷德里克一世的叔父弗赖辛大主教奥托写道，匈牙利"自然风光美丽，土地肥沃，为人著称"。但他慨叹说，"那里的土地少有犁和鹤嘴锄耕耘"，并感到奇怪，为什么"这么好的一块土地归属于人形禽兽而非人类"。[14]法兰西修士德伊的奥多（Odo of Deuil）在穿过匈牙利和保加利亚的边境地带时评论说，这些地区"有许多自然本身赋予的美好事物，如果有人定居的话，可以供给其他地区"。[15]

　　黑尔莫尔德的《编年史》中的另一个段落提供了关于移民基本机制的一条有趣但不甚明了的记载。在描述斯拉夫异教徒对距离波罗的海不远、位于厄格里亚的叙瑟尔（Süsel）的一个弗里斯兰人的殖民定居点发动攻击时，黑尔莫尔德写道，尽管那里的移民人口有400人甚至更多，但"当斯拉夫人到达那里时，堡垒中只有不到100人，因为其他人都返回了故土，处理他们留在那里的地产"。[16]这里涉及的两地距离并不遥远，因为从弗里斯兰到波罗的海沿岸只需要不到一周的路程。但我们需要看到，尽管可能

是特例，移民在故土和新乡之间来来往往，前往新乡查看，返回
故土处理事务，再次踏上向东的旅程。在某些案例中，特别是对
那些拥有很多地产的人来说，故土和新乡之间的联系可能是一种
常规。例如，12 世纪托莱多的特权令状对那些希望返回法兰西、
卡斯蒂利亚或加利西亚的公民，或是在冬季月份前往"其在山的
彼端的土地"的人有所安排。[17]

现代关于移民的研究特别重视的两个因素，在 12 世纪和 13
世纪的文件中很难找到。其一是向家乡的汇款。20 世纪，"外来
务工人员"向在自己出生地的家庭汇款构成了一项数额可观的资
金流。然而，在使用银币作为货币的时代，对于贸易网络之外的
人来说，这种资本转移大概很难实现。尽管意大利商人可以使用
信用证（letters of credit），而英格兰国王使用士兵押送他们成桶
的便士，但对身处安达卢西亚或普鲁士的某位发了家或心系家人
的儿子来说，把钱汇给位于旧卡斯蒂利亚或萨克森的家中老母，
是一件要困难得多的事。移民的这个方面在当时可能并不重要。
归乡人（remigrants），即那些返回故乡的移民，是现在移民活动
中另一个非常常见的因素，在中世纪时或许同样具有一定的重要
性。选择这样的人生轨迹的一个可能的原因是，移民希望把在外
地获得的大量财富在他唯一真正在乎的舞台，即他的出生地，炫
耀展示；但是，此外，返乡也可能意味着移民计划的彻底失败，
移民不得不返回家乡疗伤。对我们这里讨论的中世纪盛期农民的
殖民活动来说，定居者移民时的期望是在殖民地获得一块自己的
农田。因此，返乡和失败就是一回事。一份 13 世纪的文件为返乡
移民问题提供了些许信息。

1236 年，希尔德斯海姆主教与劳伦罗德伯爵达成协议。伯爵

领被分成两部分，"小伯爵领"归主教所有，"大伯爵领"由伯爵的亲属保留。这两个部分中各自的居民都需要留在原处，任何从一块伯爵领逃到另一块的人都需要被遣返。协议接着表示："但是，任何居住在易北河彼岸或这片土地之外的其他地方的人都可以自由选择回到大的或小的伯爵领。"[18] 这份文件很有启发性。它表明，在13世纪30年代，跨越易北河的移民是常见的事，所以此事可被确定为意外事件。它也表明，从易北河彼岸返回的可能性也属于预想之中的情况。大概并非每个移民都能在新乡找到他原本期待的优厚条件。归乡人的规模可能比我们想象的要大。

前文中已经引征的一些例证展示了移民离开自己的田地并处置自己的财产，显然，很多殖民者并非无地之人，而是在故乡已经是持有农地的农人。即使是那些受令人绝望的环境所迫而迁移的人，有时候也有土地出卖，如位于萨克森的海宁根（Heiningen）的奴隶，"受劫掠和纵火的摧残，同时由于自身极度贫困"，把5份地大小的土地交给了他们的领主后离开了该地，以及12世纪70年代莱茵兰地区"贫穷的农村人"，他们被迫"出卖自己的祖产，移居到外地"。[19] 在这些例子中，处置财产所得的收入可以用来支持移民在尚未获得新土地的过渡时期和困难的早期移民岁月维持生计。移民活动既需要意愿也需要资源，在一些现代移民运动中，学者们注意到，典型的移民属于在社会-经济意义上的中间层，既不富有也不赤贫，因此，他们既有动机也有能力迁徙，展开新的生活。另一方面，对于领主和其他招募劳力的人来说，富有经验的农人比无地或赤贫之人更具吸引力。

奠　基

建立新农业定居点的首要任务之一是划定住房、庭院和田地的地点。在林木浓密的地区，这有时会很困难。在西里西亚，亨利库夫（Henryków/Heinrichau）熙笃修道院的土地划界不但要从各个山头逐一观察，在被树木覆盖的谷地，还要使用浓烟信号作为指引。边界记号于是被刻在树上。[20] 在更开阔的地区，用犁开出沟就足够了。[21] 在易北河以东的土地上，这个工作非常复杂，因为不但涉及划界，还涉及土地测量。东进运动中使用的标准单位是份地，即一份确定大小的地区，佛莱芒份地为 40 英亩，法兰克份地大约为 20 英亩。[22] 当一个新的村庄落成后，预期的份地数目需要加以规定，然后在土地上测量出来。村庄有时甚至就是用所包括的份地数目来命名，例如 "7 份地村"（village septem mansi），也就是位于西里西亚的兹本胡芬（Siebenhufen，今天的 Siemislawice）。[23] 人们努力统一规格。例如，在某些地区，新村庄习惯上有 64 份地大小，如勃兰登堡的纽马克，那里半数以上的村庄都是这个面积。[24]

有时候，在大规模授予中，份地的数目很可能只不过是个概数。因为我们很难相信，当大波兰公爵瓦拉吉斯拉·奥多尼茨（Wladislaw Odonicz）在 1224 年授予条顿骑士团 500 份地，或在 1233 年授予熙笃会预计 2 000 和 3 000 份地大小的土地时，这些尺寸都是被仔细而精确地测量过的——3 000 份地相当于大约 200 平方英里的区域。甚至在更小规模的授予中，面积也可能基于估算。[25] 在一份 13 世纪的西里西亚公爵的授予中，两个村庄被允许按照德意志法律建立，令状指出："因为待建村庄的份地数目尚不能确定，我们不能肯定总租赋额会是多少。"[26] 现存最早的西里西亚定居协议是由公爵"大胡子"亨里克（Duke Henry the Bearded）于 1221 年颁布的。令状涉及一个 50 份地大小的村庄，但增补了如下条款："如果那里的林地超过了 50 份地，多出的部分也将按照相同的条款属于该村庄。"[27] 事实上，后来的君主或领主可能会通过重新核算土地面积，在原先估算的基础上再增加份地数目。而对领主通过增加份地数目来加重村庄负担的担忧，促使东进运动中的一些定居者购买免于不利的土地面积核算的豁免权。吕根岛的君主在 1255 年从一些定居者那里接受了 26 马克，"使他们的村庄和份地永久维持旧有边界，不再做土地核算"。[28] 14 世纪中期，对波希米亚的一块土地的测算显示，原先被估算为 61 份地的土地的实际尺寸至少是 64 份地，居民支付了一大笔钱，确保重新估算后的面积增加限于 3 份地——这意味着增加了 5% 的租赋，同时，份地"将永远不再被重新核算"。[29] 一个在梅克伦堡持有土地的熙笃会修道院十分坦率地表示："如果这片土地的领主［梅克伦堡公爵］询问份地数量，一定要小心地尽可能地欺瞒。"[30]

然而，在绝大多数情况下，份地的测量并非靠臆测。位于西里西亚的波吉尔村建于 1259 年，属公爵管辖，施行佛莱芒法律。经过测量与划界，波吉尔村被估算有 21 份地半的土地，外加被认定为公共土地的 1 份地洪泛地。土地测量使用到了量杆和测绳。[31] 波兰语和捷克语中的测绳分别是 sznur 和 snura，来自德语 Schnur，[32] 显示了东进运动的现实影响。编年史家博绍的黑尔莫尔德和一些令状中提到的"用线"测量（per funiculi distinctionem 或 in funiculo distribucionis），确实与《圣经·诗篇》（78：55）中的"用绳子将外邦的地量给他们为业"（divisit eis terram in funiculo distribucionis）有所暗合，但当时确实使用了杆和绳在林地中测绘。[33] 西里西亚公爵有测绘员（mensuratores），[34] 当荷尔斯泰因伯爵阿道夫企图欺骗奥尔登堡主教时，"他命人用我们所不熟悉的偏短的绳子丈量土地"，[35] 并在评估耕地时把沼地和林地也算在内。在亨利库夫，"份地的丈量刚刚完成，耕种者们就被召集起来"。[36] 一份 1254 年的普鲁士文件提到"135 条标准测绳，普鲁士的租种地都是用它们测量的"。[37] 最令人信服的证据是东进运动中形成的村庄和租种地都是按直线切分边界，并大致统一，这在 18—19 世纪的地图和土地测绘上清楚可见。除了殖民时期的规划布局，很难解释这些地方都是用量杆测定后开拓出来的。

1236 年，条顿骑士团对萨克森贵族梯芬瑙的迪特里希的土地授予，勾勒了土地测绘的过程。骑士团授予迪特里希一座城堡，"外加 300 佛莱芒份地的尚未开垦但适合耕作的土地，他自己可以加以丈量"。[38] 根据 1233 年的切姆诺（Chelmno/Culm）令状，佛莱芒份地是普鲁士地区的标准租种地单位。授予迪特里希的土地的边界被粗略描绘如下：从附属于马林韦尔德 / 克维曾（Marienwerder/Kwidzyn）的地产起，沿诺加特河（Nogat）而下的一个方向直到一片松林，在另一个方向上，沿直线直至瑞森堡（Riesenburg/Prabuty）周边的耕地。如果这个范围内的土地面积不足 300 份地，骑士团承诺用瑞森堡周边的可耕地弥补。划分区域中的松林面积不算入总面积（荷尔斯泰因伯爵阿道夫曾把林地算入总面积）。此处提到的这种实用的三角测地法在普鲁士获得了理论阐述，即成书于 1400 年前后的《几何要旨》（*Geometria*

Culmensis）。[39] 这本"实用几何学著作"被认为是应条顿骑士团总团长（Grand Master）对"土地测绘"的需求而创作的。

当然，并非所有的新村庄都是从原始森林中开拓出来的。在东欧，外来者常常会进入已经存在的定居点或至少是已有命名的景观处，或在其周边定居。在西西里，诺曼征服者保留了"撒拉森人对村庄边界的古老划分"。[40] 而在伊比利亚半岛，先前的人文地理留下的痕迹更为浓重。这是因为，尽管战事和征服导致某些地区人口减少，但穆斯林治下的西班牙的居住人口依然相当稠密。例如，阿拉戈萨（Aragosa）村庄和土地在 1143 年被授予了西贡萨（Sigüenza）主教，"其边界不为人知，因为这里已经被废弃很长时间了"。[41] 阿拉贡地区的两次几乎同时代的授予，清晰地表明了占据定居土地和新土地殖民化的区别。其中一次授予涉及的一处房产的前所有者是一个有名有姓的穆斯林，"在摩尔人统治的时候，这些住宅曾得到过精心维护"；另一次涉及的是未曾被占有的土地，以及"在这片空地（eremo）之上尽你所能建造住宅"的权利。"在摩尔人统治的时候，这些住宅曾得到过精心维护"这一措辞意味着法律地理学的延续性，而"尽你所能"的说法则暗示了这是一块属于开拓者的白板。[42] 在新的殖民土地上，两种情况都存在。

一旦新的耕种土地被标记，下一步就是如何分配它们。东进运动中的份地似乎是通过抽签分配的，因为一份 1223 年的西里西亚文件提到了"以德意志的方式通过抽签分配份地"，[43] 意味着这是殖民化进程中的一个常见环节。目标自然是公平。当托莱多的圣克雷芒（St Clement's）修道院的修士于 1340 年在阿尔甘斯（Argance）安排移民定居时，每个定居者领受 1 尤加达的耕地，分成三份，一份质量好的、一份中等的，外加一份差的。[44] 在西班牙，对新征服地产的分配刺激了程序性规则和相关专家的出现。"分配人"（Partitores）在 12 世纪的萨拉戈萨十分活跃，住宅"根据分配规则，由国王的分配人授予"。[45] 这一倾向的终极体现是 13—14 世纪的大型《分配书》（*libros del repartimiento*），即向征服者和移民分配财产的巨大登记簿。

最有权势的领主和地主、国王、公爵和重要的主教，例如托莱多和弗罗茨瓦夫（布雷斯劳）的那些人物，以及军事修会与修道院，都有兴趣开发他们的地产，但他们不得不依靠当地人来从事村庄的组织与监督工作。这就是"猎头"所扮演的角色。承担这一角色的人在开始着手创建新定居点之前必须已经比较富有而且受人尊重，因为对这项任务来说，资本和人脉都是必要的条件，虽然领主或许可以向他施以援手，比如，在猎头尼斯的彼得的例子中，弗罗茨瓦夫主教授予他 12 马克外加 300 蒲式耳的黑麦，"以助他建立新的定居点"。[46] 一些猎头显然名声在外。波希米亚国王普热米斯尔·奥托卡二世（Przemysl Ottokar II）授予罗温多夫的康拉德（Conrad of Löwendorf）一个新定居点，因为"我听闻他擅长此道而且经验丰富"。[47] 在西里西亚，猎头有时候是骑士出身，是公爵或主教的封臣；从 13 世纪中叶开始，一些市民可能也开始在这个领域活跃；在个别案例中，猎头就是普通的农民。[48] 在波希米亚，钱商和王室侍从是猎头的典型身份。[49] 在西班牙，类似的定居组织者被称作 populatores。这个词的词义模糊，因为它同样用来指定居者本身。然而，当卡斯蒂利亚国王阿方索七世在 1139 年向"他的 populator 与侍从"授予土地以建立一座城堡时，[50] populator 的这种含义是十分清晰的。与他们在东欧的同行一样，这些人能够在他们创建或迁入居民的村庄中得到租种地。阿方索一世授予一名地方长官"2 尤加达的土地，因为你组织了这次迁徙定居"。[51] 一旦获得成功，组织定居的过程可以加强猎头的地位。即使他们并非地主，也不是东进运动的组织者，但作为持有 100 或 200 英亩租种地的农人，作为领主与定居者之间被认可的中介，以及作为地方长官（Schulzen），很容易被视为在村庄社会中居于统治地位的人。

并非每次移民定居的计划都能够成功，正如 13 世纪的波兰伯爵布洛尼茨（Bronisz）所发现的。他曾邀请"一个名叫弗兰科的德意志人"租用他的部分地产，期望"他能够为我招募一些德意志人在这片地产上定居"；与此同时，布洛尼茨的德意志磨坊主威廉租用了一座宫廷建造的磨坊，提议"如果我同意，他将会招募德意志人前来，建造一座德意志村庄并定居下来"。然而，弗兰科和威廉没能实现预期：前者"因为贫穷，无法开发那块地产并引人前往定居"；后者尽管曾承诺建设一座德意志村庄，却"无法实现，也没能使任何人在村庄中定居"。布洛尼茨最终决定，创建一座修会所带来的精神上的（可能也有物质的）回报要比这些破产的计划更有利。他在上述地产上建起了一座熙笃会修道院。[52]

一次城市定居计划失败的原因是"猎头之间意见不合，有些人死了，有些人受贫困之迫变卖了他们在定居计划中的股份以换取现金"。[53] 定居计划失败的这种可能性解释了为什么领主会在他们与猎头的协议中写入惩罚条款。当布拉格附近的维谢赫拉德教士团成员把他们的俸禄授予猎头洪波莱茨的亨利（Henry of Humpoletz）时，"条件是他要在这一年中使耕作者在这些地产上定居"，并附有补充条款："如果他没能在这一年中让佃户定居，

他将失去对这些地产的权利，而他的担保人……将支付给我们 30
银马克作为赔偿。"⁵⁴ 正如上述一些引文所揭示的，决定成败的关
键因素之一是猎头可以在殖民定居计划中投入的财富数额。新的
定居点既需要劳动力，也需要资本。

在建设新村方面，最大规模的资本投入之一是建造磨坊，这
是中世纪世界最大的机械。利用水力碾磨谷物是中世纪盛期的欧
洲谷物农业的通常做法，尽管有些农民很自然地更倾向于使用自
己拥有的手动磨。磨坊造价昂贵，但收益丰厚，特别是如果它们
是由一位领主建造或所有。他可以强迫他的佃户把他们的谷物拿
到自己的磨坊里来磨，并为这项特权付钱。事实上，在以领主的
地租、宫廷、自留份地收成、官职俸禄或战利品等方式的财政支
持下建设的领主磨坊，是这个时期最普遍的磨坊类型。较少见到
的是公共所有或联合所有的磨坊，比如由 21 位拥有小片土地的自
由人在 1012 年卖给卡尔德尼亚（Cardeña）修道院长的那座。⁵⁵
个体农民一般不敢设想用资金建造这样一项昂贵的设施。在有些
例子中，农民试图自费建造磨坊，但以失败告终。⁵⁶ 在刚实现殖
民定居的地区，磨坊有时是属于领主的，但也存在殖民定居者被
授予修建属于自己的磨坊的权利的情况。例如，作为修筑一座堡
垒的回报，阿拉贡国王彼得一世（Peter I of Aragon）允许马尔西
利亚（Marcilla）的定居者"修建自由的磨坊"。⁵⁷ 在"东进运动"
的村庄中，修建磨坊的权利常常会被列入猎头享受的特权之中。
例如，奥洛穆茨 / 奥尔米茨（Olomouc/Olmütz）主教布鲁诺，对
他教区的殖民定居事业制订了一套标准化的协议模板，其中，猎
头一般会被授予建造"自由的"独轮磨坊的权利。⁵⁸ 与此类似，
当埃姆兰主教亨利委托他的兄弟佛莱芒人约翰（John Fleming）

于 1289 年在普鲁士组织一次很大规模的殖民定居计划时，他授权在那片土地上定居的人"可以自由地修建磨坊"。[59]

规模问题

有鉴于上一章中提到的中世纪人口史在材料上的不足之处，毫不奇怪，想要为移民运动给出一个统计学意义上的图景是非常困难的。没有乘客名单，没有记录出生地的人口普查（尽管地望姓氏可以提供一些信息），甚至连明确涉及移民的记载都十分罕见，尽管确实存在一些。西格弗里德·埃波莱恩（Siegfried Epperlein）为他关于易北河以东移民原因的专著搜集了一些案例，其中一些具有启发性。[60] 1238 年，奥斯纳布吕克（Osnabrück）以南的伊堡（Iburg）修道院的农奴在出售一块他们持有的地产时遇到了麻烦。据称，他们仅仅是佃户和土地管理人（bailiffs），而非土地拥有者："他们知道自己这么做大违正义，也大大得罪了他们的领主，他们出发前往易北河以东的土地，打算再也不回来了。"[61] 10 年之后，希尔德斯海姆的圣十字教堂的行政主管（provost）"听闻我们的奴隶埃尔韦德尔（Alward）计划前往易北河之外的土地"，就寻唤了这位准移民，并要求他起誓，不会在他的新家做任何有损其宗教团体的事情。[62] 有时，也有更笼统的证据。拉斯特德（Rastede）修道院位于威悉河汇入北海处的平原。这座修道院的编年史家抱怨当地的贵族"蚕食了修道院如此多的财产，以至几乎所有的佃户都携带动产前往了易北河以外的地方"。[63]

　　这些证据只是告诉我们，一些德意志农民从德意志的旧定居地迁移到了易北河之外的新土地上。关于移民规模的信息还是付之阙如。学者们尝试对其进行计算。沃尔特·库恩（Walter Kuhn）是在这个问题上下功夫最深的学者之一。根据他的估算，在 12 世纪，定居于易北河—萨尔河一线以东的德意志农业殖民者的数量是 20 万。他的估算基于的是在这第一次德意志殖民定居浪潮中能够被印证或合理推算出的份地或农民农场（peasant farms）的数目。在这一时期被殖民定居的地区，包括东荷尔斯泰因、西勃兰登堡和萨克森边区，随后成了为更东的地区，如梅克伦堡、波美拉尼亚、西里西亚、苏台德地区和普鲁士这些在 13 世纪遭遇移民定居的地区，输送移民的地方——一种殖民开拓的代际传承。通过与现代的案例做类比，库恩还指出了新土地上的移民人口如何迅速增加，在一代人的时间之内翻倍。[64]

　　即使很难获得易北河以东的德意志移民的确切数目，我们至少也还有很好的文件证据证明大规模移民的存在。成百份确立新定居点条款的文件（Lokationsurkunden）留存了下来。当我们转而讨论从英格兰移民到凯尔特诸国的问题时，却没有这种文件。这个现象十分有趣。一些学者认为在爱尔兰也有这种猎头类型的人物在发挥作用。但是，如果确实如此，他们没有留下任何痕迹，这种明确证据的缺乏导致对于移民在殖民爱尔兰中的重要性可能存在很多不同的观点。乔斯林·奥特韦-鲁思文（Jocelyn Otway-Ruthven）认为："诺曼人在爱尔兰的定居不仅仅是一次军事占领，还是大规模农民殖民运动的一部分，这种运动完全主导了 11—14 世纪的欧洲经济发展。"她尝试证明，到 1300 年，在爱尔兰东南部，有"由出身于英格兰、有时是出身于威尔士的自由小佃户组成的外来定居和耕种人口"存在，"在某些地区，这个群体的人数可能远超爱尔兰土著人口"。她的结论是，这种情况"只可能是在征服之后的几代人的大规模移民造成的"。[65]

　　尽管奥特韦–鲁思文的立场没有受到直接挑战，但历史学家R. E. 格拉斯科克（R. E. Glasscock）提出了一种侧重点很不同的解释。在《爱尔兰新史》（*New History of Ireland*）中，他表示："尽管这种新的殖民元素在当地可能很重要，但就整个爱尔兰而言，它在数量上不可能很大。"12 世纪晚期和 13 世纪从英格兰和威尔士（更不用提苏格兰）向爱尔兰的人口移动中的某些方面是可以量化的。例如，我们知道，跨过爱尔兰海的英格兰和威尔士士兵肯定有数千人。最早登陆爱尔兰的是 1169 年由罗伯特·费兹·斯蒂芬（Robert fitz Stephen）率领的 30 名骑士、60 名披甲步兵和 300 名弩手。"强弩"理查·德·克莱尔据说带领了一支由1 200 人组成的部队在次年登陆。[66]当然，并非所有这些人都留在了爱尔兰，或者说都在那里活了下来，但其中一定有不少都在当地安了家。王室在爱尔兰设立了 400 个骑士封地。即便不存在一块封地对应一名移民贵族的情况，这也提供了一些可供推想的信息。或许更为重要的是，有超过 200 个自治镇（boroughs）在爱尔兰创立。[67]其中很多并非经济意义上的"城市"，但都有一部分市民存在，且有证据表明，他们很可能是移民。在下一章中我们会看到，这在都柏林的例子中体现得非常明显。我们还知道，爱尔兰东南部的教职建制出现了英格兰化，并常常延伸到教阶中的基层。[68]

　　然而，所有这些证据所指向的不过是和利沃尼亚类似的情况：一个由封建领主、市民和教士组成的精英群体，在种族和文化上区别于广大的土著农业人口。有关农民迁徙的直接证据几乎不存在。前爱尔兰首席政法官瓦洛涅的哈德（Hamo de Valognes）被授予"可以把他的人从任何地方带到他的土地上定居的权利"。[69] 1251 年，史料提到爱尔兰首席政法官"将使人在荒地定居"。[70] 但上述两处证据所勾勒的无非是地主积极参与殖民化和定居的最泛泛的图景——新的定居者既可能是移民，也可能是爱尔兰人。1219 年的一份王室敕令提供了明确得多但独此一份的材料。这份敕令要求沃特福德郡（County Waterford）监管人（custodian）不要阻碍沃特福德主教"把他的土地向外出租，并接受英格兰人来此定居"。[71]

当然，没有人会否认有些定居者在 13 世纪从英格兰前往爱尔兰。大规模人口迁徙的证据基于两点。首先，从 14 世纪初开始，爱尔兰各地农业佃户的名录确实存在，其中大量的姓名是英格兰的和威尔士的。其次，有很多证据表明，英语深入了爱尔兰的基层和乡村，在没有大规模农民移民定居的情况下，这几乎是不可能的。

14 世纪早期的名录是奥特韦-鲁思文立论的基础，但就证据的理想性而言，有些稍晚。学者们意识到，一些爱尔兰人会借用英格兰的名和姓，奥特韦-鲁思文本人也举了一些例子。到 14 世纪早期时，距离盎格鲁-诺曼人的最初到来已经过去了 150 年，这一进程可能已经得到了长期的发展。例如，我们知道，在诺曼人征服英格兰 150 年后，英格兰的农民就已经借用诺曼贵族的姓名，尽管并没有来自法兰西西北部的大规模移民发生（参考第 11 章）。然而，这主要涉及名，姓的情况略有不同。姓通常是一些日常语言，例如"斯威夫特"（Swift，意为机敏）、"阿彻"

（Archer，意为弓箭手）或"梅森"（Mason，意为石匠），可能会提供一些出身地的信息（例如"德夫尼什"［Devenish］、"沃尔什"［Walsh］），甚至是一些源于父名的姓，至少可以把证据向前推一至两代。

关于 14 世纪早期地租情况与土地调查的一份丰富文件集是所谓的《奥蒙德红籍》（Red Book of Ormond）。[72]《奥蒙德红籍》是为巴特勒家族编撰的，其中收录的文件主要涉及他们的地产。1300—1314 年，这份文件集记录了约 28 次独立调查。从这些记录中可以看出当地的各种情况。一类以都柏林郡的科尔达夫（Corduff）为代表。这是一个面积小但人口众多的庄园。1311 年，科尔达夫有一个废弃的庄园宅邸外加鸽舍，一块用于放牧的园地，一个庭院外加谷仓。属于庄园的自留份地包括 218 英亩的耕地、20 英亩的草地和 15 英亩的牧场。庄园的佃户分成两种不同的群体。一个群体是自由佃户和自由农人，有 17 名，他们以每英亩 8 便士或 1 先令的价格租用耕地。当时有 27 名雇农（cottagers），他们以每个 6 便士的价格租用小屋，并额外支付 4 便士以补偿他们之前负担的劳役。[73] 没有关于他们租种耕地的记录。因为没有给出他们的名字，我们无法用这条线索了解他们的国籍；但在《奥蒙德红籍》中描述的记录了雇农姓名的庄园中，这些雇农绝大多数都是爱尔兰人。[74] 另一个群体是世袭地产的持有者和农人，他们持有的耕地面积从 1 英亩到 45 英亩不等，平均值是 9 英亩。其中绝大多数的姓名都暗示其为英格兰人的后裔，例如劳伦斯·高茨维恩（Lawrence Godsweyn）、牛顿的罗伯特（Robert of Newton）和英格兰的斯蒂芬（Stephen of England）。然而，其中 5 人很明显是爱尔兰人，其姓名为唐纳德·默恩纳斯（Donald

Mouenath）、吉尔马丁·欧·戴夫甘（Gilmartin O Duffgan）等。这5个人是这个群体中最不富裕的，其中2人仅持有1英亩耕地，其他3人分别持有1.5英亩、2英亩和3.5英亩耕地。在英格兰姓氏的人中，只有2人的持有地如此之小。因此，很可能来自英格兰的自由佃户和农人在财富和地位上构成了一个地方农民贵族阶层，在总人口中的比例略低于1/3。

英格兰人的殖民定居在其他地方似乎规模更大。蒂珀雷里（Tipperary）郡的摩雅利夫（Moyaliff）有约60个市民，其中只有2个或3个是爱尔兰姓氏。很多人属于几个统治家族（怀特［White］、比奇［Beech］和斯通布里克［Stonebreak］），而摩雅利夫似乎是一个密集型、人口相当多的移民社区。[75] 在基尔肯尼（Kilkenny）郡的高兰（Gowran）也有市民，尽管他们的名字没有被记录。此外，大约90名自由佃户在周边的乡下持有成块的土地，面积从20英亩到整块封地大小（理论上是1 200英亩）不等。此外，还有200名持有小土地的自由佃户。戈兰几乎所有的自由佃户都是英格兰姓氏。[76] 事实上，《奥蒙德红籍》中描述的所有巴特勒家族的地产都符合这一模式。在有名在籍者中，军事佃户、自由佃户和市民几乎全部是英格兰姓氏；向下一个阶层的农人与债务农（gablars）一般也是如此；雇农都是爱尔兰姓氏；betaghs，爱尔兰的奴隶阶级，尽管姓名极少见于籍册，但可以认为都是爱尔兰人。

《奥蒙德红籍》与其他类似的土地调查的证据支持这样一种观点，即盎格鲁–威尔士人向爱尔兰南部与东部的移民意义重大。到1300年时，甚至有可能说，爱尔兰的局部地区发生了部分的英格兰化，因为这样一个说英语的地主阶级深深地扎根当地，并留下了文化烙印，尤其在语言方面。这种英格兰化的标志之一是土地名称。在 1306 年，戈兰的大卫·杰雷德（David Gerard）和威廉·德·普雷斯顿（William de Preston）达成了一项婚姻合同，针对的是大卫之子罗伯特和威廉之女艾丽丝的婚事。艾丽丝将从她的父亲与她未来的丈夫那里获得资助。威廉将给她位于戈兰的"肖特堡茨（Schortebottes）和博泽菲尔德（Botherfeld）"的 8 英亩土地；罗伯特将给她 60 英亩，从"巴利卡迪桑（Balycardyssan）的土地"、"布罗德菲尔德"（Brodfelde）和"克罗斯菲尔德"（Crosfelde）中分割出来，这些土地顺着戈兰与基尔肯尼之间的土地延展。[77] 由此观之，到 14 世纪早期，爱尔兰东南部的土地已经被用英语命名了。

英格兰人的殖民定居活动在爱尔兰并非均匀分布，集中在城镇而非乡下，集中在岛屿的南部和东部而非北部和西部。即使迟至 17 世纪，这个东南部地带也是土地单位英格兰化最显著的地区，如普楼兰（ploughland）；直至今日，那里的地名都有着鲜明的英格兰化模式。这种地区性的分布很容易解释。首先，那里的殖民地具有桥头堡的特征：定居者来自更靠近爱尔兰南部和东部海岸的英格兰和威尔士的港口，他们也常常与这些港口保持联络。其次，东部和南部有爱尔兰最好的土壤。因此，优异的农地分布巩固了移民者的自然趋向。在这些高度殖民化的地区，存在着一个农业移民群体。[78]

新工具

新定居者代表了他们定居地区新鲜人口的涌入，他们的经济和法律特权确立了有利于经济生产的框架。在一些（并非所有）案例中，他们可能还引入了更高级的农业技术。当然，在伊比利亚半岛，定居者需要学的与需要教的一样多；在很多地区，他们面对的问题是如何保持灌溉耕作的功能系统，而不是用某种更高效的东西取代它。当阿拉贡国王海梅一世确认巴伦西亚灌溉系统的水的使用权时，他强调，这需要继续"按照旧有的方式，根据在撒拉森人时期确立并约定俗成的方式操作"。[79]

在东欧，新定居者是否普遍带入了优越于他们在新定居点看到的农业技术，或是他们的主要贡献是否仅仅是人力，学者围绕这个问题的争论要更加激烈。毫无疑问，易北河以东的殖民村庄的特征是规划极有规则、结构极为统一，但外形规整与高产之间并不容易建立直接的关联。传统德国史学认为，移民带来的最重要的设备是重犁。这或许并没有错，但关于工具和农耕实践的这个关键问题，相关证据是单薄而不明确的。

作为中世纪经济的主要农业设备，犁是一种复杂的器具，在制作和使用上有多种方式。重要的区分是耙犁（ard）或轻犁（scratch-plough，法语为 araire，德语为 Haken）与所谓的"重"犁（法语为 charrue，德语为 Pflug）。前者在操作上是左右对称的，把土地上切出一个槽，把土推到两侧；后者则是把土翻到右侧或左侧，依靠的是非对称的犁铧（share）和犁壁（mould-board）。事实上，这两个部件，而非重量——耙犁可以比"重"犁更重——才是重犁的本质特征。

这一操作和效果上的基本区分并非犁的结构和功能的唯一显著差异。犁可以由马或牛牵引；可以由较多头或较少头牲畜（当然也包括人或机器）牵引；可以有轮子，也可以没有；可以装备犁刀（coulter）——一种在犁铧前面的土壤中制造切口的垂直叶片——也可以没有；变化不一而足。对中世纪而言，史料的稀少和含糊加剧了这个问题的内在复杂性。一个具备可信度的农业故事必须从教士撰写的编年史的只言片语、诗篇集和日历中的记述，以及插图的难解的条目中细致梳理出来。[80]

关于德意志犁与斯拉夫犁的问题的最早相关文字证据来自黑尔莫尔德撰写于 12 世纪 70 年代的《斯拉夫人编年史》。在三处不同的地方，黑尔莫尔德提到了"斯拉夫犁"（Slavicum aratrum），作为一种估算什一税的单位。他在每一处都对这个术语做了解释："一头牛和一匹马组成了一个斯拉夫犁"；这种犁"由两头牛或一匹马组成"；"一个斯拉夫犁由两头牛或相同数量的马组成"。这些描述都不甚清楚。除了斯拉夫犁中马匹数目上令人困惑的不确定——这种不确定可能仅仅源于作者的疏忽，"组成"究竟是什么意思构成了一个问题。如果这个用语背后的现实纯粹是财政性的，即"斯拉夫犁"不过是一种估算什一税的单位，那么我们可能无法从中了解到任何关于相关农业设备的情况。然而，在黑尔莫尔德眼中，究竟为什么要称这种犁为"斯拉夫犁"呢？斯拉夫人本身显然并不采用这种称呼。可能的情况是，德意志人和斯拉夫人所使用的犁并无实际的区别，只不过斯拉夫人只用两头牛或一匹马（或两匹马）作为牵引，而德意志人用的牲畜更多。另有一种可能就是，无论是两种犁还是用于牵引的牲畜组合都没有区别，但斯拉夫人使用这一组合作为估算什一税的单位，而德意志人并不这样做，即"斯拉夫犁"是"一种普通的耕地组合，被用于估算什一税"。显然，黑尔莫尔德给我们的是一个问题，而非一个答案。在我们能够得出一种更可靠的图景之前，他提供的证据必须由其他材料补充。[81]

12 世纪晚期和 13 世纪的文献证据不仅提供了一系列“斯拉夫犁”的同义词，还提供了与之构成对比或对立的不同术语。最常见的一个同义词是钩犁（uncus），这个拉丁词的本义是“吊钩”。例如，绰号为“狮子”的萨克森公爵亨利在重建拉策堡主教区时，所使用的资金是以“钩犁”为单位征集的税赋。[82] 吕根的君主税收也是用“钩犁”估算的。[83] 同样，在西里西亚，“钩犁”是一种领地测量单位。[84]“钩犁”与“斯拉夫犁”的等同关系是非常明显的。1230 年，条顿骑士团成员承诺为切姆诺（Chelmno）领地上的每份“斯拉夫犁”向普鲁士主教支付 1 蒲式耳的小麦作为什一税；[85] 而 30 年之后，在埃姆兰达成的一项什一税协议中，明确规定他们“需要用与在切姆诺领地上施行的相同方式支付什一税”，并把支付单位表达为“钩犁”。[86] 丹麦国王 1231 年的财政籍册用份地或其他单位估算定居点，唯一的例外是 9 个费马恩岛（Fehmarn）上的“斯拉夫村”，是用“钩犁”估算的。[87]“钩犁”又被称作 Haken，后者是德意志俗语中的同义词，正如一份 1318 年的波美拉尼亚文件中表述的那样：“钩犁又称 Haken。”[88] 1233 年的切姆诺令状帮助我们完成了这个建立词义关联的链条，其中规定“每波兰犁（Polonicale aratrum），又称 hake”，需支付 1 蒲式耳的小麦。[89] 斯拉夫犁、钩犁、Haken 与波兰犁的同义关系由此得以证明。

这个有着众多名字的单位，习惯上与另一个单位构成对比。例如，在载有条顿骑士团与普鲁士主教之间的协定的 1230 年的文件中，“斯拉夫犁”与“德意志犁”（aratrum Theutonicale）构成对比。后者是一种常见的估算单位，有时被简称为“犁”

（aratrum），与"钩犁"和 Haken 构成对比。一份 1293 年的普鲁士文件规定，每"犁"的什一税额度是 1 蒲式耳的小麦和 1 蒲式耳的黑麦，而每"钩犁"的额度是 1 蒲式耳的小麦。在 1258 年，"德意志犁"与"普鲁士犁"构成对比。在波兰，这两个对比概念得到了进一步发展。1262 年的格涅兹诺（Gniezno）宗教会议规定了"每份被称作 radlo 的小犁"和"被称作 plug 的大犁"的什一税额度。[90] 在其他地方，Pflug 与 Haken 构成了对比，这清楚地说明，"小犁"、Haken、"钩犁"和"斯拉夫（或波兰）犁"是一个概念，而"大犁"和"德意志犁"是一个概念。[91]

积累这些证据让我们看到，在德意志"犁"和本地"犁"之间存在着一种确实的二分法。然而，我们还须确定，这里的"犁"指的是一种真正的农业设备，而不仅仅是一种估算单位，以及，如果确实如此，那么两种犁之间的区别是什么。关于德意志犁／大犁和斯拉夫犁／小犁／钩犁／Haken 之间的实际区别的证据虽稀少但具有说服力。一份 13 世纪的文件提到，对"用犁做工的每户人家"征收 6 先令赋税，而对"用 Haken 做工的每户人家"征收 3 先令赋税。[92] 比之稍晚的一份普鲁士令状提到，对佃户"用以耕种田地的犁或钩犁"收租。[93] 更明确地说："普鲁士人和波兰人习惯用钩犁耕作他们的土地"。[94] 因此，毫无疑问，我们所讨论的区分既与财政计算使用的抽象概念有关，也与耕种工具有关。

还有一个关键问题是这一区分在数量上的差别：德意志犁／大犁对应的额度一般被系统性地估算为斯拉夫犁／小犁的两倍。例如，前文引征过的 1230 年的文件多次明确规定，每德意志犁需缴纳 2 蒲式耳的谷物，而每斯拉夫犁需缴纳 1 蒲式耳。在切姆诺令状中，德意志犁与"被称作 hake 的波兰犁"所承担的税赋的差别也是一样的模式。根据另一份 13 世纪的文件，对每 hoken 征收的额度是 1 司各特（scot，相当于 1/24 马克）和一束亚麻；每 pfluge 的征收额度是 2 司各特和两束亚麻。[95] 我们在上段中已经提到了犁与 Haken 之间 6 先令 / 3 先令的区分。总而言之，有充分的证据表明，德意志犁 / 大犁被认为比斯拉夫犁 / 小犁能够承担更重的税负、什一税或征赋。

如果这种区分既反映在术语上，也反映在物理形态和纳税能力上，我们必须要问，这种区分究竟基于什么。犁是大的和德意志的，而钩犁是小的和斯拉夫的（或普鲁士的）。很多学者认为，前者等同于重犁，而后者等同于耙犁 / 轻犁。这个判断的理由如下：第一，两种犁的类型的差别对应着现代农民和学者可以感知到的犁的类别的主要差异，这一假设是合乎情理的。第二，Haken 这个术语在现代德语中用来指耙犁或轻犁。第三，最合适重犁耕作的长型田地常常在德意志人的定居点。第四，"重"犁比耙犁更高产，因此能够承担更重的税负。最后，在这一系列现代学者所归纳出的比较因素中，有一条基于中世纪文本的史料：一份 14 世纪的波兰文件提到"20 个大犁和 20 个小犁，'大'指的是犁刀和犁铧，'小'指的是 radlicza"。[96] Radlicza 就是"被称作 radlo 的小犁"。大犁有犁刀和犁铧。究竟是有非对称的犁铧还是犁壁——用木头制成，因而便宜且不贵重——没有明确说明。然而，已经有足够充分的证据表明，德意志人为之前只知道耙犁的斯拉夫和普鲁士世界引入了一种重的、非对称的犁，尽管这个结论听上去或许带有德意志优越论的色彩。

谷物化

新的定居者、新的犁和新的磨坊意味着"进步"（melioratio terrae），而"进步"意味着谷物种植的扩张。这里涉及的不仅仅是从野生到驯化，而是向一种高度专门化的土地利用形式的转变。在欧洲的很多地方，中世纪盛期的变迁涉及这样一种生态演变：从只能够支持少量人口，但利用多种自然资源——例如鱼、蜂蜜和野兽，而不仅仅是家畜和种植谷物——的人类生态，转变成人口更密集的单一栽培。西里西亚公爵"大胡子"亨里克于13世纪早期把租赋从松树皮换成了谷物，是具有症候性的。[97] 如果发生在世界其他地区的后果可以作为参照的话，这一变迁的成果可能是人口更多但健康程度更低。

当然，从君主、教会领袖或从事组织殖民定居的猎头的角度来看，定居人口的健康并没有那么重要。对于精心筹划的殖民化进程来说，真正重要的是把无法创收的资源转变成谷物和银子的源泉。更富有的领主和更多的农民——这似乎是中世纪盛期的新定居活动不可否认的结果。尽管定居计划有时会失败，但边境地区的整体氛围是积极乐观和扩张主义的。可耕地面积的扩张和新农人在土地上的定居是可期的未来图景的一部分。预期性的授予不但包括新的领主权，还包括土壤上的收成。早在1175年，西里西亚公爵波莱斯劳和弗罗茨瓦夫主教奇洛斯劳赠予了卢比亚茨（Lubiąż/Leubus）的熙笃会修士一笔收入。这些修士来自德意志，被期待会带着德意志定居者前来。公爵和主教授予他们"现在位于莱格尼察（Legnica/Liegnitz）地区的新村和那些在之后的任何时间可能在那里建起的村庄的全部什一税"。[98] 对"最近开垦和未来将要开垦的新田地"或"出自所有新开垦的土地"的未来什一税收入的安排，在东进运动时代的东欧各地随处可见。[99] 有时候，设想的不仅是未来的开垦。我们还可以看到文献中提及"现在由斯拉夫人居住、未来可能由德意志人占有"的村庄的收入。[100] 在欧洲领主和教会领袖的想法深处隐含着耕地扩张和德意志化的未来世界。

对于中世纪盛期的教会领袖来说，设想这一时期拉丁基督教世界的扩张时，谷物化（cerealization）是一种自然而然的印象。下面一段话摘自教宗洪诺留三世（Honorius Ⅲ）1220 年的一封书信，主题是波罗的海地区异教徒的皈依。从中可以看到，教会领袖如何运用自己关于耕种农业的经验和圣经修辞的资源来表达：

> 利沃尼亚异教徒的顽固的心灵如同广阔的沙漠，被神圣恩典的甘霖浇灌，被神圣布道的犁头开垦，我主的种子在赐福中于其上生根发芽、长出谷子，不仅如此，这些土地都已经静待丰收。[101]

宗教崇拜的散播与土地开垦的散播齐头并进。

在欧洲刚刚完成殖民化的地区，对定居者来说，把过去描述成一个野蛮或原始的时代，作为对当下秩序的衬托，是一个自然的选择。一个前农耕或几乎没有农耕化的过去，一个荒蛮的、除了树木空无一物的时代的母题特别重要，因为，通过夸大被殖民领地在殖民者到达前的一无所有，这种母题产生了一种戏剧化的美学效果，突出的是"在一个恐怖而荒芜的地方"的"新植入"（new plantation）的故事，也证明了外来者的所有权。[102]
诞生于西西里西亚的一个熙笃会修道院的《亨利库夫编年史》
（*Henryków Chronicle*）描述了"这个修道院的首位院长和他的助
手……如何来到这个无比荒蛮、到处是森林的地方，他们如何用鹤
嘴锄和犁头犁开土地，伴着脸上的汗水吞食面包以维持生计"。[103]
插图 7 展示了 13 世纪时熙笃会成员装备着斧子与鹤嘴锄进入荒蛮
的领地的英雄形象。然而，在亨利库夫的例子中，情况更加复杂
一些，因为有证据（包括《编年史》其他部分的内部证据）表明，
此前已经有人定居于新修道院的所在地了。修士们逐步抹除了关
于这些先前的定居者的记忆，用以创造一种先驱者在空旷的土地
上创业的神话。

卢比亚茨是熙笃会在西里西亚的第一座修道院，那里的修士
在 12 世纪后期把德意志定居者带入了波兰。他们也坚持声称定居
者到达之前该地的原始状态。在回顾创建修会的最初岁月时，他
们强调的是在他们带来巨变之前，那个波兰地区的不发达与贫困。
在 14 世纪早期，一名卢比亚茨修士用下述韵文勾画了熙笃会到达
之前那里的景观：

> 那片土地缺乏耕种者，被掩盖在树下
> 波兰人又穷又懒，
> 用没有铁的木制犁去犁含沙的土壤，
> 只知道如何使用两头母牛或公牛耕地。
> 整片土地没有城镇，
> 只有乡下的市场，一片未开垦的田地和城堡附近的一个
> 礼拜堂。

那里的人没有盐，没有铁，没有硬币，没有金属，

没有好的衣服，甚至连鞋子也没有，

他们仅仅牧养他们的牲口。

这些是最初一批僧侣所发现的趣事。[104]

这位修士对原始状态的描绘是负面的。他描述了那些遥远的过往岁月中的波兰人所缺乏的东西。他们没有城镇、贸易或冶金这些有益之物。他们的耕种农业特别落后。整体印象是一个落后而贫困不堪的世界。这段话与后来的殖民者尤卡坦主教迭戈·德·兰达（Bishop Diego de Landa of Yucatán）有着相同的语气。兰达列举了西班牙人带给新世界的各种好处，包括马匹、家厨、铁和机械技术。他总结道，印第安人现在"更像我们一样生活了"。[105] 就像这个 16 世纪版本的外来者的文明化使命一样，"从前"的卢比亚茨和亨利库夫被用来强调一种非常不同的"后来"。根据这位卢比亚茨作者的说法，是熙笃会修士的"汗水"和"劳动"带来了这种魔术："这片土地被他们彻底改变了（tota referta）。"[106] 并不只是现代的历史学家创造（并攻击）了熙笃会修士作为拓荒者和殖民者的形象。在中世纪盛期，这已经是他们自我呈现的一部分了。

像他们这样的作者自视把高产的劳动力和耕种技术带给了一个懒惰的民族和一片未经耕作的土地。毫无疑问，耕种在中世纪盛期得到了巨大的扩张，但谷物化的另一种结果是创造了一种脆弱的新生态，因为"荒"地和林地本身也是资源。未开垦的土地并非贫瘠的土地：鱼类、野兽、蛋、蜂蜜、坚果、浆果、灯芯草、茅草、木柴、草皮、木材和粗糙的草场是未开垦的土地可以提供

的财富。林地不单单是尚未开发的耕地。正如波希米亚国王在 14 世纪中叶观察到的："波希米亚王国的森林中又高又密的树木是这个王国最大的荣耀之一。"[107] 耕地资源与非耕地之间必须维持一种平衡，因为如果平衡丧失的话，可能会造成损失。1149 年，当汉堡-不来梅的大主教安排把他教区内的一块沼泽地排干并定居于此时，他不得不补偿之前从那个地方获得柴火的不来梅教士团成员。[108] 他们放弃的并非一块没有价值的资源。更能说明问题的是 40 年后发生在英格兰沼泽地（Fenland）的一件事。林肯郡的荷兰人侵入了毗邻的克洛兰（Crowland），想要"共享克洛兰的沼地。因为他们自己的沼地被排空了，他们把它们转变成了肥沃的优异耕地。因此，他们比大多数人更缺乏公共牧场"。[109] 事实上，由单一的谷物种植导致的对粪肥的普遍缺乏，被认为催生了耕种农业本身的危机。波斯坦提出的假说认为，"草场的持续减少可能威胁到耕地种植本身"，他甚至提出了中世纪晚期"新陈代谢系统的崩溃"的说法，即当对耕种谷物的土地的过度依赖导致粪肥的供应减少到一定程度时，谷物收成会开始下降。[110] 收成方面的证据并没有清楚到让我们不得不接受波斯坦的立场的程度，但中世纪盛期时期发生的向单一谷物种植转向的"谷物化"[111] 是毋庸置疑的。也有学者提出，在中世纪早期与晚期之间，人口平均身高下降了 2 英寸（1 英寸约合 2.5 厘米），这是向农耕种植转变引发的饮食变化的后果之一。[112] 相比畜牧、狩猎和采集，农耕种植可以在每英亩土地上产出更多的卡路里，因此可以支持更密集的人口，但这些人常常不那么健康，或是生理发育不佳，并可能会危险地依赖于单一的营养源。

非文字材料

到目前为止，我们所搭建的农民移民和定居的图景主要依靠的是中世纪盛期留存下来的各种形式的文字证据。这种证据本身有其局限性。清理土地用来耕种和建立新村是一个渐进的过程，主要由农民来完成。毫不奇怪，由修士和教士撰写的中世纪盛期编年史只会偶尔谈及这些活动。它们更集中突出政治与教会生活：战争、仪式、围绕职位的争夺、建筑与教堂的装修。相比历史学家的叙述，文件记载中的证据提供了更为丰富的信息源，正如我们已经在前文中看到的，领主与猎头之间的协议或关于新定居地区什一税配额的协商有时会被记录下来，其文件有时得以留存至今。即便如此，12—13 世纪，大量的实践创新和组织能够在不留存文字记录的情况下完成，这一点，连同文字证据存留的偶然性，意味着文件记载是碎片式的和随机的。

在这种情况下，自然要寻求非文字证据的帮助。非文字证据相对充足，我们似乎可以期待从中获得更系统的知识。但它也有自身的特定危险。大体来说，存在着三种主要的非文字证据类型：（1）考古发掘结果和调查；（2）村庄与田地的形态学；（3）地名。

考　古

作为一种历史研究方法，考古学在未来有着巨大的潜力，尤其是对于尚未被考古学家集中考察的时期，例如中世纪盛期。如果考古研究以现在的速度继续发展下去，100 年后，我们关于中世纪乡村定居的图景将会比今天更加丰富和准确。然而，现在已有的成果仍是十分有限的。中世纪遗址的发掘和集中的田野研究的数量虽然在日益增多，但依旧很少。对乡村定居点来说尤其如此，因为它们一般缺乏宣传价值，因此不但难以定位，而且难以获得资助。即使是民主德国非常活跃的早期中世纪考古学派，至1983 年时，也只充分挖掘了区区两座文德人村落。最近针对易北河以东的哈弗尔兰地区的一项研究声称："在 149 个斯拉夫人的晚期定居点遗址中，没有一个被系统地调查过。"1987 年发表的一份爱尔兰中世纪考古调查报告说："至今，只有 4 座可能的中世纪乡村核心定居点得到了部分挖掘。"根据估算，截至 1973 年，在中欧，作为大规模挖掘对象的中世纪乡村定居点的总数只有 70 个（而且这还是把中世纪的整个 1 000 年都算在内）。[113]

20 世纪 60 年代，捷克斯洛伐克考古学家弗拉基米尔·尼库达（Vladimir Nekuda）主持的对位于摩拉维亚西南部的普法芬施拉格（Pfaffenschlag）废墟遗址的发掘工作，是挖掘中世纪盛期殖民村落的一个不同寻常的例子，这个项目也显示了此类工作的收益潜力。尼库达发掘了一座有 16 户住宅的村落，住宅在一条小溪的两侧呈线性分布。典型的住宅大约有 60 英尺长、30 英尺宽，有石制地基，内部分成三个独立的空间或房间，其中一个有灶台。该定居点属于在 13 世纪达到高潮的集中殖民化进程和垦荒浪潮时期，遗址中的发现物包括一个非对称的犁头。[114] 我们面对的是一个在中世纪盛期殖民化进程中新规划的村落，而且得到了精确的调查。它应该可以代表其他上千个尚未探查的村落。

挖掘是最彻底、提供信息最丰富的考古探查类型，但也是昂贵和耗时的。很多没那么彻底的技术同样也能产出有用的信息。其中有一些极其简单，例如田野踏察（field-walking），即系统性地视察一片区域的土地，特别留意土方工程、石化田地或犁沟模式的痕迹，以及陶器碎片和其他有关定居史的可见线索。即使是这种相对简单的技术也可能很有收获。彼得·韦德-马丁斯（Peter Wade-Martins）对英格兰已经消失的农业定居点的调查就是一个很好的例证。韦德-马丁斯围绕东盎格利亚步行数日，捡拾陶器碎片。他能够证明盎格鲁-撒克逊人的定居点是围绕着教堂（如今是孤零零的）成群分布的，现代分散的住宅布局应当是后来才出现的。[115] 当然，类似的研究高度依赖于陶器这种最经久的人类活动残留的留存，而对这类材料的一般阐释需要以建立一套可信的陶器年代学为前提。这种年代学基本都是以类型学为知识基础，即根据对形状要素（包括大小、厚度、弯曲率等）和材料的表面特征的分类。尽管未来我们会把更成熟的化学和物理技术引入对陶器的研究中，但现在我们还做不到这一点，而很多对考古记录的阐释都是以陶器类型学为基础的。阅读考古学家的作品，可以很明显地感受到，一些考古学家对这种年代学的确切可靠性是持怀疑态度的。专家们的隐忧显然会激起非专家们的不安。

村庄与田地的形态学

对村庄与田地地形学的研究——住宅、农业建筑、道路和耕种土地的大小、形状和布局——是一门复杂的学问，即使是针对今天尚存的地貌来说也是如此。而分析遥远过去的人文地貌则要更困难得多。中世纪时代的地图鲜有留存，幸运留存下的不是比例尺太大就是过于粗略（或是两者皆是），在考察乡村和田地时并无多大用处。研究定居问题的历史学家不得不使用更晚时间，即

18—19 世纪的地图，把其中的数据再放回到中世纪使用。这种技术显然是有很大风险的。仅凭常识就知道，1250—1750 年发生了很多变化，而这一点被记录在案的宅址、乡村布局、村址和农田安排的变化所佐证。

有些学者强调这种方法的可行性，另一些则强调其危险性。不同国别的学术传统在这一问题上的分歧十分明显。在德国，这种研究的历史至今已有一个世纪之久，而英国学界则对其特别谨慎。例如，在 1977—1978 年的 12 个月中，斯图加特出版了一本以中欧的定居形式为主题的教科书，书中的一张图表展示了 9 种不同的定居点类型各自的 8 种不同的可能发展阶段；[116] 而在这段时间内问世的一份英格兰经济史报告则直白地宣称："将村落划分为不同类型的做法有过度简单化之嫌。最好的方式可能还是保留它们的高度多样性和自然的无序性。"[117] 研究形态学的英国学者很少，在术语使用方面非常古怪——例如，用笨拙的"绿村"（green village）来直译德语中的 Angerdorf。[118] 这反映了，英语形态学研究试图照本宣科地从事对于德国历史地理学者来说几乎已是第二天性的工作。这种怀疑主义并非仅仅出于本性，因为精密的形态学模型只有在假设从中世纪到现代有基本的延续性的情况下才有效，而这种延续性并不总是可以被毫无风险地假设。一位英国学者提到"从中世纪村落的挖掘中可以发现，规划是在不断变动的"。他引用的是苏塞克斯的汉格顿（Hangleton）的案例。在那里，四座 13 世纪的住宅在 14 世纪时被一座有三栋建筑的农庄取代了，"它们的边界正好穿过早期的一座住宅"。[119]

尽管有这样的保留，我们也不需要放弃重构中世纪乡村地貌的尝试。在某种意义上说，针对农田的安排尤其难以改变。一旦确立，需要权力意志和普遍的同意才能加以改变。而且，改变所带来的预期收益必须足够显著，人们才会推进这种大规模的改动。此外，尽管 1200—1700 年好用的地方地图极少，但我们有大量的地产记录、出租协议、土地勘测调查、法庭案卷、税务记录和其他此类文件，这些文件都揭示了村落和持有地的早期历史，这些历史直到 18—19 世纪才第一次以地图的形式呈现出来。例如，沃尔夫冈·普郎格（Wolfgang Prange）以一张 1770 年的地图为基础，然后移除了从地产记录中可以证明仅在 16 世纪或 17 世纪才形成的持有地，从而重构了劳恩堡的克林克拉德村（Klinkrade in Lauenburg）在中世纪时的可能格局：在一条短街的两侧，分别分布着 4 块 1 份地大小的耕地。[120] 乡村和田地形态学的现代格局与其在中世纪盛期的格局之间的关系，类似于载有中世纪作品的抄本在现代和在中世纪的分布的关系。现代的状况，也就是该作品在图书馆的分布格局，并不和中世纪的情况重合，但和后者的关系也并不是随机、无关或反向的，而是可以帮助我们重构中世纪的分布格局的。

一个特别棘手的问题是，定居形式与耕地分布及族源是否存在任何的关联。传统上，德意志历史学家把德意志的村落类型与斯拉夫的村落类型的二分视为圭臬，而不列颠的历史地理学家则经常假设在凯尔特定居模式与盎格鲁–撒克逊定居模式之间的区分。新近的研究倾向于避免这种笼统的说法。一份针对中世纪英格兰的乡村历史的新近调查报告的作者指出，"定居点的大小和类型取决于地势而非居民的种族"。[121] 早在 1915 年，俄国学者杰戈罗夫（Jegorov）就声称："地方条件、土壤状况、河道的改变或新道路的布局对村落和田地形式的影响不亚于民族和种族特征。"[122] 杰戈罗夫这么说是有所指涉的，因为他试图对东进运动的规模做最小化的解释。杰戈罗夫接着指出，所谓的斯拉夫村落形式的环形村（Rundling），即一组住宅成马蹄形分布，在德意志的丹麦随处可见，但在斯拉夫的波美拉尼亚与梅克伦堡则并不十分常见。[123]

当然，早期对村落和田地类型的民族主义解释所依托的是有关民族特性的整个意识形态。凯尔特或斯拉夫定居点被认为规模小、缺乏规律、到处散布，而英格兰或德意志的定居点则规模大、分布规律而集中。秩序和权力的意象与更中性的形状和大小的问题紧密捆绑。在 19 世纪和 20 世纪早期，这些意象服务于一种纯粹的政治民族主义。中世纪的凯尔特人或斯拉夫人被认为没有能力创建大型村落和耕种整齐划一的田地，这个假设支持了这样一种政治观念，即他们同样没有能力组织自己的现代国家，因而需要比他们更善于组织的德意志邻居的监护。

然而，在讨论定居与族源问题时，我们有必要对不列颠和易北河以东的欧洲做出区分。在前者中，在集中的定居点与分散的定居点之间认定的民族区分界限，与东西部之间显著的自然区隔重合，包括降雨、温度、地形和土壤类型等因素，因而，对于这两个区域的普遍差异，再去假设另一种解释是多余的。而在易北河以东的欧洲，被认定的德意志定居点和斯拉夫定居点之间的分隔与自然条件带来的区分的重合度并不高。规则而整齐划一的林地村（Waldhufendörfer）散布在更无规则形式的袋形村（Sackdorf）——又称死巷村（cul-de-sac village）——和环形村之间。我们无法从生态的角度给出具有说服力的解释。不过，特定的村落形式和田地布局，与德意志定居点之间的关联本身并不必然意味着某种固定的民族特征，因为 12—13 世纪易北河以东的土地的德意志殖民化并不仅仅是德意志属性的，也是经过精心规划的移民活动的结果。某些有规则的村落和田地形式很可能与这种经过规划的殖民化进程相关。绝大多数殖民者说德语的事实值得进一步探究，但他们的"德意志民族性"并不构成对地貌形态学的解释。这些形态更多是规划的结果。

因此，在易北河以东，在德意志定居点与特定的村落和田地形态之间的确存在着一种对应性。这一点已经被反复证明。林地村的分布尤其引人注目。在林地村中，农民的农庄沿着街道分布，之间保持固定的距离，而农民的持有地以一大片土地的形式，在农庄之后延伸。林地村最早在德意志西部的林地中发展出来，之后成为东进运动的一个显著特征。[124] 这种形式非常适用于刚刚完成殖民的地方，因为定居者能够从他们的农庄向后逐步垦荒，每季度都能开垦出更多的土地。很多林地村的末端是道路尽头没有开垦的小块林地。农民的持有地，也就是份地，在林地村中常常有着标准的尺寸，一般是 300 多英尺宽，超过 1 英里长，而这些持有地的宽度和住宅之间的间距意味着，这些村庄往往非常长，有时可以连贯地延伸至毗邻的村落。

地　名

研究地名是一项诱人的工作，有点类似于中世纪历史学者的集邮。但除了有趣，它还能提供历史信息。例如，地名能够有效地告知我们命名者所说的语言，因为几乎所有的地名中都包含普通语言，即非名字的语言的元素，或由这样的元素组成。因此，即使没有其他证据，仅仅从地名中我们也可以明确地知道，英格兰西北部的坎伯兰郡曾经有说布立吞语（Britannic）的人居住过，因为只有如此才能解释像 Blencarn（来自布立吞语 blaen［意为"上"］和 carn［意为"石标"］）或 Cumdivock（来自 cwm［意为"河谷"］和 dyfoc［意为"黑"］）这样的地名。[125] 因此，针对法兰克人在高卢定居或维京人在不列颠群岛定居的相对重要程度的争论，很大程度上依赖于地名证据，事实上，有时是完全依靠地名证据。

另一方面，即使仅仅从地名推断居住者所说的语言，有时候也可能具有欺骗性。很明显，地名能够适应说新语言的居住者，后者会接管旧的地名，并进一步传播它们——"伦敦"是一个凯尔特地名，但加拿大安大略省的伦敦可不是由说凯尔特语的人居住的；或者，附着于某些地名的文化或符号声望可能会导致其独立于特定的语言群体得到扩散——在美国佐治亚州的雅典可没有多少希腊人。但是，就算我们先不去考虑这些借用另一种语言形成地名的特殊情况，确定地名的产生时间仍是一个更加基本的问题。就算对坎伯兰郡的地名研究告诉我们说布立吞语的族群曾经在那里居住过，但它没有告诉我们那是在什么时候。

为地名断代是一件棘手的事。它有一些固定点，例如，地名首次出现在某个文献中，这就明确提供了该地名出现的最晚可能时间，但之后就会迅速进入猜测环节。有时候，学者会试图从语言学的角度来为地名断代，通过把地名放在对相关语言已知的或重构的历史中去考察。例如，mar 这个词的意思是"沼泽"。它出现在易北河以西的德意志地名中，如魏玛，但没有出现在易北河以东的地名中。[126] 一种合理的解释是，当德意志人在易北河以东定居时，也就是 12 世纪之后，这个词已经不再使用了。因此，我们可以得出结论，如魏玛等名称必定出现在 12 世纪之前。我们也可以用类似的方式分析地名中出现的人名（如我们在第 2 章中提到的祖利斯·冯·韦德尔的祖尔斯多夫）。另一个主要的研究方向是对地名进行分类和组群——例如把包括 -ing 或 -rode 元素的归为一类——然后试图建立起它们之间的相对年代关系。如果根据早期考古证据、古代教堂奉献和文件记录，-ing 地名群频繁地被用于肥沃、易于耕种的土壤上的定居点，我们可以合理推测，这组地名相比于其他地名要更早。阿道夫·巴赫（Adolf Bach）对莱茵河中段以东的陶努斯山区（Taunus region）的分析指出，名字中带有 -heim 元素的定居点一般位于海拔低于 650 英尺的肥沃黄土或黏质土壤上，而名字中带有 -hausen 元素的定居点一般位于肥沃的黄土–黏土带以上，海拔高度在 1 000—1 300 英尺，而名字中带有 -rod、-hain 或 -scheid 元素的定居点被提及的时间则较晚（在公元 1100 年之后），海拔都高于 1 300 英尺。[127] 这个结论本身并不能确切地解释任何问题，但这里的证据倾向于支持巴赫的理念：“总而言之，地名的流行对应着特定的时期。”[128]

地名是会变化的。如果它们不变，就失去了作为历史证据的绝大部分价值。然而，正因为它们会变化，才需要小心处理。在新定居和殖民化的地区，新地名可以通过多种多样的方式形成：一定会为新定居点创造新地名，但旧定居点可能会被重新命名或修改原有命名。在那些习惯使用一种以上语言的地区，有些地点可能会有两个或多个名字。这些名字有时在词义上相同。例如，位于荷尔斯泰因的奥尔登堡，Aldenburg，在斯拉夫语中被称作 Starigard，意思是“旧城”。[129] 1283 年，西里西亚公爵亨利四世向医院骑士团授予的文件揭示了一次全面重命名的过程。亨利更新了骑士团成员的旧有特权，并把他们的地产一个个列了出来，他说：

> 这是因为，我们知道某些地产已经被医院骑士团转让了，还有一些用作交换其他并未在旧特权中包含的地产；也是因为这些以前用波兰语命名的地产后来被授予了德意志法律，因此应当有德语名称；同样因为有些地产包括了很多毗邻的林地，因为面积太大而不能被纳入单一村落的定居点中，但很多村落或庄园在那里建立并获得了各种各样的名称。

这份令状接着列举了"Chozenowiz 如今称作 Crucerdorf，Leucowiz 如今称作 Ditmarsdorf，Coiacowiz 后来变成了两个村庄，分别称作上 Concendorf' 和下 Concendorf'"。[130] 这里显示的不仅是德意志地名取代斯拉夫地名的纯语言学变迁，也是现实的定居点重新安置和重新组织的进程。村落的消失也见于另一份西里西亚史料《亨利库夫编年史》。《亨利库夫编年史》中提到波兰领主阿尔伯特·利卡（Albert Lyka）如何得到了两个 30 份地大小的村落，并把它们纳入自己的村落中，"这两个村落的名字从此彻底消失了"。[131] 很难说，把这些村庄"纳入"其他村落是否意味着对住宅和人的实际摧毁和重新安置，尽管考古证据表明，这种事情确实是存在的。[132]

新殖民地区的新定居点需要新的地名。有时候，我们能捕捉到定居点被命名的那个时刻。例如，1229—1230 年的拉策堡什一税登记册列出了拉策堡教区内的多个村庄中经过转手（sub-enfeoffed）的什一税的承担人。我们时常可以看到如下条目："坦克玛（Thankmar）的村落：坦克玛 1（1 份地的什一税）；约翰的村落：约翰 1。"[133] 显然，我们看到的是用自己的名字为这些定居点命名的坦克玛和约翰——这必定是该地名被使用的第一个代际。类似地，位于格拉摩根郡的斯特米斯顿（Sturmieston），其名称想必取自 12 世纪中叶"在之前无人耕种的荒野中建立了自己的城镇"的杰弗里·斯特米（Geoffrey Sturmy）。[134] 当格罗伊奇的维普雷希特（Wiprecht of Groitzsch）带领新的定居者去清理他位于易北河以东的森林时，他让他们"用自己的名字命名他们用自己的劳动开垦出的村落或地产"。[135]

　　用最初的开垦者命名定居点似乎是最明确的新命名方式。但是，还存在着其他形式的命名上的创新与发明，它们同样解释了在新土地上殖民定居的一些进程。易北河以东的领土在命名上表现出高度的多样性。在某些地方存在着成对的定居点——拉策堡什一税登记册提到了"德意志哈尔肯瑟"（German Harkensee）与"斯拉夫哈尔肯瑟"（Slav Harkensee），指的想必是相互毗邻的本土农民居住的村落与移民居住的村落。在其他地方，我们能够发现用移民族群命名的村庄。弗莱姆斯多夫（Flemsdorf）和佛莱明斯塔尔（Flemingsthal）指向了佛莱芒人的定居点，弗兰肯多夫（Frankendorf）或弗兰肯堡（Frankenberg）则指向法兰克尼亚人（Franconian）的定居点。[136] 有时，地名直接从旧领地被移植到新领地。有时会加上前缀"新"，有时则不加。勃兰登堡提供了一个例子，这个名字被用来命名新勃兰登堡和普鲁士的勃兰登堡；新勃兰登堡创立于 1248 年，位于侯爵领地有争议的北部边境上。

　　如果我们把某一地区出现过的地名按时序从史前排到昨天，这些地名地图总是能够表现出一种深层的层理结构。中世纪盛期的新定居区域尤为鲜明地展现了这一点。新卡斯蒂利亚有三个层次的地名。有些定居点保留了非常古老的名字，要么是罗马时代之前的（尽管一般都是以罗马化形式命名），要么是罗马时代的，例如，锡古思萨（Sigüenza）、奥雷哈（Oreja）；在此之后，阿拉伯人也在命名上有所贡献，最容易识别的是一些以阿拉伯语的冠词 al- 开头的地名，例如阿尔卡拉（Alcalá，意为"堡垒"）或如 ben- 和 dar- 这样的前缀，前者的意思是"后裔群体"，后者的意思是"家"；最后，卡斯蒂利亚的定居者用他们自己的中世纪罗曼语命名或重新命名了很多地方，常常从自然特征上取名，例如丰特尔维耶霍（Fuentelviejo，意为"旧泉"）、巴尔德弗洛雷斯（Valdeflores，意为"花谷"）等。卡斯蒂利亚国王阿方索十世（1252—1284 年在位）有意识地推行了用新的卡斯蒂利亚名称命名新近再征服土地上的定居点的政策。[137] 他的一项授予中如此说道："他赠予他的小村庄，在摩尔人的时代被称作科尔考宾纳（Corcobina），阿方索国王将它命名为莫利纳（Molina）。"[138] 这种新定居者在拉丁欧洲的边缘地带进行命名和重新命名的活动，留下的语言学遗产留存至今。

　　显然，如果我们考虑到文献证据、考古证据、形态学研究或地名研究各自的相对优势，要理解乡村定居点的历史，最好的方法就是使用上述所有方法。重要的是不同类型的证据的积累效应。赫伯特·赫尔比格（Herbert Helbig）对斯拉夫索布人占据的地区的定居模式的研究，是彻底而富有想象力的方法论多元主义的一个优秀范例。[139] 赫尔比格通过结合地名研究、考古、文献证据和

对田地和乡村类型的分析来考察这一问题。他对克赖斯·皮尔纳
（Kreis Pirna）地区所做努力的成果体现在一张简化地图上。克赖
斯·皮尔纳位于易北河沿岸，在德累斯顿的上游。这张地图清楚
地展示了地名与田地和村庄类型之间虽非完美，但已非常惊人的
对应关系（参见地图 6）。

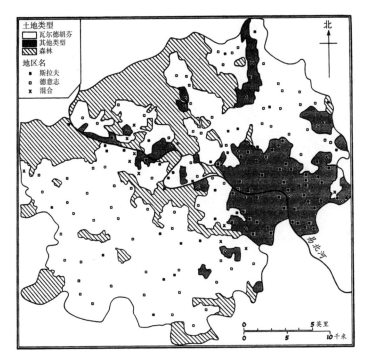

地图 6　克赖斯·皮尔纳的地名与田地类型（根据 Helbig, 1960）

　　较为不规则的村庄形式（其耕地以弗隆［1 弗隆约合 201 米］
为单位）对应着斯拉夫地名主导的地区，而林地村（和其他一些
规则的村落形式）对应的地区的主流则是德意志命名法。一个自
然而然的解释是，绝大多数早期斯拉夫定居点集中在易北河沿岸，

其地名和田地形式依旧受早期中世纪模式的影响，而德意志人开垦了旧定居点之外的地区，深入了森林，设立了林地村。德意志定居者的迁徙规划，我们可以从书面证据追溯到 12 世纪，如今戏剧化地在这张地图上留下了烙印。

　　乡村定居点的历史作为一个历史话题，需要通过辛苦地还原证据——陶器碎片、令状文献、田地地图等——来缓慢地积累。在这个领域中，新的科学方法，如对陶器的化学分析或对植物、动物遗骸的考察，将会提供全新的、更为丰富的信息。如果合作和跨学科学术能够得到繁荣发展，其最终成果将会是一幅更深入、更亮眼和更具生机的中世纪盛期新地貌图景。

第 7 章

殖民城镇与殖民商人

一个自由而安全的城镇，会因为它的自由而吸引很多人……[1]

12—13 世纪，几乎在欧洲的每个地方都发生了剧烈的城市化。旧城市人口增长并超越了它们在罗马时代和中世纪早期的限制，同时，数百个新城镇得以建立，这通常是高度自觉的发展政策的一部分。例如，波美拉尼亚公爵巴尔尼姆一世在 1234 年宣布："为了满足我们的所需和所求并用其他地区的规章加强我们自身，我们决定在我们的土地上新建自由市镇。"[2]这些城市发展的故事是中世纪盛期扩张运动的一个组成部分。

我们在处理中世纪城市史时，马上会面对的一个难题是，需要同时使用两种十分有用但相互区别的城镇定义。一种是经济意义上的。城镇是人口高于平均水平的定居点，交换和劳动分工在那里有相对较高的发展。很显然，根据这种经济定义，城镇之所以为城镇，与其所在的大环境相关。就 13 世纪的人口水平与经济发展程度而言称得上城镇的定居点，用 19 世纪的标准衡量可能就不是城镇。城镇是图表上的高点，如果图表的整体比例发生了改变，某些绝对值就会处于新的相对位置。很多中世纪城镇的大小和结构在今天会被视为村庄。同样的情况不仅适用于时代差异，也适用于地理差异。如果把一座 13 世纪的威尔士市镇移植到伦巴德（无论是否出于自愿），在其新邻居的心目中，它大概不配被称作城镇。

使用这种经济定义时，我们所面对的是一个有着连续标尺的光谱。与村庄相比，与世隔绝的农庄人口更少、劳动分工更不专业化，也更低程度地涉足物品交换；与小城镇相比，村庄又是人口更少、更缺乏专业化的一方了。我们选择认定光谱上的哪一处为城镇功能的分界线，实则是一种主观判断，总是带有一定程度的任意性。没有人可以向另一个人证明，在经济意义上，某地是或不是一座城镇，除非这两人就城市与非城市的分界线已经达成共识。中世纪城镇因此是史学家从全域中识别并孤立出的定居点，因为它们在某些选定的标准（人口、商业化、专业化）上表现突出——或者更实在地说，因为根据我们所掌握的信息加以衡量，它们使我们认为它们在某些选定的标准上表现突出。

法律定义是讨论城镇化的另一种途径，它在特征上与经济定义非常不同。经济分类是后见性的和相对的，而法律定义则是当时的和绝对的。与其他定居点相比，法律意义上的城镇拥有不同的身份，而这种身份必定是要能够被当时的人知晓和察觉到的。事实上，它常常需要在某个特定的时刻被授予，而这个时刻常常被认为是该城镇的建成日。在法律意义上，一份领主的特许令（fiat）能够在一夜之间把一座非城市的定居点转变成一座城镇。很显然，经济意义上的城镇不可能以相同的方式被创造。在法律上界定城镇的司法特权可以源于一种个人意志的行为，一种新的经济模式则无法以相同的方式被创造出来。

考虑到二者的区别，在经济意义上界定的与在法律意义上界定的城镇类别之间可能——事实上非常可能——存在不能完全相合的情况。有些地点可能很大、很商业化、具有综合性，但未被授予特权；另一些地点可能很小，而且以农业经济为主，但在法律上说则是城镇。对于研究旧制度时代英格兰的国会系统的人来说，这种情形并不陌生，因为那时候无足轻重的"腐朽的自治市镇"享受着一些新兴的制造业城市无法享受的法律特权，但这种不一致性在工业化之前就已经长期存在了。如果把反映 1334 年英格兰的估算财富的地图（1334 年的财政记录允许我们还原一个较为全面的历史图景）和呈现同一时期财政自治市镇的估算财富的地图相比照，[3] 我们会惊讶地发现，一个地区的财富水平与其中市镇的分布密度整体上不存在正相关性，并且还存在着大量的贫穷市镇。"韦塞克斯"地区（德文郡、萨默塞特郡、多塞特郡、威尔特郡、汉普郡）有非常多的市镇，而位于东盎格利亚和中部地区（Midlands）的富庶的诸郡中的市镇则相对较少。事实上，从诺福克到肯特，在繁荣的东海岸诸郡中，市镇数量只有西南半岛地区（萨默塞特郡、德文郡、康沃尔郡）的 1/5。显然，法律意义上的城市化并非只是经济发展的附带现象。

同样明显的是，以法律界定的城镇和以经济界定的城镇的不相合并不是对称的，也就是说，有城市身份但无实际城市功能的地点要远多于无城市身份但有实际城市功能的地点。其中的主要原因在于，新兴的社区一般可以购买到城市权利，而被授予了这种权利，但未能实现经济发展的定居点并没有什么理由放弃城市权利。因此，司法与经济意义上的城市定义之间的实际差异主要是存在很多被授予了特许状，但依旧发挥村庄功能的地点。

在"城镇"这个词的意义上，这种二元性的一个后果是，当我们勾勒城市化在中世纪盛期扩张进程中扮演的角色时，我们需要讲述的是两个而非一个故事。人口众多、综合性与商业化的中心的成长发育是一个主题；城市权利的扩散尽管与前者密切相关，却构成了另一个主题。例如，如果我们只以法律标准讨论东欧的城市化，我们可以说，东欧的城市化是在1150—1350年实现的，所基于的是德意志的模板。从这一时期留存下来的城市令状和法律提供的充足证据表明，易北河以东的社区是如何根据吕贝克和马格德堡等德意志大城市的蓝图重建的。此外，这些令状和法律的总体形式与法兰西和英格兰的令状和法律以及西班牙的特权令状很相似，因此，这是一个西欧形式向东欧扩散的有力例证。然而，我们从经济视角审视的话，可以看到不一样的历史图景。从人口众多、综合性、介入贸易交换的定居点意义上来说，在城市令状到来之前，城镇早就在东欧存在了。考古学家的工作，特别是二战之后的成果，揭示了10世纪时位于波罗的海与大河沿岸的贸易路线和繁荣的贸易中心。毫无疑问，授予城市法律只意味着对一座已经存在的城镇进行组织重构，而非对这座城市的奠基或创建。对于什切青或但泽这样的例子来说，在成为法律意义上的城市前，经济意义上的城市早就存在了。另一方面，城市令状的授予也并不仅仅是个名目问题。即使在定居点已经发展出了城市生活的情况下，城市法律重构了这种生活的模式，并可能加强或改变其发展方向。此外，在很多例子中，城市法律的授予确实构成了对城镇的奠基，并涉及一处农业定居点的转型，甚至是一个全新地点的诞生。吕贝克是波罗的海地区的大型母城，我们之后会详加讨论。吕贝克自身的创建显示了城市令状中载录的特权所具有的吸引力如何强大到能够产生出一个新的定居点。

因此，在法律与体制意义上的城市化与经济意义上的城市化，在节奏和模式上是不同的。例如，在波希米亚和摩拉维亚，被授予了特许状的城镇的形式、制度和法律条款是在一段相对较短的时间内（13 世纪早期），在统治者的推动下从外引入的。[4] 然而，重要且人口相对众多的贸易中心已经在当地存在了数个世纪。很多不重要的地点，而非甚至在 10 世纪被描述为"该地最大的贸易中心"的布拉格[5]和诸如布尔诺（Brno/Brünn）、奥洛穆茨（Olomouc/Olmütz）等其他重要的中心，构成了法律意义上最早的城镇。波希米亚城市化的故事是复调的而不是单音的。极为类似的情况也出现在爱尔兰，经济意义上的城镇是由维京人创建的，或是在 10—11 世纪开始围绕修道中心形成的，但法律意义上的城镇则是 12 世纪晚期盎格鲁-诺曼人到来的结果。都柏林在诺曼入侵之前的贸易与手工艺生活的活力在 20 世纪 70 年代的考古挖掘中显现出来。它在第一批盎格鲁-诺曼人踏足该岛之前显然早就是"城市"了。外来者带来的，即之前应该未曾出现的，是一个法律蓝图和基于文件记录的框架。当爱尔兰的新领主亨利二世和他的儿子约翰在 12 世纪晚期向都柏林授予令状时，他们只是在一种很不寻常的意义上"创建"了这座城市。这些文件中最详尽的是约翰 1192 年授予的令状，[6]我们对其中的条文稍加检视就能发现中世纪盛期城市法所特有的司法特权和经济考量的混搭。

根据 1192 年令状的条款，都柏林被界定为一个明确的地域单位，其边界得到了细致的描述；同时，它还被界定为一个法律实体，这座城镇或城市也是一个百户区（hundred），每周都有自己的百户区会议来处理地方司法与行政事务。约翰的令状中特别强调的是都柏林的市民所享有的一系列与法律程序相关的特权。他们在城市之外不可以被起诉，可以免于司法决斗和谋杀罚金（murdrum fine），后者是在社区的边界之内有不明尸体被发现时对整个社区征收的罚款。他们不可以因为法律诉讼中的口误（被称作 miskenning）而被罚。城中将不会出现司法审讯。令状还规定了司法罚金的额度限制。所有这些规定都为都柏林市民提供了法庭上的特权。此外，他们还享有某些人身和财产上的权利。他们对所持有的都柏林之内的土地具有"完全的土地使用权"，可以随意建造，并对城市范围内的所有空间拥有集体控制的权利。没有领主可以控制他们的孩子或遗孀的婚姻。他们有组建行会的权利，"就像布里斯托尔的市民所拥有的那样"，而布里斯托尔正是都柏林的母城。

除了这些法律权利，还有一系列经济性质的特权。最重要的很可能是对约翰领土内的国内关税（toll）的豁免。此外，还有针对债务的保障措施。一方面，都柏林市民被允许扣押不能向他们还债的债务人的财物。另一方面，他们自身只有在作为债务人本人或债务的保证人时，才可以被扣押财物。这意味着，他们可以免于对其他公民的债务承担集体责任，而这是中世纪城市体制的一个共同特征。他们还在城市内享有多种经济垄断权。外来的商人在城中只能从市民那里购买谷物、兽皮或羊毛，同时不能够在城中零售布料、经营酒馆或从事贸易超过 40 天。显然，这些经济条文预设这个市民体已经深深地介入了买卖活动。另一方面，法律特权对于任何寻求摆脱传统法律流程复杂难辨的强制性或脱身于领主权利的团体来说都是具有吸引力的。城镇法律具有这样的双重性：城镇的自由总是不只意味着贸易的自由。

　　爱尔兰也提供了一个关于殖民地的好个案，城市特权在其中被广泛地授予农业地点，目的是刺激定居。这些被称为农业市镇（rural boroughs）的地方数量极多。我们所知的爱尔兰市镇大约有 240 座，大概每 13 英里就有一个接受特许状的定居点。[7]这个网络没有同时代的英格兰那么致密，那里的市镇之间的平均距离大概是 10 英里，但英格兰的人口要稠密得多（人口密度大概是爱尔兰的 10 倍），耕地面积也远远大于爱尔兰。爱尔兰的市镇密度与易北河和奥得河之间的殖民地区接受特许状的城市定居点的密度刚好相当；例如，梅克伦堡、波美拉尼亚和西里西亚的市镇同样平均间隔 13 英里。[8]显然，并非所有的 240 个接受特许状的爱尔兰定居点都履行了经济意义上的城市功能。事实上，有学者认为，只有少于 1/4 的市镇（56 座）是这种意义上的。[9]很多爱尔兰市镇都是有特权的农业定居点。我们在前一章中讨论了其自由权利带来的吸引力。在某些时候，对农民的权利授予使用的是市镇的词汇——"市镇""市民""城镇土地权利"和它们的对应词。类似地，在西西里，拉丁殖民者被称作"市民"并享有"城市规章"，即使当时他们其实不过是享受特权的村民，也是如此。[10]

　　即使不考虑商业化的因素，城市的自由权利——与城市身份相关的特权和权利的特殊集合——也可以吸引定居。移民选择在城市中定居，因为他们寻求自由权利，而非仅仅因为他们希望从事贸易。里加主教宣布："里加城吸引信仰者来这里定居，更多是因为它的自由，而不是因为周边地区的富庶丰饶。"[11]在欧洲边境的很多地方出现的大量小城镇既是商业焦点，也在同样程度上用来刺激定居。有时候，例如在伊比利亚半岛，军事需要刺激了法律意义上的城市化。卡斯蒂利亚国王阿方索七世在 1139 年从穆斯林手中拿下奥雷哈（Oreja）之后，他授予了当地居民免收国内关税的自由、自由土地转让权和其他法律豁免权及法律保护。他宣称："我认为理应授予所有来奥雷哈定居的人以疆界和权利，以免曾经占据这里的摩尔人……因为基督徒的弱小或缺乏关照而收复它。"[12] 这些权利吸引了定居者的到来，定居者守住了征服的成果；唯独没有提及的是经济功能。

尽管留存至今的城市令状和法律在形式上扼要而单一，但它们使我们有机会窥探塑造了中世纪盛期的欧洲新城镇的利益与局限。分析这些令状意味着探索创造和扩张了这些城镇的人的野心、畏惧和企图。通过他们的用词和条文，我们有机会看到参与新城镇形成过程中各方——领主、城市企业家、教会和新殖民者——之间的协商、冲突和让步。城市令状是一种具有巨大符号价值的文件，代表了一种新的开始。

城市法族系

西欧的城市模式发明于12—13世纪，涉及对一个空间和其中的居民授予特权。根据定义，这种特权授予需要一位发起者，一位领主。但特权的实际内容一般并不是在每位领主和其市民之间全新拟定的。标准化的法律条文组合在12世纪就有了。在最宽泛的层面上，城市自由权利有一些基本原则，例如自由身份、对国内关税的豁免，以及对有限的垄断权的授予，这些都是接受特权状的城镇本质上固有的权利。在更具体的层面上，涉及城镇管理、民事与刑事程序和经济行为规范的整部制定法可以在城镇与城镇之间被借鉴。其结果是城市法族系的创生，即其法律安排（至少在创始阶段）效仿某个"母城"的一组城市定居点。

一个例子是拥有昆卡–特鲁埃尔（Cuenca-Teruel）法典的城镇族系。这一族系的法典内容事无巨细，包括近千个条款，所涉及的事务多种多样，包括继承权利、谋杀、军事义务、犹太人与基督徒的关系、灌溉与放牧、公共浴室，甚至包括对从他人的葡萄园里偷摘玫瑰花和百合花的处罚。卡斯蒂利亚国王阿方索八世在 1177 年从穆斯林手中征服昆卡后，很快把这项法典授予了这座城市。大约在同一时期，在边界另一侧的阿拉贡，阿方索二世把几乎同样的法典授予了特鲁埃尔城。伴随着再征服运动，这一法律族系从昆卡和特鲁埃尔向南扩散，在 13 世纪 20 年代抵达了安达卢西亚。这一特定的城市模板因此并不受政治边界的局限。它适用于卡斯蒂利亚和阿拉贡，也可以被移植到从穆斯林统治下新征服的土地。跨越王国边境或领主统治边界的城市法族系的其他例子很多见。1060 年前后由威廉·菲茨·奥斯本（William fitz Osbern）授予在他领主统治下、位于诺曼底的布勒特伊（Breteuil）的法律，被他本人在诺曼征服后授予了新获得的城市赫里福德（Hereford）。1086 年时，威尔士北部的城镇里兹兰享有"布勒特伊和赫里福德的法律和章程"。[13] 在 1169 年后的数十年内来到爱尔兰的盎格鲁–诺曼人包括很多从威尔士边境前来的人，例如德·莱西家族成员（de Lacys），当他们兴建城镇——例如德·莱西家族创建的德罗赫达（Drogheda）——时，他们所授予的也是布勒特伊的法律。[14] 以这种方式，通过一系列的封建征服，这个相对没那么重要的诺曼城市成了威尔士和爱尔兰的很多新市镇的明确模板。最富有戏剧性的是，东进运动中重要的城市法规，如吕贝克法或马格德堡法，为数百个定居点提供了基本的法律与制度结构，这些定居点一直延伸到芬兰湾的纳瓦（Narva）和乌克兰的基辅。

子城对母城的依附程度不一。有时，新城仅仅被授予了某个已经存在的城市的规章，两者之间没有更深的关联。在另一些情况中，当规章中的某些细节需要澄清时，附属城镇可能会向母城寻求裁定。更紧密的纽带出现在像吕贝克这样的城市族系中，其母城会从子城的法庭中接受司法上诉。起点是规章的传播，而这肯定有时会涉及从母城把书册送至子城。例如，记录吕贝克法律的哥廷根抄本包含了送至但泽的法律文本，作为对但泽的地方君主和市民的请求的回应。它如此开篇：

> 在吾主诞生后的第 1263 年，应英明的大人，东波美拉尼亚（Pomerelia）公爵桑博尔（Sambor）的请求和对他的尊重与爱，以及但泽公民的请求和对他们的爱，吕贝克城的执政官下令，把……由萨克森公爵，荣耀的亨利大人授予他们并通过他的令状确认的法律抄录下来。由吕贝克的执政官所传的但泽城的固定法典由此开篇。[15]

1282 年，位于波希米亚的利托梅日采（Litoměřice/Leitmeritz）的市民向马格德堡求取一份马格德堡法典的副本；马格德堡的市民派送出一份，在随附的信中提到，利托梅日采"据说是以我们的法律建立的"。[16]超大篇幅的昆卡-特鲁埃尔法典不依赖书册的流传是不可能得到传播的。法典被从拉丁语翻译成俗语的情况发生在波罗的海和伊比利亚地区，同样揭示了通过书面文本进行的法典传播。

一旦某一部法律被传播至一处新的地区，子城自身就成了新的法律族系或亚族系的母城。例如，13 世纪早期，马格德堡的子城哈雷（Halle）的法律成了西里西亚新定居点的模板。位于哈雷以东约 180 英里（9 天的路程）的市民共同体，公爵属城希罗达 / 纽马克特（Środa/Neumarkt）扮演了中介的角色。在一份留存至今的文件中，哈雷治安官向希罗达市民详细地讲述了"我们的父辈所遵守的城市法"究竟具体指的是什么。条文涉及刑法和继承法的细节、开庭期的频率、可用的证明格式，以及主要行会的结构。[17] 这份文件浓缩了一座德意志城市的文字轮廓，使法律可以向东部的土地散播。顺从的子城希罗达很快就成了一座多育的母城。1223 年，当弗罗茨瓦夫主教劳伦斯（Bishop Lawrence of Wroclaw）允许他的地方代表沃尔特在奥得河上游沿岸的一座集镇和村庄中安排德意志人定居时，他明确表示，他们应该享有"亨利公爵的纽马克特，又称希罗达，所使用的同一种法律"。一项新近研究列出了 132 个在中世纪晚期使用希罗达 / 纽马克特城市法的地点，其中的大部分地点位于奥得河与维斯瓦河之间。[18]

显然，某些中心因为其高品质的特权规章而非常著名。阿拉贡的哈卡（Jaca）城就是个例子。1187 年，阿拉贡国王阿方索二世自豪地宣称："我知道在卡斯蒂利亚、纳瓦拉和其他地方，他们习惯于来哈卡学习好的章程和权利，并带回到自己的地方。"[19] 但是，这种敬仰并不总是被动盲目的。我们也可以发现对现有法典的修改和增补。当西里西亚公爵在 1261 年把马格德堡法授予弗罗茨瓦夫时，他们做了一系列的修订，包括把司法罚金的额度减半。[20] 类似的修订创造了大类（genus）之内的新种（species）。对这些法典之间关系的阐明几乎成了一门亚学科。尤其是德语史学，用一种林奈式分类科学的严苛精神探索城市法的族系。

一些城市不单单构成了其他城市的模板，还对它们的子城维持了一种永久的司法监管。马格德堡的城市长官（Schöffen, scabini）为他们庞大的子城族系成员中的很多城市颁布裁决，这些城市向东边和南边延伸很远。1324 年，他们去信给他们在波希米亚的子城利托梅日采，回复后者的法官、陪审员和市民提出的问题，对很多千差万别的话题给出裁定，包括利托梅日采和其附近的敌对城市乌斯季 / 奥西希（Ustí/Aussig）之间的和平协定条文、司法程序和司法限制的细节、无视法律的后果、继承规则，甚至是纺织品贸易中的布料剪裁。[21] 因此，马格德堡施行了高等或监督性的司法权，正如利托梅日采自己也把马格德堡法推广至自身所在地区中的多个子城。吕贝克在波罗的海沿岸的德意志贸易城市中扮演了类似的角色。已经出版的吕贝克执政官的上诉受理和澄清决议就超过了 3 000 件，而这只是原始材料的一小部分。[22] 类似的司法模式也出现在西班牙。例如，1322 年，卡斯蒂利亚国王阿方索十一世重新确认了洛格罗尼奥（Logroño）对"所有那些使用洛格罗尼奥法的地方"接受上诉的司法权。[23]

君主们并不总是喜欢这种跨越地区的城市司法权威网络。他们会认为，这种替代性的和外在性的司法中心对他们的地位构成了一种威胁，而一些统治者试图削弱这种联系。1286 年，奥珀伦公爵下令：

> 每一位在佛莱芒法下受我统治的人，当对这部法律产生疑问时，绝不可在我的土地之外，或是在拉齐布日以外的我

的土地上，寻求法律的解释，尽管城市或村庄的某些特权可能会与这项法令相违。拉齐布日今后也不可以自身权利或他人权利的名义干涉其他地方的法律事务，但必须时刻铭记对上帝的戒惧之情，以合乎信仰的方式，对在那里出现，或是按照习惯被申诉至那里的所有案件做出裁决，不允许向我或向其他地方上诉。[24]

通过这项规程，公爵希望把联系佛莱芒法下的定居者的司法线索拧成一单股线头，并在其主要城市之一拉齐布日这个层级截断这个线头。这样一来，在他们的统治下，就只存在一个法律等级体系，也再没有这个体系和他们统治之外的权威联系起来的纽带。这是主权国家所希冀的闭合的法律同质性（enclosed jural homogeneity）的一个经典例子，然而，在 13 世纪及以后，这种希冀遭遇了一种强有力的由国际城市网络带来的替代方案。这一网络沿着商路和迁徙道路，在母城和子城之间建立了更为广泛和灵活的联系，而非限制在某个君主统治区域的密闭边界之内。

君主想要城市，因为它们可以盈利，但他们存有戒心，因为城市可能会难以管理。对城市独立性的强调使一些君主对吕贝克法持怀疑态度。例如，条顿骑士在他们的统治区域内阻止吕贝克法的施行，而更愿意推广他们自己的、在城市自主性方面更弱的切姆诺法典。但泽和默默尔 / 克莱佩达（Memel/Klaipeda）以前用的是吕贝克法，但迫于条顿骑士团的压力而放弃了它。然而，直到中世纪晚期，君主对城市自主性的打击才开始普遍或有效。15 世纪晚期至 17 世纪中叶，当城市在法律意义上被整合入邻近的统治者的领土之内或被迫向名义上的统治者臣服时，吕贝克接受子城上诉的司法权也不复存在。然而，在中世纪盛期时，君主更情愿发展城市而非限制它们，尽管它们依赖于他们统治区域之外的模板。

城市网络——既包括法律纽带，又包括贸易联系和家族纽带——起源于西欧中部的核心地区，之后向外部地域扩展。最早的城市特权条款集中出现在莱茵河周边地区，默兹河畔的于伊地区（Huy）的城市是最明显和最著名的例子。[25] 之后，其他地区的城市开始从洛林和莱茵兰地区借鉴这些法典。影响向外辐射，从诺曼底到英格兰到威尔士再到爱尔兰，或是从威斯特伐利亚到荷尔斯泰因到爱沙尼亚，或是从新卡斯蒂利亚到安达卢西亚。苏格兰城市法最初来源于泰恩河畔的纽卡斯尔的法律，而波希米亚的最初城市法规所基于的是萨克森的模板。

如果我们考察城镇生活的术语系统，情况也是一样。"市民"这个词（burgess，拉丁语的 burgensis）大概是这个时代出现的新词，用来指称享有接受特许状的城市共同体完全成员权利的新法律身份。这个词源于西欧中部，并从那里向外传播。这个术语最初出现在 11 世纪的洛林、法兰西西北部和佛兰德。burgenses 一词在 1066 年于伊的令状中出现。在不列颠群岛中，这个词被记录在 1086 年英格兰和里兹兰的末日审判书中；在苏格兰，出现在 12 世纪上半叶；在爱尔兰，出现在 12 世纪 70 年代亨利二世授予都柏林的令状中。这个词还向东传入斯拉夫欧洲，这个术语第一次出现在 1233 年的波希米亚。[26] 源起于德语–拉丁语的新生词，"市民"及其同源词，作为外来词出现在每一次的扩张运动的文字产物中：《摩里亚编年史》的希腊文本提到了 bourgeses；罗马尼亚语中的 burgar 或 pîrgar，来自 Bürger，威尔士人称新的城市定居者为 bwrdais。[27] 这个用来表示城市法律身份的拉丁化的德语词被说凯尔特语、斯拉夫语和其他语言的人吸收，因为城市的形式模板——用法律界定——是从说罗曼语–德语的地区引入周边世界的。

市民迁徙

因此，11 世纪在洛林、佛兰德、威斯特伐利亚或西班牙北部的试验中诞生的形式和术语在随后的几个世纪中被欧洲北部、东欧和再征服运动中的西班牙的城市定居点作为模板引进或借用。然而，我们应该看到，法律形式的扩散并非仅仅发生在抽象的层面。为了不仅成为法律意义上的城市，也成为经济意义上的城市，新生或扩张中的中世纪盛期城市定居点显然需要移民的涌入来组建和维持其人口。在西欧中心地区，这种人口迁徙常常是在非常局部的范围里发生的，农民过剩的儿女被按照一定的迁徙路线送至邻近的都市中心。例如，埃文河畔的斯特拉特福（Stratford-upon-Avon）1252 年可以通过地名姓氏（toponymic surname）识别的 47 名市民中，42 人（比例为 89%）来自距该城 16 英里以内的村庄。[28] 与之形成鲜明对比的是，在拉丁基督教世界的边境地区，例如东欧、再征服运动中的西班牙和凯尔特地区，城镇人口尽管也是移民，却常常来自很远的地方。

在 11 世纪下半叶，位于比利牛斯山或在圣地亚哥朝圣路线上的小城就已经有大量来自比利牛斯山以北，特别是法兰西的市民。授予"法兰克人"的特权清楚地揭示了这一点，例如阿方索六世在 1095 年向洛格罗尼奥（Longroño）的定居者所颁布的令状。[29] 大概在 12 世纪早期时编撰的《萨阿贡编年史》（*Chronicle of Sahagún*）记述了这位国王如何

> 下令表示，需要在那里兴建一座城市，从世界各处聚集不同贸易行业的市民，加斯科涅人、布立吞人、德意志人、英格兰人、勃艮第人、诺曼人、图卢兹人、普罗旺斯人、伦巴德人，还有很多其他各色民族、说外国话的商人；以这种方式，他兴建了一座规模很大的城市，并使其人丁兴旺。[30]

在 1096 年从穆斯林那里征服过来的阿拉贡的韦斯卡城，来自法兰西北部的移民在一两代人的时间内前来定居：1135 年的文献提到了一位名叫法莱斯的汉弗莱（Humphrey of Falaise）的地产所有者，他的妻子和子女的名字都带有鲜明的高卢色彩：奥德琳（Odeline）、威廉、约翰、乌埃（Hué）、奥德特（Odette）和阿莱姆博奇（Arremborge）。[31]

在 12—13 世纪从穆斯林那里征服过来的伊比利亚半岛的那些地方，城市发展是在已经带有极深城市印记的地貌之上发生的。10—11 世纪，伊斯兰西班牙毫无疑问是西欧城市化程度最高的地区。因此，我们不会在那里看到在东欧和不列颠群岛上常见的大量在中世纪盛期新创建的城市。当然，在之前没有城市定居点或仅有从事农业的先驱定居者的地方，也出现了一些经过自觉规划的奠基或移植的城市。1255 年由阿方索十世创建的雷阿尔城（Ciudad Real）就是一个例子：

他命人从他的土地上迁徙而来，指示他们如何在那里组建一座城市，下令把这座城市命名为王室之城（Villa Real），铺展道路，规定在何处修筑围篱，他还令人在通向托莱多的大道入城处建起了一座石制大门。[32]

这位国王进而把昆卡法授予了新建的城市。雷阿尔城的城市规划，特别是其对称性的布局——大道穿过托莱多门（puerta de Toledo）、卡拉特拉瓦门（puerta de Calatrava）等六扇大门通向中心市场，圣玛丽教堂坐落在一侧——表明其起源具有高度的规划性而绝非偶发。[33] 但这种地方在西班牙是例外。

另一方面，在长期的边境战事和征服战役之后，很多城市需要复兴和引入人口。当基督徒在 12 世纪早期拿下塔拉戈纳后，巴塞罗那伯爵把它授予了塔拉戈纳教区，称其"多年来处于摧毁和遗弃的状态，没有耕种者或定居者。我把它交给你……去重建……我授予你……从一切可以的地方招募人前来此地定居的自由，不论身份地位"。[34] 在费迪南德三世拿下哈恩（Jaén）后，"他派人去所有地区招募移民，向任何来那里定居的人许诺很大的自由权利"。[35]

在其他情况下，基督徒的征服军队遭遇到人口众多的城市，如巴伦西亚、科尔多瓦和塞维利亚这样的大都市。塞维利亚在 1248 年被卡斯蒂利亚国王收复。绝大多数穆斯林人口遭到了驱逐。在之后的 10 年间，王室专员分配了城内和城市周边的财产：43 位君主、贵胄、主教和军事修道团体领受了很大片的地产，200 名骑士被授予了小地产，更小规模的地产被赏赐给了步兵。

国王、新任命的大主教和城市议会同样获得了他们的份额。新的统治者招募来了新的人口。再征服运动中收复的塞维利亚的移民浪潮几乎触及了伊比利亚半岛的每个部分，远至加利西亚和旧加泰罗尼亚的地区都提供了很多新的定居者。移民中大部分来自旧卡斯蒂利亚，也有很多来自莱昂和新卡斯蒂利亚。这三个区域构成了西班牙中北部的大片土地，从塔霍河（Tagus）到北部山地，扮演了巨大的人力资源库的角色，为塞维利亚提供了新的基督徒人口。[36]

　　大规模的人口移民通过这些方式得以进行，在11—12世纪把法兰西定居者带入西班牙北部，把西班牙人从半岛的北部带到了中部和南部，进入新建的、荒芜的或在再征服运动中重新收复的城市定居。与此同时，城市迁徙也改变了东欧的面貌。这里的城市化常常伴随着德意志人的定居发生。1228年，当波希米亚王后康斯坦丝（Konstanze）把城市特权授予了位于摩拉维亚南部的霍多宁（Hodonin/Göding）时，她在令状中宣告："我们招募来优秀的德意志人并让他们在我们的城市定居。"[37]克拉科夫提供了德意志人的迁徙和借鉴德意志城市法重塑的一处波兰之地的好例子。这个古老的波兰堡垒在1257年得到了重构，当时波莱斯劳公爵——皮亚斯特王朝当地的统治者——在那里根据马格德堡法建起了一座城市："克拉科夫城归于德意志法律下，公爵的长官改变了市场、住宅和庭院的位置。"[38]他打算"从很多地区募集人前来"，但明确把波兰农业人口排除在新城镇市民的准入标准之外。[39]他这项限制条例的动机并非出于民族偏见，而是担心他或其他领主的封地产上的人口会减少。但这项限制无疑加强了克拉科夫原本已经十分显著的德意志属性。市民在姓名、语言、文化和血统上都是德意志的，他们的法律模板是一座古老的德意志城市。东欧很多较大的贸易城市要么像克拉科夫这样经历了部分程度的德意志化，要么像下文中要讨论的里加那样，是完全由德意志定居者组成的新建城市。

像克拉科夫和里加这样的城市专门从事远距离贸易。但是，在这一时期的东欧腹地，还有另外一种类型的由德意志文化影响的城市化，即创建了一个由小型地方市场和中心构成的网络。梅克伦堡地区的城镇是一个很好的例子。除了两座波罗的海港口罗斯托克（Rostock）与维斯马（Wismar），梅克伦堡的城镇基本都是应周边邻近地区的需要而生，因此必须在一个地方的维度上加以考察。著名的长途贸易线路可以解释波罗的海地区的沿海和三角洲商业城市的发展，却无法解释产生了位于内陆的梅克伦堡地区的数量巨大的小城市的城市化进程。

这片地区中最早接受令状授予的城镇是由德意志征服者在 12 世纪中叶的数十年间建立的，例如，荷尔斯泰因伯爵阿道夫（Count Adolf of Holstein）建立了吕贝克，萨克森公爵"狮子"亨利建立了什未林，但本地王朝推动的城镇发展从 1218 年才开始。那一年，梅克伦堡的亨利·博尔温（Henry Borwin）把吕贝克法授予了罗斯托克城。这份授予令列出了罗斯托克的 10 位执政官，他们都是德意志姓名，表明这个王朝中意一个由移民构成的寡头集团。罗斯托克的令状像是发令枪：在之后的 60 年内，一个由小城镇组成的网络在整个梅克伦堡大致以每两年一座新城的平均速率得以创生。

这次法律意义上的城市化浪潮的绝大多数发动者是梅克伦堡的统治者，他们为他们新创建的城市颁布了一个又一个的特许令

状。例如，梅克伦堡-韦勒的尼古拉斯（Nicholas of Mecklenburg-
Werle，1227—1277年在位）是亨利·博尔温的孙子，通过梅克伦
堡地区的加德布施（Gadebusch）向8座定居点授予了什未林的城
市法。什未林法是这个地区三大城市法族系之一，另外两个分别
是通过罗斯托克和维斯马等当地定居点散布的吕贝克法，还有帕
尔希姆法。亨利·博尔温于1225—1226年向帕尔希姆授予了城市
资格：

> 我们把帕尔希姆这片土地——一块荒凉、空空如也且无
> 路可行的土地——授予从远方和近处应邀而来的基督徒殖民
> 者。我们在这片土地上建立了一座城市，授予其对这片土地
> 和这座城市的居民合适、有益和有用的权利与司法权。
>
> 首先，我们向这座自由城市的所有居民授予所有的权利。[40]

大致看来，梅克伦堡的这些城市法的具体内容与我们在诸如
1192年的都柏林令状等文件中已经看到的并无分别：对国内关税
的豁免、对司法罚款的限额、自由的继承法等。这种法律模板得
以被应用，而其吸引力部分来自其易复制性。

梅克伦堡这片面积大约为4 500平方英里的领地的地理面貌
通过这种方式得到了转变。与1200年不同，1300年，这里到处
都是小城镇，它们配有教区教堂、市场、收费所，可能还有基础
防御工事。从13世纪晚期至14世纪，这些中心中的一些有修道
社群进驻，如勒伯尔（Röbel）的多米尼加女修道院（Dominican
convent）和忏悔娼妓团体（house of penitent prostitutes）[41]——城
市化也带来新型的职业专门化。这种城市文化主要是德意志属性

的，尽管很多城镇以斯拉夫村庄为核心并拥有斯拉夫名称。一个很好的例子是克勒珀林（Kröpelin）。这个城镇的名称源自斯拉夫语，城市议会成员的印章上是一个瘸子（Krüppel），用的是德语同音词的双关。[42]无论城市名称的渊源如何，它们的居民视自己为德意志市民。东欧的德意志殖民定居点与中世纪盛期的另一个著名新兴贸易网络——意大利人在地中海东岸的贸易点——有根本的不同，因为加德布施、帕尔希姆和克勒佩林这样的城镇是小型的市场中心，与周边的乡村有极深的关联，其中的市民是说德语、眼界十分有局限性的商人和工匠。正是这些小型的市场城镇构成了欧洲大片土地上根深蒂固的文化转型的载体。

正如城市化与德意志化在东欧是并行发展的一样，在凯尔特地区，城市化与盎格鲁化也是相辅相成的。12—13 世纪在苏格兰、爱尔兰和威尔士出现的接受特许令状的新城是由其移民规划的，这些移民主要是英格兰人。保存在都柏林市政府（Corporation of Dublin）的档案中行会商人的卷轴构成了一份有关 1200 年前后都柏林市民的文献证据。[43]这份卷轴列举了这座盎格鲁-诺曼城市的行会成员。这份名单上最早期的部分（大约为 1175—1205 年）包含了大约 2 800 个名字，不算那些更宽泛的地域指称（如康沃尔郡人理查、法兰西人皮尔斯等），其中大约 40% 有地名姓氏并提到了特定的出身地。地图 7 标绘出了所有的有都柏林行会成员达到 3 个或 3 个以上的特定出身地（在不列颠群岛之内）。有些地名不能完全确认。很明显，都柏林与布里斯托尔之间的联系把大量的市民从塞文河盆地（Severn basin）——布里斯托尔的天然腹地——带入这座城市。大部分的移民来自威尔士南部、英格兰边境诸郡和西南部各郡（West Country），也有很多来自英格兰中部地区的城镇。伦敦和温切斯特是东南部古老的城市中心，也提供了一大批人力。不太重要但也引人注目的是从西北部，尤其是卡莱尔（Carlisle），以及苏格兰和其他爱尔兰的盎格鲁-诺曼城市招募的人员。同样令人瞩目的是，绝大多数的市民名字中表明的出身定居点本身就是城市。这些人并不是乡村移民，而是迁移到一个新城的城市人。

贸易网络

西欧城市形式的输出和市民人口的散布与商业扩张紧密相连，这种扩张始于 11 世纪，并于 12—13 世纪在旧世界爆发。殖民城市是殖民商人的产物之一。事实上，中世纪盛期扩张运动最显著的例子之一，就是西方海上贸易的扩展，10 世纪时尚在有限空间之内，14 世纪时扩展到意大利和德意志汉萨商人广布的贸易网络。这种转型是逐步发生的，但在 11 世纪节奏明显加快。

意大利贸易

跨越地中海水域的商业联系在中世纪盛期并非新鲜事。在 10 世纪甚至更早的时候，来自阿马尔菲（Amalfi）和威尼斯的商人就在向拜占庭和伊斯兰世界的沿海城市出航。例如，996 年，超过 100 名意大利商人在开罗的动乱中被杀或遭到劫掠。[44] 然而，11 世纪时，这种贸易的证据变多了，同时，一些新城开始入局，最重要的是比萨与热那亚。到 11 世纪后半叶时，来自这些城市的侵略性极强的商人、海盗与十字军在整个地中海海岸登陆，在君士坦丁堡和亚历山大港（Alexandria）贸易、劫掠——比如 1087 年在北非的马赫迪耶（al-Mahdiyyah）——或是试图帮助建立十字军政权，比如 1097—1098 年在安条克和 1099 年在拉塔基亚（Lattakieh）。意大利人在地中海的贸易世界中独占鳌头，在中世纪之后的岁月中，贪得无厌的——有时还是危险的——意大利商人是这个地区无处不在的人物。

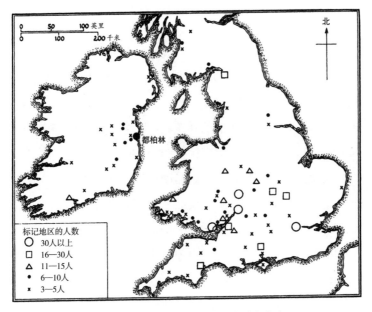

地图 7　都柏林市民，1200 年前后：通过地名判定出身

在 11 世纪的最后 10 年和 12 世纪的头 25 年中，十字军政权的建立为这些意大利海外商人提供了新的机遇。新国家是桥头堡社会，是"海外政权"（Outremers），极为依赖海路供给，但它们

并没有自己的舰队，同时，还面对着埃及和拜占庭邻国的强大海军力量。在这种情况下，十字军政权很快就开始依赖意大利人，因为西方城市的大帆船（galleys）为他们提供了生命线。一个经典的协商案例非常生动地展现了意大利人可以为十字军政权提供的东西，以及他们想要的是什么。这就是 1123 年所谓的《瓦蒙迪协议》（Pactum Warmundi）。这份协议是在刚刚完成了一场对埃及海军的胜利出击的威尼斯总督和耶路撒冷王国的代表（国王本人此时还在被俘中）之间达成的。这次协商是为十字军进攻穆斯林统治下的沿海城市提尔的计划做紧急准备。十字军政权向威尼斯人开出的价码是，在政权的每一座城市中都有一个贸易区，在作为被告的所有案件中拥有自主法权，以及对国内关税和赋税的限制。此外，他们还将在阿斯卡隆（Ascalon）与提尔被攻克后获得这两座城市的 1/3，"自由且庄重地拥有它们……直到永远"。[45]不到 6 个月，在威尼斯人海上封锁的帮助下，提尔被攻克了。

《瓦蒙迪协议》为威尼斯人设计的贸易定居点位于巴勒斯坦，是该城的一小块地区，威尼斯人得以在那里创造一个迷你威尼斯。他们将拥有他们自己的教堂、街道、广场、浴室和窑厂，他们使用威尼斯的货币单位互相从事买卖，他们拥有一个"威尼斯人的法庭"来裁决他们内部的诉讼。这种定居点是意大利商人试图在他们达到的所有地方建立的典型的文化和法律飞地。例如，13 世纪耶路撒冷王国的首都阿卡有一个热那亚区、一个威尼斯区和一个比萨区，大小分别为 16 英亩、11 英亩和 7 英亩。[46]威尼斯区有一座教堂，奉献给威尼斯的主保圣马可；一座"商馆"（fondaco），即包括储仓、商店和负责管理该区的威尼斯官员的席位的建筑群；用于出租的住宅和仓库，有时是按年租，有时只在

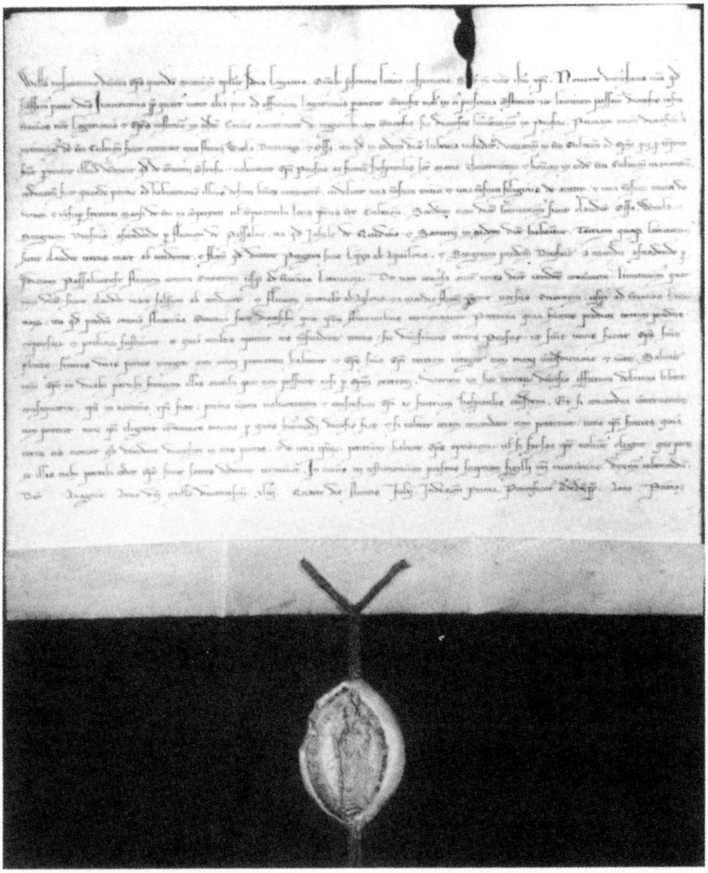

插图 1　关于萨比纳的威廉在普鲁士创立主教教区的文件

插图 2　卡里克弗格斯城堡

插图 3 "大熊"阿尔伯特的硬币上他的肖像（右侧，持矛和盾者）

插图 4　13 世纪的重装骑兵

插图 5　抛石机

插图 6　获得承租权的农民清理土地

插图 7　熙笃会修士清理土地

插图 8　不来梅柯克船（上，重建的柯克船；右侧上图，柯克船侧面）

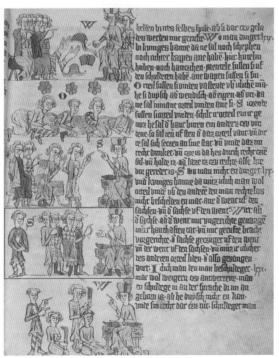

插图 9　萨克森人和文德人不能出任不利于对方的证人（《萨克森明镜》本页插图的第四行）

插图 10　最早的文德硬币：图中第一行，勃兰登堡的亨利·普日比斯拉夫发行的硬币（正反面）；图中第二行，克珀尼克的雅克萨发行的硬币

威尼斯护航队入港期间出租；一个港湾；还有围墙。除了流动的商人，那里还有永居的移民人口，如 1203 年的一份文件中提到的尼古拉斯·莫罗西尼（Nicholas Morosini）。尼古拉斯的父亲曾住在沿海的的黎波里，他的祖父彼得·莫罗西尼在 12 世纪从威尼斯移民到了圣地。

　　威尼斯人、比萨人和热那亚人在整个地中海就贸易问题谈判，无论地方政权是拉丁的、希腊的，还是穆斯林的。1082 年，威尼斯人在君士坦丁堡建立了一块特区，他们的竞争对手在随后的一个世纪也紧随他们的脚步。1173 年，比萨人通过与埃及人的协议在亚历山大港建起了一座商馆。[47] 这些地中海地区意大利贸易前哨的建立最终发展为真正的殖民地的创立。这些殖民地并非十字军王国、希腊皇帝或穆斯林苏丹统治下的沿海城市中享有特权的飞地，而是或大或小的自治领土，沿主要贸易路线成串分布。它们有殖民主义的一切文化症候：与母城保持紧密纽带的小群移民精英，使用不同语言，有着不同宗教归属的大量不满民众。每一座大型西方贸易城市都参与到了这种殖民事业中，互相之间常有血腥的敌对竞争。

　　威尼斯人领土扩张的大好机会出现在 1204 年，尽管此前他们已经蚕食了达尔马提亚海岸一段时间。在这一年，破产的法兰克十字军骑士最终决定把十字军军营中暗示和谈论了一个多世纪的事付诸实施：袭击君士坦丁堡并将其据为己有。因为依赖于威尼斯人的海上运输，他们不得不对这座城市做出巨大的让步。根据最终攻击前双方达成的协议，威尼斯人将获得 3/4 的战利品、有权任命一半的委员会成员来选举新的拉丁皇帝，以及 3/8 的征服土地。自此之后，威尼斯总督在头衔中加入了"全罗马帝国 3/4

的主人"。军事与政治现实导致威尼斯的财富从未达到这种难以实现的几何精度，但威尼斯人确确实实地在爱琴海地区获得了领土，部分由他们直接统治，部分作为封地由威尼斯封臣据有。

克里特岛是威尼斯占有的领土中最大的。它是在君士坦丁堡陷落之后的混乱局面下通过购买获得的，当时还处在拉丁人与希腊人的势力通过谈判和战事实现平衡的过程中。在花了数年时间对抗热那亚人的势力后，威尼斯人最终在克里特岛立足，但直到1212 年，他们才打败了拉丁帝国的敌对势力，并开始在岛上组织有限的威尼斯殖民化进程。他们把克里特岛分成 6 个区，其中的每一个都用威尼斯城本身的 6 个区之一的名字来命名：卡纳雷吉欧区（Cannaregio）、圣马可区（San Marco）、圣十字区（Santa Croce）等，在征服土地上留下了母城地理的深刻烙印。[48] 骑兵和步兵被招募至克里特岛定居，最早的一支队伍由 1211 年在那里定居的 132 名骑兵和 48 名步兵组成，其他的队伍随后在 1222年、1233 年和 1252 年得以逐步组建。拉丁教会的等级体系也得以建立，包括干地亚（Candia）大主教教座和 10 个隶属主教的教区（suffragan bishoprics），由威尼斯人和其他意大利人出任教职，其中很多是托钵僧。1264 年，克里特岛可以被描述为"拉丁人现在拥有的帝国的力量与屏障"，[49] 这一观点是有其道理的：直到1669 年，威尼斯人才在激烈的战斗之后失去克里特岛。

威尼斯人最致命的对手是利古里亚地区的热那亚城。热那亚早在 10 世纪时就开始在地中海西部从事海军远征。958 年，他们接受了被认为是"欧洲最古老的城市特权之一"。[50] 和威尼斯人一样，热那亚人通过参与十字军东征行动获取利益。早在 1098 年，安条克的博希蒙德（Bohemond of Antioch）在安条克赠予他们一座教堂、一片市场、一座喷泉和 30 座住宅。[51] 根据 1155—1164 年的公证文书提供的信息，热那亚的贸易布局以亚历山大港、黎凡特海岸和西西里为最重要的贸易地区，其次是法兰西南部、北非和君士坦丁堡（参见地图 8）。热那亚的船只参与了 1147—1149 年从穆斯林手中收复西班牙城市阿尔梅里亚（Almeria）和托尔托萨（Tortosa）的事业。12 世纪晚期，他们向西西里出口佛莱芒布料。[52]

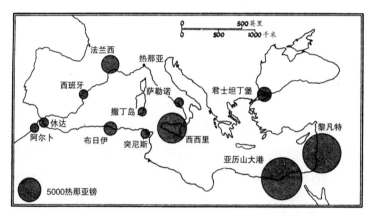

地图 8　热那亚在地中海地区的投资，1155—1164 年（根据 Balard, 1978）

　　热那亚人的贸易活动在地中海东部的扩张引发了与威尼斯的直接冲突。例如，在 1170 年，热那亚人在君士坦丁堡的贸易区遭到了威尼斯人的劫掠。此后，威尼斯人在第四次十字军东征中的胜利似乎要一劳永逸地把热那亚人完全赶出爱琴海和黑海。在十字军统治下的叙利亚，被称作圣撒巴之战（War of St Sabas）的对抗开始于 1256 年围绕阿卡领土的争议，最后以热那亚的失利告终。热那亚人在 1261 年得以转运。这个城市公社与拜占庭皇帝结盟，后者在同年从拉丁人手中收复了首都君士坦丁堡。在此后的一段时间内，热那亚人"不但把希腊人排挤出了海上运输和商业，还在财富和资源上超过了威尼斯人"。[53] 在随后的半个世纪中，他们在正对着君士坦丁堡的佩拉（Pera）获得了一个大型定居点，还获得了希俄斯岛（island of Chios），以及贸易垄断权和黑海贸易准入权。

围绕黑海，在蒙古世界的边缘，热那亚人建立了贸易站和殖民点，作为直接通向中国的贸易路线的中转港。海岸各处都能遇到来自热那亚及其腹地的人。英格兰国王爱德华一世向波斯伊儿汗国可汗（Ilkhan of Persia）的宫廷派遣使节杰弗里·德·兰利（Geoffrey de Langley）是 13 世纪后半叶最令人难以置信的一次外交交流。这位王室骑士经过热那亚和君士坦丁堡到达特拉布宗（Trebizond），从那里登陆。在特拉布宗，英格兰使节从"热那亚商人本尼迪克特"那里购买了一匹马。同时，大使把他的行李存在了尼古拉斯·多利亚（Nicholas Doria）的宅子中。尼古拉斯是热那亚上层家族的成员，那时是特拉布宗的科穆宁王朝的统治者的钱商。[54]

黑海北岸还有其他的热那亚定居点，如亚速海边的塔纳（Tana）。1360 年前后，那里有圣马可教堂、圣玛丽教堂（圣方济各会）、圣多明我教堂（圣多明我会）、圣雅各教堂、圣安东尼和圣玛丽兄弟会，以及托钵僧与其他天主教徒的墓地。"安达洛·巴索（Andalo Basso）希望他的遗体被四头骆驼驮到"那个墓地。[55] 一名热那亚商人被四头沙漠动物载向他最后的天主教仪式：这个历史花絮最好地浓缩了在一片不同的生态环境中对宗教与文化传统的保存。

距离塔纳不远，在克里米亚南海岸坐落着卡法（Caffa），即今天的费奥多西亚（Feodosiya），是热那亚最重要的黑海殖民地。作为与复苏的拜占庭人结盟的结果，热那亚人得到了卡法，并在1281 年时在那里设置了一名热那亚执政官。从那时起直到 1475年，除了一个短暂的中短期，卡法成了他们在黑海的贸易活动的中心，是"另一个热那亚"，[56] 连接旧世界最远端的丝绸、香料和奴隶市场。1289—1290 年萨姆布切托的兰贝托（Lamberto di Sambuceto）的公证记录让我们能够非常具体地勾勒这个 13 世纪的殖民地。在那个时候，城市很可能没有围墙，但有某种类型的围篱，围篱之外是屠宰场。与热那亚城本身一样，卡法城中分区（contrade），但没有明确的种族隔离的证据——意大利人、希腊人、亚美尼亚人和叙利亚人比邻而居。那里有很多"商馆"、一座方济各会教堂、一座奉献给圣约翰的医院，主广场上还有一座大型的执政官建筑，在其中，执政官从事裁决，文书员们拟制生意文件。兰贝托的记录中有 1 600 个名字，其中将近 600 个有可辨识的地名姓氏。在这将近 600 个名字中，3/4 来自利古里亚的城市和村庄，特别是位于沿海地区的，另有 16% 来自波河盆地。大部分名字似乎都是年轻的未婚男性，他们最终打算回到故乡。其中一个是邦西尼奥尔·卡法莱诺（Buonsignore Caffaraino），我们可以追踪到他在 13 世纪七八十年代在君士坦丁堡、黑海以及马略卡岛（Majorca）和科西嘉岛（Corsica）从事买卖活动。他也涉身于与势力强大的多利亚家族和很多来自圣雷莫港（San Remo）的人的生意之中。圣雷莫是热那亚的附属，很可能就是这位邦西尼奥尔的家乡。他买卖船只，例如，我们发现他出租"圣方济各"号，用于在塔纳到君士坦丁堡的海域捕鱼。他还在卡法拥有财产和一个临时居所。以卡法为中心呈十字形展开的贸易线路横跨黑海，尤其是黑海东部，并向外延伸至君士坦丁堡和热那亚（参见地图 9）。[57]

在经历了 1307—1308 年鞑靼人毁灭性的围城战之后，热那亚人撤离了卡法，但很快就展开谈判协商他们的回归。负责海外事务的热那亚的地方行政长官在 1316 年启动了一项重建计划，这座定居点很快就再度繁荣起来。围墙被建造和延长。1352 年时形成了超过 2 000 英尺的配有塔堡的防线；14 世纪晚期，围墙延长到了 1.6 万英尺。一座城堡，连同钟楼，得到建造。那里有 27 座拉丁教堂，外加 14 座希腊和亚美尼亚教堂，还有一些清真寺和一座犹太教会堂。1322 年，卡法成了一个主教教区，有一系列方济各和多明我托钵僧任主教之职，如布雷根茨的康拉德（Conrad

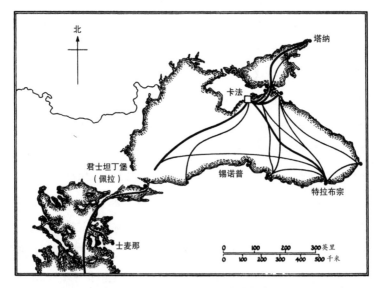

地图 9　热那亚人在黑海的贸易活动，1290 年（根据 Balard，1978）

of Bregenz，1358—1376 年在位）和热那亚的杰罗姆（Jerome of Genoa，1404 年前后），直到它向奥斯曼人投降为止。1386 年的一份名单列出了超过 1 000 名卡法的拉丁居民。那里最大宗的贸易商品是奴隶，以一年 1 500 人的速率向意大利和西班牙的城市或马穆鲁克王朝统治下的埃及出口。不过，它最为人所熟知的出口是黑死病。通过一艘从卡法驶出的热那亚船只，黑死病在 1347 年进入了西欧。那时的卡法被称作"一座位于欧洲最远端的热那亚城市"。[58]

意大利殖民帝国的布局模式与 1900 年的大英帝国有几分相似：一系列沿主要商道散布的岛屿和海角，把母城与遥远的市场连在一起。有学者指出，这两个海上霸权的出行时长也十分接近："从威尼斯到［克里特岛的］干尼亚（Canea）需要 1 个月时间，从伦敦到孟买的行程也是如此；从威尼斯到君士坦丁堡需要 7—8 周，从伦敦到香港也是如此；威尼斯与特拉布宗或塔纳之间需要将近 3 个月，类似于从伦敦到新西兰的时间。"[59] 蒸汽船时代的航行规模比大帆船时代的要更大，但一样的是由海角和岛屿构成的长型地理形态。意大利通向东方的航行时长取决于靠岸导航和在港口的频繁停靠。这意味着，与黑海间的一趟来回可能需要 9 个月之久，特别是考虑到冬季可能会完全暂停出航。直到 14 世纪大帆船技术得到发展之后，每年向东海岸往返两次才成为可能。

在中世纪盛期统治了地中海和黑海的意大利船舶有两种基本船型。一是所谓的圆船（round ship）。这种船的龙骨浅，船首柱和船尾柱弯曲，使其具有一种几乎半圆的外形轮廓。圆船由大三角帆提供动力，由位于船尾的舵桨操纵方向。有些圆船很大。有两块或三块甲板，两个或三个船桅的圆船在 13 世纪并不罕见。第二种主要的船只类型是大帆船,依靠船桨作为辅助动力源,因此吃水比圆船要多得多。在操纵船只驶入或驶出海港或在环绕岛屿或海角时,船桨特别有用,但并不能长期替代船帆提供的动力。

意大利船舶在地中海的压倒性优势地位不但表现为对连接拉丁欧洲与东部和南部海岸的跨地中海线路的垄断,还表现在对在非洲西北部和埃及之间运送穆斯林朝圣者的业务的介入。[60] 没有西方的海军优势,殖民桥头堡和堡垒在11—13世纪的建立是不可想象的。海上力量数次拯救和保卫了十字军事业。正如萨拉丁本人所说的那样:"只要海洋向敌人提供增援……我们的国家就将持续在他们手中遭受灾难。"[61] 生活在构成了13世纪耶路撒冷王国的长条海岸地带的居民同样意识到这是他们的生命线:

> 这座如今被称作阿卡的城市……是基督徒在圣地的避难所,全靠这片海洋把它与西方相连,装满人、食物和武器的船只穿过它来到这里。那些生活在这里的人从海中的岛屿获得了极大的襄助。[62]

即使是在十字军政权在黎凡特最后的绝望岁月中,一座基督徒的沿海堡垒还是可以阻止穆斯林的推进,因为他们"没有强大到足以切断供给线和阻隔通向堡垒的交通"。[63] 1291年,一些基督徒得以通过小船从陷落的阿卡逃离,就像20世纪晚期的直升机一样,在大势已去时,海上力量提供了最后的逃生门。

意大利贸易、海盗和定居点最致密的网络位于地中海东岸,在那里,亚欧大陆的产品涌入欧洲体系。但地中海西部也并没有被忽视。意大利人驶向北非的大岛和城市与伊比利亚的沿海城镇,并在那里定居。他们最终完全驶出了地中海。最早见于记录的经过大西洋驶向北欧港口的热那亚船只的出航时间是在 1277—1278 年。威尼斯人直到 14 世纪早期才跟上这一步伐，但在 1325 年前后，他们每年都派出护航队进出直布罗陀海峡。这条航路在运输容积和价值方面都没有什么特别显著的意义，但它表明了意大利商人的扩张计划，以及他们的活动如何把不同地区整合进自己的贸易范围。热那亚商人内格罗的安东尼奥（Antonio di Negro）在 1317 年抱怨说，他装盐的船只在南安普敦和纽卡斯尔之间被海盗劫走了。安东尼奥属于一个富有的贸易家族，其家族成员也见于东地中海和黑海的沿海城市。[64] 返回利古里亚家乡的人们可以就英格兰、希腊和克里米亚的贸易条件、政治结构和自然资源交换意见。意大利人打造的流通系统不仅是关乎货物和资本的，也是关乎信息的。11—14 世纪，他们视野的惊人扩展把拉丁基督教世界转变成了一个以往不曾存在过的高度整合的网络。

德意志贸易

11 世纪时，当意大利商人和水手开始在地中海拓展他们的航线时，北部海域见证了德意志商人贸易活动的开始。在 1000 年前后，德意志人就前往伦敦从事贸易。在随后的几个世纪中，他们向西的贸易活动持续繁荣，在伦敦和布鲁日建立了永久仓库。但是，创造了最具创新性和试验性的贸易世界是经过波罗的海的向东贸易。这一扩张的关键步骤是德意志通向波罗的海的门户吕贝克于 1159 年的决定性的建立。[65] 旧吕贝克是阿博德利人（Abodrites）的斯拉夫国王的一个具备防御工事的中心，有教堂、工匠区和"一个由商人组成的大块殖民地"。它在 12 世纪早期十分繁荣，但在 1138 年遭到了敌对的斯拉夫人的劫掠。数年之后的 1143 年，在德意志人占领东荷尔斯泰因的过程中，阿道夫伯爵

> 来到了被称作布库（Bucu）的地方，在那里发现了一截荒废的堡垒的土墙……和一座由两条河流环抱的非常大的岛屿。特拉沃河（Trave）在一侧，瓦凯尼兹河（Wakenitz）在另一侧，两条河的河岸都是沼泽而没有道路。但是，在有陆路的那一侧，有一座被堡垒的土墙环绕的小山。因此，当这个睿智的人看到了这个地点的优势和珍贵的港口时，他开始在那里建造一座城市，并称之为吕贝克，因为它离旧君主亨利曾经下令建造的旧港和旧城不远。

考古证据表明，在构成吕贝克核心的类岛屿上，存在着各种早期的定居点核心：其中之一在北面，围绕着旧斯拉夫堡垒；另一个在特拉沃河畔的港口地区；第三个在“岛屿”南部的尖顶处，主教座堂后来在那里建造。阿道夫伯爵的新城包含了这些旧址，并几乎立刻就兴旺发达起来：“厄格里亚人（Wagrians）的土地上实现了和平，蒙上帝的恩典，新的种植活动得以逐步推进。吕贝克的市场也一天天地发展了起来，那里商人的船只越来越多。”然而，尽管有这种迅猛的商业发展，对吕贝克安全的威胁仍然持续存在：像在 1147 年文德十字军东征期间发生的斯拉夫人的劫掠、摧毁性的火灾，以及甚至比火灾还要具有毁灭性的萨克森公爵“狮子”亨利因嫉妒而产生的敌意。亨利欲霸占这座前途光明的新城，当他无法将之据为己有时，他把它列入了封锁名单，并在上游建立了一座敌对的市场。阿道夫伯爵最终被迫退让，“狮子”亨

利占据了这座城市：

> 　　在他的命令下，商人们立刻满怀欣喜地回到了吕贝
> 克……并开始重建教堂和城市围墙。公爵向北方的城市和王
> 国派遣使者——丹麦、瑞典、挪威和俄罗斯——向他们提供
> 和平，使他们有自由进入他的吕贝克城的权利。他还下令
> 在那里设置造币厂、关税，并确立"最具荣耀的市民权利"
> （iura civitatis honestissima）。从那时起，这座城市的生意日
> 渐繁荣昌盛，其中居民的数量也与日俱增。[66]

　　这发生在 1159 年。第二年，这座城市成了一个主教教区的所
在地，其教座从旧的斯拉夫中心奥尔登堡迁移而来。主教教区教
堂在 1163 年接受了祝圣，1173 年，一座双塔式的罗马风格主教
座堂投入使用。与此同时，很可能是基于威斯特伐利亚的索斯特
（Soest）的规章的"最具荣耀的市民权利"，经过进一步的扩展和
修订，形成了波罗的海地区最重要的法典。[67]

　　贸易活动从这座新城向外拓展。1161 年，德意志人出现在
波罗的海的大中转港哥得兰岛；[68] 4 年之后，文献中提及有威斯
特伐利亚商人在丹麦和俄罗斯从事贸易活动。他们开始定期前
往波罗的海东部沿海地区，在德维纳河河口从事盐和布料的贸
易，还到达了诺夫哥罗德（Novgorod）。1300 年时，对俄贸易
已然十分成熟（参见地图 10）。在 12—13 世纪统治波罗的海的
德意志商人使用被称为柯克船（cog）的船只航行。柯克船非常
适合运输大宗货物，尽管在美观度或灵活性方面比不上维京风
格的长船（longship）。柯克船是一种大型船只。事实上，有学

者认为，中世纪盛期的大型柯克船是通过在一艘船的顶部再建造一艘船的方式发展出来的。20世纪60年代，在距离不来梅不远的威悉河中发现了一个14世纪的例子，一艘被浸泡在水里的柯克船。它随后被修复并重建（参见插图8）。这艘船长76英尺，最宽处达25英尺，龙骨以上几乎有14英尺高。它由2英尺宽、2英寸厚的橡木板造成，平底、船首柱和船尾柱笔直，使用方形帆。橡木板用总共3 000个钉子钉在一起，使用苔藓捻缝防水，并用8 000个铁夹固定。这样一艘船能够载重80吨。[69]1368年，每年几乎有700艘之多的船只进出吕贝克港，它们常常还会做多趟航行。[70] 它们中的很多应该就是不来梅船这种大型的贸易柯克船。这是德意志商业扩张的工具。

当地中海的意大利商人航行到已经明显有城市定居点的海岸

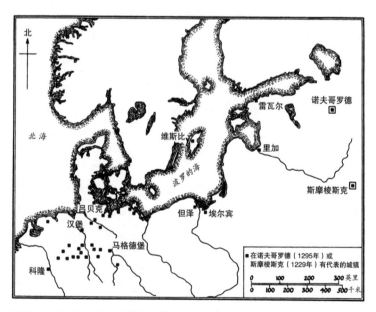

地图10　德意志人跟波罗的海地区和俄罗斯的贸易活动，13世纪

时，在某些情况下，城市的历史可以追溯到 1 000 多年前；他们只在已经城市化的地区寻求贸易区。与之不同的是，当德意志人到达波罗的海东岸时，他们面对的土地只有极其有限的城市发展。在那里，他们沿着贸易路线建造城市，其地形和法律结构所基于的模板是他们熟悉的吕贝克或索斯特。这些都是殖民城市，是在中世纪意义上的"殖民"，即新定居点而非政治依附。

里加就是一个很好的例子。成书于 1290 年前后的《利沃尼亚韵律诗编年史》描述了最早的德意志商人抵达德维纳河河口的情况。我们在第 4 章中已经讨论了这部出现较晚、内容生动但并非完全不可信的文献。"富有、在荣誉和财富上出众的商人和很多其他人一样决定追求利益"，他们到达这里，毫无畏惧地面对当地的异教徒利沃尼亚人最初充满敌意的反应。"他们在那里销售大量的货物，比在其他地方收益都多，他们感到由衷的快乐。这些异教徒提出他们会维持和平，商人们应该再来。"通过起誓和饮酒的仪式，和平得到确认，商人们也的确再次到来，作为"受欢迎的客人"而被接纳。他们的足迹踏遍了内陆，"那里生活着很多异教徒，德意志人与他们贸易，并在他们的允许之下在那里待了很久，以至他们在德维纳河旁的小山建起了一座设防的居所"。这个地方就是于克斯屈尔（Üxküll），利沃尼亚主教教座的最初所在地。[71]

但是，这个地方在面对异教徒的攻击时十分脆弱，此外，对大型德意志柯克船来说，这里也不是最好的港口。阿尔伯特是利沃尼亚第三任主教，也是商业城市不来梅的一名前教士团成员，他决定兴建一座新城，既可以用作主教教座的新址，也可以作为从吕贝克和哥得兰岛前来的商人的自然终点。他在 1200 年勘察了新址，次年夏天，"里加城在一片广阔的田野上被建起，旁边就是一处建造港口的合适地址"。[72] 修筑起城市围墙后不久，教堂建筑，包括新的十字军军事修会、宝剑骑士团的总部，可能还有商业建筑，也很快出现。1209 年，文献提及，奉献给圣彼得的第二座教堂在主教座堂旁边落成。城墙外，当地人的社群生活在他们自己的村庄中。在里加从事贸易，或从里加出发在外从事贸易的商人，最初大概只是在固定的时节才在那里生活。[73] 1211 年，阿尔伯特主教授予了他们特权：免于国内关税和审判裁决的权利、免于哄抢搁浅船只上的财产的习俗（right of wreck）的权利、主教对货币政策和血亲复仇偿金的保证。[74] 值得注意的是，商人的违法行为将根据他们出身城市的法律做出判决，他们被禁止形成"共同的行会"。这些规定后来被概称为"哥得兰法"，即德意志商人在哥得兰岛的主要城市维斯比使用的法律。1225 年，里加公民成功地在其中加入了任命自己的审判官的权利。同一年，诞生了里加城的城市印章，其中的刻印文字是"居住在里加的市民的印章"，标志是城墙、十字架和两把钥匙（可能是圣彼得的钥匙）。[75] 次年早些时候，文献中第一次出现了城市议会（consules Rigenses）。[76] 主教和军事修会的成员的城堡同样是自治的贸易社区。在这几十年中，特别是在 1215 年经历了一场毁灭性的大火之后，里加得到了重建，在扩展后涵盖了德维纳河与里加河（Rige）之间的全部空间（参见地图 11）。来自威斯特伐利亚和萨克森其他部分的移民，经过吕贝克和维斯比前来，使里加的人口在 13 世纪 30 年代增长到 2 000—3 000 人。[77] 14—15 世纪的地名姓氏表明，里加的市民来自德意志北部地区，尤其是威斯特伐利亚，来自这里的比例在这些姓名中几乎达到了 1/5。[78]

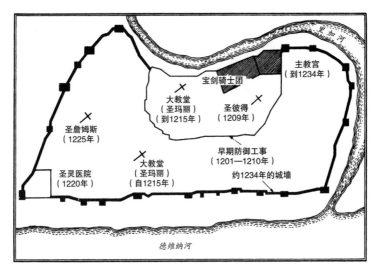

地图 11 早期里加（根据 Benninghoven，1961）

　　13 世纪 30 年代时，也就是在田野上初建一个世代之后，里加城的角塔围墙（turreted walls）、圣玛丽主教座堂和圣彼得与圣雅各教堂的凸形轮廓、在水岸上装货和卸货的大型柯克船、大街上使用低地德语方言的交谈之声给人的第一印象大概是，这里和任何德意志北部的贸易城市并无二致。这种第一印象在很大程度上是正确的。然而，这座城市距离想要把基督徒献祭给他们的神祇的异教徒只有几天的行程。里加是一个大型的传教性的主教和一个献身圣地的军事修会的中心。几乎每个季度，一船船的十字军战士从柯克船上登陆。因此，里加依旧是一座殖民色彩鲜明的城市，换句话说，它是一座"上帝之城"。[79]

　　对里加来说，具有决定性意义的是它处在长途贸易线路上的地理位置，它隔海眺望维斯比和吕贝克，沿河流上溯既可以到达周边的农业地区也可以最终到达俄罗斯的中心地区。大型的沿海城市是把北部海域与南部海域的最远端结合在一起的富有且国际化的中心，因此，来自伦敦、里加、巴伦西亚和特拉布宗的消息得以交换和比较。中世纪西方世界的统一在某种程度上是商人的统一。

第 8 章

拉丁欧洲边境上的种族关系（一）

语言与法律

> 根据当地人民的习俗，他们将被从他们中间选出的一位官员审判。[1]

征服与殖民化在拉丁基督教世界的边境创造了不同族裔的人群毗邻共生的社会，同时，在拉丁欧洲边境地带的每个角落，种族关系都是核心问题。我们首先需要强调的是，描述种族的用语——"种族"（gens）、"出身"（natio）、"血脉"（blood）、"种属"（stock）等——是生物性的，但中世纪的种族现实几乎全然是文化性的。如果采用教会法学家普吕姆的雷吉诺（Regino of Prüm）在 900 年前后关于族裔标准的中世纪经典表述，我们会发现，雷吉诺对族裔差别的分类给出了四个范畴。他写道："多种多样的民族在血统、习俗、语言和法律上彼此不同。"[2]他的第一个标准"血统"，是各种不同形式的现代种族主义的基础。最臭名昭著的 20 世纪形态，要么如美国的肤色种族主义，抓住明确的生物性标志做文章；要么如纳粹的反犹主义，在这种标志并不存在的情况下坚持不可见的生物性差异。在中世纪，这种类型的种族主义相对并不显著。在这种情况下，雷吉诺的其他标准——习俗、语言和法律——成了种族性的主要标签。与血统形成鲜明对比的是，它们有一个共同的特点：这三种标准都是可塑的。事实上，尽管程度不同，它们都可以在两代人之内，甚至是某个人一生的时间之内发生转变。人们可以掌握新的语言，采用新的法律体制，学习新的习俗。因此，在某种程度上，中世纪的种族问题是一种社会性的建构而非生物性的事实。打个比方说，如果我们用习俗、语言和法律而不是血统来界定"德意志"和"斯拉夫"，斯拉夫人的孙辈可以是德意志人，而德意志人的孙辈也可以是斯拉夫人。当我们研究中世纪欧洲的种族关系时，我们是在分析不同语言和文化群体之间，而非不同人种之间的接触交流。

"习俗"（mores）这个词指的是，区分不同人群的服饰、家内仪式、饮食习惯、发型和一系列其他的习惯性实践。作为这些群体间的种差，这些习俗常常极为重要。在爱尔兰，英格兰政府立法禁止对其效忠的臣民采用爱尔兰的发型："如今堕落的英格兰人穿爱尔兰的衣服，把头剃光一半，在脑后留长发……这使得他们在服饰和外形上像是爱尔兰人。"爱尔兰人对此的反应是一种类似的、通过发型实现的身份确认。一首 16 世纪的爱尔兰诗歌抨击了"你们这些采用英格兰人的方式把你们的卷发剪短的人"。[3] 这表明，冒充另一个种族的成员的方法是改换他们的发型。12 世纪初的斯拉夫异教徒据称把他们的德意志受害者的头皮剥下来，"之后，戴上这些头皮伪装自己，侵入基督徒的领地，冒充基督徒"。类似的情况也出现在 1190 年。一些穆斯林试图通过剃光胡子（以及穿上法兰克人的衣服和把猪放在甲板上）的方式突破阿卡的封锁。

语　言

　　语言在界定族裔时扮演了极为重要的角色。中世纪的教会人士和学者对人类共同祖先和最初的语言共同体的理论基于《圣经》。他们很自然地认为，巴别塔出现之后的语言区分是种族或民族形成的第一步。著作影响了整个中世纪的塞维利亚的伊西多尔（Isidore of Seville）认为："种族源于不同的语言，而非语言源于不同的种族。"[4]另一名拉丁作家用更简洁明快的语言表达了相同的意思："语言生成了种族。"[5]中世纪人对语言纽带的力量有清楚的认识。一名 14 世纪的编年历史学家表示："讲同一种语言的人被更紧的爱的纽带结合在一起。"[6]我们会看到，这些"更紧的爱的纽带"常常表现为对说不同语言的人的更强烈的恨意，因为"战争和各种不幸都源自语言的不同"，[7]在今天情况依旧如此。

　　在中世纪盛期，当俗语开始出现在文学与文书记录中，它们揭示了欧洲的大片地区具有相对较高程度的语言与文化同质性，具有居于主导地位的相对标准化的语言，例如英语之于英格兰、奥依语（Langue d'oil）之于卢瓦尔河北部地区、奥克语（Langue d'oc）之于卢瓦尔河南部地区、低地德语之于德意志北部、高地德语之于德意志南部。当然，方言的差异和一些语言重叠的区域是存在的，但我们依旧可以看到在这些核心地区与被征服和殖民化的边缘地区的显著对比，后者的特征是无处不在的语言与文化的混杂。在中心地带，不同地区的语言当然是相互毗邻，但在边缘地带，在同一片领土范围内就存在着语言的多元现象，因种族和阶级而不同。尽管在某些核心地区，例如说高地德语或奥克语的地区，会存在巨大的语言变迁，但这种变化一般只是空间中的方言差异。假如一个人从特里尔旅行到维也纳，或是从贝阿恩到普罗旺斯，他就会感受到这种地方与地方之间的方言差异。与之构成鲜明对比的是，在欧洲被征服和被殖民的边缘地区，完全属于不同语系的语言会出现在同一个定居点或同一条街道上。不同语言之间的互动因此构成了拉丁欧洲边境的一种普遍且非常易于辨识的特征。正如波希米亚编年史家齐陶的彼得（Peter of Zittau）评论的那样，在这里，"我们民族的很多人在街上会说各种各样的语言"。[8] 这一点儿也不奇怪。当教宗约翰二十二世于 1329 年对方济各会总会长（minister-general）切塞纳的迈克尔（Michael of Cesena）实施绝罚时，向克拉科夫通告此事的书信在那里先用拉丁语宣读，再"用波兰语和德语向民众解释，以便让每个人都能更好、更清晰地理解它们"。[9] 边境地带的溪流、山丘和定居点开始出现双重认同的迹象，例如一份东波美拉尼亚的文件中的关于一个地名的解释："这个地方在斯拉夫语中叫 woyces，在德语中叫 enge water。"[10] 人类定居点的名称也经历了类似的语言转变。例如，位于米斯郡的埃拉赫（Ellach），后来根据其新的主人，移民来的斯克尔拉格家族（Scurlag family），被称为斯克尔劳克斯城（Scurlockstown）——英语的后缀"城"（town）是爱尔兰东部与南部经历了殖民化和部分盎格鲁化的地区无法抹除的标记。[11] 在新卡斯蒂利亚，在阿拉伯语中被称作阿尔嘉里瓦（Algariva）的村庄被重新赋予了鲜明的诺曼语名字维拉弗兰卡（Villafranca）。[12]

双语能力在很多社会阶层中都不算罕见。甚至早在 10 世纪时，德意志君主奥托一世就使用德语和斯拉夫语双语发布命令。[13] 在法兰克人统治下的摩里亚[14]，成功的政治领袖需要懂得法语、希腊语，甚至还包括土耳其语。颇具代表性的情况是，学者们仍在争论，法兰克统治下的希腊的编年史史料最初究竟是用法语编撰，然后翻译成希腊语，还是反过来。爱尔兰的盎格鲁–诺曼入侵者的后裔在 14 世纪时已经开始使用爱尔兰语写诗。[15] 这种双语能力有时可以具有很强的实用性。1085 年，率领诺曼人侦察西西里岛的锡拉库萨的罗杰伯爵派遣一位希腊显赫人物之子菲力秘密监视穆斯林的舰队："他在撒拉森人的舰队中间轻易穿行，仿佛他也是他们中的一员，这是因为，他和所有同他一道的水手同样精通阿拉伯语和希腊语。"[16] 投靠诺曼人的意大利南部的强盗努力学习法语。[17]

在这些语言混杂的社会中，从事文书翻译和口译的人员自然会扮演关键的角色。有时，他们是担任官方职务的。例如，巴伦西亚就存在官方翻译官，其头衔为 torcimana，来自阿拉伯语的 tarjuman。在威尔士边境，有些人会得到土地封赏，明确作为"他们在威尔士人和英格兰人之间从事翻译工作的回报"。[18] 正如我们随后会看到的，翻译人员在法庭上扮演的角色特别重要。在某些情况下，因不同语言共存而刺激了双语能力和翻译事业发展的地区，对欧洲产生了永久性的文化影响。例如，希腊语和阿拉伯语的科学与哲学作品的翻译是从西班牙和西西里向拉丁基督教世界的大学传播的。最终结晶为托马斯·阿奎那的拉丁亚里士多德主义的文化运动是在再征服运动中的卡斯蒂利亚和意大利南部这种种族多元的社会酝酿出来的。

这些双语或多语的地区也为从一种语言到另一种语言之间的借用提供了通道。例如，在波罗的海沿海地区，波兰人从汉萨同盟的商人和工匠那里习得了一些有关商业和城市生活的低地德语词汇。与度量衡（波兰语的 laszt 和 punt，来自德语 Last 和

Pfund，意为"一船"和"一磅"）、航海生活（balast 和 koga，来自 Ballast 和 Kogge，意为"压舱物"和"大型商船"）或城市刑罚工具（praga，来自 Pranger，意为"颈手枷"）有关的术语通过这种方式从德语进入了波兰语。[19] 类似的，在中世纪晚期的威尔士，英语和法语中关于封建和城市生活的术语，如"男爵""议会""市民"，被吸收进了威尔士语（barwn、parlment 和 bwrdais）。新殖民者不仅在当地语言中留下了他们的术语；他们也很愿意从他们遇到的人那里学习词汇，特别是涉及当地知识领域的词汇。在伊比利亚半岛，说罗曼语的基督徒在军事征服的过程中吸收了阿拉伯语中的稻米、大麦、收税人的词汇，以及化妆品、水管道、衬垫、大篷车和毒药。

边境地区多样的语言模式也反映在他们的命名活动中。在一种交互的影响下，14 世纪的斯拉夫农民可以叫伯纳德和理查，爱尔兰的英格兰定居者可以有爱尔兰语的名字，一位威尔士高地君主的后裔的姓名可以是难以辨认其族属的托马斯·德·阿维尼爵士（Sir Thomas de Avene）。同时拥有两个名字的现象是边境地区语言与文化多元主义的更为鲜明的征候。[20] 10 世纪，经历了科隆内角溃败（rout of Cap Colonne）的奥托二世身边的"一名骑士亨利，在斯拉夫语中又被称作佐伦塔（Zolunta）"。[21] 一些 12—13 世纪的斯拉夫君主，如波希米亚统治者普热梅希尔·奥托卡一世（Przemysl Ottokar Ⅰ）、普热梅希尔·奥托卡二世，以及摩拉维亚的亨利·瓦迪斯瓦夫（Henry Wladislaw of Moravia），同时有德语与斯拉夫语名字。普热梅希尔·奥托卡二世甚至拥有两个印章，其中一个用于说捷克语的领地，刻有名字"普热梅希尔"；另一个用于说德语的领地，其上有名字"奥塔卡"。[22] 在托莱多的穆萨拉布当中，拥有罗曼语和阿拉伯语双名的现象很普遍。一份 1115 年的文件的开篇是："以上帝之名，我，在罗曼语中（in latinitate）被称作 Dominico Petriz 而在阿拉伯语中（in algariva）被称作 Avelfaçam Avenbaço；和我，在罗曼语中叫 Dominiquiz 而在阿拉伯语中叫 Avelfacam Avencelema……" [23]

仅仅用多元性、多样性和融合性来描述边境上的文化形势是幼稚的。语言之间并不是平等的，其中一些拥有较高的地位，因为说这些语言的人的政治或经济权力。例如，很显然，说罗曼语和德语的人通过扩张性的迁徙和征服传播了他们的语言，而凯尔特语、斯拉夫语、波罗的语和阿拉伯语则处于不利的地位。这些中世纪时期的发展对欧洲的语言版图产生了永久性的影响。这种语言扩张具有强烈的殖民色彩：德语在利沃尼亚和法语在叙利亚是征服语言，能够使掌握这种语言的人具有某种特权。但实际的模式并不如此简单。当地的俗语具有反抗性，也能够复兴。语言的变化并非总是单向的，而语言的冲突可能会有一种以上的结果。

语言民族主义的升级与语言意识的政治化出现在中世纪晚期。把语言与民族等同的一个征候，是把表达语言的词汇用于几乎肯定指涉"民族"的语境。西斯拉夫词汇 jazyk 既指"语言"也指"民族"。当被称为达利米尔（Dalimil）的 14 世纪捷克民族主义作家使用术语 jazyk cesky 时，我们无法每次都清楚地区分他想强调的是语言的一面还是种族的一面。对达利米尔的德语翻译使用的词汇是 zung，即"语言"（tongue），也有着相似的语义复杂性。[24] 与之类似，威尔士语中"语言"一词是 Iaith，"在当时的用语中指涉了比纯粹的语言属性宽泛得多的意涵"。[25] 一个具有代表性的例子是，威尔士语中指"那些不说威尔士语的人"可以等同于"外来人"。[26] 在拉丁文献中，"语言"（lingua）一词也具有同样的含混性。因此，当科克的市民提到"爱尔兰语"（Hybemica lingua）[27] 是国王的敌人时，唯一可能的译法是"爱尔兰民族"。医院骑士团在黎凡特根据其成员在西欧的出身地将他们归于不同的"语言群体"（tongues）之下。[28] 在所有这些例子中，语义上的含混性指向了概念上的含混性——种族认同与语言认同很容易相互交融。

属于一个语言共同体的感觉，不但可以作为一种归属感或共同体成员身份的基础，还可以作为政治主张的基础。当波希米亚的普热梅希尔·奥塔卡二世在 1278 年遭遇危机寻求波兰的支持时，他（或者说，他的意大利书记员）诉诸捷克人与波兰人之间的亲缘性，这种亲缘性基于生理上的相似、血统纽带和"波兰民族在语言上与我们和谐一致"的事实。[29] 相同的语言近似性在 1300 年奥塔卡的继承人瓦茨拉夫二世（Wenceslas Ⅱ）被邀请担任波兰国王时，也为政治目的提供了服务。据称，波兰的使节说："我们和波希米亚人将拥有同一位国王，我们将一起快乐地生活在相同的法律之下。这是因为，说相近的斯拉夫语的人理所应当处于一位君主的统治下。"[30] 波兰与条顿骑士团争夺对东波美拉尼亚的统治权时，也援引了如下的观点作为支持："在波兰和东波美拉尼亚的语言是同一种，所有习惯上居住在那里的人说的都是波兰语。"[31] 大约在同一时间，但在西边将近 1 000 英里的地方，1315—1318 年布鲁斯对爱尔兰的入侵也使用了语言亲缘的修辞。1315 年，在计划远征时，罗伯特国王给爱尔兰的信是如此开篇的："我们和你们，我们的民族和你们的民族，自古以来就是自由的，出自同一个民族血脉，共同的语言和共同的习俗让我们急切而欢愉地走到一起，充满友爱……"。[32] 多纳尔·奥尼尔（Donal O'Neill）在 1317—1318 年写给教宗约翰二十二世的《抗议书》（Remonstrance）中，当解释自己为什么认可爱德华·布鲁斯为国王时，他对教宗表示："'小苏格兰'（lesser Scotia，即苏格兰）的国王都把他们的血统追溯到'大苏格兰'（greater Scotia，即爱尔兰）了，并在一定程度上保存了我们的语言和习俗。"[33]

这些使用语言共同体作为论据的具有进攻性的言论，所对应的是防御性的抗争，指控敌人意图摧毁当地语言，这在中世纪晚期尤为突出。这类指控并不限于拉丁欧洲的边境地区。1295 年，当英格兰国王爱德华一世试图为他与法兰西国王腓力四世的对抗寻求支持时，他指控说这位法王意图入侵英格兰并"把英语从这片土地上彻底抹去"。[34] 然而，这种类型的谣言或指控显然会很自然地出现在种族隔离的边境社会中。根据一名编年历史学家的说法，条顿骑士团想要"灭绝波兰语"（ydyoma Polonicum）。[35] 这类指控并不仅仅是异想天开的幻想，确实存在试图强行实施语言改变的例子。除了固定法庭语言的规定（我们将在后文中详加讨论），还存在一些规定和禁止语言使用的总体尝试。例如，1495 年，弗罗茨瓦夫 / 布雷斯劳主教约翰四世命令他的沃伊茨（Woitz/Wójcice）村庄的居民在 5 年之内学会德语，否则将被驱逐。[36] 更系统化也更持久的，是爱尔兰的殖民政府和英格兰定居者就当地爱尔兰语的使用问题所做的规定。一方面，他们反复立法规定，定居者不能够使用当地语言。1359—1360 年爱德华三世的一项法令表示："我们下令，英格兰人的后裔中，不允许任何人和其他英格兰人说爱尔兰语……但每位英格兰人都应该学习英语。"[37]

　　相应地，他们还努力在当地人中普及英语。14 世纪 80 年代，英格兰使节曾试图让教宗命令爱尔兰的教会领袖们"要求他们的属民学习英语"。[38] 他们尝试施行这些规定。在沃特福德，一个名叫威廉·鲍尔（William Power）的家伙于 1371 年被捕入狱，"因为他不会说英语"。直到找到担保人保证他会学习英语，他才被释放。[39] 15 世纪，在同一座城市里，学徒只有具备"英格兰的外形、习俗和语言"（Inglish aray, habite and speche）才会被允许获得城市的自由权利。[40] 但这种训令并不常见，而且可以想见，很少能得到有效的推行。即使是在现代国家，文化立法总会面对顽强的反抗。在中世纪的情况下，它不可能得到强制推行。语言变迁当然是存在的，但它只会是迁徙和文化适应的结果，而非行政命令的结果。

　　语言消亡是语言变迁最具戏剧性的例子。农民和低下阶级的人使用的语言，而不是城市和上层阶级的人使用的语言，以及并非出于文件记录和文学编撰的目的被写下的语言，可能会萎缩乃至消亡。在拉丁欧洲的边缘地区有一些这样的例子。例如，普鲁士语是波罗的语的一种，与立陶宛语和拉脱维亚语相近，被普鲁士土著人使用。它在 17 世纪消亡了，被移民和统治者使用的德语所彻底覆盖。宗教改革之后曾出现了一部用普鲁士语写就的简易问答式教学文学，但它出现得太晚了，也太过杯水车薪。一份留存下来的普鲁士语文本的封面上有这样一句笺注："这个古老的普鲁士语彻底消失了。曾有一个居住在库兰沙嘴（Courland Spit）的单身老头还知道这门语言，但他在 1677 年过世了。"[41] 普鲁士语在成为一种书写语言后不久就变成了一门不再重要的语言。文德语（Wendish）是奥得河以西的斯拉夫口语，同样在中世纪晚期消失了。今天，只有在劳西茨（Lausitz）才有说斯拉夫语的人，即索布人（the Sorbs）。现在他们处于被保护的地位，并有专门的索布研究中心。在其他地方，各种文德语的语言分支已经逐渐消亡了。一个名叫约翰内斯·帕鲁姆·舒尔策（Johannes Parum Schultze）的波拉布裔（Polabian）客栈老板兼农民，居住在吕肖（Lüchow）和丹嫩贝格（Dannenberg）周边被称作"汉诺威的文德兰"（Hanoverian Wendland）的地方。他在 1725 年写道："我现在 47 岁。当我和村中另外三个人去世后，就再也没人知道在文德语中如何称呼一只狗了。"[42]

　　在西班牙，面对罗曼语的节节胜利，阿拉伯语的影响力逐渐退却了。对托莱多地区在 1085 年被基督徒征服后的 140 年内的文件存留状况的图示（参见图 3）显示，在基督徒统治的头一百年中，在记录文件时，阿拉伯语的使用比拉丁语或罗曼语更为频繁。[43] 在 12 世纪晚期，可能是因为狂热的阿尔摩哈德朝统治者（Almohads）在伊斯兰西班牙的激进化政策导致的穆萨拉布迁徙，阿拉伯语实际上越来越频繁地成为一种文书语言。然而，在 13 世纪早期出现了十分显著的转变，拉丁语与罗曼语文件第一次变得比阿拉伯语文件更普遍（1201—1225 年，两者的比例是 131：111）。这种趋势以一种戏剧化的方式继续发展。13 世纪 90 年代，每年只有 1 份或 2 份阿拉伯语文件留存，而这一时期文件记录的总数却在不断增加。14 世纪，阿拉伯语文件已经不再出现。一种根本性的语言转型就这样发生了。

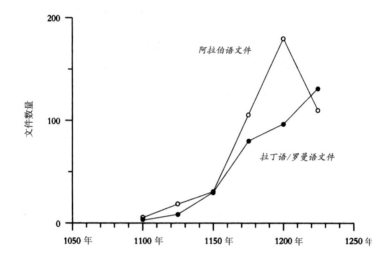

图 3　托莱多的阿拉伯语与拉丁语 / 罗曼语文件（数据来自 González, 1976, p. 89）

法　律

　　族裔不仅是由习俗和语言构成的，也是由法律构成的。"法律的属人性"特征，即每个个体根据所属种族（哥特人、法兰克人或罗马人）有各自的法律，与他们居住的领土或服务的领主无关，这不仅见于中世纪早期，也贯穿于整个中世纪盛期，当然，特别是在种族混杂的地区。特有的法律身份是识别或建构不同族裔的一种方式。当波希米亚公爵索别斯拉夫二世（Sobieslaw Ⅱ of Bohemia）在 12 世纪 70 年代界定居住在布拉格的德意志人的特殊权利时，他的令状强调他们的特殊地位所基于的原则是："正如德意志人与波希米亚人［捷克人］属于不同民族，他们也在法律和习俗上彼此不同。"在普鲁士、波兰与波美拉尼亚边境，根据规定，"到达那里或经过那片地方的人中，依据普鲁士本地的做法，涉及任何犯罪行为或在那里介入的合约，波兰人将根据波兰习俗被审判，而德意志人将根据德意志习俗被审判"。[44]

在不同的种族群体毗邻生活的地区，司法行政是一项敏感的议题。在中世纪盛期，拉丁欧洲的绝大部分地区都有至少一种少数民族，即犹太人，他们有自己的法律体制。对于犹太人提出诉讼或作证的权利，证明他们的指控或坐实他们的罪行所需要的证言的确切性质，以及他们被要求发誓的形式，都有一些特别的规定。[45] 这些规定并不总是在消极意义上是歧视性的。但是，毫无疑问，它们总是基于对不同的种族-宗教身份的人给予不同的法律对待的原则。在拉丁世界的边境，不同的人群所构成的并不是封闭的少数民族，而是人口众多且无处不在的群体。因此，在那里可以发现一种更高程度的种族-法律多元主义。在被征服和被殖民的地区，如西班牙或凯尔特地区，人们会担忧统治群体出于利己的目的扭曲司法机器；在东欧的君主国中，当地人疑心具有特权的殖民者可能会逃脱通常严苛的法律制裁。即使权力的平衡处在相对公平的状态下，不同群体所继承的实体法与程序法之间还是存在巨大的差异。

对这些问题的回应是由地方状况和地方历史决定的，因此，尽管种族始终是欧洲边境地区法律体制的一个重要因素，但其实际的角色在各地差异巨大。有时候法律明确地无视种族因素。在新城萨尔茨韦德尔（Salzwedel）的建城令状（1247 年）中，该城的领主规定："我们希望任何进入这座新城的人，无论是德意志农民还是斯拉夫人，无论是我们的还是其他人的承租人，应当在这座城的法官面前接受关于所受指控的问讯。"[46] 在阿拉贡的达罗卡（Daroca），当地的城市政权要求"基督徒、犹太人和穆斯林在涉及争斗和指控时都服从同样的法律"。[47] 然而，更常见的情况是，殖民化的欧洲边缘地区的法律体系基于种族对人做出区分。法律体系因此被建构出来，以便处理族裔混杂的人群中出现的问题。有时，单一的法庭系统和单一的实体法典包含了根据种族不同而有所差异的程序和法律能力。例如，运用关于何为有效证词的统一概念规定的单一的法律体系，依旧可能在某些情况下基于种族因素组织某些人出任证人。例如，吕贝克法的一些版本不允许斯拉夫人在涉及武力袭击或破坏和平的案子中出任证人；[48] 类似的例子还有，在法兰克人统治下的摩里亚，"希腊农奴不可以在涉及死人或肢体残损的犯罪案件中出任不利于家臣的证人"。[49] 在后一个案例中，种族歧视与社会歧视相互交错。另一方面，存在着影响更加深远的二元主义，即不同的平行法庭和实体法系统分别适用于不同的种族。

1085 年从穆斯林手中夺取的托莱多城就属于这种法制类型。在被再征服之后，托莱多针对三种当时居住在城中的主要基督徒种族群体建立了独立的法律体制。穆萨拉布是说阿拉伯语的基督徒，他们要么生活在穆斯林统治下的托莱多，要么从伊比利亚半岛的其他穆斯林政权那里迁徙而来。1101 年，卡斯蒂利亚国王阿方索六世授予了他们一份权利令状。这份令状是颁给"托莱多的所有穆萨拉布"的。这位国王还向卡斯蒂利亚定居者和法兰克人（来自比利牛斯山以北的移民）授予了自由权利，尽管我们现在只能通过后来的确认来了解这些权利，前者颁布给"在托莱多城的所有卡斯蒂利亚人"，后者颁布给"你们，在托莱多的所有法兰克人"。[50] 因此，这座在再征服运动中收复的大城市，它的司法生活的明显特征是三种按种族区分的人群各自拥有自己的法律。

阿方索六世在 1101 年向穆萨拉布颁布令状的时机，是这座城市的一波财产纠纷。国王规定，纠纷将必须由一个包含了穆萨拉布和卡斯蒂利亚成员的司法委员会裁定，但文件接着给出了更持久和更基本的条目。穆萨拉布的财产应当被保护，而且基本可以自由转移；他们的步兵阶层（pedites），即作为步兵服役的较不富裕的阶层，被确保了社会流动的权利，不允许王室以外的人对他们施加苛捐杂税。两条关于诉讼与辩护的条目对司法体制做了规定。第一条重要且语气坚定："如果他们中有任何司法诉讼，案件将根据古老的《法官之书》（Book of Judges）中的规定做出裁决。"《法官之书》（Liber iudiciorum 或 Fuero luzgo）是一部可以追溯到独立的西班牙西哥特王国时代的法典，其中混杂了罗马法和日耳曼法。很不寻常的是，种族法律之间的区分以参照某部成文法典的方式加以规定。在阿方索六世确认穆萨拉布法就是《法官之书》中的法律的同时，他还明文规定，针对穆萨拉布的财政罚金的额度应该与"卡斯蒂利亚人的令状中公布的额度"一致，"就像生活在托莱多的卡斯蒂利亚人一样"。[51] 这里的关键似乎是，把针对说罗曼语人群的关于罚款和赋役的有利规定延伸到说阿拉伯语的人群身上，尽管后者有自己单独的、针对其种族的实体法和程序法。

12 世纪，托莱多的三个基督徒种族群体也都有各自的法官。根据基于托莱多令状的圣奥拉利亚（Santa Olalla）特权令状，"你们应当有一位穆萨拉布法官（alcalde）和一位卡斯蒂利亚法官"。[52]

12世纪70年代的托莱多文件提到了"卡斯蒂利亚人的法官"和"穆萨拉布的法官"。[53] 1136年，阿方索七世对托莱多的法兰克人的权利确认令状的第一个条目表明，"你们应该有自己的治安长官（merino或saion）"。[54] 因此，独立的种族法律是由属于不同族裔的法官施行的。迟至14世纪，关于使用《法官之书》的法官和卡斯蒂利亚的法官之间的明确司法区分的规则才得以制定。[55]

穆萨拉布、卡斯蒂利亚人和法兰克人这些族裔的人群都不是被征服民族，而且都是基督徒，尽管迁徙而来的教会人士和罗马教廷可能对穆萨拉布异样的教会实践有所不满。尽管这三个群体之间毫无疑问地存在社会与经济上的不平等，同时，13世纪发生了不可逆转的文化卡斯蒂利亚化，但在再征服运动中收复的托莱多的司法三分法背后的法律理想是分离但平等的种族和法律社群。然而，司法的二元主义或多元主义同样可以在很不一样的情势中出现，即当不同的族裔社群以征服者和被征服者的身份遭遇之时。认可被征服者的司法自主性，是征服者试图与他们和解的一种方式。穆迪札尔人（Mudejars）是伊比利亚半岛的基督徒国王的穆斯林属民。他们的司法体制从一开始就是以这种司法自主性的保障为特征。半岛上的很多穆斯林社群与基督徒统治者通过达成协议向他们臣服，而臣服条件通常包括保护司法与法律程序的条款。一个早期的例子是阿拉贡国王阿方索一世在1115年授予图德拉的穆斯林的令状。相关的条款规定，"他们的诉讼将在他们的法官（qadi）和代理（alguaciles）那里处理，就如同在摩尔人统治时那样"。[56] 令状反复强调，他们的争端应当根据逊奈（sunna）来裁判，而非任何其他的习俗。[57] 总体而言，用卡斯蒂利亚国王阿方索十世的话来说，穆斯林期望"在保存他们自己的法律又不妨害我们的法律的情况下"[58] 生活于基督徒之中。同样在威尔士，单独的法庭和法官在若干个边境领地执行威尔士法。1356 年，兰开斯特公爵确认，基德韦利（Kidwelly）的威尔士人应该根据豪厄尔达（Hywel Dda）的法律，即威尔士当地的法律，接受审判和罚款。他甚至认可了非婚生子的继承权，当地法律中的这项特色在两个世纪的时间里饱受英格兰国王与教会领袖的诟病。[59] 基德韦利与其他领主政权维持了"一种英格兰法庭与威尔士法庭并行的体系"；[60] 在登比（Denbigh）和达夫林克卢伊德，威尔士法官每年从领主那里接受报偿。类似的情况也出现在东欧的少数族裔移民身上。12 世纪布拉格的德意志人和 13 世纪匈牙利的德意志人被保证拥有自己的法官。例如，1244 年，匈牙利国王贝拉四世规定说，定居在卡普芬（Karpfen），也就是今天斯洛文尼亚的克鲁皮纳（Krupina）的德意志人，"没有必要接受任何法官的审判……除了他们自己的法官"。[61]

当存在两个或两个以上独立的法官和法庭系统时，立即会出现的一个程序问题是，不同族裔人群之间发生的案件的管辖权该如何归属。在西班牙再征服运动的早期，从授予穆斯林的特权令状中看，一种常用的解决方案是，基督徒应当由一位基督徒法官来审判，而穆斯林应当由一位穆斯林法官来审判。阿方索一世在授予图德拉的令状中规定，"如果一个摩尔人针对一个基督徒提出诉讼，或是一个基督徒针对一个摩尔人提出诉讼，摩尔人的法官应该根据伊斯兰法（zuna）审判摩尔人，而基督徒的法官应该根据他的法律审判基督徒"。[62] 伊比利亚君主或其他基督徒领主常常向穆斯林社群授予这种权利。1258 年阿拉贡医院骑士团的团长授予的一份令状分毫不差地重复了 150 年前阿方索一世的令状中的条目："如果案件在一个基督徒和一个撒拉森人之间发生，'阿明'（amin）将作为撒拉森人的法官，而一个基督徒将作为那位涉案基督徒的法官。"[63] 这种安排实际是如何操作的，还存在很多不明之处。用史学家费尔南德斯·冈萨雷斯（Fernándezy González）的话说，不难想象，这会产生"很大的实际困难"。[64] 在普鲁士，条顿骑士团和主教这类统治某块区域的领主，经常会保留对当地人的司法裁判权。涉及不同族裔的案件有时也包括在被他们保留裁判权的司法范围之中，尽管将之交给地方城市法庭处理的情况也并非没有。[65]

另一种可能的处理方式是对被告给予有利的对待。例如，阿拉贡国王海梅一世授予哈蒂瓦（Játiva）的穆斯林的权利，比单单授予他们社区内的法律自主权还要更优厚："如果一个基督徒对一个撒拉森人提起诉讼，后者将根据撒拉森人的法律，接受你们的治安长官（çalmedina 或 sahib almadina）的全权裁决。"[66] 定居在布拉格的德意志人的一项特权是，德意志人做被告的一切案件都将由"德意志人的法官"审判。[67] 罗马法-教会法中对类似情况的一般处理原则的格言，在 1257 年为德意志市民建立的新城克拉科夫的令状中被援引：

> 有鉴于原告应当在被告的法庭提出诉讼（actor forum rei sequi debeat），我们下令并希望，当这座城市的一个市民起诉克拉科夫主教教区内的一个波兰人时，他应当向波兰法官申诉自己的权利；反过来，如果一个波兰人起诉一个市民，[城市的]代理人应该审判并裁决这起案件。[68]

无论司法体制是支持平行的法律和裁判权，还是对特定的族裔群体做特别的规定，哪些人有资格充当证人的问题，始终是特别棘手的议题。毗邻生活的不同族裔群体之间常常处在一种长期的相互猜疑状态。索别斯拉夫公爵授予在布拉格定居的德意志人的特权中，有一项特别引人注目的条目。尽管德意志人将会因为在他们的箱子中发现伪币而受到制裁，但他们可以因为在他们的住宅或庭院中的其他地方发现伪币而免于被指控，"因为心怀不轨的人总会把这种东西扔进他们的住宅或庭院中"。[69] 这种对被构陷的恐惧会在法庭上得到最集中的体现。这种恐惧的存在可以帮助我们理解，为什么领主有时会给予保证或确认旧有的习惯，确保其属民不会被另一个族裔群体的成员审判，或完全基于另一个族裔群体成员的证词被定罪。编撰于 13 世纪 20 年代的萨克森法律集《萨克森明镜》的如下条目就是一个例子：

> 在基于国王的命令权（Bann）的权威召开的法庭中，法律制定者和法官……应该庄重地审判任何人，无论他们是德意志人还是文德人，是农奴还是自由民……在并非基于国王的命令权的权威召开的法庭中，只要不缺乏司法信誉，任何人都可以做出审判以及出任不利被告的证人，但文德人不能够审判萨克森人或在萨克森人是被告的案件中作为原告证人，反之亦然。但是，如果文德人在从事不当行为时被萨克森人抓个正着，并被他直接带去法庭，这个萨克森人可以出任不利于被告的证人。反之亦然。如果他们以这种方式被抓住，他们就必须接受彼此的裁决。[70]

　　这里在基于国王的命令权的法庭和不是基于国王的命令权的法庭之间所做的区分，很可能针对的是德意志人以前定居的地区的伯爵领和东部边境的法庭之间的不同。这里隐含的意思是，后者施行一种种族区分的司法制度：萨克森人不能够审判斯拉夫人或出任不利于被告的证人，反之亦然，除非是现行犯罪（其场景可见于插图9）。卡斯蒂利亚和阿拉贡的穆斯林也保证只接受自己族裔的证人："如果一个摩尔人被怀疑偷窃、通奸或从事了任何其他司法必须干涉的行径，只有信誉良好的摩尔人才可以出任不利于被告的证人；基督徒不得出任证人。"[71] 可以推想，这种规定是为了保证在单一体系的法庭中，不会有基于种族动机的不实指控。

　　这些规定必须放在当时的语境中加以理解。在殖民地区，与这些规定同时存在的，是针对当地人的大量权利限制。这是因为，如果强大的当地人群体赢得了法律自主权，较弱的群体就会受到制度化的歧视。司法程序的逐项议题，如在涉及不同族裔的案件中的裁判权归属、誓言或证据的适当形式，或合规的证言或诉讼语言的问题时，是基于种族力量之间的平衡，而非平等原则决定的。

　　赔偿金的规模是这种种族不平等的一个经典案例。赔偿金是凶手或其家族用来补偿被谋杀的受害者家庭的赔款。赔偿金的额度取决于地位——在欧洲边境地区——以及种族的差异。例如，根据为波美萨尼亚的普鲁士土著制定的法典《普鲁士法令》（*Iura Prutenorum*），在"一个普鲁士人杀害了一个德意志人"的情况下，补偿赔款的规定金额有一个阶梯式的标准：当受害者是无财产的德意志人时赔偿金是8马克，小土地持有者的赔偿金是12马克，授予了完整土地的定居者的赔偿金是30马克。针

对普鲁士当地人的赔偿金额度：国王（reges）的是 60 马克，但
贵族（nobiles）只有 30 马克，平民（communis populus）只有
16 马克。[72] 因此，拥有一分田地或城市财产的德意志殖民者与
当地贵族是等价的。在爱沙尼亚的雷瓦尔（Reval），也就是今天
的塔林（Tallinn），伤害一个爱沙尼亚人的罚金是伤害一个德意
志定居者的罚金的 1/3。[73] 更极端的不平等的例子见于塞普尔维
达（Sepúlveda）的特权令状，这种不平等超出了赔偿体系的范
围。根据规定，杀害一个穆斯林的基督徒将被处以 100 西班牙币
（maravedís）的罚金和流放之刑；但杀害了一个基督徒的穆斯林
则将被没收财产和处以死刑。[74] 基于种族的权利限制有时遮蔽了
基于财富和地位的考量，例如在波罗的海地区的维斯马城，其城
市议会要求，"说任一语言"的人只要被接受为市民成员，就可以
"根据他们的财产状况"出任证人。[75] 这项规定明显是在用当地的
地位和财产标准来压制针对文德人作证权利的歧视性规定。社会
歧视与种族歧视相互交织。然而，种族法律所反映的是不同族裔
群体之间的权力平衡。

法律的语言

　　族裔群体是语言群体，因此，欧洲边境地区的法庭上一定会
出现一种以上的口语。翻译扮演了重要的角色。一个被恰当地唤
作"翻译"理查（Richard le Latimer）的人在都柏林附近拥有土
地，"作为他在都柏林郡法庭上提供口译服务的报偿"。[76] 14 世纪
的普鲁士法典中提到了法庭上的翻译（Tolcken）。当法庭出现涉

及多族裔的案件时，首先需要决定的事项之一就是诉讼的语言。如果是一个斯拉夫人与一个德意志人，或是一个威尔士人与一个英格兰人对簿公堂，就需要规章来确定，哪种语言会被认为是在法庭上可以使用的。保留用自己的语言提起诉讼的权利显然是一项十分关键的权利，这反映并提升了说这种语言的群体的普遍权力和地位。当卡斯蒂利亚国王费迪南德三世授予他的王国中的巴斯克人在当地的王室法官面前用巴斯克语提起诉讼的权利时，他通过这种方式尊重并认可了其治下的一个族裔群体。[77] 相反，15世纪，沃特福德（Waterford）的城市长官下令，城里的居民不允许"在法庭上用爱尔兰语对任何人提起诉讼或进行辩护；对于任何在法庭上处置的事情都需要一个说英语的人来代其传达"。[78] 这显然对爱尔兰语的境遇构成了一种打击。

不同语言在法庭上的互动同样也体现在《萨克森明镜》中。这本法典的一小部分涉及萨克森人与斯拉夫人之间的案件，正如我们在前文讨论的，一个族裔的成员对另一个族裔的成员做判决或提供不利于后者的证言的资格问题；13世纪，对这一条目的后续增补涉及管辖不同族裔之间通婚子女的规定。这些话题指向了一个世界，在这个世界，人们期待萨克森人与斯拉夫人之间的互动，也需要法规加以规范。关于诉讼语言问题的规定如下："如果指控不是用他的母语做出的，任何被指控的人都有权拒绝应诉。"这个条目清楚地表达了这样一个原则：只有用被告所说的俗语做出的指控才有必要应诉。然而，在《萨克森明镜》的修订版中，这个段落得到了进一步的详细阐释：

如果指控不是用他的母语做出的，任何被指控的人都有权拒绝应诉，前提是他不懂德语并就此起誓。如果他被用自己的母语指控，他就必须以指控人和法官可以理解的方式应诉，或是由他的代理人替他应诉。如果他曾经用德语起诉过、应诉过，或是接受过德语判决，而这可以被证明，他就必须用德语应诉。接受国王的裁决时可以例外，因为在那种情况下每个人都据其出身拥有权利。[79]

法典初版中简单明了的俗语平等原则被一系列系统性地倾向于德语的要求所取代。被指控者有义务证明他不懂德语，同时，先前用德语进行的任何法律事务都可以被用来要求他使用德语应诉。即使他证明自己只能说斯拉夫语，他也还必须提供一位说德语的代理人（几乎可以肯定，"以指控人和法官可以理解的方式"指的就是"用德语"）。这些规定适用的场景仍然是斯拉夫人和萨克森人可能会对簿公堂的法庭，但萨克森人是法庭上的优势群体，斯拉夫人则遭遇了明显的语言歧视。

1293 年，在东萨克森的宁堡（Nienburg）修道院里，发生了一个德语取代斯拉夫语的法庭语言地位的具体而显著的案例。但这个例子很难分析。我们有必要大段引用安哈尔特（Anhalt）伯爵颁布的相关文件：

> 众所周知，在开始的时候，整个世界只有一种语言，语言的多样化产生于人们狂妄地想要建造巴别塔；上帝使那些狂妄地尝试建塔的人流散世界各地，在同一个地区，人们要想理解别人的语言变得十分困难，或是必须借助翻译。有鉴于此，我向隶属于宁堡修道院、受我管辖的说斯拉夫语之人

授权。他们中的一些人因为缺乏经验并对他们自己的语言掌握不熟练，在我的法庭上常受口误（varas）之苦，结果他们的很多田地都因此被剥夺了。从今以后，我的法庭将彻底禁用斯拉夫语，我们的代理法官将只使用并接受德语。[80]

这段话令人费解，但很清楚的是，斯拉夫佃农被描述为因斯拉夫语不熟练而蒙受损失。vara 等同于英国法中的 miskenning，即诉讼中发生的口误。这份令状似乎暗示，某些未具名的群体利用（业已德意志化的？）斯拉夫人语言上的不熟练大做文章，在法庭上剥夺他们的土地。精于算计的诉讼人或法官从很多当地法律系统的苛刻的形式主义中抓住每一个机会为自己谋利的情况当然并不罕见。在安哈尔特伯爵处置这个问题的同一时间，一名南威尔士的王室审判员坚持根据威尔士法诉讼："其理由是财政意义上的，被告很容易在威尔士法的程序术语上栽跟头，即使仅仅因为一个小小的口误（gwallgair）。"[81] 在安哈尔特的例子中，斯拉夫语显然不再在那片地区作为法律语言被使用。

作为法律语言的地位对东欧各种俗语的最终命运产生了重大影响。我们可以拿两个形成鲜明对比的历史时刻当作例子：1327年，西里西亚公爵亨利六世允许他治下的弗罗茨瓦夫市民不用波兰语接受诉讼；[82] 大约 20 年后，查理四世规定，波希米亚的所有法官都必须熟练掌握捷克语。[83] 在前一个例子中，亨利六世的政策构成了西里西亚地区逐渐德意志化进程的一部分。这一进程使西里西亚从一个波兰公爵领转变成了弗雷德里克大帝和俾斯麦的君主国的有机组成部分。在后一个例子中，查理四世规定发生的背景是中世纪晚期捷克文化民族主义的勃兴。这一运动使波希米亚在未来既具有德意志元素，也不乏斯拉夫属性。法律语言的平衡可以部分地参与族裔认同的塑造。

爱尔兰的例子

在殖民化的欧洲边缘地区，法律歧视的最极端的形式出现在爱尔兰。在那里存在着一种很不寻常的法律二元主义。在爱尔兰于 1171 年向英格兰王室臣服后，根据英格兰国王的设想，他们在爱尔兰的领地应当与他们的英格兰王国一样，由相同的法律治理。从 12 世纪 90 年代开始，普通法的制度和形式在爱尔兰出现。1210 年，约翰国王"下令要求在那里确立英格兰的法律和习俗"。[84] 在此之后，国王一直致力于保持法律的统一性。根据 1246 年的一份信件，国王"希望在英格兰通行的普通法法令在爱尔兰也通行"。[85] 这项政策在非常细节的层面受到监督。例如，1223 年，英格兰王室政府向爱尔兰最高法官去信，责问说"我们得知，在爱尔兰根据关于土地划分的法令（writ de divisis faciendis）发起的申诉在施行上有别于我的英格兰领土上的情况"。在详细阐述了这两种不同的流程之后，王室政府在这封信中命令，"针对关于土地划分的申诉，你必须在爱尔兰用与在我的英格兰领土上惯常施行的方式施行，正如你清楚知道的，在我统治的爱尔兰领土和英格兰领土上，法律应当是一致的"。[86] 以英格兰的法庭结构为模板，郡法庭（county courts）、巡回法官（itinerant justices）、民事庭（common bench）、财政庭（exchequer）和衡平庭（chancery），更不用提议会，都于 13 世纪在爱尔兰被创设。可以说，我们有充分的依据把这个过程定性为"把英国法自觉、有效和统一地引进爱尔兰"。[87]

然而，英国法并非适用于所有人。它首先是殖民者的法律，爱尔兰土著很难进入其法律流程并受其保护。爱尔兰人在普通法中遭遇的缺乏法律资格的问题在《抗议书》中得到了罗列。《抗议书》是一些爱尔兰君主在 1317 年或 1318 年写给教宗的一份书信，目的是为他们与布鲁斯兄弟结盟反对英格兰国王的行为正名。法律的系统性歧视是他们的诸多申诉对象之一。"任何非爱尔兰人都被允许向爱尔兰人提起法律诉讼；但爱尔兰人，无论他是教士还是平信徒，除非是高级教士，都不被允许这么做，只因为他是爱尔兰人这个事实。"[88] 这种不满，以及普通爱尔兰人无法在普通法法院起诉的情况，在 13 世纪晚期和 14 世纪的法律记录中得到了证明。13 世纪早些时候的情况可能会有些不同；[89] 但从 13 世纪中叶开始，有清楚的证据证明"爱尔兰例外"（exception of Irishry）的存在，即基于原告是爱尔兰人的事实而拒绝应诉。被告可以宣称"他并无义务就此事应诉，因为他［原告］是一个爱尔兰人，并非出自自由的血统"。[90] 这里的用词方式相当于在说爱尔兰血统等同于不自由的血统。

1297 年爱尔兰最高法官处理的一起案件表明了族裔区分的重要性。吉尔伯特·勒·保默（Gilbert le Paumer）是一名为王室服务的军士。他被控把刚刚去世的从属国王的爱尔兰人菲利普·贝尼特（Philip Benet）的地产据为己有。菲利普居住在基尔代尔伯爵领（County Kildare）的德莫特城堡。根据指控，他的土地按理应当在菲利普去世后返还给国王，这是因为，菲利普是一个爱尔兰人，被视为不自由的，他的儿子因此没有合法的继承权。吉尔伯特在他的辩护中声称，当菲利普健在时，一个陪审团曾裁定他事实上并非爱尔兰人。裁决的契机是，理查·德·格顿（Richard de Geyton）强占了菲利普的这块地产，当后者试图通过法庭将之收回时，理查反对说，菲利普"是个爱尔兰人"。在陪审团裁定他是英格兰人之后，菲利普收回了他的土地。因此，有鉴于这项先前的裁决，菲利普的儿子亚当应当具有继承权，他也已经在法庭上证明了这一点。现在的情况是，亚当在成功继承了这份遗产之后，把它作为封地封赐给了为王室服务的军士吉尔伯特。吉尔伯特由此声称，尽管他起初是代表国王占据了这块土地，如今他有权以承租人的身份持有它，因此，他并没有侵犯国王的任何权利。德罗赫达的约翰（John of Drogheda）代表国王与吉尔伯特打官司。据他宣称，"尽管菲利普曾自证是英格兰人，但他依旧是爱尔兰人，他的姓氏是麦肯纳毕斯（M'Kenabbyth），出生于奥图勒斯山区（the mountains of the O'Tooles）"。双方达成了暂时的协定，把土地归还国王，但还将展开进一步的调查。国王下令要求最高法官探查此事：

> 理查·德·格顿似乎……用手段伪称菲利普是爱尔兰人并适用爱尔兰的法律和习俗……［并］蓄意把他驱逐出自己的土地……菲利普在国王的法庭上起诉理查……经过随即展开的调查审讯，菲利普似乎应当是英格兰人并适用英格兰的法律和习俗……你……如今声称菲利普是爱尔兰人，而亚当不应作为他的儿子和继承人继承他的遗产……应当搜寻卷宗并查看案件记录。

调查的结果是，确有记录证明菲利普曾申诉说他"有自由的身份，是一个英格兰人，是英格兰人的子嗣"，而陪审团认可了这一点。最终，吉尔伯特收回了这块土地。[91] 不用多说，族裔归属的认同问题是这一系列诉讼的核心。

因此，根据"爱尔兰例外"，被告可以仅仅根据原告是爱尔兰人的事实就声称自己无须应诉，因为爱尔兰人没有资格"上法庭并……提出诉讼"。[92] 这使得被强占了土地的爱尔兰地产持有者无法通过法律收回土地。在其他的民事领域，爱尔兰人也有缺乏法律资格的情况。爱尔兰的寡妇不具有一般都应具有的"寡妇产权"（dower rights），即在其有生之年享受三分之一的地产收益。爱尔兰人不得立遗嘱。14 世纪 50 年代，阿马（Armagh）大主教在布道中斥责了"那些妨碍爱尔兰人……自由立嘱权利的人"。[93]

比缺乏这些民事上的法律资格更过分的，是根据受害者是英格兰人还是爱尔兰人，对谋杀采取不同的处置方式。正如爱尔兰议会在 1297 年言简意赅地表达的那样："杀害英格兰人和爱尔兰人应当以不同方式处罚。"[94] 这也构成了 1317—1318 年《抗议书》中的一条申诉："当一个英格兰人使用狡诈的手段杀害了一个爱尔兰人，无论受害者的地位有多崇高且无辜，也无论他是教士还是平信徒，是否是修士——即使是一名爱尔兰高级教士遭到杀害也一样，前述的法庭［王室法庭］对穷凶极恶的凶手不会处以刑罚或罚金。"[95] 这一声明似乎或多或少是准确的。法庭记录显示，有些被指控谋杀的人"前往法庭后并不否认杀人行径，但表示［被害人］是爱尔兰人，并不具备自由的血统"。[96] 然而，凶手并不会彻底全身而退。尽管杀死一个爱尔兰人在普通法中并不是一条重罪，死者的领主还是可以起诉要求赔偿。这种赔偿的额度逐步确立的标准是 70 先令。1297 年发生在小彼得（Peter le Petit）和马里斯·得·克罗伊斯（Maurice de Creus）之子理查之间的案件就是一个例子。彼得指控理查杀害了从属于他的两个爱尔兰人。理查辩护说，这两人是众所周知的抢劫犯。陪审团驳回了理查的辩护，表示"这两个爱尔兰人在理查杀害他们时是遵守国王的和平的"。彼得获得了 10 个半马克（相当于 70 先令的 2 倍）作为对其损失的赔偿。[97]

领主针对杀害从属于他的爱尔兰人而起诉要求赔偿，把这种诉讼视为一种赔偿金体系也未尝不可。根据这种流传很广的法律体系，谋杀和伤害并非公共犯罪，而是个人对个人犯下的过失。所有的早期德意志和凯尔特法典都基于这一原则。在没有被英格兰人控制的爱尔兰地区，依然使用爱尔兰本地法律，该法律承认一种被称为 éraic 的赔偿金，用来补偿谋杀行为。因此，爱尔兰王室法庭适用于杀害爱尔兰人案件的法律，可能反映了爱尔兰本地法律或与之一致。时而让英格兰殖民者感到不安的是，把这一原则运用于杀害英格兰人的案件的趋势。13 世纪上半叶，盎格鲁–诺曼贵族的男爵法庭（baronial courts）肯定会接受"对英格兰人的死亡的补偿"；[98] 1316 年的一份投诉指出，"所有重罪都用罚金和赎金解决，甚至包括英格兰人的死亡"。[99] 殖民者担心他们自身关于谋杀的刑罚体系被一种不同的补偿体系所侵蚀。

法律的多样性与统一性

在同一地区中，两种或两种以上的法律体系的共存很自然地会导致互相之间的影响和借鉴。有时，这种影响和借鉴的发生是非正式和局部的，例如，爱尔兰本地法律对担保人（baránta）这个概念和制度的引进就应该属于这种情况。[100] 但也存在着明确的政策行为，旨在按照另一种法律体系重塑一种法律体系。例如，在威尔士和普鲁士，13 世纪的新殖民宗主为之前只允许父系继承的当地法律体系引入了女性继承制。爱德华一世 1284 年的威尔士法令规定：

> 从今以后，在缺乏男性继承人的情况下，如果一份遗产传给了其最后拥有人的女性合法继承人，出于我的特别恩典，我希望这些女性可以根据我的法庭的分配，合法地享有她们的份额，尽管这与之前实施的威尔士习俗相违。[101]

这里没有提及是谁推动了这种变化。不过，普鲁士文件中清楚地表明，放宽对继承法的限制受到了当地土地持有者的欢迎。条顿骑士团和他们新近皈依基督教的普鲁士属民在 1249 年达成的克雷斯堡协定（Treaty of Christburg），允许遗产依次被儿子、未婚女儿、健在的双亲、兄弟和兄弟之子继承。协定的文本写道："新的皈依者心怀感激地接受了这个政策，因为据他们所说，在异教的时代，他们只能由儿子做继承人。"[102] 这个案例清楚地显示了——上述的威尔士的例子或许也可以说明——被殖民的人群如何利用另一种法律体系的介入来修正自己的本地继承法中的某些更严苛的特征。在殖民权力到来之后，当地妇女比之前享有了更多的财产权利。

除了根据一种民族法律修正另一种的情况，生活在某种特定民族法律之下的人还可能通过授权或购买的方式进入另一种民族法律体系。在很多边境地区，进入另一个种族的法律体系是很常见的现象。这可能是通过单独的安排逐步实现的。例如，波美萨尼亚的普鲁士法典对这种情况做了普遍规定："如果一个人在处于普鲁士法之下时，造成另一个人受伤；随后他获得了德意志法的身份，并因为同一件事在德意志法之下受到指控，并认罪，同时根据德意志法接受裁决，他就不应根据普鲁士法再受到进一步的指控或骚扰。"[103] 个人通过购买获得德意志法的身份的情况，也在 14 世纪中叶的波希米亚法典《查理陛下》（*Majestas Carolina*）中被提及："如果居民购买了永久租权或德意志法……"[104] 各种德意志东部的法典中都提到了"有文德血统但已经不是文德人"的群体。这表明法律族属和生物族属可以以这种方式分离。在此类情况下的一般规定是，"根据文德习俗所做的申诉"不应该被允许，同时，诉讼必须使用德语。我们也会发现，非常相似的条款适用于"有普鲁士血统但已经不是普鲁士人"的群体。[105] 我们能够想象，法典中提及的这些人群是当地人的后裔，但业已习得德语并获得了德意志法律身份。

民族法律也可以被废止、获得，或整个地移植给整个社群或全体居民。以这种方式，把德意志法向欧洲东部村庄的当地人延伸构成了这片地区的文化德意志化的动力之一。1220 年，什未林伯爵向居住在布吕塞维茨（Brüsewitz）村的斯拉夫人授予了"德意志法"（ius Teutonicale）并强调，从此之后，对违法行为的司法罚金将"按照德意志法的规定收取"。[106] 有时，对德意志法的普遍使用构成了创建新城的条件，例如，1250 年在西里西亚的布热格（Brzeg/Brieg），城市的领主下令，"波兰人或说任何语言并在那里拥有一座住宅的自由民都应该服从德意志法"。

　　同时，存在把英国法向爱尔兰延伸的尝试。倡议方有时候是寻求通过协商、为个体或群体购买英格兰权利的爱尔兰人自身。13 世纪 70 年代后期，"所有的爱尔兰人"向国王献上了 1 万马克，"目的是获得英格兰人在爱尔兰享有并使用的普通法，并以与英格兰人相同的方式被对待"。[107] 这种为爱尔兰人争取普遍的法律资格的尝试并无结果，尽管在 14 世纪早期，英格兰殖民者和治理者本身开始认定，"法律的差异性"会带来有危害的结果。[108] 1328 年，约翰·达西（John Darcy）在考虑是否接受爱尔兰最高法官的任命时，列出了一系列的提议，其中就包括建议把英国法延伸到爱尔兰。[109] 事实上，相关的立法在 1330—1331 年颁布，[110] 但似乎并无效果。在都铎王朝时期，爱尔兰人只能通过个人接受授予的方式享受英国法的权利与保护。

　　显然，法律的属人性原则，即特定于族裔、种族和信仰群体的法律，在中世纪盛期的边境社会是主流。波洛克和梅特兰在论及 1066 年的英格兰时说："'属人的'，即种族的法律系统已经是过去式了。"[111] 从法兰西、英格兰这种主要君主国的集权主义视角来说，这种观点或许还有些道理。但在欧洲大陆的边缘地区和东欧，这一判断与事实相去甚远。这些地区的种族法律主要是 11 世纪中叶才开始的殖民化的产物。在这个意义上，对 1050 年的欧洲来说，属人的法律的主流时代才刚刚开始，而非将要结束。

　　法律多元主义主要以三种基本形式出现在法律制度和法律程序之中。首先，针对弱势的族裔群体——要么是被征服的殖民群体（如穆迪札尔人），要么是受君主保护的少数族裔的移民群体（如东欧君主国中的德意志市民）——存在司法或程序上的保障。

常见的模式是司法飞地，即在一个更为广阔的、不同的、常常还是具有敌意的世界中具有族裔-法律特殊主义的孤岛。其次，一种不同类型的多元主义表现为从属民族法律资格的缺失（如穆迪札尔人和德意志东部的斯拉夫人）；值得注意的是，这种法律不平等最恶劣的形式并非出现在常常发生宗教皈依或宗教冲突的地区，如西班牙或波罗的海地区，而是出现在爱尔兰，表现为法律对当地人的绝对封闭。最后，我们能够看到不同的实体法主体的共存，如在威尔士针对威尔士人和英格兰的继承权的不同规定。

　　同样明显的是，存在一个从征服与殖民化的初期常见的司法多元主义，逐步迈向新的司法整合的进程。有时，这基本上是出于解决异常问题的目的，因此不会被受此影响的人强烈反感。例如，我们已经探讨了在再征服运动中的托莱多出现的三元司法体制。与托莱多相同的类似体系最初在邻近的塔拉韦拉（Talavera）也存在，但受到了新卡斯蒂利亚追求司法统一性的大趋势的修正。1290 年，国王桑乔四世（Sancho Ⅳ）颁布法令，谴责了"穆萨拉布与卡斯蒂利亚人在司法上的很多劣势"，并下令从今往后，"在他们中不再存在分别，以免有些人说自己是穆萨拉布人，另一些人说自己是卡斯蒂利亚人，他们全都（que sean todos unos）应该被称作'塔拉韦拉人'，没有分别，同时，他们应当受莱昂法典的管辖"。[112] 但是，更常见的是从多元主义转向侵入性体系的主导性支配。例如，在威尔士，当地的威尔士法律在中世纪晚期逐步遭到修正，陪审团开始扮演越来越重要的角色，补偿性司法（compensatory justice）被更加严苛的"伦敦法律"（law of London），即死刑和个人责任所取代。[113] 这一进程在 1536 年达到了高潮。英格兰议会在那一年下令，"英格兰王国的法律、条例和法令……应当在上述国家，即威尔士的领土，被使用、实践和执行"，并宣布其意图是"根除每一条与此不同的邪恶惯例和习俗"。所有的法律诉讼都需要"使用英语"，掌握英语是在威尔士出任官职的必要条件，威尔士语作为"与这片疆域内所使用的自然母语完全不同、毫不一致的语言"被弃用。[114] 类似地，在伊比利亚半岛，西班牙的基督教法律取代了伊斯兰教法，而德意志法主导了易北河以东的全部地区。12—16世纪的长期趋势是从法律的属人性向属地性的转变，从多元向统一的转变。通向"一位国王、一部法律、一种信仰"（un roi, une loi, une foi）的道路很长，但这段时期肯定为这一进程做了铺垫。

第 9 章

拉丁欧洲边境上的种族关系（二）

权力与血统

> 每个人，无论身处何地，相比外人，都更爱自己的族
> 人。这是人性使然。[1]

在任何一个多族裔的社会中，政治竞争者都会设法操纵和利
用带有种族色彩的敌意或团结情绪，而他们在多大程度上可以取
得成功不仅取决于不同族裔群体的相对数量和财富状况，还取决
于所在社会的社会与政治生活的整体形态。发生冲突的场所因不
同时间和不同地点而异。在中世纪盛期的边缘地区，尤为重要的
交锋之所是教会、君主宫廷和市民社区。

教　会

由中世纪盛期的殖民迁徙带来的民族混杂并不总是把基督徒
与非基督徒带到一处，它常常会造成不同基督徒族裔的群体可以
密切接触的社会。在德意志人向斯拉夫人的土地迁徙的东进运动

地区与英格兰人和其他西欧移民定居的不列颠群岛的凯尔特地区，族裔分殊并没有宗教差别。在那里，种族敌对并没有因仪式和信仰的差异而加剧。

在那些使用不同法律和语言的基督徒民族混居的地区，教会本身成了族裔竞争的战场。它事实上是冲突最频发的领域之一，原因也很明显。教会职位油水丰厚且可以带来权力，因此成了显而易见的追求目标。但还有更深的原因：教士是仪式权威、道德和学问的承载者，他们发挥着界定共同体或群体并为其代言的作用。发现自己所属的高级教士和堂区神父成了说外语的外族人，意味着一种发言权的丧失与认同的瓦解。进而，教会招募制度的特性为这种教士殖民化造成了特殊的脆弱性。这是因为，理论上，教士是择优录用而非职位继承的。教阶体系会反复向新型的申请者开放。外来者要想通过购买、通婚和授权进入现存的世俗贵族阶层是可能的，但这一般都需要花上一定的时间；而像教会这种经常招募新人的人事系统，在某种情况下，可以以更快的方式改变族裔构成。

教会是一种需要招募任职者并对潜在的职位候选人是否合适做出判断的组织。关于任命谁出任某个主教职位、接受受俸神职（prebend）、承担修道院院长职位或堂区职位（parish），教会每年都要做出数千个决定。当地宗教团体和贵族家族中、修会组织与高级教士中、王国与教宗中相互冲突的需求需要妥善应对。教会细致制订了一系列出任教会职务的资格条件，涵盖了自由身份、非婚生、生理缺陷和年龄等问题。对我们这里讨论的区域，即拉丁基督教世界被殖民化的边缘地带而言，种族出身是决定神职任命的诸多参考因素的一种。

教会不仅仅是一种制度，还是一种有其信守使命的制度。因此，即使只是出于策略考虑，围绕教会职务的斗争总会涉及教士的义务，对那些被托付了救治灵魂之职的教士来说尤其如此。牧领工作涉及布道、听取告解、提供精神抚慰、给出建议和宗教谴责。要想有效地进行这些工作，司铎必须是一个能用当地的俗语与他所牧领之人交流的人。这一点得到了普遍的承认。编年史家米尔豪森的格拉赫（Gerlach of Mühlhausen）在抱怨一个"完全不懂捷克语的"德意志人于 1170 年被任命为布拉格主教时，把这次任命归因于这位候选人与波希米亚王后之间的家族纽带，"因为他们［选举者］不可能主动选择一个不通他们语言的外国人出任此职"。[2] 反过来，布拉格的科斯马斯（Cosmas of Prague）在列举 10 世纪被选为布拉格主教的德意志人时特别强调，这些人"精通斯拉夫语"或"接受了斯拉夫语的完美训练"。[3] 当威尔士的杰拉德在 1200 年前后竞争圣戴维斯（St David's）主教一职时，他宣称："圣戴维斯的教士团不会接受不懂我们民族的语言，只能通过翻译进行布道或接受告解的［候选人］。"[4] 著名的占星家迈克尔·司各特（Michael Scot）被教宗提名为爱尔兰的卡舍尔（Cashel）大主教时，他为拒绝提名找到了一个合适的借口，"他说自己不懂那个地方的语言"。[5]

在说两种或更多种语言的人混杂生活的地区，理想的解决方案是精通双语的司铎和布道者，例如在 14 世纪的波希米亚活跃的一位"名叫纳尔（Narr）的兄弟彼得，可以用我们这里所有的方言布道"。[6] 有时候，教士需要掌握双语甚至有明文规定。例如，1293 年，在对位于上劳西茨（Upper Lausitz）的包岑（Bautzen）外郊的圣玛丽教堂做规划安排时，特别规定了司铎"要在夜间照顾城外和毗邻村庄中生病或临死之人。因此，堂区神父需要既懂德语又懂斯拉夫语。如果他不懂斯拉夫语，他就应该有一个斯拉夫同僚"。文件进一步规定了捐献如何分割。[7]

13世纪初的什切青采取了另一种方案来解决语言混杂社区的问题。在什切青，德意志商人和工匠居住在当地的波美拉尼亚人之中。根据规定，"所有在堡垒和围墙内生活的德意志人……当属于圣雅各教堂……但堡垒内的斯拉夫人当在圣彼得教堂接受圣事"。[8]这种划分并不是绝对的，因为两个堂区都分配有乡村人口；这种安排也没有持续下去，但它揭示了一种根据族裔而非地域决定堂区归属的尝试；这样至少会让单一语言的会众在"斯拉夫的"圣彼得教堂中出现。在波希米亚市镇捷克克鲁姆洛夫（Ceský Krumlov, Krumau）也有类似的规定。14世纪时，那里既支持"德意志人的布道士约翰"，也支持"波希米亚人［捷克人］的布道士尼古拉斯"。[9]

双语司铎是一种理想的解决方式，而依据族裔确定堂区归属也是一种可能的方案。但是，现实中的情况通常具有争议性。在拉丁欧洲边境的多元社会中，族裔群体之间的竞争是教会职务选任的特征。征服者可以把自己群体的成员安置其中，强大的移民团体也可以通过游说得到自己的神职人员。威尔士和爱尔兰的主教职务的部分英格兰化是前者的一个明显案例；特兰西瓦尼亚的德意志定居者拥有选择自己司铎的权利，则是后者的一个例子。当地居民可能会反对外族的高级教士的安置，或是外来定居者中说外语的教士的渗透。在边境区域，教会本身就构成了族裔冲突的战场。

波兰教会形成于10世纪后期，而波兰的西部邻居，特别是德意志，构成了它的模板、文化传播者和人力的提供地。这本身并不会构成问题或争议。然而，在 13 世纪，德意志农业和都市殖民定居的浪潮涌入波兰后，改变了教会人员招募的背景。在波兰的历史边界之内，如今存在着两种不同的语言和文化群体，对教会任命控制权的争夺随之而来。在这场竞争中，一位特别直率而又强硬的人物是雅库布·须文卡（Jakub Swinka），他在 1283—1314 年任格涅兹诺大主教。在他统治格涅兹诺教省的时候，其部分区域，如西里西亚，正在经历迅速的德意志化；另一些地区，如但泽，正在被德意志人征服；整个地区都在经历德意志人的殖民定居和文化影响。在这种状况下，须文卡采取了一种十分强硬的排外立场。根据同时代的编年史家齐陶的彼得的记载，"他对德意志人的敌意非常深"，

> 只用"狗头"来称呼他们。有一次，在国王在场的情况下，当布里克森（Brixen）主教约翰在教堂中用拉丁语完成了一次精彩的布道后，大主教对国王说："要是他不是一个狗头和德意志人，他的布道还真是不错。"[10]

同样的态度更为婉转地表现在须文卡于 1285 年颁布的教省法令中。这些法令部分是由一种"保护和促进波兰语"的明确意愿推动的。每个周日，司铎需要用波兰语向他们的教区居民阐释使徒信经（the Creed）、主祷文（Lord's Prayer）和万福玛利亚（Ave Maria）；一般的告解也应该用波兰语进行；"除非学校老师能够准确地掌握波兰语，并可以用波兰语向孩子们阐释先贤作者"，否则他们不能被雇佣。最后一条规定覆盖面很广："除非有

人出生在这片土地上并掌握这里的语言，否则任何人不得被授予涉及医治灵魂的职务的薪俸。"[11] 这些强硬的规定，在 1326 年的教省会议上得到了须文卡的继任者的再次重申。波兰语被视为堂区的宗教生活和教育的唯一俗语。候选的司铎和学校教师都需要通过语言测试。

须文卡大主教和克拉科夫主教约翰的争端以清晰的形式展现了种族之间的敌意。争端的最终结果是约翰于 1308 年被停职。约翰自己的教士团成员对他的指控包括"试图把克拉科夫公爵瓦迪斯瓦夫大人名副其实的继承人，从他的土地上驱逐出去，驱逐波兰人民，并引入外族人占据他们的职位和财富"。据称，他曾表示："如果我不能完成驱逐波兰人的事业，那我宁愿去死！"不少于 10 名证人在调查取证时反复提出的一项指控是，约翰不任命波兰人出任教会职务："他不任命波兰人，而是只任命外族人和德意志人"；"他不任命合乎要求的波兰人，说他们不配获得薪俸"；"他不任命在这片土地上出生的波兰人，而只任命德意志外族人"。可能最引人注目的一项指控是，"他犯了伪证罪……因为他在接受主教祝圣前曾向高级教士们宣誓，他不会接受任何德意志人进入克拉科夫教会，把薪俸授予任何德意志人。但他违背了自己的誓言，几乎只把德意志人安插进克拉科夫教会"。[12] 如果这里关于祝圣前的安排的叙述是可信的，它体现了把 1285 年宗教会议的排外条款付诸实践的尝试。教士的实际族裔构成最终很有可能是由整体人口的族裔构成决定的，而德意志人迁徙到波兰国王统治的地区，会不可避免地导致说德语的司铎越来越多地获得带俸职位。但这并不意味着这个变迁的进程是顺利的，由某种看不见的人口学之手引导着：在 1285 年的宗教会议上，克拉科夫主教接受祝圣前的誓言和他随后遭遇的停职，都让我们看到了旨在遏制波兰教会德意志化的政治运动。在波兰和波希米亚，德意志移民所定居的地方，至少到 14 世纪都是由当地的西斯拉夫人的王朝统治着。相比之下，在凯尔特地区，英格兰人与其他外族定居者的到来伴随着通过异族征服对当地政权的颠覆，而后者又进一步促进了外来者的迁徙。然而，这种政权鼎革是局部的。这些地区的政治形势往往是，互相竞争的当地政权和殖民政权都寻求在教会中施展权威。威尔士在 1282 年的最终征服是这样，爱尔兰则是始终如此。

主教的任命是这场斗争中最关键的方面。从 13 世纪开始，英格兰王室和其他在爱尔兰的属民似乎力求推行一种蓄意的种族排斥政策。1217 年，一封由英格兰王室政府写给爱尔兰最高法官的信中提出了如下指导意见：

> 有鉴于在我们统治的爱尔兰的土地上任命爱尔兰人［成为主教］经常会扰乱这片土地的和平，我以你对我的忠诚命令你，从今以后，不允许爱尔兰人在我们统治的爱尔兰的土地上被选举或被任命为主教。根据我们尊贵的都柏林大主教亨利大人的建议，并根据你自己的考量，你应当尽其所能在我的教士和其他诚实的英格兰人中选举和任命主教教职和尊位，这对我和我的王国来说是极为重要的。[13]

都柏林主教亨利是执行这项政策最合适的人选。他是一名伦敦市议员之子，他的兄弟中至少有三位都曾出任过伦敦治安官一职。他本人受过教会职业教育，于 1192 年担任斯塔福德副主教职位（archdeaconry of Stafford），在约翰王统治期间做过王室法官、行政官员和外交官。在被任命为都柏林大主教之后，亨利在建筑和制度两方面以盎格鲁-法兰西的风格重塑了他的教区。他以索尔兹伯里为模板设置了主教教士团，任命他在伦敦的一个侄子为第一位教长（dean）。这位大主教在爱尔兰同样承担了一定的世俗职务，出任王室最高法官，并重建了都柏林城堡。他是一名货真价实的殖民主义者。毫不奇怪，他得到了"向大主教和他非爱尔兰的继任者"授予斯塔福德郡受俸身份的推荐权（advowson）。[14]

在爱尔兰，把爱尔兰本地人排除在主教职务之外的政策引起了教宗的批评；[15]这项政策也未能得到严格的执行。但在之后的几个世纪中，它反复出现在英格兰治理者的方案中。在 13 世纪20 年代，选举资格在被授予主教教士团时，附带条款要求"他们选举一个英格兰人"，[16]而爱德华一世创建的一个委员会建议说，"不让爱尔兰人出任大主教，对国王来说是最有利的……因为他们总是做反对国王的布道，并在他们的爱尔兰人的教会中安排爱尔兰人被选为主教，以维护他们的种族"。[17]在之后的一个世纪中，有规定明确表示"只有能够很好地说出并理解英语的人，才有资格接受与医治灵魂相关的任何薪俸"。[18]和在波兰的情况一样，堂区司铎在工作时使用的俗语被认为在维持族裔-政治认同与权力方面有关键意义。

当我们转而讨论修道院时，我们发现那里的族裔冲突属于很不一样的类型。一方面，医治灵魂的问题没有那么显著，尽管肯定也并非全无关系；另一方面，在 12 世纪时，国际性的修会的存在，意味着修道院内发生的争端会在更大范围内引发回响。教宗英诺森三世认为，"不同民族的修道院应当在僧服中侍奉同一位天主，这既不是什么新鲜事，也毫不奇怪"。[19]但在修道院中形成族裔党派是一种自然的倾向。12—14 世纪，绝大多数修道社群都不是地方上的独立体，而是复杂而广布的司法集合体的一部分。这些族裔党派也寻求控制、塑造或对抗他们所属的修道会这个更大的实体。

新修会的地域结构本身也具备民族和政治意味。它们的司法中心都在法兰西和意大利；势力强大的次级中心在英格兰和德意志。熙笃修道院和它的四个"长女"，即最早的熙笃会修道院，都位于法国境内。多明我托钵僧会的总会议（chapters-general）在 13 世纪的聚会地点中，40% 在意大利（从未在罗马以南），35% 在法国，10% 在莱茵兰地区。不用说，从来也没在凯尔特或斯拉夫地区集会过。[20] 12—13 世纪的新修会通过英格兰和德意志来到凯尔特地区和斯拉夫世界。它们在新地的归化也从未彻底实现。在它们的教会地理中，存在着政治领域与牧领领域的互动。例如，苏格兰的方济各会成员的自主性伴随着苏格兰独立战争的胜败而沉浮。1329 年，在罗伯特·布鲁斯胜利之后，他们"与英格兰托钵僧完全分离"，但在英格兰国王爱德华三世于 14 世纪晚期扭转局势后，他们又重新臣服。[21] 在东欧，勃兰登堡侯爵不愿意让他在自己领土上规划的多明我修道院从属于修会的波兰会省，因为"这可能会成为我们的继承人与波兰统治者之间就领土问题发生争端的借口"。[22] 正如约翰·弗里德（John Freed）所论："托钵僧修道院的会省归属成了对其所位于地区的领土或封建要求的潜在基础。"[23] 德意志人在西里西亚、普鲁士和其他跨奥得河地区的定居和殖民的一个结果，是使这些地区归属于方济各会的萨克森会省。[24]

13 世纪晚期，德意志托钵僧被一些斯拉夫高级教士和统治者视为文化殖民的工具。一份来自波希米亚的控诉写道，"说德语的兄弟"

> 被送进了我们的王国和波兰的公爵领的各个方济各会修
> 道院中，数量远比所需要的多，而说斯拉夫语的兄弟则被散
> 布于外族之中，在那里他们一无所成。其结果是斯拉夫人的
> 灵魂受到了极大的损害。[25]

毫不奇怪，雅库布·须文卡在面对德意志人修道院的深入和扩张时采取了强硬的立场。他曾抱怨说："某些修道人士拒绝接受我们本地出生的波兰人进入修会，而是偏爱外族人。"他要求主教们剥夺这种修道人士所享薪俸。他声称，修道院毕竟是"为了拯救当地人"而创立的。[26] 在某些情况下，种族排斥甚至被写入了修道院和慈善机构的创建令状中。例如，1313 年，波兰国王"矮子"瓦迪斯瓦夫（Wladyslaw Lokietek of Poland）在位于布雷斯特（Brest）的库贾维亚（Cujavia）建立了一座医院，规定："兄弟们应当保证这座修道院和教堂中没有德意志人，无论是教士还是平信徒。"[27] 20 年之后，布拉格主教、民族主义者德拉日奇的约翰（John of Drazic）在罗乌德尼采（Rdoudnice, Raunitz）创建了一座奥古斯丁修道院。他明文规定："除了父母皆说捷克语的波希米亚人［或捷克人］，我们不接受任何其他民族的人进入这座修道院。"[28]

熙笃修会被认为是"欧洲第一个有效运作的国际组织"。[29] 早在盎格鲁–诺曼人征服和殖民爱尔兰之前，熙笃会就已经在那里有了很好的发展。圣伯纳的朋友圣马拉奇（St Malachy）为爱尔兰送去了第一名白袍修士，第一所爱尔兰的熙笃会修道院梅利

丰特（Mellifont）创建于 1142 年。梅利丰特是一座十分多产的母院，绝大多数的爱尔兰熙笃修道院都是她的附属。12 世纪晚期英格兰开始殖民爱尔兰后，爱尔兰当地的国王和酋长继续资助熙笃会。截至 1128 年，爱尔兰共有 34 座熙笃会修道院，其中只有 10 座是由盎格鲁-诺曼人创建的。[30]

　　然而，国际性的修会与爱尔兰修道院之间的关系紧张，在 13 世纪的头 25 年，在被称为"梅利丰特阴谋"（conspiracy of Mellifont）的暴力事件与丑闻中达到高潮。[31] 从海外派去纠正当地修道院弊端的熙笃会视察员遭到了无视、虐待和攻击。修道院中建起了堡垒。根据控诉，在梅利丰特的附属修道院中，修道生活已经彻底消失了。最终，熙笃会总会议授权英格兰熙笃会斯坦利（Stanley）修道院的修道院长列克星敦的斯蒂芬（Stephen of Lexington）进行一次强制视察，目的是镇压反对势力，重振对修道生活的遵守，要求服从，并在必要的时候借助世俗权力的帮助。斯蒂芬于 1228 年推行了这一政策，采取的手段十分激烈。在他视察（1227 年有过一次前导性的视察）之后，两座修道院遭到了废止，6 位修道院长被免职，爱尔兰修道院的修士被分派至海外的熙笃会修道院，修道院的归属模式被彻底重造，英格兰的修道院很大程度上取代了原先的爱尔兰母院（尤其是梅利丰特本身）的地位。

　　从某种角度看，对"梅利丰特阴谋"的镇压代表了国际性的修道会的中央权威对离经叛道的地方成员的一次成功的重新控制。然而，从另一个角度看，这次事件具有族裔冲突的性质。列克星敦的斯蒂芬本人在描述他在爱尔兰的工作时写道："我们在那里任命了很多说另一种语言、属于另一个民族的修道院长。"[32] 他向伦斯特（Leinster）——马歇尔伯爵（earl marshal）的封地——的英格兰长官推荐新的任命者时表示："为了伯爵大人的荣耀、您自己的荣耀以及这片土地的和平，请帮忙关照这些在伦斯特的各处新任命的、说另一种语言的新修道院长。"正如我们看到的，他整治爱尔兰熙笃修道院的方式之一是把它们所归属的母院从爱尔兰修道院换成英格兰或法兰西的修道院。此外，作为对阴谋的惩罚，他禁止爱尔兰人在 3 年之内被任命为爱尔兰熙笃修道院的院长。最后，他还把极具个人标签的语言限制强加给当地的修道生活。在写给克莱尔沃（Clairvaux）院长的报告中，他表示：

> 我下达了死命令，从今以后，只有能够用法语或拉丁语进行告解的人，才能被接受为修士。从今以后，在梅利丰特和其他很多爱尔兰修道院中，会规只能用法语解释。这样一来，当您亲自前来或遣人代表您前来时，你们和视察对象可以听得懂彼此说话；此外，当听不懂的语言带来的遮掩被掀开后，那些不守规矩之人就再也无处可遁。只懂爱尔兰语的人怎么可能热爱修道院和书籍呢？

这种多少有点高卢中心主义（Gallocentrism）的意味在一条居高临下的建议中得到了加强：

> 我命令爱尔兰人，如果在未来他们想要吸收任何他们民族的人进入修会，他们就必须确保，他们把这些人送去伦敦、牛津或其他一些知名城市，让他们在那里学习知识、口才和得体的举止方式。我对他们强调，修会并不意图排斥任何民

族，而只是拒绝那些不合适、不合格以及行为举止乖离之人。

这里把用民族界定的行为方式和文化与国际性修会的规则相等同的做法，是经历殖民的欧洲边缘地区的一大特色。当对当地情势的激进适应看上去近在眼前时——就像爱尔兰的例子那样，那里的白衣修士似乎正在形成独立的修道院联盟，有点类似于早期爱尔兰的修会体系（paruchia）——熙笃修会的总会议派遣在巴黎接受训练的英格兰人列克星敦的斯蒂芬扼杀这一倾向。用斯蒂芬自己的话说，他的目标是"实现修会的统一"；[33] 他采取的方法是安置英格兰人做修道院长，使爱尔兰的修道院附属于英格兰的修道院，并打压当地语言。

君主宫廷

族裔敌对的另一个焦点是统治者的宫廷，其结构性原因并不难理解。在最佳状态下，君主宫廷体现了一种与周边社会不同的文化，是恩庇、炫耀性消费、世界主义和时尚的中心，这种生活风格很容易引起教会人士、道德主义者或来自偏远地区的人士的批评。此外，如果宫廷中的主导派系甚至统治者本人是异族出身或出自外族文化，这些潜在的敌意就会带有一种用族裔话语表达的更尖锐的语气。就其本性而言，君主宫廷倾向于含纳外族元素。宫廷是王朝政治统治的中心，而王朝统治意味着政治权力是根据家族优先而非民族优先的原则传承的。因此，追求外国新娘和出现外族继承人这种不可预期的创伤性经历会反复发生。中世纪与早期现代的宫廷政治的结构意味着，苏格兰人等来挪威的玛格丽特（Margaret of Norway），西班牙人等来他们毫不了解的查理五世的情况会时不时地出现。

教会的官方政策鼓励异族通婚。此外，君主出于政治考量，也会避免因为联姻与当地贵族过于密切地联合。这些因素相互结合，导致很多王朝会从外部择妻。如果新娘连同她的侍从女官（ladies-in-waiting）、专职神父（chaplains）、仆役——可能还包括兄弟、侄甥、堂表亲甚至父母——都来自另一个语言群体，其结果可能是一次宫廷文化的迅速而清晰的重新定向。例如，在英王爱德华一世与卡斯蒂利亚的公主联姻后，他的廷臣不得不习惯于他们的君主在着便装时身穿西班牙袍和四角帽，并把他的长子命名为阿方索。在拉丁基督教世界的边境地区，宫廷中的异族群体与在该地区业已定居的同一种语言的移民群体同时存在的情况，可能会造成政治局势的动荡。

当地贵族对外族王后的反对在创作于 14 世纪头几十年的捷克语韵体编年史《达里米编年史》（*Dalimil Chronicle*）中得到了生动的体现。在这部作品中，11 世纪的乌达里希公爵（Duke Udalrich）与一名捷克农家女的婚姻构成了表达这些反对意见的契机。公爵向他的随从解释，他为什么宁愿选择与这名女子成婚，也不愿意娶"某位外国国王的女儿"。很明显的是，这里的"外国国王的女儿"特指德意志公主：

> 这样的女子事实上已经嫁给了她自己的语言；
> 这就是外族人永远也无法取悦我的原因；
> 她不会对我的人民忠诚。

外族人会有外族的亲属。

她会教我的孩子德语

并改变他们的习俗。

因此，在语言问题上

就会出现分歧，

而这对这片土地来说

绝对意味着灭顶之灾。

大人们啊……

谁会希望在面见我的德意志妻子的时候

还需要带着一名翻译呢？[34]

外族王后会带来文化异化和年轻的混血王子与本地贵族之间的龃龉的危险。这是王朝政治长期存在的特征。例如，在 11 世纪，拜占庭人据称反对他们的皇帝安排他的儿子迎娶诺曼新娘，因为宫廷中拥有一半诺曼血脉的王子可能会为诺曼人的扩张提供"更好的机会"。[35]《达里米编年史》反映的是捷克贵族群体的关切。正是在他们的坚持之下，1334 年前来波希米亚与其王位继承人完婚的年轻的瓦卢瓦的布兰奇（Blanche of Valois）的法兰西和卢森堡家丁遭到了遣返，取而代之的是波希米亚人的家丁。即便如此，《达里米编年史》中的那段文字表达的忧虑似乎还是成了现实。布兰奇和她的婆婆比阿特丽斯皇后（Queen Beatrice）似乎没办法在她们的语言学习上获得很大进步：据称，"不懂法语的人将无法和她们顺利交流"。[36]

外族国王没有外族王后那么常见，但可能会给当地的统治阶级带来更大的麻烦。在中世纪晚期，因为当地的统治家族的没落，外族统治者在东欧的历史上扮演了特别重要的角色。波希米亚、波兰和匈牙利的当地王朝在 14 世纪都走向了消亡。这些家族包括普舍美斯家族（Przemyslids）、皮亚斯特家族（Piasts）和阿尔帕德家族（Arpads）。他们在 10—11 世纪把他们的领土纳入了基督教世界的版图，并确保其政治独立。但在此之后，他们不幸都绝了嗣。最后一名阿尔帕德家族成员安德鲁二世于 1301 年去世；最后一名普瑞米斯理德家族成员瓦茨拉夫三世（Wenceslas Ⅲ）于 1306 年去世；皮亚斯特家族在 1320 年完成了对统一的波兰王国的复兴后，在 1370 年绝嗣。这一系列绝嗣带来的结果是，东欧的王位成了内部和外部觊觎者竞争的对象。在中世纪晚期，波希米亚和匈牙利先后被法兰西人的王朝、德意志贵族和地方政治强人所统治，直到 16 世纪被哈布斯堡王朝统治。波兰在 14 世纪经历了两段时间较短但类似的动荡时期，第一次发生在 1320 年王国复兴之前；第二次是在 1370—1386 年，其间信仰异教的立陶宛的雅盖隆家族（Jagellons）接受了洗礼并取得了波兰王位。

在外族统治者到来时，当地贵族会表达他们的立场。当卢森堡伯爵约翰于 1310 年成为波希米亚国王时，他不得不做出承诺，不会把职位委任给任何"外族出身"（alienigena）的人。外族人在理论上甚至不可以获得不动产。然而，这位国王并没有严格兑现他的承诺。在之后的数年中，据称，"他的身边聚集了很多来自德意志的伯爵和贵族，他们长于智谋而非武力。他的王国内几乎所有的事务都根据他们的建议处理，同时，他赐予了他们王室封地和官职"。1315 年，捷克男爵们控诉道："所有的民族都不能忍受从外地来的移民变得如此富裕并凌驾于他们之上。"约翰不得不把这些德意志人遣出了王国。数年之后，这位外族国王依旧不得不承诺"不任命任何国外出生的人出任任何掌管王室堡垒或城堡的官职，不以任何方式使他们在那里成为城堡领主（burgraves），而是只任命波希米亚人"。[37]

有时候，造成族裔关系紧张的并非外族王后或国王，而是喜爱外族人和培植异族士兵、行政官和廷臣队伍的当地统治者。尽管亲外的君主常常会遭遇本土主义的抵制，但波兰的皮亚斯特公爵家中有很多这种例子。尽管根据一项记载，他只能说洋泾浜的德语，但西里西亚的博莱斯瓦夫二世（1242—1278 年在位）"开始对波兰人施行苛政，并且倨傲地偏爱德意志人而非波兰人，并给予前者很多地产"。"因为这个缘故，波兰人拒绝向他效忠并反对他的统治。"[38]记载此事的编年史家把博莱斯瓦夫后来因囚禁弗罗茨瓦夫主教之事归因于"恶魔般的疯狂及为他的统治出谋划策的德意志人的谗言"。[39]当波兰公爵与条顿骑士团过从甚密时，库贾维亚的波兰贵族也通过收回对他的效忠来表达他们的排外性的不满情绪。[40]波兹南年鉴的作者控诉 1309 年继位的年轻西里西亚公爵们"被德意志人的意见左右，以至他们除了取悦德意志人什么也做不了"。[41]

市民共同体

中世纪的城市人口都是移民。这个判断在各处都成立。但对边境地区来说尤为重要，那里的城市人，或者其中的很大比例，都常常与乡村人口属于不同的族裔。长途迁徙常常以城镇为目标，而在像东欧和凯尔特地区这些地方，城乡的二元结构伴随着族裔对立，并被后者进一步加强，这是因为很多城市定居点的居民主要甚至全部是移民。对 1338 年发生在布拉格的一次奇迹的记载反映了把德意志与城市等同、把捷克与乡村等同的情况。在这个故事中，很多工匠在讨论如何庆祝圣瓦茨拉夫（St Wenceslas）的纪念日，其中一个德意志人宣称，"他不愿意庆祝这名农民的纪念日"。在他瘫痪并被瓦茨拉夫的圣骸治愈后，"德意志人开始以更高的敬畏崇拜我们的主保"。[42] 在这个例子中，种族紧张被包装在了城市对乡村的蔑视中。

在东欧，德语尤其是城市和君主宫廷的语言。14 世纪进入布拉格旧城的新市民的名单显示，在可以确认族裔归属的人中，德语姓氏的比例在 63%—80%。[43] 这种高比例也绝对适用于市议会成员。只懂法语的波希米亚王后法兰西人布兰奇在试图拉近与她的属民之间的关系时，选择学习的语言不是捷克语，而是德语，"因为在这个王国绝大多数的城市中，以及在国王出现的场合，更经常使用的是德语而不是捷克语"。[44] 类似的情况也出现在波兰。15 世纪中叶，当未来伦贝格（Lemberg）的利沃夫（Lvov）大主教从波兰乡下来到克拉科夫时，"他发现，所有的公共和私人事务都是用德语进行的"，而他最终前往德意志本土以提高他的语言技能。[45] 如果我们的视野继续向东移动进入德意志农业定居点稀疏的地区，城镇就像是斯拉夫语、波罗的语、爱沙尼亚语或匈牙利语海洋中的德语孤岛。

不列颠群岛的城市也具有相似的语言特殊性。相比周边的乡下，城镇中对法语的使用要频繁得多。在诺曼征服之后，法兰西移民在很多城市中心定居——《末日审判书》提到了什鲁斯伯里的 43 位法兰西市民 [46]——之后几个世纪的文化发展进一步激发了这种高卢文化取向。14 世纪初，城市居民会说法语的可能性是乡下人的 5 倍。在凯尔特地区，法语同样是一种属于城市和殖民者的语言。[47] 出自爱尔兰的古法语文学的主要成就之一是关于建造新罗斯（New Ross）城墙的诗作。[48] 作为 13 世纪的一座新城，新罗斯很快就成了领地内最繁忙的港口。这首赞颂城市、殖民和贸易的诗作是用法文写成的，这很能说明问题。不过，在威尔士和爱尔兰，和法语一样成为特权和地位象征的还有英语。这个在其故乡被认为属于低下层的语言在西边的殖民领土上成了一种地位更高的语言。12 世纪，涌入威尔士和爱尔兰新城的移民来自广阔的地域。一份 12 世纪早期的法令提到基德韦利"所有的法兰西、英格兰和佛莱芒市民"。[49] 但经过 13 世纪和之后的若干世纪，经历了殖民化的凯尔特地区的城市人口开始更加坚定地在自我呈现中表现为英格兰属性。一份 14 世纪的请愿书——颇具典型性的是，它是用法文写就的——以"威尔士北部的英格兰市镇的英格兰市民"的名字发出，另一份请愿书则宣称"没有威尔士人应当居住在威尔士获得了城市资格的市镇之中"。[50] 与波兰的加利西亚和利沃尼亚地区的情况一样，威尔士和爱尔兰的市镇也常常是语言孤岛。

　　尽管市镇常常具有这种族裔孤岛的属性，但能够实现彻底的种族均质化是十分罕见的情况。当地人居住在城墙之内，有时充任低级的劳动力，有时作为工匠甚至商人。12—13 世纪城市经济的扩张看上去可以允许移民和当地人同时发财。当经济衰退在中世纪晚期发生时，这幅图景也开始变得不那么和谐。当餐桌上的食物减少时，就餐者开始更加猜疑地注视彼此。

　　东欧在中世纪晚期出现的统治王朝动荡的结果之一，是德意志市民需要在更为复杂和困难的政治局面下做抉择。12—13 世纪，他们基本上一直受到当地统治者的庇护，而后者自身的地位在当时也通常相对稳固。14—15 世纪的新世界，他们常常不得不做出艰难的选择，而且有时候会站错队。当地君主有时会怀疑德意志人是"第五纵队"，就像 1290 年在东波美拉尼亚出现的情况。当地的斯拉夫统治者指控"居住在东波美拉尼亚的德意志人"与自己的德意志敌人勃兰登堡侯爵站在一边。[51] 德意志人有时试图支持德意志人当国王。[52] 14 世纪早期，在最终导向了"矮子"瓦迪斯瓦夫治下的波兰王国复兴的王朝政治中，克拉科夫的德意志市民严重失策。他们先是支持卢森堡人，之后又支持一名西里西亚的野心家，没有支持"矮子"瓦迪斯瓦夫，最终却被他们的朋友抛弃，并遭受了以种族迫害为形式的野蛮报复。非常敌视他们的《克拉科夫教士团年鉴》（*Annales capituli Cracoviensis*）记录了：

> 在我们的天主耶稣基督道成肉身的第 1312 年，克拉科夫市民，受其德意志人特有的冲动的疯狂的驱使，成了诡计之友、和平隐秘的敌人。他们立下重誓，就像犹大亲吻耶稣一般，但随后抛开了对上帝的恐惧，背叛了克拉科夫和桑多梅日（Sandomierz）公爵，全波兰的主人瓦迪斯瓦夫。

在瓦迪斯瓦夫重新控制城市之后，他下令让马匹拖着一些市民在街上奔驰，之后将他们吊在城外的绞刑架上，"直到他们的肌腱腐烂、骨头散架"。《克拉辛斯基年鉴》（*Krasiński Annals*）补充了如下细节："凡是不能够发'兵豆'（soczewic）、'轮'（kolo）、'磨'（miele）和'磨坊'（mlyn）的读音的人都被处死。"对这种

口令的使用使事件带有强烈的族裔–语言色彩。语言沙文主义在
同年的另一项变化中得到了体现。1312 年 11 月 18 日，之前都使
用德文的克拉科夫城的官方记录开始改为使用拉丁文。文件在这
里记录道："用拉丁文编撰的克拉科夫城的法案和财产转移由此
开始。"对德文的排斥清楚地响应了同年发生的反德屠杀。用拉
丁文而非波兰文代替德文之事提醒我们，波兰文作为一种书写文
字尚未发展成熟。类似的例子是，当英格兰在 1066 年被说法语
的贵族征服后，古英语从遗嘱和法令这类文书中消失，取而代之
的是拉丁文。就像 14 世纪的波兰语一样，11 世纪的法语尚未获
得官方记录语言的地位。1311—1312 年起义之后的一个世纪中，
克拉科夫逐渐波兰化了。[53] 据说"矮子"瓦迪斯瓦夫本人坚持认
为，波兰人应当被允许占据正对着集市广场的显赫地产，从而变
成"城市人"（Ringbürger，这个词源自 Ring，意为"市场"）。[54]
1390—1470 年，波兰出身的新市民在总城市人口中的比例从 25%
上升到了 60%。克拉科夫成了一座德意志人口占少数的波兰城市，
而不再是一座位于波兰的德意志城市。

种族主义在中世纪晚期的发展

很多学者认为，在中世纪晚期种族歧视变得更为严重，而种
族界限被更苛刻地认定。11—15 世纪反犹情绪的固化是所有研究
这一主题的学者的共识，大家的分歧主要在于情况变糟的关键节
点发生在什么时候：第一次十字军东征时发生的屠杀、13 世纪中
期的塔木德审判、13 世纪 90 年代的驱逐和迫害，以及 1391 年发

生在国际化的西班牙的可怕屠杀。无论如何，毫无疑问的是，相比于 400 年前，1492 年——犹太人被驱逐出西班牙的那一年——时的基督教欧洲对少数族裔的态度更为决绝和残酷。

同样的趋势在拉丁欧洲的边缘地区也可以看到。波罗的海地区的德意志殖民市镇中氛围的改变被学者界定为"对非德意志人的态度从基本上宽容逐步变得越来越负面"。直到 15 世纪，德意志出身才成了条顿骑士团严格不可规避的成员资格限制条件。威尔士人和英格兰人关系模式的变化被学者分析为"威尔士人与英格兰人之间的二元对立通过一种无比明确的种族语言获得了更为尖锐的表达……两支族裔之间的差异被固化和加剧了"，而 13 世纪构成了关键的分水岭。[55]

这种严峻的种族主义立场并不是移民或殖民群体的专利。当地人也会表达他们自己在种族问题上的粗暴立场。《达里米编年史》通篇洋溢着对波希米亚的德意志定居者的敌意和怀疑。书中对波希米亚历史的勾勒主要围绕着相继的君主的统治展开。一旦涉及德意志和捷克之间的敌对这个主题，编年史就必有生动的描述。据称，一位反德意志的君主"向任何带给他 100 个从德意志人脸上切下的鼻子的人"支付 100 马克的银子。[56]

《达里米编年史》中尖锐的反德情绪，在 14 世纪波希米亚的另一部作品中得到了更为爆裂的体现。这部名为《妙论德意志人》（ *De Theutonicis bonum dictamen* ）的拉丁短论的作者很可能还是一名受过教育的说捷克语的城市人，可能是一名文书官或别的官员。这位作者写道，当建造巴别塔之后，各种族被散布在世界各处，德意志人被认定为是一个奴隶种族，没有自己的家乡，而是注定要服侍其他种族。这就解释了为什么"没有哪个地区完全由德意志人居住"。然而，德意志人逐步掠取土地和自由特权。他们能做到这一点依仗的是他们作为商人的杰出成就，这使他们能够聚集资本，并由此"获得很多自由而高贵的财产"。这位作者控诉道，如今，德意志人的影响无处不在：

> 聪明人应该观察到，睿智之人应该考虑到，这个诡计多端、欺诈成性的种族已经占据了最丰厚的神职俸禄、最好的封地、最贵重的财产，甚至为君主出谋划策……这个种族的后人进入了他人的土地……他们被任命为参谋，通过狡猾的压榨劫掠公共财产，秘密地把金银……和其他财产从他们定居的土地运回他们自己的土地；他们以这种方式劫掠和践踏了所有的地方；以这种方式致富后，他们开始压迫自己的邻居、反叛君主和他们自己的领主。这完全就是犹大和彼拉多的行径。稍有阅历的人都不会怀疑，德意志人是羊群中的狼、食物中的苍蝇、胸前的蛇、屋中的娼妓。

这篇短论进而特别指控德意志人统治了城市议会，结成工匠"阴谋团体"，也就是行会，为的是把价格抬高。这位作者向君主和当地的政治势力疾呼，质问他们为何容忍德意志人。他本人对这个问题的理想解决方案，体现在据他所称在之前发生的一个事件的叙述中：

> 哦，上帝！外族人被偏爱，本地人被踩在脚下。有益、公正而合乎习俗的做法应该是，让熊待在林子里，让狐狸待在窝里，让鱼留在水里，让德意志人待在德意志。在德意志

人成为弓箭的靶子时，这个世界会变得更好——他们在某处被挖了眼睛；在某处被倒吊起来；在某处被扔到了墙外；在某处被割下鼻子作为通行费；在某处当着统治者的面被强行处死；在某处被强迫吃下自己的耳朵；在不同地方，他们遭遇了不同方式的惩处。[57]

在伪史的草率遮掩下，这段文字实为对种族屠杀的呼吁。

中世纪晚期种族情绪的强化还包括新的生物种族主义的发展。例如，中世纪晚期公然带有歧视性的城市立法是欧洲殖民地区的市镇中族裔竞争的最明确的现存文字证据，就体现了生物种族主义的倾向。从14世纪初开始，市议会和行会权威开始颁布规章和法令，为特定特权群体的成员资格或特定职位的就任资格加上了种族门槛。这种条款流传最广的例子之一是东欧的所谓"德意志款项"（Deutschtumsparagraph），它要求行会成员资格的申请人是德意志血统，或有时是要求其证明自己是德意志血统。"德意志款项"最早的例子可能是1323年不伦瑞克（Brunswick）裁缝行会的规章。之后，"德意志款项"成了行会法令中相当常见的条款。勃兰登堡13世纪中叶至17世纪中叶留存至今的120部法令中，有28部出现了"德意志款项"（比例为23%）。[58]贝斯科（Beeskow）是一座毗邻劳西茨地区拥有大量斯拉夫人口的城市，距离奥得河不足20英里。这座城市14世纪的两项法令可以用来展示这项条款的具体形式：

想向鞋匠学习技艺的学徒应该被带到师傅和行会成员之前。如果他的族属和出身符合学徒资格的规定，他就应该学

习技艺，否则就不可以。因为我们禁止理发师、亚麻织工、
牧羊人、斯拉夫人和司铎的儿子，以及非婚生子，在我们的
城市学习技艺。

贝斯科的面包师也有相同的排外规定："任何想成为行会成员
的人都必须向市议员和行会成员提供证据，证明自己是出生于合
法、正直的德意志家庭……文德血统的人不能进入行会。"[59] 行会
成员资格的申请人在尝试证明自己"是正直体面的德意志人而非
文德人"（echte und rechte dudesch und nicht wendish）时，[60] 通常
需要开具出生证（Geburtsbrief），提供他们的父母和（外）祖父
母的姓名，并证明持证人"属于良好的德意志血脉"或"有德意
志血统、懂得德语"。[61] 一些这样的证明信留存在东欧的档案馆里。

这种排外立法必然会导致禁止跨族裔联姻的规定的颁布。例
如，1392 年，里加的面包师行会规定："任何希望获得我们行会
的成员特权的人都不能与名声不好、非婚生或非德意志血统的
女性结婚；如果有人娶了这样的女性，他就必须离开行会和职
位。"[62] 城市公职有时候也有类似的排外规定。15 世纪早期，在
匈牙利的德意志市民定居点奥芬（Ofen），城市法官的祖父母和
外祖父母都必须是德意志人。[63] 生物血统取代了文化认同，成为
种族的首要标准。

同样的焦虑出现在中世纪晚期的爱尔兰市民中。在若干盎
格鲁-爱尔兰城市中，城市法令禁止爱尔兰当地人获得市民身份
或成为行会成员。在 14 世纪中叶，阿马大主教在他向德罗赫达
（Drogheda）的盎格鲁-诺曼市民的布道中，谴责了把爱尔兰人排
斥出他们的行会的做法。[64] 在 15 世纪的利默里克（Limerick），"任

何爱尔兰血统或出身的人"都不得担任城市职务或成为学徒。[65]
类似地，都柏林的工匠被命令"不能接受英格兰出身之外的学
徒"。[66]这种例子在其他爱尔兰和威尔士城镇中比比皆是。15 世
纪爱尔兰的歧视性法规中对"血统"这个词的使用体现了一种新
的种族概念。和在东欧的情况一样，在族裔上与当地人不同的殖
民城市人口，在面对经济衰退和当地人的诉求时，试图用藩篱把
自己围起来。

　　同一时期，殖民者还尝试保护自己的文化纯洁性。在盎格
鲁–诺曼人最初入侵爱尔兰后不久，新的外族政府在歧视当地人
的同时，也试图确保殖民者不会本地化。这种尝试在 14 世纪达到
了高潮。最细致的防范措施体现在 1366 年的基尔肯尼法令中。这
部法令总结并发展了之前的立法。根据其中的规定，具有移民血
统的人与具有本地血统的人不得通婚；居住在爱尔兰的英国人必
须使用英语并使用英格兰姓氏；他们必须用英格兰的方式骑马，
也就是装配马鞍，并必须穿着英格兰服饰；在英格兰统治的爱
尔兰区，爱尔兰人不能被授予教会薪俸或被接收进修道院；英格
兰定居者不得玩爱尔兰式曲棍球，也不得赞助爱尔兰吟游诗人。
在这个欧洲的边缘，征服和殖民丧失了最初的强劲势头。事实上，
殖民者意识到自己有被当地人同化的风险。用基尔肯尼法令中的
话说，殖民群体正在接纳"爱尔兰敌人的作风、风尚和语言"。[67]
在爱尔兰的英格兰人最终完全没有顺利地融入主流文化，而是在
帕莱地区（Pale）形成了一个小的殖民地，在凯尔特化的定居者
和敌对的盖尔人的包围下，按照英格兰的习俗生活。这种局面造
成的一个结果是帕莱地区之内高度戒备的种族主义。

　　欧洲边缘地区族裔混杂的社会存在于一种更广阔的欧洲文化

中，这种文化似乎在中世纪时正迈向更高程度的统一。11—12 世纪，一名匈牙利教士观察到："移民从各地前来，他们带来了语言、习俗、各种技艺和不同形式的武器，用于装饰和美化王室，压制外部势力的傲慢。单一种族和习俗的王国注定是弱小而脆弱的。"[68] 数个世纪之后，一些殖民政治体的种族主义的立法表明，这种自信的多元主义已经不复存在。在所有新近定居、征服或皈依的边缘地带都可以发现，当地人被限制法律资格；居住隔离被推行，当地人被赶到郊外，例如被殖民的爱尔兰地区中的"爱尔兰城"（Irishtowns）；以及对当地社会的特定文化形式的禁止。居住地的族裔隔离（ghettoization）和种族歧视是中世纪最后几个世纪的一大特征。

天然的或古老的敌意的意象最终主导了边境地区的种族关系。一名法兰西的多明我会托钵僧随口提及波兰人与德意志人之间的"天然憎恶"，而《萨克森明镜》的一名 14 世纪的注释家解释说，有关萨克森人与文德人不得互相做不利证人或互相审判的规定是由于"他们自古以来就互相为敌"。一种类似的观点也在爱尔兰生根发芽。爱尔兰本地君主在 1317 年的《抗议书》中使用了"不可化解的敌对和永恒的战争"这样的说法。一代人之后，阿马大主教理查·菲茨·拉尔夫（Richard fitz Ralph）向教宗解释说："这两个民族向来互相仇恨、彼此敌对，爱尔兰人与苏格兰人总是和英格兰人过不去。"[69]

穆迪札尔人，即基督徒统治下的西班牙穆斯林的例子代表了这种趋势。很显然，他们的地位在中世纪晚期时逐步恶化。根据 12—13 世纪他们最初的投降协定的条款，穆斯林通常可以保留他们自己的财产、法官和法律，以及他们在清真寺从事礼拜的权利。阿拉贡国王海梅一世表示:"在我的国家,我有很多撒拉森人。他们都可以保留自己的法律,就像他们身处撒拉森人的国度一样。"[70]然而,尽管海梅的继任者和其他的基督徒国王尝试大力重申这些基本特权,穆斯林的司法自主权还是遭到了明显而不可逆转的侵蚀。他们只能通过自己族裔的人的证言定罪的原则,在1301年的巴伦西亚被破坏。海梅二世下令:"尽管我和我的先人曾向犹太人和撒拉森人授予过特权,两位声誉良好的基督徒证人可以作证反对犹太人和撒拉森人,而他们的证言将会被取信。"同一位君主后来还规定,在他的王国内,穆斯林对基督徒的犯罪应该只由基督徒法官根据基督徒法律审判,尽管穆斯林之间的案件或基督徒起诉穆斯林的民事案件,仍将由穆斯林法官根据伊斯兰教法审判。[71]14—15世纪,穆斯林的司法自主权不断遭到侵犯。1412年的卡斯蒂利亚法令宣称:"从今以后,我的王国内的穆斯林社群将不再拥有他们自己的法官……穆斯林之间的案件,无论是民事的还是刑事的,都将由城市法官审理。"[72]

在丧失了独立法律的同时,在穆迪札尔人中,阿拉伯语也逐步走向消亡。对祖先的语言所遭受的侵蚀的一份引人注目的例证,是用卡斯蒂利亚语撰写的《律法与逊奈的主要命令与禁令概略》(*Compendium of the Chief Commands and Prohibitions of the Law and Sunna*),简称《逊奈简编》(*Abbreviation of the Sunna*),由塞戈维亚(Segovia)的伊玛目伊撒·杰迪(Iça Jeddih)于1462年编撰。在序言中,他解释说,专家有义务"向所有人用他们可以理解的语言"阐释法律。他选择用卡斯蒂利亚语编撰的原因是,"承受了巨大的压迫、约束和很多艰难困苦以及辛劳的卡斯蒂利亚的摩尔人,已经失去了他们的财富和他们的阿拉伯语学校"。[73]只有在巴伦西亚和格拉纳达，大规模的阿拉伯语群体幸存了下来。

最终，在 1492 年征服了伊比利亚半岛上最后一个穆斯林政权格拉纳达后，对征服者来说，彻底实现单一宗教的政治体看上去近在咫尺。同一年，发生了对犹太人的驱逐；之后不久，穆斯林被强迫皈依基督教。在格拉纳达，这发生于 1499 年，尽管穆斯林和基督徒在 1492 年曾达成过协定；在卡斯蒂利亚，这发生于 1502 年；在阿拉贡，这发生于 1526 年。然而，摧毁敌人的法律和信仰并不能满足西班牙的基督徒。从伊斯兰教新近皈依的基督徒被称作摩里斯克人（Moriscos），他们仍然保留了一定程度的未被同化的特征。与被动皈依基督教的犹太人（conversos）一样，政治权威并不满足于他们对统治性的宗教维持外表上和外在的一致。在禁止伊斯兰教之后，摩里斯克人的日常习惯和行为方式也受到了攻击。他们被禁止穿着摩尔人的装束；妇女被命令不准在街上佩戴面纱；阿拉伯语在它依旧流通的地区被禁止使用；摩里斯克人被要求必须采用西班牙姓氏。对文化种族灭绝政策的回应是摩里斯克人在 1568 年发动的起义。甚至在起义被镇压后，征服者新生的排外心态还是无法得到满足。1609—1614 年，摩里斯克人遭到了肉体驱逐。大概有 30 多万人永久地离开了半岛。[74]

正如我们在上一章中谈及的，普吕姆的雷吉诺在公元 900 年前后通过血统、习俗、语言和法律来认定民族。在中世纪晚期，西班牙的穆斯林被剥夺了自己的法律，并逐渐丧失了自己的语言。这种攻击最终体现为 1500 年前后的强制皈依，这使他们丧失了最深刻意义上的自己的"法律"，即他们的宗教。16 世纪，人口上占多数的基督徒被证明不能容忍他们的习俗。17 世纪初，西班牙官方认定，不再容忍他们这个族属本身。在早期现代的西班牙，升职和权力的关键标准是"血统的纯洁",即没有受到过犹太人或摩尔人祖先玷污过的血统。一种现代意义上的血统种族主义由此诞生。

第 10 章

罗马教会与基督教人民

> 那些准备去为基督教世界作战的人当在衣服上标上十字架的标志。[1]

教宗的角色

在本书第 1 章中提出的拉丁基督教世界的定义具有两层含义：拉丁基督教世界既意味着一种仪式，也意味着一种服从关系。这两种含义是紧密联系的。在中世纪盛期，这种联系变得更加紧密。其他宗教或其他类型的基督教经常会对其组织框架内的仪礼多样性持更宽容的态度。其中一些也会强调仪礼的统一性，但不会将之与某种特定的司法权威紧密关联。然而，拉丁基督教世界的特征不仅表现为公共崇拜的统一性，还表现为将仪礼实践和制度忠诚——仪式和服从——加以理论上的（尽管并非绝对的）等同。

这里说的服从和仪礼标准当然都是指向罗马。有一位主教的地位凌驾于其他所有的主教之上。他就是罗马的主教。单单一种崇拜的仪轨构成了需要效仿的模板。"罗马是……世界之首"，"罗马教会具有匡正整个基督教世界的更高权力"。[2] 拉丁基督教世界是由承认上述观点的多个地域和民族构成的。区分中世纪早期与中世纪盛期的标志之一，是上述观点的重要性和将之付诸实践时的实现度。尽管自君士坦丁时代基督教受到官方认可之后，罗马教宗就一直在西欧享有崇高和核心的地位，但支持这种地位的手段和机制在 11 世纪及其后发生了转变。在 11 世纪中期与后期开始的改革运动中，教宗的权力变得更强，教宗的决定更具有效力，仪式的统一性变得更为现实。一个结果是，拉丁基督徒更经常、更深刻地如此认同自己。对圣彼得的崇敬、对教宗的服从，以及对特定的崇拜和教会治理形式的恪守相互交融并彼此强化。为"神圣的罗马教会"领航的人应当有理由要求"基督教人民"（populus christianus）的服从，而"基督教人民"也越发如此看待自身。[3] 在我们分析中世纪扩张问题时，最微妙的问题之一是居住在中世纪欧洲的人的这种自我指称与其社会、经济和军事特征之间的关系。

约翰·芒迪曾犀利地评论说："从格里高利（七世）的时代到 14—15 世纪的动荡岁月，主导欧洲的是欧洲贵族与圣彼得的教座之间非刻意、不自觉但切实的联盟。"[4] 尽管这种说法有点绝对，但依然反映了历史实情。要理解芒迪的概念如何精准，只需阅读中世纪盛期教宗君主政体的奠基人格里高利七世的书信集（Register）。这些在教宗制改革的核心文件中保存的书信见证了教宗与意大利及阿尔卑斯山以北的贵族之间的联系的确立和培养。书信集以胜利昂扬的"在我们的天主耶稣基督的统治下……"为开篇，在 200 页后逐渐凌乱，这种混乱和疏忽反映了格里高利本人动荡不安的最后岁月。从这些书信中，我们能够看到一系列反复出现的命令、劝解和协商，导向实际和潜在的贵族联盟。

这些联系之中，有一些在格里高利出任教宗之前就存在。例如，在他写给"希望向西班牙出征的君主"的信中，很显然，在他的前任教宗任期内，在教宗和法兰西北部的贵族成员之间已经达成了正式的协议，涉及征服伊比利亚半岛的穆斯林的细节和条件。教宗与"圣彼得挚爱之女"托斯卡纳的比阿特丽斯（Beatrice）和玛蒂尔达（Matilda）之间的联盟和诺曼君主卡普阿的理查（Richard of Capua）对罗马教廷的效忠，同样是前任教宗留下的政治遗产。但是，在这些例子中，格里高利接收了改革派教廷已经取得的成就，为其赋予了新的活力，并将之改变。

罗马与基督教世界的贵族统治者之间联系的建立，并非只源于单方面的意愿。联盟的形成需要对彼此都有利。例如，格里高利在 1073 年 9 月给施瓦本公爵鲁道夫的书信中，在称赞了鲁道夫"对神圣的罗马教会的荣耀的爱"之后，接着提到了鲁道夫写给格里高利的书信，其中的主题是教权与皇权的恰当关系。鲁道夫已经与教宗取得了联系，显然认为教宗的直接沟通会让他有所获得。德意志公爵与推行改革的教宗之间的共同利益的性质，在格里高利的书信的第二部分中得到了暗示。教宗告诉鲁道夫，他对德意志国王亨利四世没有恶意，就像他对其他人没有恶意一样。在如此曲折地表达了他的善意之后，格里高利总结道，他想要与鲁道夫、托斯卡纳的玛蒂尔达和"其他敬畏上帝之人"探讨教权和帝权之间的和谐关系的问题："因此，我们请睿智的您始终努力提升对圣彼得的忠诚，不应耽搁前来他的圣龛祈祷，并将其视为头等大事。"四年之后，鲁道夫在反对亨利四世的叛乱中被推举为国王。虽然格里高利坚持声称自己"不偏袒任何一方，除非是正义青睐的一方"，但他的最终决定是正义属于鲁道夫党。1080 年 3 月，他承认鲁道夫为国王并豁免了他的追随者所有的罪业。早年间表述含混的友谊最终在立君和圣战中结出果实。

阿尔卑斯山南北反对皇帝的显贵、改革派教宗，以及基督教世界边界之内和之外的圣战鼓吹者之间的联系，有时是非常紧密和亲密的。图4中的家族谱系提供了一个例子。在数代人之内和若干次重要的联姻中，我们能看到对抗皇帝的洛林贵族的领袖、致力革新的教宗、格里高利七世的主要意大利支持者、第一次十字军在耶路撒冷取得胜利后选出的统治者。谱系中的每个人物彼此间并不都是朋友或盟友。事实上，全然并非如此。但是，这些人物间的关联象征着一个互相联系的世界。在这个环境中，出征穆斯林、教权与皇权之间的恰当关系和圣彼得的要求常常被放在一起讨论和考虑。正是这个环境催生了改革教宗、挑战了萨利安王朝的统治，并把武装基督徒引向了圣地。这就是芒迪所谓的"欧洲贵族与圣彼得的教座之间的联盟"的意思。

格里高利七世的通信同样可以帮助我们审视改革教宗的地理视野的图景。超过400封的格里高利书信留存至今。表3显示了收信人的分布情况。大多数（约65%）收信人是法兰西、意大利和德意志的主教和其他高级教士。这并不令人惊讶。但是大量的信件是寄给我们已经谈及的那些世俗显贵——后加洛林时代的公爵和伯爵。相比于法兰西和德意志的国王，格里高利给这些显贵写信要频繁得多。在旧加洛林帝国的边界之外，教宗通信的数量急剧缩减：只有少于1/5的格里高利书信的收件人属于那个区域。然而，有些地区，例如波希米亚和英格兰，显然对格里高利的独特风格并不陌生。尤为值得注意的是，寄往"外部区域"的教宗书信几乎都是写给国王及王室成员。尽管写往这些地区的书信

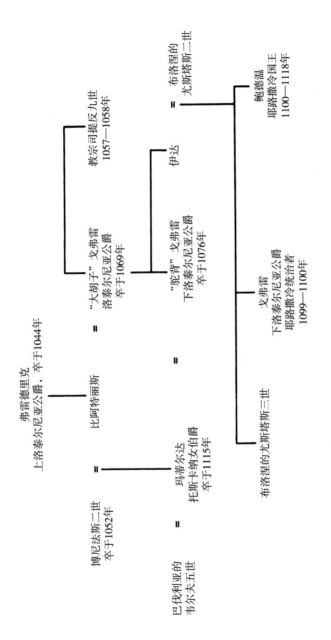

图 4　洛泰尔尼亚家族及其关系网

总数较少，但它们都是写给政治最高层的：爱尔兰、英格兰、丹
麦、挪威、瑞典、波兰、波希米亚、俄罗斯、匈牙利、拜占庭、
塞尔维亚、阿拉贡、纳瓦拉、莱昂甚至北非的穆斯林统治者，都
曾从格里高利那里收到过建议、鼓励或谴责。在法兰西、德意志
和意大利，写给王室家族成员的书信只有总量的3%；在这些地区
之外，这个比例是3/4。

表 3　格里高利七世的书信的接收人

地区	教士	统治者	其他平信徒	总计
法兰西 *	138	2	22	162
意大利	68	0	33	101
德意志	62	8	8	78
波希米亚	4	10	0	14
英格兰	5	9	0	14
西班牙	3	9	0	12
匈牙利	1	7	0	8
丹麦	0	6	0	6
其他	5	9	2	16
总计	**286**	**60**	**65**	**411**

＊包括勃艮第王国。

　　形成这种分布模式的原因有两个。第一个很明显。格里高利
和他的罗马教廷成员对法兰西、意大利和德意志要比对除此之外
的地区更熟悉得多。他们自身就出自意大利或洛林；改革教宗在
1046年之后的经历帮助其与法兰西和意大利的大修道院克吕尼和
卡西诺山（Monte Cassino）建立了紧密的联系；利奥九世精力充

沛的巡行显然把法兰西北部也纳入了教宗的轨道；格里高利本人
的外交和出使经验也使他对阿尔卑斯山和北海之间的地区非常熟
悉。但是，写给这个区域之外的书信收信人主要是国王和君主这
个事实，并不能完全由缺乏具体的地方知识和无力与当地贵族或
教会机构建立直接接触来解释。同样重要的是，尽管意大利、法
兰西和德意志的军事贵族与改革教宗之间建立了天然的联盟，但
在这个地区之外，国王是更好的选择。这有时是因为，基督教化
的进程（比如在瑞典）或与穆斯林的斗争（比如在西班牙）需要
强大的王权领导。在某些国家，如波兰或匈牙利，这些考量被君
主在国内稳固的统治地位所强化。在意大利和法兰西，更加去中
心化的政治局势使教宗自然会去选择与大封建显贵结盟；在北欧
和东欧的新兴基督教君主国，与君主的直接联系更有价值。当然，
在所有这些因素之外，这些距离更遥远的统治者不会对意大利有
统治欲求。

　　格里高利写给这些统治者的书信混杂了牧领建议与对圣彼得
财产权的关注；格里高利的计划的一个方面，是宣称基督教世界
的很多部分事实上是圣彼得和他在尘世的代表，即教宗的财产。
他宣称，匈牙利王国"很久以前就被交给了神圣的罗马教会，作
为后者的财产"。他把俄罗斯王国的统治权转交给了伊贾斯拉夫
（Isjaslaw）之子亚罗波尔克（Iaropolk），后者"作为圣彼得的代
表行事"（ex parte beati Petri）。1079 年，他写信给斯拉夫贵族韦
泽利努斯（Wezelinus），对"你最近向圣彼得和我们承诺效忠，
却背叛了使徒权威确认的达尔马提亚（Dalmatia）国王"表示惊
讶。教宗告知伊比利亚半岛的国王"西班牙王国作为合法的财产
被交付给了圣彼得和神圣的罗马教会"。圣彼得的财产权利最终并

没有在成熟的教宗君主制中扮演重要角色，但我们可以说，它们提供了让车辆动起来的初震。

对罗马权威忠诚的一个标志是崇拜和仪式上的统一，而格里高利是这项事业的积极推动者。例如，他坚持要求，撒丁岛的教士应当"遵守神圣的罗马教会的习俗"并剃去胡须。他宣称，这是"整个西方教会从一开始就采取的做法"，任何拒绝服从的撒丁岛教会人士都应当被没收他的财产。格里高利的能量也指向了更一般的议题，尤其是关于仪礼一致化的问题。他拒绝准许俗语仪礼在波希米亚施行。在西班牙，他更是赢得了极大的胜利：他在那里的罗马化运动最终导致当地废除了穆萨拉布仪礼并引入罗马仪式。[5] 莱昂-卡斯蒂利亚国王阿方索六世的妻子是法兰西人，并与法兰西最具声望的修道院克吕尼有紧密的联系。这位君主倾向于采用比利牛斯山以北的仪礼规范，但尽管如此，"罗马规程进入西班牙"[6] 还是遇到了一些困难。1074 年，教宗格里高利给阿方索和另一位君主纳瓦拉国王桑乔四世（Sancho Ⅳ of Navarre）写信，忙碌地展开了一场鼓气的战役："我劝告你们承认罗马教会为你真正的母亲……接受罗马教会的仪轨和礼拜之法……就像西部和北部的其他王国那样，你们有义务这么做。"[7] 7 年之后，他怀着庆贺之情写道："至高的君主，最亲切的挚爱，你们知道有件事让我非常喜悦——或者说，让仁慈的上帝喜悦，那就是，在你们治下的教会中，你们已经使所有教会之母，也就是神圣的罗马教会的仪轨，以古老的方式被接受和施行。"[8]

格里高利的通信远达俄罗斯、非洲、亚美尼亚、波兰和爱尔兰，显示了罗马教宗在重新定义了自身的性质和扩张了自己的视野后的影响力是多么广泛。事实上，新的干涉主义的教宗的影响力，充分体现在其交流与权威的渠道的使用频率和范围的提升上，包括教宗使节、书信和宗教会议。[9]最早视察伊比利亚半岛的教宗使节是休·坎迪德斯（Hugh Candidus）。1065 年，坎迪德斯被一位教宗派遣到那里去确认，"在西班牙，大公教会的信仰的统一性有所削弱，几乎所有人都背离了教会纪律和神圣奥义的崇拜"。[10]正如我们已经看到的，格里高利七世向西班牙写了 12 封书信。他的继任者继续与这个地区维持了定期的接触，但要等到再下一个留存下来的教宗书信集，即英诺森三世（1198—1216 年在位）的书信集，我们才会看到送往西班牙的改革教宗的信件是多么频繁：在出任教宗的 16 年间，英诺森向西班牙发送的信件超过 400 封。[11]

在凯尔特国家和东欧，11 世纪末和 12 世纪初标志着与罗马的定期性接触的一个新起点。格里高利七世写给"爱尔兰的国王"特洛·奥布莱恩（Turlough O'Brien）的书信是 7 世纪以来第一封留存至今的教宗写给爱尔兰的信件。[12]第一位访问威尔士和苏格兰的教宗使节是 1125 年来到不列颠的克雷马的约翰（John of Crema）。[13]1073 年，格里高利七世给波希米亚公爵写信，感谢他向教宗使节表达的尊敬，但同时威胁那些与教宗的使节作对的人，如布拉格主教。他写道："因为我的前任和你的祖先的疏忽……使徒教座的使节很少被派遣至你的国家，以至你们中有些人觉得这是件新鲜事。"[14]无论格里高利之前的历史如何，教宗使节的存在在中世纪盛期将不再被认为是"新鲜事"。到 13 世纪的头 25 年，每年都有数百封教宗书信被送出；超过 400 名主教前往罗马参加 1215 年的拉特兰会议；教宗使节在英格兰以摄政的身份进行统治，寻求在利沃尼亚建立一个教会政权，并且在战争中率领由雇佣军人组成的军队对抗神圣罗马帝国的皇帝。到这时，我们可以认为宗教实现了格里高利的豪言："这个教座的权威是何等巨大啊。"[15]

基督教世界的概念

因此，大致从 1050 年起，罗马在西部教会中创造了一种新的制度与文化统一性。然而，在这种权威与沟通机制的发展之外，我们还能看到一种更难界定和断代的东西的强化，即一种认同。当然，自皈依的时代开始，自我认同为基督徒，对地中海地区和西欧的民族就十分重要，但在中世纪盛期，这种定义得到了强化并获得了特定的形式。

基督教意味着很多东西，其中之一是一个名称。事实上，在罗马帝国时代，仅仅是基督之名就足以构成迫害的缘由——"光是这个名称就足以构成指控"（nomen in causa est），德尔图良曾这样写道。[16] 在中世纪盛期，"基督之名"这个短语被频繁使用。编年史学家马拉特拉在描述了穆斯林在西西里对基督徒的胜利时，讲述了胜利者如何"为对基督徒之名所遭受的这种屈辱而欢欣雀跃"。[17] 在一封从安条克写来的信中，第一次十字军东征的领袖们把这座城市描述为"基督之名的首要城市"，[18] 暗指那里是基督徒最早被如此称呼的地方。1124 年，当一支由威尼斯人和耶路撒冷王国的人组成的联合军队攻克提尔时，编年史学家提尔的威廉将之描述为"恢复了那里的基督之名"。[19] 非基督徒被认为对这个名称怀有敌意。因此，第一次十字军东征针对的是"基督之名的敌人"，[20] 同样的标签也被加在犹太人的头上。因为有敌人，这个名称需要护卫者。西西里的罗杰伯爵因为他对穆斯林的胜利而闻名于世，被尊称为"基督之名的敌人的悍勇摧毁者"，[21] 而西班牙的圣雅各军事修会（order of St James）的目标正是"为捍卫基督之名而战"。[22]

在这些例子中，"名称"显然在称呼之外有更重大的意义。不过，"基督之名"这个短语的力量是一种标识的力量。通过认同和区分，它为基督教世界的高级教士、君主和编年史家提供了一种自我指涉的方式。当中世纪盛期著名的帝国主义教宗们希望表达他们所主张的权利范围时，他们会明确表示，"基督之名受到尊崇的全部国度都视罗马教会为母"。[23] 就"基督之名受到尊崇的全部国度"这个曲折的说法用来描述教宗权威覆盖的范围而言，在概念上是很精确的。当然，这个世界是由很多民族和地域组成的。

拉丁语中的"姓名"（nomen）还能被翻译成"家族"或"血统"，在某种意义上，"基督徒"这个标签带有一种准族裔的含义。无疑，人们并非生下来就是基督徒，而是通过洗礼成为基督徒的，但大多数出生在中世纪盛期的基督教欧洲的人理所当然会经历洗礼成为基督徒。他们自然会认为自己是基督种族或民族的成员，而非某个特定的信仰者共同体的自愿加入者。正如蒙田所言："基督徒是我们共同的称谓，就像我们是佩里戈尔人（Perigordins）或德意志人。"[24] 这种族裔意义上的"基督徒"在中世纪盛期反复出现，且频率越来越高。"基督教人民"（populus christianus）这个术语也很常见，所指就是一般意义上的"基督徒共同体"；但是，当萨克森人在 800 年前后的几十年中被法兰克人的军队强迫皈依基督教时，对新宗教的接受使他们"仿佛与法兰克人成了一个种族（quasi una gens）"。[25] 发生在新千年的扩张运动把基督徒带去了"基督徒未曾到过的地方",[26] 这种与异教徒共处的新状况加强了基督徒作为一个民族、部族或种族的意涵。他们遭遇了在传统、说话、法律上很不一样的人群,这一群人在他们之中以特权少数的身份立足。信仰差异与族裔认同密不可分地交织在了一起。

例如,1098 年,在第一次十字军东征期间,在十字军攻克安条克之后,耶稣在一次异象中向一位军中的司铎显现。耶稣问他:"进入此城的是哪个种族(quaenam est hec gens)?"[27] 得到的回答是:"基督徒。"格里高利七世提到过"基督种族"(christiana gens),而短语"基督徒的神圣种族"(gens sancta, videlicet Christianorum)出现于德意志编年史家吕贝克的阿诺德(Arnold of Lübeck)笔下。[28] 法语武功歌(chansons)和韵体编年史都提到"基督民族"(la gent cristiane)。[29] 在这些作品之中的《安条克之歌》(La chanson d'Antioche)中,耶稣被描述为被钉在十字架上,向他身边的好小偷解释说"从海的那边会前来一个新民族(novele gent),将会为他们父亲之死复仇"。[30] 基督教的"族裔化"特别明显地体现在 12 世纪法兰西高级教士布尔格伊的博德里(Baudry de Bourgueil)的作品中。博德里在他关于第一次十字军东征的史书的序言中解释说,他试图公平地对待基督徒和异教徒,尽管"我是基督徒,是基督徒祖先的后裔,换句话说,继承了上帝的圣所,并以继承而得的基督信仰的头衔自称"。他接着表示,轻视异教徒的军事能力对勇敢的基督徒来说是不公平的,因为这意味着"我们的种族"(genus nostrum)是在与"一个不善战的种族"(gens imbellis)作战。[31]

这些例子表明,拉丁基督徒在中世纪盛期的扩张过程中遭

遇外民族时，使用宗族和血统的术语描述他们的集体认同。他们
所遭遇的一些异族也如此看。方济各会传教士卢布鲁克的威廉
（William of Rubruck）写道："基督教世界之名在他们［蒙古人］
看来像是某个特定的种族之名。"[32] 与这种"种族化"趋向同时出
现的是对地域而非血统的强调。基督徒是一个民族或一个种族；
他们因此又可以以地理区划来描述自己的领土和地区。称呼这片
基督徒的土地的最常用术语是基督教世界。[33] 值得注意的是，一
方面，这个词在 11 世纪晚期的使用突然增多；另一方面，这个词
的语义范围逐渐从一种抽象概念转而越发具有领土意义。

　　Christianitas 一词有一段很长的历史。中世纪早期时，这个词
的一般意义是"基督教信仰""使人成为基督徒的信仰"，但这个
概念逐渐具有了地域色彩。当格里高利七世给德意志主教们写信
提醒他们注意"对你的人民、德意志的王国，甚至直到基督教世
界的边界（fines Christianitatis）"的危险，[34] 而他所谓的"基督
教世界"显然具有地理特征。与此类似，路易七世对教士们的慷
慨把他们从"基督教世界的各个角落"吸引到了巴黎；[35] 对第三
次十字军东征的热忱到达"诺曼底和法兰西，乃至整个基督教世
界"；1245 年的里昂会议聚集了"从几乎整个基督教世界的各处
而来"的高级教士。这些例子显示，基督教世界被视为寰宇的一
个特定部分，一块以它的宗教为特征的地域——"基督之名受到
尊崇的全部国度"。

　　当被用来描述边界向外族领地扩张的地区时，"基督教世界"
这个词含有最鲜明的地域意味。当然，拉丁基督教世界在中世纪
盛期的大规模扩张可以用很多不同的方式加以表达，如"基督教
人民在数量和成就上的增长"，[36] 但物理性的扩展和扩大的意象最

常用。在各条战线上——大战略的暗示在这里完全适用——相同的名词和动词常常出现在书信、令状和编年史之中。在西西里，罗杰伯爵"在撒拉森人统治的地方，大大地扩张了（dilatavit）上帝的教会"；在位于伊比利亚半岛中央的基督徒与穆斯林的边境上，一名虔诚的卡斯蒂利亚贵族为"基督信仰边界的扩张（dilatio）"而努力；在普鲁士，条顿骑士团发动战役"意图扩张（ad dilatandum）基督徒的边界"。这个用词最适合的语境当然非十字军莫属。著名的十字军通谕谈到了"为了在那些地区传播（dilatare）基督之名"而热忱奋斗的十字军，而教宗使节在战前祈祷说上帝会"扩大（dilataret）基督和教会的王国，从这片海到那片海"。[37]

使扩张成为这种提升认同的过程的，是一种准族裔的领土实体与其他领土实体的遭遇。认为自己生活在基督教世界的人们清楚地知道，外面的世界并非基督教世界。二元化的成对词汇由此出现，把基督徒和基督教世界与其定义的反面相对立。受 1096 年向耶路撒冷的十字军远征的前景的感召，诺曼人统治下的西西里的年轻武士们"起誓说，他们将不再进攻基督之名的土地（fines christiani nominis），直到他们攻入异教徒的土地（paganorum fines）"。[38] 这个简单的例子显示了一种塑造了 11—13 世纪的思想地理的全方位的地域性的二分。从抽象的"基督教世界"的概念，进而申发了其镜像："异教世界"（heathendom）。圣地中未被基督徒征服的海法（Haifa）构成了"整个异教世界（paganismus）的首脑和荣耀"；不够积极的拜占庭皇帝曼努埃尔·科穆宁（Manuel Comnenus）被指责"巩固了异教世界"；关于第三次十字军东征，诺曼吟游诗人安布鲁瓦兹写道："最好的土耳其人能够在异教世界（paenie）中找到。"[39] 整个寰宇被视为宗教性－领土性区域之间交锋的战场。例如，1099 年攻陷耶路撒冷根本上并不是参与其中的西方领袖的胜利时刻，也并不仅仅是对法兰克人是天选民族的印证，而首先被认为是"异教被削弱、基督教得到巩固的一天"。[40] 攻克这座城市的重要意义需要在善恶帝国在此世的交战这个大背景下方能理解。因此，基督教欧洲的居民越发自视为居住在寰宇内被称作"基督教世界"的那一部分区域之中，设想了一个在其周围、与其敌对的"异教世界"，并将基督教世界的扩张或延展视为值得赞美和可以期待的目标。耶稣不仅是"基督之名的始发之人"，也是"扩展基督教世界的传播者"。[41]

在 11—13 世纪开始重新认识自身的基督教世界，并不是君士坦丁的基督教世界，而是一个绝对西方的或拉丁的基督教世界。中世纪盛期的希腊教会和拉丁教会当然有着共同的渊源，即使徒时代和早期中古时代的教会。在地中海地区，两者之间原本没有绝对的鸿沟。尽管东部的宗主教区和罗马教会之间的确存在着司法边界，这个边界并不总是和仪式的地理分布重合，也并非一成不变。尤其在巴尔干地区和意大利南部，拉丁仪式和教宗领衔的世界逐渐滑入东地中海各色的仪式和含混的教阶体系，权威和崇拜仪式的分布格局极为复杂且经常变动。然而，在最后的大公会议（680 年、787 年和 869 年）与发生在 1054 年的互相绝罚之间（这个年份传统上被认为是东西教会彻底分裂的日期，尽管这一点已不再被学者普遍接受），东西教会之间的问题变得日益尖锐。权威和崇拜仪式问题交锋的一个战场是地中海世界，在那里，罗马教宗、君士坦丁牧首和拜占庭皇帝召开宗教会议、交换书信并最终彼此谴责。另一个战场是北欧和东欧开展新的传教活动的世界。在地中海盆地，长达数世纪的接触和共同的传统抵消了萌生的敌意和差异，有时也遮蔽了某些选择。选择在传教区域要更为明显。在那里，新生的基督教共同体不得不在希腊或拉丁世界的做法和指引之间做抉择。在希腊–罗马的古老城市中悬而未决或含混不清的问题，清楚明白地展现了蛮族国王的面前。

从 9 世纪开始，在巴尔干地区和东欧，拉丁和希腊传教士就开始彼此接触并常常发生冲突。如我们在第 1 章中看到的君士坦丁与梅笃丢斯那样的例子，围绕仪礼统一和教会权威的双重议题展开。某些君主或某些民族选择罗马，另外一些选择希腊教会，这决定了未来欧洲的文化形态。俄罗斯人选择了东方教会，波兰人和马扎尔人选择了西方教会。欧洲基督教世界开始缓慢出现裂隙。这一发展的最终阶段发生在 13—14 世纪的波罗的海海岸。在那里，当德意志基督徒和斯堪的纳维亚基督徒逐步在波罗的海东岸立足，他们与俄罗斯人发生了接触，后者被认为"遵从希腊人的仪式，非难拉丁的洗礼仪式并对之怀有敌意，不能遵守圣节和法定的斋戒，解除新的皈依者之间结成的婚姻"。这种"傲慢"和"分裂"是不能妥协的。教宗何诺三世（Pope Honorius III）在 1222 年写道："我们下令，这些遵从希腊人的仪式，与罗马教会这个首脑分离的俄罗斯人应当被强迫遵守拉丁人的仪式。"[42] 希腊教会与拉丁教会在地中海盆地的冲突可以上溯多个世纪；如今，作为拉丁基督教世界在中世纪盛期扩张的结果，新的希腊–拉丁边境得以形成。这个遵守两种基督教仪轨的区域，逐渐从南到北形成了全面接触。到 13 世纪中叶，罗马和希腊教会的追随者在君士坦丁堡发生了军事斗争。"遵守罗马规程的人"[43] 在那里建立了自己的拉丁帝国，在诺夫哥罗德的方向上东抵冰冻的佩普西湖（Lake Peipus）。伴随着 1386 年立陶宛官方的改宗，双方建立了全线的接触：敌对双方如今正面对峙。接触的新层次和仇恨与猜疑的新强度，使拉丁人更加拉丁、希腊人更加希腊。

修道会

支持这种强烈的拉丁基督教认同的制度框架不仅是由重获活力的罗马教宗提供的，而且其背后还有一整套新的组织形式，即在 12 世纪出现、13 世纪发展成熟的国际性的修道院。我们这里讨论的时段（950—1350 年），可以分出修道会发展的 4 个阶段，大致分别对应 10—13 世纪的 4 个世纪。第一个阶段是在 10 世纪。大部分修道院遵从共同的基本修道规章《本笃章程》。《本笃章程》规定了经营修道院的细节，同时提供了修道生活的理论和实现途径。每座修道院都彼此独立，院长是修道院内部的至高权威，修士理论上应待在他们正式发誓修道的修道院。本笃修士的修道生活受到大量的土地捐赠的支持，包括村庄和田地，为修士提供维持衣食所需的产品和地租，为他们的恢宏的建筑、服饰、书籍和装潢提供经济支持。更大的本笃修道院是欧洲最富有的公司。

西方修道组织下一个阶段的标志是 10 世纪时出现的一次重大创新，但直到 11 世纪晚期才到达顶峰。这就是勃艮第的克吕尼修道院。在克吕尼的系统中，不同的修道院之间有两种形式的纽带。较为紧密的纽带存在于克吕尼修道院与其附属修道院（priories）之间。这些附属修道院的领导由克吕尼修道院的院长任命并可以由他免职。理论上，这些修道院的修士是克吕尼的修士，并在母院发誓修道。另一种要松散得多的纽带存在于克吕尼和遵从其特定的修道生活方式和管理规制，但并无隶属关系的修道院之间。很多修道院结成了一种societas，即一种形式的兄弟会，彼此有互相祈祷的义务。因此，尽管克吕尼旗下的修道院彼此结合，但对附属修道院来说，连接的纽带是对克吕尼院长的简单人身依附，不涉及委托、代表或组织内部的明晰结构；对通过兄弟会的形式与克吕尼关联的修道院来说，双方的关联是一种仪礼性的和仪式性的纽带，不涉及司法性的从属关系。与独立的本笃修会一样，克吕尼旗下的修会需要大量的土地捐赠来支持他们的修道生活。

在11世纪繁荣昌盛的克吕尼与在12世纪勃兴的熙笃修道会之间存在着一系列的反差。克吕尼的地理分布很有局限性。例如，德意志鲜有克吕尼的附属修道院。而熙笃会的修道院，在其最初的50年时间里，从位于勃艮第的熙笃母院和它的4个附属修道院——拉费泰（La Ferté）、蓬蒂尼（Pontigny）、明谷（Clairvaux）和毛立蒙（Morimond）——散播到远至爱尔兰、挪威和西班牙西北部的各国："熙笃修道院的根生长出了这4个分支；从它们之中生长出了整个修会。上帝使修会遍布世界各处，修道院数量增长，德行提升。"[44]

克吕尼的修会系统在制度上相对粗糙，依赖的仅仅是对克吕尼院长的从属；熙笃修会则发展出了一套精致的附属、委托和代表体系，确保信息和命令能够在修会内顺利传达。最核心的原则是从属关系。每座熙笃会的修道院由另一座创建并从属于它，这种从属链条最终一直导向熙笃修道院本身。与独立的本笃修道院形成对比的是，这里存在着一个权威结构；与克吕尼体系形成对比的是，这个结构是通过委托实现的；母院会监督子院，这使修会的首脑无须总揽一切。同时存在中央制度：理论上，每年都会举行修道院长集会，通过通行立法。如果克吕尼意图成为一个祈祷联合会，熙笃会更像是一个行政网络。修会的地理传播很广，在制度上很成熟，为那些要创建新修道院的人提供了清晰的体制模板。熙笃会的发展是惊人的。另一方面，熙笃会依旧保持了院内隐修（claustration）的传统，修士的职责是留在某座修道院之内。同时，熙笃会也需要大量的捐助，常常是土地捐助。因此，熙笃会修道院仍旧需要大量的投资，并坚持人员不流动的原则。

修道主义发展的第四个阶段出现在 13 世纪。其间，熙笃会复杂的组织得到了维持和发展，但人员不流动的原则和对大量投资的需求遭到了抛弃。新的托钵僧修会在整个欧洲和欧洲之外迅速传播。托钵僧修会的组织形态复杂、明晰，具有国际性，同时具备选举和立法元素。与之相结合的是乞讨为生的原则和在城镇的集中分布，这意味着它们在初始阶段可以不依靠捐赠而维持下去。当然，它们最终也开始积攒财富，但常常是以租金和其他城市收入的形式，而非直接获利的地产。革除院内隐修体制意味着，有前途的托钵僧可以被修会派往他们最能发挥自己能力的地方。到 13 世纪中叶，托钵僧修会决意接管巴黎大学，那里聚集了他们的一些主要知识精英，如多明我会的托马斯·阿奎那。一位多明我会的作者讲述了一个故事，描述了熙笃会修士如何对早期托钵僧的人员流动性感到震惊，于是监视年轻的托钵僧，意图揪出他们的过失。在这个故事中，多明我谴责了这些熙笃会修士："你们为什么要监视我的弟子？……我确知我的年轻人将会离开然后回来……而你们的年轻人会被锁在修道院内，却还是会溜出去。"[45] 怨气十足的隐修士在夜间不轨行乐，年轻的多明我会托钵僧到处活动但富有责任感：这种构建出来的对比尽管显然出自门户偏见，却也彰显了修道生活的理想形式在 13 世纪发生转变的真相。

西方修道主义的四个阶段的发展趋势，代表着一种走向更复杂的行政体系和更强的人员流动性的运动，从早期修会的地方主义转向国际性修会更广阔的视野。深度根植于周边地区的早期独立修道院，受到了把修道院远距离联结在一起的体系的补充。12 世纪的新修会，如熙笃会和圣殿骑士团，以及 13 世纪的新修会，如方济各会和多明我会，所拥有的形式和制度特征使它们可以迅速传播，同时，在这一进程中又保持自身的独特性。它们结合了兔子的再生产率和甲壳动物的自足性。新修道院的创建者对于这些修道院既可以适应也可以改造环境满怀自信。在熙笃会出现后的第一个世纪中，其修道院数量就超过了 500 座；而在方济各会出现后的第一个世纪中，修道院数量有 1 400 多座。

地图 12 展示了熙笃修会在东北欧的分布情况，其中最遥远的包括位于距离北极圈不足 200 英里的图特拉（Tuterø）的修道院和位于俄罗斯边境地区的法尔肯瑙（Falkenau）的修道院。扩张的方向显然是从南向北、从西向东。来自邻近地区的修士据点在扩张中扮演了重要角色，例如在挪威的英格兰修士和在波兰部分地区的德意志修士。从属关系与交流的链条把这些修道院与法兰西的著名母院连在一起，尤其是绝大多数东北欧的熙笃修道院的上级毛立蒙修道院。例如，克拉科夫附近的莫吉拉（Mogila）创建于 1222 年，其母院位于西里西亚的利布斯；利布斯修道院的母院位于图林根的普夫达（Pforta）；普夫达修道院的母院位于哈尔茨（Harz）的瓦尔肯里德（Walkenried）；瓦尔肯里德修道院的母院位于下莱茵兰地区的阿尔滕坎普（Altenkamp）；阿尔滕坎普修道院是由毛立蒙修道院于 1123 年创立的。在超过一个世纪的过程中形成了由 6 座修道院组成的链条，从修会的法国东部诞生地向东延伸了超过 500 英里。那些位于葡萄牙、希腊或叙利亚的修道院则是这些新修会宽广的地理视野中更令人惊异的例子。

这种迅速而组织化的发展仰赖于诉诸文字规章的法条的高度清晰和组织的高度国际化。这其中的一个关键因素是发展可复制的模式，这些模式经常在文件中有详尽表述。可复制性意味着可移植性。对熙笃会来说，是模板修道院的可移植性；对托钵僧来说，则是修道会的人员本身的可移植性。国际修会的法令和体制中体现的结构的客观化，与它们的流动性关系很大。凭借这种结构和运动的结合，它们构成了一种传播普遍文化的高效推动力。新的修道会，如熙笃会、军事修会和托钵僧会，都很好地利用了12—13 世纪拉丁基督教世界的扩展。事实上，其中一些修会，如十字军修会和以传教为己任的方济各会，其创会宗旨就是推动这种扩张。在新的边境地区，旧的修道共同体相对没有那么重要。因此，西班牙北部的本笃修道院并没有在再征服运动的过程中有大的发展，统治被征服领土的，是主教教座、军事修会和托钵僧。在波罗的海沿岸，获得了教会权力和教会财富的是十字军修会、熙笃会和多明我会。例如，1236 年，教宗格里高利九世制订计划，要在普鲁士把三位多明我会的托钵僧立为主教。[46] 修道会的新特征使它们可以极为广布，但与此同时，还可以维持作为一种共同文化的承载者的功能。毫不奇怪，是方济各会托钵僧于1254 年在蒙古可汗的廷帐中与穆斯林、佛教徒和异教徒辩论；同

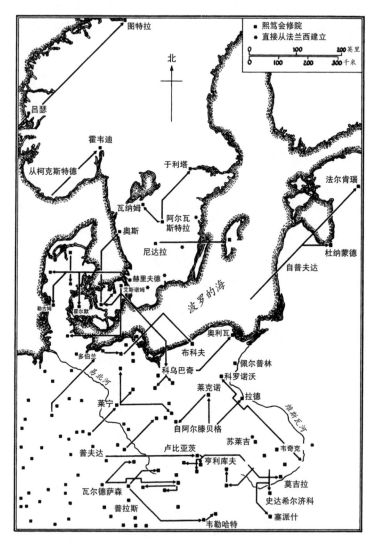

地图 12 东北欧的熙笃会修道院（显示部分隶属关系）

样很自然的是，这位托钵僧把由巴黎神学家彼得·伦巴德（Peter Lombard）撰写的标准神学教科书和"法兰西风格"的圣母的刻像随身带去了离家万里的远方。[47]

十字军

格里高利七世最喜欢的《圣经》圣语是《耶利米书》48：10："禁止刀剑不经血的，必受咒诅。"正是在他和他的继任者的庇护下，圣战的概念和实践成了西方基督徒生活中的一个熟悉而非常重要的部分。如果说教宗提供了领导，基督教世界提供了认同，修道会提供了制度网络，那么，十字军为西方人提供了一种共同的目标。

十字军是"全体基督徒共同的事业"。[48] 作为一项政治和军事事业，十字军得到了西欧贵族、教会和人民几乎无一例外的赞美和广泛的支持。这就是 13 世纪的编年史家马修·帕里斯（Matthew Paris）在解释他的《英格兰人史》为何包含了那么多对十字军的讨论时所说的："在我看来，在以英格兰事务为主题的编年史和历史中……对这场光荣的战争做简短的描述并非跑题，因为在那个时候整个国家和整个教会的处境，乃至大公信仰本身的处境，都取决于十字军东征。"[49] 类似的普世诉求也出现在第一次十字军领袖的笔下。从耶路撒冷传来的捷报鼓动"整个拉丁种族"（gens latina）[50] 欢庆他们的胜利。十字军的这种超民族的品质也令其参与者感到意外。参加了十字军的沙特尔的富尔彻如此问道：

> 谁曾听说过说那么多不同语言的人身处同一支军队？……如果一个布立吞人或德意志人向我询问什么，我是全然无法作答的。不过，尽管被语言分隔，但我们在上帝的爱中就如兄弟和彼此同心的近邻一般。[51]

此处宣称的十字军的国际主义是经过神圣认证的。参与者所佩戴的，并非王朝或民族的徽章，而是基督徒共同的标志，十字架。巴勒斯坦或西班牙的十字军军队是"上帝的军队"（exercitus Dei）。[52] 在 12 世纪的法语史诗中，第一次十字军东征的军队被称为"上帝的部队""耶稣的部队""上帝的同伴""神圣的同伴""耶稣的扈从""上帝的骑士"。[53] 耶路撒冷王国并不单单是又一个王朝政权，而是"神圣的基督教世界的一块新殖民地"。[54] 尽管从一开始，十字军军人之间就常有族裔性和政治性的争吵，但关于十字军的语言和符号是拉丁基督徒共同的遗产；在很大程度上，十字军的现实也是如此。

那些见证了 11 世纪 90 年代事件的人感到难以置信。诺让的吉伯特（Guibert of Nogent）写道："在我们的时代，上帝创造了圣战。"[55] 奥德里克·维塔利斯（Orderic Vitalis）称十字军为"发生在我们时代的未曾预期的转变"。[56] 但是，当 1095—1099 年令人难以置信的事件切实发生时，人们很快就熟悉了它们并将之作为模板用于新的形势。发动了第一次十字军东征的乌尔班二世（Urban Ⅱ）对即将发生的事情并无确切预期。然而，12 世纪时，人们对第一次十字军的情况非常清楚，并且希望能够再度复制这种成功。1147—1149 年的第二次十字军东征的领袖常常比照第一次十字军东征。甚至在其部队在安纳托利亚遭受重创之后，法国国王路易七世还是极为抵触通过海路这个简单的方式结束这次征程:"让我们沿着我们先辈的道路前行,他们无与伦比的勇气为他们赢得了世上的盛名和天堂的荣耀。"[57] 在第四次十字军东征期间,当十字军争论究竟是佛兰德的鲍德温还是蒙费拉的博尼法斯应当成为君士坦丁堡的新拉丁统治者时,他们认为:"如果我们选举这两位声名赫赫之人中的一位做国王,另一位一定会因为嫉妒而带着自己的人离开。我们会因此失去这个地方。就像在耶路撒冷被征服后,他们选举了布永的戈弗雷(Godfrey de Bouillon),结果是圣城差点就被丢掉了。"[58] 1204 年征服了君士坦丁堡的法兰西骑士认为,自己是 1099 年夏天血洗耶路撒冷城的那些法兰西骑士所代表的传统的毫无疑问的继承者。事实上,十字军也会成为某个家族和某个族裔的传统中引以为豪的部分。在法兰克人统治下的希腊,底比斯的统治者,曾是安条克的玛丽(Mary of Antioch)的丈夫的圣奥梅尔的尼古拉斯(Nicholas of St Omer),在底比斯建造了一座城堡,"在城堡内,他在墙上绘上了描绘法兰克人是如何征服叙利亚的"。[59] 类似地,从 1236 年开始成为英格兰王后的埃莉诺(Eleanor)在威斯敏斯特宫(Westminster Palace)有一座安条克风格的内室,饰有描绘第一次十字军东征期间攻克安条克的场景。她的丈夫亨利三世命人在他的内室和城堡绘制了他的伯父"狮心王"理查与萨拉丁作战的场景。廷臣和仆役每次穿过内室时,都能感受到这种视觉冲击,提醒他们十字军运动的中心地位以及十字军的荣耀。[60]

即使是在没那么受到热望的东欧土地上,十字军也可以是一种强有力的组织原则。1108 年,一份以马格德堡教省的主教们和其他东萨克森领袖的口吻拟就的文件,呼吁萨克森的其他地区、洛林和佛兰德的首领，邀请他们加入对抗斯拉夫异教徒的斗争。这封信件的真正作者尚且存疑，但其要旨是很明确的。在复述了异教徒对基督徒犯下的暴行之后，这位作者鼓动萨克森、法兰克尼亚、洛林和佛兰德的教士和修士"效仿高卢人（Gallorum imitatores... estote），在你们的教会中宣告：'把战争神圣化，鼓动那些孔武有力之人！'"这位作者还敦促基督徒武士们：

> 你们所有这些爱基督和教会之人，集结前来，像高卢人那样准备去解放耶路撒冷！我们的耶路撒冷……已经沦为了女奴……上帝用他坚实的臂膀帮助从最西端来到遥远的东方的高卢人战胜了他的敌人；希望他也赋予你意志和力量来降伏我们的邻居，那些惨无人道的异教徒。

这份文件直接诉诸第一次十字军，并尝试利用这段记忆为一个全新的目的服务，即针对易北河以东的斯拉夫异教徒的战争。马格德堡教省变成了"我们的耶路撒冷"；德意志西部和佛兰德的武士被敦促效仿在"遥远的东方"赢得胜利的"高卢人"。[61] 整套的修辞、意象和历史记忆被调用和重新定向。

1108 年的呼吁并没有带来直接的成果。然而，很清楚的是，在十字军攻陷耶路撒冷后的 10 年之内，第一次十字军的事件和意象帮助基督教世界的一个完全不同的地区重塑了战争的性质和意义。丹麦编年史家萨克索·格拉默提克斯（Saxo Grammaticus）写道："每个教省的大公教徒都被下令攻击离他们最近的那部分的蛮族世界。"[62] 圣战出现在东地中海地区、伊比利亚半岛和东欧。发生在东欧的所谓"文德十字军运动"第一次把十字军战争的术语、制度和实践引入了这个区域。从军事意义上看，"文德十字军"收效甚微，但它确立了一个先例。"佩戴［十字架］标志的军队"[63] 已经在易北河以东开战。

在波罗的海地区使用更成熟的十字军制度和意识形态的进一步尝试出现在 1171 年，与在丹麦监理下于爱沙尼亚创立主教教区的努力有关。在那一年，教宗亚历山大三世向斯堪的纳维亚的基督教统治者和人民颁布了一道训谕。在其中，亚历山大巧妙地把对他们的宗教忠诚的赞美，对教宗权威的声明和对支持当地教会的劝勉，与对十字军的呼吁结合在一起。他哀叹"爱沙尼亚［异教徒］……对信仰上帝之民的暴行"，但也感谢上帝"保证你们坚守大公信仰，并对神圣的罗马教会——所有教会的首脑、天主任命的尘世之主、凭借神圣的权威对所有其他教会的统治者——保持忠诚"。教宗敦促斯堪的纳维亚人坚持他们的忠诚和服从，不再实行劫掠，服从教会的高级教士的荣威，并向他们支付什一税和其他应付的赋税。对十字军的承诺出现在了训谕的最后：

> 仰赖上帝的仁慈与使徒彼得和保罗的善功，我们赦免那些拼命而诚心地与这些异教徒作战的人一年内业已告解并为之接受了忏悔圣事的罪业，就像我们对那些寻访天主的圣墓的人所授予的赦免一样；对那些在战斗中牺牲的人，我们免除他们所有的罪业，只要他们曾为之接受了忏悔圣事。[64]

赦免为保卫基督教世界而与异教徒作战的人的罪业，全面赦免在圣战中牺牲之人的罪业：这个方案显然是仿照以圣地为目标的十字军的。这是改革教宗于之前的一个世纪主要在地中海的背景下新发展出的方案，在被运用于距离罗马 1 250 英里之外的东欧战区时，并不仅仅是机械的移植。当十字军被用于波罗的海地区时，教宗借机加强了那里与罗马的联系，强调宗教权威，在物质和心理的两方面支持当地教会。战争的神圣化伴随着作为基督教人民的具体义务。

亚历山大教宗的呼吁似乎并未收到效果，直到一个世纪之后，爱沙尼亚才皈依基督教并被征服。然而，一旦被引入了波罗的海地区，十字军的运作方式注定会有一个闪亮而血腥的未来。12 世纪 80 年代，传教性质的主教教区在利沃尼亚被创立，一部分当地人也皈依了基督教。这意味着，在波罗的海沿岸的核心地区如今已经出现了新生而脆弱的教会，极有可能需要基督徒军队的捍卫和保护。1199 年，最名副其实的十字军教宗、英诺森三世（Innocent Ⅲ）善于因地制宜、花样翻新地运用十字军这个手段。他号召萨克森人"为了赦免你们的罪业，以上帝的军队之名，站起来有力而勇敢地为这里［利沃尼亚］的基督徒作战"。[65] 的确有十字军奔赴利沃尼亚，但其结果是彻底的军事灾难。利沃尼亚主教本人也被杀害。他的继任者布克斯特胡德的阿尔伯特（Albert of Buxtehude）最终使基督教在利沃尼亚扎根，他所选择的主要手段之一是十字军运动中产生的最独特的体制：军事修会。

圣殿骑士团、医院骑士团和条顿骑士团这样的十字军军事修会的成功部分源自其不可思议的本质。这些军事修会富有活力的理念混合了诸多矛盾因素。11 世纪的骑士是暴力、贪得无厌、不守规矩和欲壑难填的。11 世纪的修士致力于和平、清贫、服从和守贞。从这些截然相反的品质中诞生了 12 世纪的十字军修会：清贫、守贞而服从的骑士，作战的修士。这种攻击性和自制性的结合具有巨大的吸引力，这些修会很快就成了基督教世界最富裕和最有声望的团体。它们是 11—12 世纪特有的基督教军事化最有力、最持久的制度成果。

圣殿骑士团是被其他军事修会当作模板的军事修会。1118 年，一名来自香槟的骑士雨果·德·帕英（Hugh de Payns）创建了圣殿骑士团。他曾承担过保护朝圣者从地中海港口雅法（Jaffa）前往耶路撒冷的任务。国王鲍德温二世把耶路撒冷城中一座位于圣殿围墙之内的居所授予他们。这使他们得名"基督和所罗门圣殿的贫苦骑士兄弟"。[66] 他们的会规中就如此称呼他们。从 12 世纪中叶回望，一名西方编年史家用下述文字来描述他们："在这个时候，耶路撒冷出现了一种新型骑士……他们像修士一样生活，坚守贞洁，在家中和出征时维持纪律，进食时保持沉默，分享一切，但拿起武器与异教徒作战，并得到了极大的扩张。"[67] "新型骑士……得到了极大的扩张"的原因之一是，当时的修道英杰明谷的伯纳德（Bernard of Clairvaux）把圣殿骑士团置于自己的羽翼之下。1128 年的特鲁瓦会议（Council of Troyes）确认了圣殿骑士团的规章之后，不久，伯纳德撰文讴歌这种"新型骑士"：

> 　　一种新型骑士已经出现的消息传遍了寰宇……我说这是一种之前的世代所没有的新型骑士，是因为他们进行着永不休止的双重战役，既对战肉和血，也对战天上的恶灵……
>
> 　　基督的骑士怀着平静的心情为他们的天主作战，既不担心杀死敌人的罪业，也不恐惧自己死亡的危险，因为为了基督杀人和被杀并非罪过，而是会赢得很大的荣耀……我说，基督的骑士怀着平静的心情杀人，自己面临死亡时心情甚至

更为平静……基督徒在异教徒的死亡中获得了荣耀，因为他荣耀了基督。[68]

圣殿骑士团所获得的极大成功，既体现为成员数量和财富的增长，也体现为它成了其他十字军修会的模板。例如，医院骑士团（又称"圣约翰的骑士"），起源于第一次十字军东征期间致力于照顾病患的群体。因此，它比圣殿骑士团要更加历史悠久。但它在12世纪的军事化是受到了圣殿骑士团的影响的。创建于12世纪90年代的条顿骑士团明显借用了圣殿骑士团的会规。第一支西班牙的军事修会卡拉特拉瓦的例子显示了，圣殿骑士团的影响甚至也存在于性质不同的新团体的生成中。1147年，卡斯蒂利亚国王阿方索七世从穆斯林手中征服了卡拉特拉瓦，并将之交托给了圣殿骑士团。在卡拉特拉瓦受到军事威胁时，圣殿骑士团认为无力抵御，于是把它交还给了卡斯蒂利亚王国。在这个时候，熙笃会的菲特罗（Fitero）修道院院长雷蒙德和一名他手下曾是骑士的修士迭戈·委拉斯开兹（Diego Velázquez）提出要出面保卫卡拉特拉瓦。托莱多大主教在布道中承诺赦免参与保卫卡拉特拉瓦的基督徒的罪业，形成的新兄弟会遵守熙笃会会规。1164年，新团体获得了教宗的认可：

我们把卡拉特拉瓦这个地方纳入我们和圣彼得的保护……我们确认我们的爱子、那里的修道院长和熙笃会的兄弟所做的安排，你们应当坚定地为他们的修会服务，佩戴骑士的武装，勇敢地与撒拉森人作战，保卫该地。[69]

受到曾受熙笃会扶植的圣殿骑士团的模式的感召，这位熙笃会的前骑士创造出一个地方性的、最初是微型的复制品。

军事修会在 1200 年时已经极端富有并在整个拉丁基督教世界拥有地产。像康诺特的坦普尔府（Teach Temple）、东德意志的滕珀尔霍夫（Tempelhof）和伊比利亚半岛的坦普洛·德·韦斯卡（Templo de Huesca），这样的地名提醒我们圣殿骑士团的修会曾分布得多么广泛。伦敦和巴黎的骑士团圣殿成了重要的财政中心。在圣地，防卫的重任主要落在了这些修会的肩上。1187 年在哈丁彻底击败基督徒之后，萨拉丁以残酷的方式向圣殿骑士团和医院骑士团表达了敬意。骑士团成员遭到了围捕和斩首。伊本·艾西尔（Ibn al-Athīr）解释说："他专门下令将这些人处死，因为在所有法兰克武士中，他们是最勇悍的。"[70]

因此，当主教阿尔伯特计划在利沃尼亚创建一个十字军修会时，这种做法的传统已经长达一个世纪之久。阿尔伯特的创新之处在于，他促生了历史上第一个成功的"修会国家"（Order State），即一个在十字军修会统治之下的政权。这一发展在早些时候已有迹象。1131 年，阿拉贡国王在遗嘱中将他的王国赠给了圣殿骑士团，但这份遗嘱并没有实际奏效。[71]同一个世纪的晚些时候，即 12 世纪 90 年代初期，塞浦路斯曾短暂地落入了圣殿骑士团之手。然而，利沃尼亚是第一个得以持续存在的修会国家。主教爱尔伯特于 1202 年创立的宝剑骑士团，在 1207 年之时，已经获得了新殖民地 1/3 的土地——"第一个修会国家由此出现"。[72]宝剑骑士团是职业的神圣武士的缩影。他们的规章受圣殿骑士团会规的启发，象征符号是十字架和剑。他们如今成了这片土地的领主。1210 年，里加主教和宝剑骑士团就两者的领土关系达成了协议。骑士团将从主教那里持有利沃尼亚和蕾蒂夏（Lettia）1/3的土地，不需要提供任何的临时服务，而他们将永远保卫这片地区免于异教徒的进攻。他们和他们的司铎不向主教缴纳什一税，尽管他们的佃农须向地方教会缴纳什一税，而税额总数的1/4将归于主教。修会还拥有决定堂区教会职务人选的权利。[73]

共同统治的原则始终是波罗的海地区的征服国家中主教与军事修会之间关系的主轴之一，但在条顿骑士团登上舞台之后，这种平衡严重地向军事修会的方向倾斜。他们在波兰获得了一个基地来与普鲁士异教徒作战。从1230年开始，从他们在托伦（Toruń /Thorn）和海乌姆诺的中心向外拓张，他们缓慢地建立了一块新的统治领地，基督教普鲁士。1237年，他们吞并了宝剑骑士团。整个波罗的海东部海岸如今都落入了一个大型十字军修会的手中。一个基于圣战的大型军事和政治体制作为中世纪盛期变得更具侵略性的基督教的产物，是完全合适的。同样很有特点的是，这个体制不是王朝制的。和其他的国际性修会一样，十字军修会拥有选举官员和官僚程序。伊斯兰极端主义组织阿萨辛派（Assassins）独特的政治策略，如同其名称所暗示的，是暗杀。根据茹安维尔的记述，他们甚至不打算暗杀圣殿骑士团和医院骑士团的团长，因为即便成功，继任者即刻就会就位。谋杀一位国王或君主很可能会使军队和王国陷入完全的混乱，但与此不同的是，在十字军修会高级官员的背后是一个理性化和制度化的程序，一名可以胜任的成年男性武士可以通过这个程序取代另一人。

十字军整合了基督教世界，而修会可能是其最坚不可摧的国际创造物。尽管存在一定的民族色彩（在西班牙军事修会的例子中尤为明显），修道骑士有着开阔的视野。卡拉特拉瓦修会在位于维斯瓦河下游的提莫（Thymau / Tymawa）获得了地产，条顿骑士团在塔霍河畔的西佳莱斯（Higares）拥有土地。[74] 其结果之一是资本在基督教世界迅速和大范围的流动。梅克伦堡公爵亨利·鲍尔温二世（Henry Borwin Ⅱ of Mecklenburg）授予医院骑士团米罗湖（Lake Mirow）周边 60 块份地，意味着梅克伦堡地产的收入如今汇入了十字军修会这种"泛拉丁基督教"的机构之中，最终被用来支持保卫圣地等目的。[75] 另一份梅克伦堡的文件更犀利地揭示了这个地区是如何被纳入拉丁基督教的国际网络之中的。1289 年，在埃尔福特（Erfurt）的方济各会修道院，梅克伦堡领主从条顿骑士团的总团长那里收到 296 马克。他的父亲梅克伦堡的亨利在自己于阿卡被撒拉森人俘虏前曾把这笔钱寄存在骑士团那里。[76] 在这个例子中，十字军修会在其军事外表下同样扮演着国际银行家的角色，在基督教世界中疏导着现金流。这次交易的重要意义还表现为，梅克伦堡的亨利本人其实是斯拉夫异教徒君主的后代。他的祖先在 12 世纪中叶时可不是十字军，而是十字军运动的打击目标。他的先人如果泉下有知，大概会诧异于他的后代居然会佩戴着十字架被撒拉森人俘虏。这些例子表明，在这个历史时期发生了何等巨大的人力和资源的重新布局，把遥远的异教地区的人和财富纳入拉丁基督教世界的核心事业中。例如，1219 年，新成立刚满一代人时间的里加教省的教士已经开始为以达米埃塔为目标的战役出力。教宗和拉丁教会活动的国际舞台在 11—13 世纪持续扩张。先前彼此几乎没有联系的地区如今以一种意想不到的方式被结合到了一处：用利沃尼亚的贸易和农业中产生的利润资助针对埃及的战事，就是这种联系的一个例证。

第 11 章

欧洲的欧洲化

当我们通过书写的力量使我们自己时代的作为永存于世时，我们避免了很多严重的不便。[1]

"欧洲的欧洲化"这个短语可能最初听上去有点悖谬。然而，略加反思之后就会发现，这个说法是对复杂进程中多样性的有效简称。比照用于描述战后欧洲的类似术语"美国化"，那些互相关联的历史趋势的维度就会显而易见：从军事占领轮廓明确但效果有限的影响，到更松散但也更广泛的文化和社会效仿，再到趋同发展的普遍论题。此外，从类比中也可以看出，所谓"美国化"和"欧洲化"并不总是意味着进程背后是严格的地理意义上的"欧洲"或"美国"。"美国化"概念中的"美国"并非严格意义上的地理概念，而是一种建构。类似地，"欧洲"也是一种建构，是一个统指共享了某些元素的一系列社会的意象。"欧洲的欧洲化"这个短语意在突出，在中世纪盛期的历史进程中，这些共享的元素和共享的范围发生了戏剧性的变化。

我们说欧洲是一个建构，意思并不是说它是一种纯然隐喻性的生造概念。在一种特别的文化通过征服和影响得到传播的意义上，欧洲的欧洲化的核心区域是欧洲大陆的一个部分，即法兰西、易北河以西的德意志和意大利北部。查理曼的法兰克帝国是这些地区的共同历史。在某种意义上，欧洲的文化同质化是本书先前章节中所描述的法兰克军事霸权的产物。扩张性的军事征伐从西欧的这个部分向四方发动，到 1300 年时，这些战事在拉丁基督教世界的边缘地带创造了一系列的征服政权。我们很容易仅仅从军事角度看待这种扩张运动，但与更单纯的军事征服故事相互交织的文化变革的进程同样重要，而且，这种文化变革并不仅仅是军事征服的产物。

事实上，值得注意的是，当中世纪的历史学家使用"欧洲化"这个词时所涉及的地区往往都是那些中世纪盛期时在没有外族入侵或征服的压力下经历了文化和社会转型的区域。匈牙利历史学家福杰迪（Fügedi）写道："我们依旧认为，匈牙利在 12—13 世纪被欧洲化（europäisiert）了。"[2] 莱昂-卡斯蒂利亚国王阿方索六世，这位活跃在后加洛林时代的欧洲另一侧的伊比利亚半岛的统治者，被学者描述为"急于把他的领土欧洲化"，他所推行的一部分政策是"对仪礼的欧洲化"。[3] 这个词也出现在对 12 世纪爱尔兰的"现代化"君主的讨论中。[4] 如果仅仅从地理的角度看，这种用法当然是不准确甚至没有意义的，因为爱尔兰、西班牙和匈牙利在地理意义上都被界定为欧洲大陆的一部分。这个概念的价值在于这样一种预设：中心位于旧法兰克地区的某种文化和社会形态——泛泛而言，文化和社会这两个层面的实际区分并不大——就其性质而言是拉丁和基督教的，但并不等同于拉丁基督教世界。这种文化-社会形态具有某些特定的社会和文化特征，在中世纪盛期向周边地区扩张，并在扩张的过程中不断变化。这一章的主题就是关于这种社会和文化特征的一些元素。

圣徒与名字

圣徒和名字是密切相关的话题。父母或其他负责给孩子取名的人常常会倾向于选择那些对他们来说特别重要的圣徒的名字。据称，中世纪的波希米亚人习惯于"孩子在哪位圣徒的纪念日出生，就以哪位圣徒起名"。[5] 就不同地区和时代流行度的差别而言，圣徒的情况和名字的情况常常是重合的。

在中世纪早期，绝大多数欧洲地区的姓名库都是高度地方化的。因此，只需要寥寥几个人名，就可以轻易分辨出他们出自哪个地区或族裔群体。日耳曼贵族的命名系统十分独特，以至我们甚至可以凭借姓名判断家族。作为一种掩盖自己外来者身份的策略，从一种语言或文化世界永久移居到另外一个世界的人会迫于压力给自己取一个新名字。例如，在1085年到达诺曼底之后，当时还是孩子的奥德里科在被奉献给修道院时被重新命名："我被命名为维塔利斯，取代我原先的英格兰名字。诺曼人觉得奥德里科这个名字很刺耳。"[6] 当贵族妇女嫁入说另一种语言的外族王室时，取新名字是常见的情况。波希米亚公主斯瓦塔瓦（Swatawa）和玛尔科塔（Markéta）分别成了德意志伯爵夫人柳特加尔德（Liutgard）和丹麦王后达格玛（Dagmar）。[7] 英王亨利一世的妻子是"曾经名叫伊迪丝（Edith）的玛蒂尔达"。[8] 姓名与族裔或地方群体的紧密关联可以解释这种外交性的重新命名的压力。

同样强烈的地方主义倾向也体现在圣徒身上。对圣徒的崇拜通常有一个或两个中枢，即他们的主要圣骸的安置地；周边辐射出一个对此圣徒的崇拜相对密集的有限区域，其间很可能有祝献给这位圣徒的教堂、他的次要圣骸，以及用这个圣徒命名的基督徒。一个圣徒崇拜区域向外逐渐过渡到邻近的其他圣徒的崇拜区域。如果一座城镇中的教堂是祝献给查德（Chad）、玛丽和亚格门（Alcmund）的，那这座城市一定位于英格兰中部地区（比如什鲁斯伯里[9]）。这种地区集中的特性甚至也适用于对更有名的圣徒的崇拜。例如，尽管存在着超过 700 座祝献给圣雷米（St Remi）的教堂，但其中 80% 位于崇拜的主要中心兰斯方圆 200 英里之内。[10] 史学家查理·伊古内（Charles Higounet）把以莫洛温时代阿基坦地区的圣徒命名的地点在地图上标识出之后，发现它们极少位于卢瓦尔河、罗讷河和吉伦特河之外。[11]

11—12 世纪，这个高度分割化的世界开始发生改变。姓名和圣徒开始通过系统流通。这有时体现为征服的结果。英格兰提供了这种转变的一个典型案例。1066 年，一直说法语、来自法兰西北部的军队征服了英格兰。在数年之内，这支军队转变为一个土地贵族阶级。说法语的贵族阶级统治着说英语的农民阶级。这两个群体不但语言不同，名字也不一样。尽管诺曼命名法和盎格鲁–撒克逊命名法本质上都是日耳曼系统的，但英格兰和诺曼底之前形成了非常不同的姓名库，很多英格兰人叫埃塞雷德、阿尔弗雷德和爱德华，而很多诺曼人叫威廉、亨利和罗伯特。11 世纪，两个姓名库泾渭分明。姓名基本可以显示族裔出身。12 世纪，这种情况发生了改变。姓名当然是语言文化中最易改变的元素之一，人们有多次选择姓名的机会。看上去，英格兰人选择接受他们的征服者的姓名。一个在 1110 年前后出生于惠特比（Whitby）地区的男孩的故事显示了推动改名的压力。他的父母一开始给他取名托斯蒂格（Tostig），但"在他的年轻同伴嘲笑这个名字时"，[12] 把它改成了典型的诺曼名字威廉。这个进程一开始在高阶教士和市民中发生。例如，伦敦圣保罗教堂的教士团成员约有 30 人。[13] 在 12 世纪初只有一人或两人使用英格兰姓名。农民阶层最终也接受了这个风尚。在诺曼征服一个半世纪后的 1225 年，一份林肯主教的佃农的名单显示了乡村的下层阶级已经接受了他们的领主的名字。名单上有超过 600 人，其中 3/4 共享了 15 个最流行的姓名。同时，名单中 3/4 的姓名是来自诺曼姓名库的。共有 86 个威廉、59 个罗伯特，等等。盎格鲁–撒克逊或盎格鲁–斯堪的纳维亚姓名的人所占比例不足 6%。[14]

英格兰的圣徒比英格兰的姓名的生命力更强。前者在诺曼征服之后的经历与命名法的变迁形成了很好的对比。1066 年完成征服后，诺曼人很快就对英格兰当地的圣徒心怀疑虑和鄙夷。征服把诺曼人从熟悉的圣徒空间带到了另一个不同的圣徒空间，其中的圣徒有着陌生的名字，令人不安。第一位诺曼人坎特伯雷大主教兰弗朗克（Lanfranc）写道："我们周围的英格兰人认定了某些圣徒并加以敬拜，但我有时在脑中细想他们自己对这些圣徒的生平事迹的描述，总是禁不住质疑他们是不是真的够得上被称作圣徒。"[15] 通过把圣艾尔菲吉（St Elphege）和圣邓斯坦（St Dunstan）从坎特伯雷的仪礼中抹除，兰弗朗克将他的疑虑付诸实践。[16] 圣奥尔本斯修道院（abbey of St Albans）的第一任诺曼人修道院长全面摧毁了前征服时代的圣徒圣龛，他认为他的盎格鲁–撒克逊前任都是粗鲁而无知（rudes et idiotas）的。[17] 这种圣徒崇拜的竞争给当地社会带来的紧张在下面这个故事中得到了生

动的呈现。这个故事出自一篇对盎格鲁–撒克逊圣徒埃塞尔伯特
（Ethelbert）的生平和奇迹的记述：

> 　　在这位殉道者［埃塞尔伯特］的教堂所在地的附近住
> 着一个名叫维塔利斯的诺曼人。出于英格兰人和诺曼人之间
> 的天然的巨大恨意，他认为我们的殉道者不值得被尊崇和敬
> 拜。他妻子要去教堂的时候，他让她去另一座教堂履行净化
> 心灵的庄严仪式。她完成了圣事后回到家中。维塔利斯刚好
> 去了一位名叫格迪斯卡尔克（Godiscalc）的非常具有正义感
> 的骑士的家中。这户人家的女主人兰茜儿玛（Lecelma）批
> 评维塔利斯居然胆敢如此蔑视圣艾塞尔伯特的教堂。但维塔
> 利斯精神错乱、几近半疯。他说道："我宁愿让我老婆敬拜
> 我家的牛槽，也不愿让她去敬拜那个你们称作埃塞尔伯特的
> 人。"话音刚落，这个可悲的人就一头栽在地上，在他们面
> 前悲惨地死去了。[18]

　　但征服者的圣徒崇拜也并不总是如此局限。著名的本地教
堂，连同它们对自己的圣徒的经营，在诺曼征服之后的英格兰得
到了遗存。新移入的贵族阶层逐渐成了地方贵族。到 12 世纪后
期，英格兰裔和诺曼裔的基督徒都会崇拜旧圣徒的圣龛。具有
象征性的高潮出现在亨利三世统治时期。亨利本人是法兰西贵
族的后裔。他明确要求要把自己的心脏葬在卢瓦尔河谷的方德
霍（Fontevrault）。但他也是"虔信者"圣爱德华（St Edward the
Confessor）的狂热信徒。爱德华是威塞克斯王室血脉的最后传
人，去世于 1066 年。亨利在威斯敏斯特投入了数千英镑为这位盎

格鲁–撒克逊圣徒以最新的法兰西风格重修圣龛，并在 1239 年把自己的长子命名为爱德华。亨利三世是诺曼征服者中第一位用盎格鲁–撒克逊名字给自己的孩子命名的英国国王。他的案例表明英格兰命名法的诺曼化遭到了一个反向趋势的修正，即迁移而来的法兰西王朝和贵族接纳了对当地圣徒的崇拜。

很显然，在英格兰的例子中，征服传播了征服者语言文化的一个元素，即命名法；而与此同时，也使他们处于不熟悉的圣徒崇拜的影响之下。中世纪盛期的迁徙和新征服常常是这种情况。当英格兰人与威尔士人在爱尔兰定居时，他们也带去了他们的圣徒。在 13 世纪的都柏林，人们在庆祝虔信者圣爱德华的纪念日时点燃了 800 根蜡烛，而圣大卫的纪念日在 14 世纪早期的明斯特成了通行的收租日期。[19] 十字军特别强烈地刺激了这种圣徒移植的发生。一方面，出征的十字军会在旅程中收集圣骸。佛兰德伯爵罗伯特在前往参加第一次十字军东征时途经阿普利亚，获得了"有福的圣母的一些头发……使徒圣马太的圣骸，以及基督的虔信者尼古拉斯，他们的遗体无疑都安葬在阿普利亚"；他把这些圣骸送回到佛兰德他妻子那里。三年多后，从耶路撒冷返回时，"他带回了殉道者圣乔治的手臂，送给了安尚（Anchin）的教会"。[20] 1204 年君士坦丁堡的陷落造成了圣骸的井喷。在随后的一年中，圣骸碎片散落至欧洲的每个角落。另一方面，十字军也把西方的圣徒引入了东方。12 世纪 90 年代，安条克的法兰克人和亚美尼亚人之间就一座礼拜堂究竟该祝献给亚美尼亚圣徒萨尔基斯还是从高卢引入的圣徒普瓦捷的希拉里一事殴斗。[21] 一代之后，为了向英格兰人在 1219 年攻克达米埃塔中所做的贡献致敬，城中的两座清真寺被改成了教堂并被祝献给了他们民族的圣徒"殉道者"

埃德蒙（Edmund the Martyr）和托马斯·贝克特。[22] 在埃及的一座大港口城市建起一位萨福克（Suffolk）圣徒的圣龛，生动地表现了新兴的圣徒国际化趋势。

然而，还有另一个因素使我们的历史图景更为复杂。某些姓名或某些圣徒，通过征服或其他方式，从欧洲的一个部分传播到另一个部分，并不是 12—13 世纪最重要的变化。同时发生的还有命名和圣徒崇拜的模式本身在整个拉丁基督教世界的变迁。在每一处，通行的圣徒和对天主的崇拜的重要性都在提升。使徒圣徒（特别是彼得和约翰），圣母玛利亚，作为圣三位一体、神圣救世主或基督圣体的上帝，作为崇拜对象超越了中世纪早期欧洲地方性的圣龛和圣徒崇拜。例如，在 12 世纪，威尔士的教堂接受通行圣徒，如玛利亚和彼得，作为新增的主保，旨在为他们原先名声不振的地方圣徒加强阵容。[23] 在 13 世纪，在托钵僧到来之后，"对通行圣徒和他们的圣骸的崇拜开始在布列塔尼深深扎根"。[24] 伴随着通行圣徒的地位越发崇高，父母、血亲和司铎开始择取他们的名字给孩童命名，欧洲的命名模式开始趋同。中世纪早期高度地方化的姓名库被更标准的模式取代，通行圣徒的名字在后者中变得越发常见。

中世纪欧洲命名模式可以用变形和合流这两个词来描述。我们可以从两个特定家族的例子中观察这个进程（参见图 5 和图 6 中的谱系表）。第一个是苏格兰王朝，第二个是梅克伦堡的统治者（之前是斯拉夫异教徒阿博德利人的国王）的家谱。前者的详细谱系可以追溯到久远之前的中世纪早期；对于后者，我们只能上溯到一位 12 世纪中叶的祖先（此人与先前的阿博德利人的国王之间可能存在关联，但无法确证）。因此，这两份谱系的绝对年代是

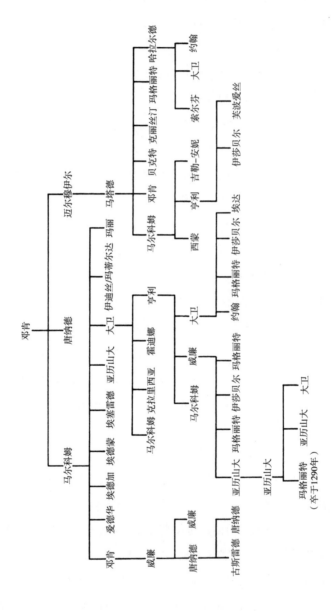

图 5　苏格兰国王邓肯一世（1034—1040 年在位）的后代

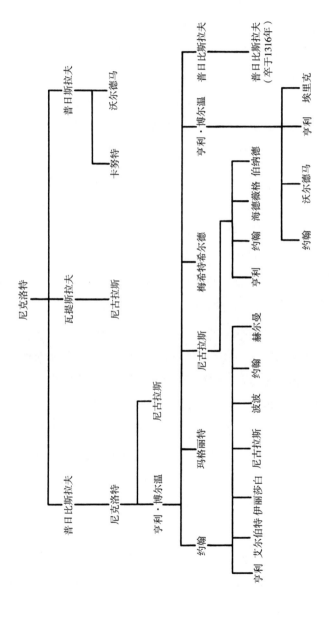

图 6 阿博德利人的统治者（梅克伦堡）尼克洛特（1160 年去世）的后代

不同的，但两者之间的相对年代有着惊人的相似之处。早先几代的姓名都无可争议是地区性的。例如，除了苏格兰，邓肯、马尔科姆和唐纳德这些名字在11世纪欧洲的其他地方是见不到的。类似地，尼克洛特（Niklot）、普日比斯拉夫（Pribislaw）和瓦提斯拉夫（Wartislaw）这些名字确定无疑地表明他们是斯拉夫人。然而，在两个谱系中都存在着某个转折点，在其之后，命名法发生了重大转变。苏格兰的案例出现在11世纪晚期，梅克伦堡则是一个世纪之后。苏格兰王朝在经历了盎格鲁-撒克逊姓名的一个短暂高峰之后，进入了一个非常具有调和性的模式，少有苏格兰姓名。在邓肯一世之后的第五代的所有12个名字中，只有2个是苏格兰姓名（而其中唯一的男性是一名被排除出旁家族支系的持异见者）。梅克伦堡统治者姓名的变化也同等显著。公元1200年之后，他们的姓名选择深受新近引入的德意志文化的影响。在13世纪晚期的一代16人中，只有1人是斯拉夫姓名。

在苏格兰和梅克伦堡的例子中，变化的部分原因是对强大的邻居的单纯文化效仿。威廉和亨利是英格兰的诺曼裔国王的姓名，被苏格兰王室借用；亨利和海德薇格（Hedwig）是重要的德意志统治者和圣徒的姓名，被斯拉夫人借用。因为亨利这个名字的诺曼和德意志传统本身都源于加洛林王朝晚期贵族的命名习惯。我们从这个小例子中可以再次看到，加洛林文化区域对位于其边缘的地区和家族的影响，慢慢把他们引入了其影响范围，甚至在姓名上也是如此。在苏格兰和梅克伦堡的谱系中，同样重要的是通行圣徒的姓名的增多。在先前几代中没有出现的约翰和玛格丽特从1200年前后在两个王朝中都开始出现。第一位被命名为玛格丽特的苏格兰王室成员是国王"狮子"威廉的女儿，出生在1186—

1195 年（尽管阿瑟尔的马塔德［Matad of Atholl］一支的旁系在稍早些时候使用了这个名字命名）。这位玛格丽特显然是根据她的女性先人、绰号"大脑袋"（canmore）的马尔科姆取名的，但玛格丽特这个名字本身就用通行圣徒的名字打破了之前的家族命名模式。梅克伦堡家族第一位叫约翰的人出生于 1211 年左右。在英格兰人和德意志人中，圣徒的名字也在同一时间被用于命名，因此，这对苏格兰和梅克伦堡来说，意味着另一条与邻族趋同的道路。最终的结果是，早先时候苏格兰和梅克伦堡完全独特的姓名库变成了与周边民族及彼此之间相互重合的姓名库。直到 12 世纪晚期，苏格兰的统治者和梅克伦堡的斯拉夫王朝没有共同的姓名；在那之后，某些姓名开始出现在这两个家族中，有些是亨利这样的德意志名字，有些是约翰和玛格丽特这样的圣徒名字。[25]

中世纪晚期时，姓名模式的同质化进程已经高度深化了。例如，在 14 世纪德累斯顿的城市议员中，超过 30% 的议员名叫约翰，超过 24% 的议员名叫尼古拉斯，超过 15% 的议员名叫彼得。将近 70% 的市议员的名字都是这三个名字之一，这清楚地显示了姓名库的收缩；它们不是德意志名字，而是使徒或通行圣徒的名字，则显示了这一时期日益提升的文化统一的结果。[26] 在欧洲各处，新引进的、被自觉使用的基督教姓名侵入了当地的命名实践，构成了单个家族的命名历史的一道裂缝。在被征服的托莱多，某个叫苏莱曼（Suleiman）的人的孙辈叫多明我和约翰；在 12 世纪的威尔士，文献提到"布雷迪之子卡杜根（Cadwgan ap Bleddyn）的儿子的母亲是法兰西人，他被称作亨利"；在梅克伦堡，很多叫亨利的人听上去像是德意志人，但他们的父亲叫普日比斯拉夫（Pribislaw）或普罗什米尔（Plochimir）。[27] 有时候，这两套命名法会在一段时间内维持一种微妙的平衡，就像巴尔（Bar）伯爵的两个儿子叫亨利–海梅（Henry-James）和西奥博尔德–约翰（Theobald-John）："他们既有贵族的名字，又有基督徒的名字。"[28]

证据并不总是清楚分明的。宗教圈的命名是一个特别的例子。在就职格涅兹诺主教（1000 年）和布拉格主教（1197 年）时，捷克人拉迪姆（Radim）和米利奇（Milic）分别改名为高登提乌斯（Gaudentius）和丹尼尔。[29] 在祝圣时选择基督教传统的或《圣经》中的名字似乎是非常容易理解的。更难解释的是在 1126 年接受祝圣的奥洛穆茨（Olomouc, Olmütz）主教的例子："西济克（Zdik）接受了任命，在被任命时，他抛弃了自己的蛮人的名字，从此名叫亨利。"[30] 在这个例子中，新名字并非出自《圣经》，尽管它或许可以被看作是某位圣徒的名字；然而，很明显，"蛮人的名字"被换成了一个德意志名字。特定统治群体的名字的扩张与同时发生的某些圣徒名字的兴盛之间并不总能够轻松地加以分辨。

在苏格兰和梅克伦堡王朝的后几代中，出现了像玛丽、凯瑟琳、约翰和尼古拉斯这样的名字。它们在族裔整合的进程中也起了作用。采用共同的圣经或圣徒名字，而非具有鲜明族裔色彩的名字，是移民在不彻底模仿当地人的情况下降低自身的文化独特性的一种途径。例如，12 世纪开始为匈牙利国王服务、最后以豪霍特（Hahót）王朝闻名的施蒂里亚（Styrian）贵族，最初当然都使用德意志名字。这在数代之后发生了变化（参见表 4）。豪霍特家族最初两代的全部 3 名男性成员都是德意志名字；第三代中，大约一半是德意志名字；第四代中，1/4 是德意志名字；到了第五代，家族的 11 名男性成员中只有 1 人是德意志名字。但这个姓名库中马扎尔化的程度很弱：在后几代的 43 名男性成员中只有 5 人是匈牙利名字（比例为 11.6%）。居于主导地位的是普通的基督教名字，比如约翰和尼古拉斯。选择这种名字会显得既不绝对是外来的，也不绝对是本地的。[31]

表 4　豪霍特家族的命名模式

代	1	2	3	4	5
男性数量	1	2	12	20	11
使用德意志名字的人的数量	1	2	7	5	1
使用匈牙利名字的人的数量	0	0	2	2	1

　　名字库的萎缩和泛基督教名字的流行的最极端形式出现在这一时期从穆斯林和异教徒那里征服的那些欧洲部分。在这些地区，先前的地方圣徒的根系并不存在或十分薄弱，通行圣徒因此得以长驱直入。在原先不信仰基督教的普鲁士和利沃尼亚被基督徒缓慢征服的过程中，十字军为这些被他们新近纳入基督教世界的地区选择的主保是圣母玛利亚，她在所有圣徒中的地方性程度最低。对 1350 年之前普鲁士地区的教堂和礼拜堂的祝献情况的分析表明，其中超过 56% 是献给圣母、天主或使徒的，其余的 44% 是献给流行程度高、地理分布广泛的圣徒，如尼古拉斯、乔治、凯瑟琳和劳伦斯的。被祝献的圣徒很少具有地方色彩。当然，圣尼古拉斯相对接受了较多的祝献（83 座中的 8 座），这是波罗的海沿岸的一个特色。同时，有些圣徒确实与普鲁士之间存在特别的纽带，例如 10 世纪在那里殉道的阿达尔伯特（Adalbert），还有芭芭拉（Barbara），她的头颅在 13 世纪时被条顿骑士团获得。但是，总体而言，为普鲁士教会机构冠名的圣徒并没有显示出特别的地

域色彩。马林韦尔德（Marienwerder）、马林堡（Marienburg）和基督堡（Christburg）这样的普鲁士地名见证了在其边缘地带吸收异教世界的更具普遍主义色彩的新型基督教。[32]

圣母玛利亚崇拜极为流行的另一个地区是再征服运动中的西班牙。不光是在再征服运动中收复的大城市的主教座堂，还包括新定居的村庄中的数十个教堂，都是祝献给玛利亚的。军事修会和熙笃会是这场"圣母玛利亚崇拜的全面胜利"[33] 的积极推动者。类似地，使徒和其他通用圣徒也在伊比利亚半岛受到推崇，使西哥特殉道者圣徒黯然失色。在 1238 年被基督徒收复的巴伦西亚，最先修建的 10 座教堂分别祝献给了神圣的救世主、圣斯蒂芬、圣托马斯、圣安德鲁、圣马丁、圣凯瑟琳、圣尼古拉斯、圣巴塞洛缪、圣劳伦斯和圣彼得。这些祝献对象并没有鲜明的西班牙地方色彩。就此而言，这 10 座教堂的首任领导的姓名与欧洲其他地区也鲜有不同：三位叫彼得，两位叫约翰，两位叫威廉姆斯，一位叫托马斯，一位叫多明我，还有一位的姓名略有地域暗示，叫雷蒙德。[34]

发生在中世纪盛期的命名模式和圣徒崇拜的文化同质化并不是绝对的。在 14 世纪，我们还是可能在名字中识别出不同的模式，以及不同地区所偏爱的特定圣徒。在波罗的海地区的一座德意志城市中，往往有很多叫约翰、亨利、赫尔曼（Hermann）和尼古拉斯的人；而在一座位于法兰西南部的城市中，会有很多人叫彼得、约翰、威廉和雷蒙德。名叫赫尔曼和尼古拉斯的人很可能来自德意志北部，而名叫雷蒙德的人很可能来自法兰西南部。[35] 然而，所有这些名字都并不是某个地区绝对独有的，其他大多数在全欧洲都能见到。10—13 世纪圣徒崇拜和命名法的转变因此并不仅仅是特定的名字和圣徒伴随着征服和殖民化的传播。这种情况当然存在，但是它被另一个同时存在的趋势所涵盖，即命名法和圣徒崇拜的普遍化转向，而并不仅仅是成功的地方模式的传播扩张。正如 12—13 世纪的英格兰农民会使用他们的领主的名字，欧洲人在为他们的孩子择名时，开始偏爱玛利亚和使徒这样的圣徒中的贵族。

钱币与令状

如果从圣徒和名字转向钱币和令状，我们可以看到更明显的传播学图景。在这另外两个构成欧洲总体文化形态独特特征的传播图景中，军事征服在其中的重要性甚至更小。当然，钱币和令状不是被说出来的东西，而是被制作出来的东西，因此无法像名字和祈祷那样自由传播。生产它们需要学习技术。但这种技术确实可以被习得，950—1350 年，会制作钱币和令状的人越来越多，其结果是熟悉便士和皮纸的人越来越多。

银币的铸造技术在欧洲的传播十分缓慢。若干地方都曾独立地探索出了这种技术，但我们还是可以辨识出它的起源并重建它的传播史。查理曼发行的银便士的标准重量约为 1.7 克，盎格鲁-撒克逊国王随后也加以模仿。不同的民族在不同时期开始生产这种银便士。例如，在公元 900 年之前，莱茵河以东没有铸币厂；然而，此后不久，萨克森便开始大规模铸造便士。至少从 10 世纪中叶开始，波希米亚公爵直接效仿英格兰的模板铸造银便士（这时的重量约为 1.2 克）。随后不久，大约从 980 年开始，波兰公爵也采取了相同的举措。改宗基督教后不久就会铸造硬币，这似乎是一个模式。基督教教阶系统在匈牙利的首创和铸币在匈牙利的肇始，都发生在 1000—1001 年。[36] 在丹麦，尽管 9—10 世纪在海泽比（Hedeby）的贸易中心曾铸造过轻型硬币，斯堪的纳维亚最早的王室货币是由自称"赢得了全部丹麦和挪威，并令丹麦人皈依基督教"[37] 的"蓝牙"哈拉尔（Harald Bluetooth，约 985 年去世）发行的。而丹麦最早的重型便士硬币，是由他的儿子"八字胡"斯温（Sweyn Forkbeard，约 985—1014 年在位）发行的。与"八字胡"斯温同时代的挪威国王奥拉夫·特里格瓦松（Olaf Tryggvason）和瑞典国王奥拉夫·舍特科农（Olaf Skӧttkonung）都在各自的国家发行了银币。因此，第一个千禧年见证了从多瑙河中游到波罗的海和北海海岸新铸币厂的勃兴。

并非所有由基督教君主发行的新货币都能得到维持。波兰的货币铸造中断了半个世纪（1020—1070 年），直到波莱斯劳二世恢复了当地的铸币厂。在瑞典，在 1030 年前后，当地货币的中断时间甚至更长，超过了一个世纪。然而，在其他地区，10 世纪发生的铸币革命是决定性的。克努特大帝在丹麦的五个地点，特别是在隆德，铸造了大量的便士，其中一些印有基督教文本。甚至在波兰，在经历了 11 世纪的中断后，铸币活动最终强势恢复。在 11 世纪 70 年代，波列斯瓦夫二世发行了大约 200 万银币（重量约 0.8 克）。

爱尔兰在千禧年前后进入铸币世界的道路相对曲折。997 年，都柏林的挪威国王效仿英格兰模式开始铸造银币，甚至盗取了英格兰钢印投入使用。马恩岛（Man）的统治者在 11 世纪 30 年代也紧随其后。然而，这并不是主要的传统，也并没有维持下去。把铸币有效地引入凯尔特世界的，是 11 世纪晚期和 12 世纪盎格鲁-诺曼人的扩张。在威尔士，截至 1087 年，诺曼征服者在里兹兰、加的夫，可能还有圣戴维斯建立了铸币厂，其他地方也逐渐跟上。在爱尔兰，铸币的体制于 1185 年正式确立，半便士银币以爱尔兰的领主、英王亨利二世之子约翰之名在都柏林发布。[38]在 12 世纪中叶，康诺特或伦斯特的国王可能发行了一些薄片币（bracteates，即厚度很薄、单面印刻的银币），但总体而言，我们可以说，威尔士和爱尔兰的当地统治者并没有建立自己的铸币厂，他们的封臣和属民使用银制货币时，依赖由盎格鲁-诺曼定居者或英格兰王国生产的硬币。

　　尽管苏格兰在 12 世纪早期的情形与爱尔兰或威尔士相似，但铸币事业在那里的发展史与后两者很不一样，因为苏格兰那时没有本土货币，所有的金钱交易用的都是从外输入的英格兰硬币。然而，1140 年前后，苏格兰国王大卫一世开始铸造自己的银便士。同样在这一时期，一些封建领主打破了英格兰王室在发行硬币方面的垄断，但在英格兰王室的权威于 12 世纪 50 年代得到重建后，只有苏格兰国王维持了自己的货币生产。尽管英格兰硬币在边境以北仍然是寻常物品，而且苏格兰便士显然是效仿英格兰便士生产的，但这时候终究是有了印刻有苏格兰国王之名的银币。[39]

　　苏格兰的中世纪历程与其他凯尔特地区或部分受到凯尔特传统影响的地区不同，铸币是其中一个例子。事实上，苏格兰的情况更接近易北河与奥得河之间的西斯拉夫地区。那里的统治者在 12—13 世纪同样自觉地通过鼓励外族移民、授予外族骑士封地，并激烈地推进制度重塑来巩固自己的政权（在西斯拉夫，还包括接受基督教）。在 12 世纪中叶前后，那些被统称为文德人的西斯拉夫部族并没有本土的银币。编年史家黑尔莫尔德观察到，居住在吕根岛的拉尼人（Rani）"没有金钱，在买卖时也不习惯使用硬币，如果你希望在市场上购买什么东西，你就用一块亚麻布来付款"。[40] 西斯拉夫人使用标准尺寸的布匹作为交易的媒介这件事，早在 10 世纪时就被犹太商人易卜拉欣·伊本·雅库布（Ibrahim ibn Jacub）注意到了。[41] 和苏格兰人一样，在 12 世纪的第二个 25 年，易北河以东的斯拉夫人也开始铸造银币。[42] 西斯拉夫的君主们在旧吕贝克、勃兰登堡和克珀尼克（Köpenick）发行以德意志或波希米亚为模板的硬币（参见插图 10 中勃兰登堡的亨利·普日比斯拉夫［Henry Pribislaw］以及克珀尼克的雅克萨［Jacza of Köpenick］发行的硬币）。1170 年左右，波美拉尼亚、梅克伦堡和吕根岛的君主开始在波罗的海南岸的城镇中铸造自己的硬币。13 世纪，在波罗的海东南部和东部建立的德意志殖民中心为整个波罗的海海岸引入了铸币的技术和意识形态。

货币化的进程一旦开始就会得到迅速发展。苏格兰在 1100 年时还没有铸币厂；到了 1300 年，苏格兰铸币总数高达 4 000 万银便士。[43] 和命名模式的情况一样，与转变同时发生的还有趋同之势。欧洲北部和东部的硬币都是以英格兰和德意志出产的硬币为模板的，而后两者从根源上说都是加洛林时代的遗产。非地中海的欧洲地区的银币因此形成了一个可识别的族系。我们可以说，作为物理性的人工制品，12 世纪初的苏格兰便士、斯堪的纳维亚便士和东欧便士可以被认定为彼此的近亲。十字军政权在 12 世纪 40 年代甚至也铸造过法兰克风格的银币，"在那个地区非常与众不同的硬币"，[44] 这需要在西方殖民扩张的背景下才能理解。

在银便士的浪潮席卷欧洲的同时，另一种人工制品也沿着相同的路径传播。这种人工制品就是令状。令状是正式成文的授权文件，常常写在皮纸上并加盖蜡印。中世纪盛期的令状有很多前身，但其中最重要的无疑还是加洛林时代的令状。和便士一样，令状逐渐散布，并进入东欧和北欧。

在新建立文书文化的地区，令状的发展模式通常遵循一定的规律：

（一）关于这一地区最早的文书材料一般是外部权威针对这一区域内的土地或权利的授予。教宗诏书就是常见的例子。

（二）之后是当地教会人士针对这一区域内的土地和权利的授予令状。

（三）下一步出现的是以当地世俗统治者的名义发布的授予令状，但这些文件一般都是由令状接受者准备的，无一例外都是教会、修道院或修道会。

（四）最后是当地的世俗书记处（chancelleries）的出现，通过这个机构来为统治者或显贵的家室发布例行文件。

这个发展流程很好地在波美拉尼亚的斯拉夫君主国中得到了体现。在那里，第一阶段出现在 12 世纪 30 年代，教宗和皇帝开始宣布对波美拉尼亚或其部分地区的处置决定。更关键的时刻是 1140 年独立的波美拉尼亚主教教区的建立，这为第二阶段的发展，即当地的教会人士发布文书，提供了必要的先决条件。教区的首任主教阿达尔伯特（Adalbert）在 1155—1164 年发布了这样一个令状，其内容是对由来自马格德堡附近的贝格（Berg）的修士建立的佩讷河畔的施托尔佩（Stolpe on the Peene）本笃修道院的捐赠的书面确认。令状的开头是："以神圣而不可分割的三位一体之名，蒙上帝之恩宠，波美拉尼亚人的第一位主教阿达尔伯特……"无论是从形式、语言还是内容上来说，这个起笔都宣告了波美拉尼亚历史的一个新时代的开端，以及关于这段历史的新的证据形式的诞生。见证了这份文件的德意志修士们应该对整个流程很熟悉，但对同样作为见证者的"尊贵的平信徒潘泰恩（Panteyen）和多玛茨劳（Domazlau）"来说，鹅毛笔的刮擦声、皮纸的翻卷和热蜡的气味一定是相当新奇的体验。

12世纪五六十年代，关于波美拉尼亚的教宗和皇家文书还在持续发布，同时还有一些由波美拉尼亚主教发布的令状。阿达尔伯特于1159年颁布的令状的原件至少直到二战时还保存在什切青。这份文件如果尚存于世，那就是在波美拉尼亚颁布的现存最早的令状。数年之后，令状的发展开始进入第三阶段。1174年，公爵卡西米尔一世（Casimir I）为达尔贡（Dargun）熙笃修道院颁布了令状。在这份令状中，这位波美拉尼亚君主第一次用第一人称的方式发言，尽管其语调无疑是借鉴来的："我，卡西米尔，代明地区（Demmin）的人和波美拉尼亚人的君主。"[45]这份令状附有现存最古老的波美拉尼亚公爵的蜡印。从12世纪70年代开始，以波美拉尼亚公爵的名义颁布的令状，连同教宗、皇帝和波美拉尼亚主教颁布的文件，被定期发布。例如，现存的博吉斯拉夫二世（Bogislaw II，1220年去世）的令状的发布年份包括1187年、1191—1194年（以上两份都是他幼年时发布的）、1200—1208年（两份）、1208年、1212—1213年（两份）、1214年（两份）、1216年、1218年（两份）和1219年（两份）。也就是说，在他作为成年人统治的20多年间，发布令状的总数至少是12份。

这些文件很可能都是由令状接受者制作的。一个明确的例子是博吉斯拉夫二世的叔父的一份令状，受益人是科尔巴茨（Kolbacz）修道院。令状中有条款表示"这些经由埃伯哈德（Eberhard）修道院长大人之手写下"。[46]第四阶段，即公爵书记处，在瓦提斯拉夫三世（Wartislaw Ⅲ，1264 年去世）统治期间已经出现。

因此，在 12 世纪早期和 13 世纪晚期之间，波美拉尼亚从一个没有文字和文书的地区转变成了一个存在书记处的世界。在其强大的西部邻国中盛行的拉丁书面文字、文书思维和官僚组织，构成了波美拉尼亚重塑官方实践的模板。在这个意义上，波美拉尼亚的经验并不特殊。西里西亚的基督教化尽管比波美拉尼亚要早很多，但那里的第一份本土文件直到 1139 年才出现，第一份世俗令状的出现时间是 1175 年，第一个书记处在 1240 年才出现。[47]在凯尔特诸国，书写记录的传统在中世纪早期就有，但 11 世纪晚期和 12 世纪见证了新的加洛林模式的引入，以及令状生产的增加。[48]1100 年前后，苏格兰国王开始发布"加印令状（sealed writ），这种拉丁文书起源于盎格鲁-撒克逊英格兰，在诺曼时期的英格兰被改造和发展，如今传到了苏格兰"，[49]其上附有威严的国王形象。有学者评论说，国王"狮子"威廉的兄弟，亨廷顿伯爵大卫（Earl David of Huntingdon，1152—1219）所发布的令状，"无法从外形特征上判断到底是发布自苏格兰还是英格兰"。[50]在爱尔兰，第一批大陆风格的令状是由当地国王在 12 世纪中叶的数十年中颁布的。现存最早的原始令状是伦斯特国王德莫特·麦克默罗在 12 世纪 60 年代的一份授予。[51]就是这位君主把盎格鲁-诺曼人的军队引入了爱尔兰。有学者认为，这些君主对大陆的拉丁令状传统的采用是"现代化和欧洲化"进程的一个有机部分。

与文书向欧洲边缘地区的传播同时发生的，是后加洛林的欧洲中心地区在书写记录产量上的激增。这个运动被学者总结为"从神圣书写到实用性书写文化的转向"。[52] 在庇卡底地区，12世纪的文书产量超过了之前所有世纪，而13世纪的产量是12世纪的4倍。[53] 在同一时期，正式的书记处，即普通类型的书记处，在全欧洲被组织起来，"中世纪欧洲的所有书记处都源自加洛林时代书记处"。[54] 在波兰公爵领，也在塞纳河谷或莱茵河谷，越来越多的人认定"值得纪念之事有必要通过书写确认，这样一来，很久以前的古老之事就可以被不断还原"。[55]

银便士和后加洛林时代的令状，可以被视为衡量元素或是指示标记，它们的散布路径使我们得以察觉更广阔、更不易察觉的变化暗流。苏格兰国王在11世纪晚期和12世纪起草的第一批令状和铸造的第一批便士，或是易北河与奥得河之间的斯拉夫王朝在12世纪中晚期起草的第一批令状和铸造的第一批便士，反映了苏格兰和易北河外的地区被更全面、更深层地纳入了拉丁法兰克世界。然而，便士和正式令状的重要性不仅仅体现为指示标记。它们并不仅仅是像特定风格的盆罐或特定形状的工具那样的人工制品。这些盆罐或工具的传播可以被用作迁徙、贸易或影响的证据。硬币和令状当然也是人工制品，但更是非常特殊类型的制品，这使得对他们的使用具有特别的重要意义。它们的力量并不单纯体现为物质性的功效。与盆罐或工具不同，一小片金属或一块羊皮孤立来看无甚用途。它们的力量在于使人与人之间的关系具体化的方式。

货币在很多不同的意义上都是习俗性的。在一些早期中古社会中，权力或义务是用牲口度量的。如果我们认为在这种情况下，牲口也可以被称作"货币"的话,那么它就是一种可以被食用的交换媒介。在某些情况下,是否可以食用可能是财富的唯一相关问题。另一个极端是现代的纸币。它既不能吃,也不能被用作其他用途——甚至不能在上面写字,因为国家已经预先警告我们不能这么做。这个时段的银币介于奶牛和纸币之间:它本身没什么用处,但制作它的材料白银,在权威于其上叠加的特定形式之外,自身也具备很高的交换价值。

然而,权威的印记确实带来了不同。硬币不单单是金块或银块(尽管它们有时可以被如此看待)。它们是(或者被制作成为)普遍的交换媒介的符号,其可预期的价值由高高在上的权力所认证。在这个意义上,它们既对市场上的农民有价值,对领主和他的铸币者也具有吸引力。刻印着国王的形象和名字的数以百万计的硬币在他的领地之内的各处和领地之外传布,这会让国王感到高兴,同时促进了经济交易的繁荣和会计核算的展开。正如卢卡的托勒密(Ptolemy of Lucca)所言:"在与国王或领主有关的事物中,人们接触到的最多的要数硬币……硬币使领主的权威闪耀。"[56] 在 10—13 世纪,权威在不断扩大的区域内通过铸造自己的硬币寻求身为君主的满足感。

正式令状也有铸造的硬币的某些特性,但并非全部。令状依照某一形式的习俗制作。与银便士不同,它没有可以与这种形式分离的材料价值。除了圆形和国王的名字,便士依旧是一块有价值的银合金。但是,令状上的文字一旦被抹去,其社会意义就会荡然无存。然而,令状和硬币的一个相似之处是,它们都是对社会意义的习俗的具体化。

令状不但记录了财富或权威的转移以及一系列新关系的创生,

而且实际使之生效。与对硬币的占有一样，对令状的占有使权力从物理性的力量或对可用物品的直接占有中剥离出来。令状和硬币促生了社会关系最为抽象的层面：远不比草地和牛肉切实可感的权利和宣称，由此获得了有形的形式。

这种有形性使货币和令状便于操作利用：它们体形小、可久存的习常形式意味着这种操作利用可以是极为灵活和方便的。它们既可以携带，也可以储藏。权力可以被集中放置在金库和档案室里，其中多样的内容——便士或授予令状——也代表有待兑现的承诺。腓力·奥古斯都 1194 年在弗雷特瓦勒（Fréteval）的溃败中遭遇的王室行李搬运车的丢失成了一次国家的灾难，这不单是因为损失了成箱的便士，还因为王国的印章、财政记录和其他文书都就此丢失了。[57] 13 世纪后期，英国国王爱德华一世希望能够对圭内斯的威尔士君主的统治权的打击进一步巩固，他不但把这些君主逐出了领地并下令追捕，还熔掉了他们印章的金属铸模，做成圣餐杯赠给了他钟爱的修道院。[58] 12—13 世纪，各地精明的统治者开始聚集成箱的令状和成桶的便士。它们是社会权力的结晶；更确切地说，是一种通货。

硬币的铸造和处置决定以书面的形式发布改变了出现这些新实践的社会的政治文化。这些形式在 10—13 世纪传入了欧洲西北部、北部和东部，不仅标志着法兰克贵族和商人向外扩张的活力，而且度量了非法兰克政权对新的权力来源的适应能力。很多凯尔特或斯拉夫的领主都愿意抓住这些新的具体化的习俗，来进一步在马鞍上抬高自己，尽管这最终会意味着他们所骑的马将不再是原来的颜色。

大 学

欧洲化不仅意味着语言和宗教文化的特定元素的传播或新的权力制品的散布，也意味着文化变革的新制度动因的发展。被授予特许状的城镇和国际性的修道会是我们已经讨论过的两个例子。另一个重要的整合动因是大学。

大学是在中世纪盛期出现的文化同质性中最强有力的工具。从 11—12 世纪的逻辑学、法学和神学学校中逐步发展而来的大学是国际性的知识和教育中心。在 13 世纪时，大学获得了与其现代形式类似的形态：由向学生讲授、训练和考核的老师运营的，授予学位的团体性机构。大学的地理分布非常不平衡。法兰西和意大利具有绝对优势，不仅体现在大学的数量上，而且体现为它们各有一所中世纪最杰出的学术中心——巴黎大学的人文学科和神学；博洛尼亚大学的法学。伊比利亚诸国和英格兰在 13 世纪时也有大学，但它们远不如法兰西和意大利的大学重要。欧洲大学的分布构成了一个三角形的区域，三个顶点大致是剑桥、塞维利亚和萨勒诺。在这个区域之外的地方，公元 1350 年之前没有大学。因此，在 13 世纪和 14 世纪早期，任何这个学术三角区之外的人，即来自德意志、斯堪的纳维亚、东欧或凯尔特诸国，希望接受正规高等教育的人，都不得不外出留学，从都柏林到牛津，从挪威到巴黎，从巴伐利亚到博洛尼亚。正如我们已经在第 9 章中讨论过的，1228 年巡视爱尔兰的熙笃会修道院的列克星敦的斯蒂芬，哀叹那里的大多数修士只懂爱尔兰语："命令爱尔兰人，如果在未来他们想要吸收任何他们民族的人进入修会，他们就必须确保把这些人送去伦敦、牛津或其他一些知名城市，让他们在那里学习知识和口才。"[59]一种大都市的文化霸权被确立了起来。

大多数出国游学的学生最后都会返回故土，其中最成功的人物可以在他们当地的社会中获得很高的教会和政治职位。因此，到了 1300 年，在拉丁西欧，非军事的精英阶层正经历着一种标准化的教育经历的塑造。这些人的技术语言、知识习惯、教学预期和青年记忆都是统一的。13 世纪时，帮助统治欧洲的显赫高级教会人物共享着巴黎和博洛尼亚教室的共同大学背景。

丹麦的例子具体地显示了这个进程是如何实现的。9—11 世纪的维京时代，丹麦人是信仰异教、不通文字的劫掠者和商人，他们不时发动的进攻在西方基督教的土地上引起了恐慌。在 10 世纪晚期和 11 世纪，在丹麦国王的支持下，历时很长的皈依过程开始使丹麦人融入了基督教会。1100 年时，丹麦共有 8 个主教教区；1104 年时，其中之一的隆德被提升为大主教教区，斯堪的纳维亚这部分地区的标准教会等级体系的发展最终得以完成。基督教仪式的引入和教会制度的建设，为 12 世纪之后丹麦更深层次的文化整合创造了条件。一名敏锐的观察者，1200 年前后的德意志编年史家吕贝克的阿诺德，注意到丹麦人是如何"调整自己来适应其他民族"的。除了使用德意志服饰和采用封建欧洲特有的骑兵作战，阿诺德还提到了他们的文化朝圣：

> 他们在知识修养上也非常优秀，因为贵族会把他们的儿子送去巴黎，不单单是为了确保他们未来能在教会中得到拔擢，也是为了让他们在世俗事务方面受教。在那里，他们熟练掌握了文法和地方俗语，在人文学科和神学方面十分出众。

事实上，由于他们天然的语言禀赋，他们不单是敏锐的逻辑学家，在处理教会事务时，也是杰出的教会法和民法律师。[60]

安德斯·苏内森（Anders Sunesen）就是这么一名掌握了拉丁西欧世界的文化知识的丹麦贵族。他是 1201—1224 年的隆德大主教。苏内森出身高贵，注定要在教会中发展，出国求学一段时间成了他自然而然的选择。而在 12 世纪之前，这种计划还是非常不寻常的。苏内森在最好的学术中心求学，去过法兰西、意大利和英格兰，并掌握了相当充沛的神学和法律知识。对他的母国的世俗和教会机构的潜在雇主和庇护人来说，苏内森接受的训练连同他的贵族出身，显然足以使他拥有一个光明的前途。甫一回到丹麦，他就被任命为国王的书记官及罗斯基勒主教座堂的教士长。王室行政体系在之前的扩张与接受了大量捐赠的教堂的创设，为苏内森这样接受过高等教育的人提供了发挥作用的岗位。

苏内森出国学习了当时在他的国家无法学到的知识。返回丹麦后，他尝试把这些知识以容易接受的方式在故土传播。两本由他用拉丁文撰写的作品流传了下来。其一是他的《创世六日》（*Hexaemeron*），一部有关基督教教义的诗体纲要，内容上大量借鉴了 12 世纪巴黎神学家的作品，被非常精确地描述为一部高度通俗化的（haute vulgarization）的作品，以简化的方式呈现了巴黎的最新神学观念。苏内森另一部留存至今的作品则体现了本土文化与外来文化之间更为复杂的互动。这是当时属于丹麦领土的斯堪尼亚的习惯法的拉丁版本。这些法律的俗语版本也有留存，我们因此可以将其与苏内森的拉丁版本做一番比较。比较表明，苏内森对当地法律的翻译十分自由，其中有很多地方体现了他所接受的罗马法训练的痕迹。在俗语文本中被直白陈述的继承规则，在苏内森的版本里被添加了"受自然平等之规定"的说法。[61] 因此，苏内森的版本结合了两种文化的特征。它所基于的是传统的当地法律，起源于习惯，依靠口头流传；但在呈现这些法律时，他使用的是通用的学术语言拉丁文，并在语气上把它们古典化和罗马化了。

苏内森的活动并不局限于单纯的文学或文化领域。在长达一代人的时间内，他也是丹麦教会的首脑，并且是一位活跃而富有革新精神的首脑。苏内森发起了反对教士结婚的运动，召开以改革为主题的宗教会议，并在 1223 年创建了丹麦第一座多明我会修道院。此外，他还深度介入了波罗的海东岸的新传教教会的建立，居住在那里的爱沙尼亚人和利沃尼亚人当时还是异教徒。1206—1207 年，苏内森对一场针对爱沙尼亚人的十字军行动布道，并参与其中；在那个冬季，他向传教士们进行神学指导；在春季，他"在接受了利沃尼亚贵族的孩子为人质后，派遣司铎前往那里传教"。之后的 1219—1220 年，在丹麦人征服了雷瓦尔（今天的塔林）之后，苏内森成了那里的堡垒的指挥，经历了异教徒的一次攻城之后，继续在那里从事传教活动。他很看重对基督教的符号要素的使用：在异教村庄中竖立木制十字架，组织团队分发圣水。

安德斯·苏内森既是欧洲化进程的实践者，也是它的受益者或者说接受者。他可以在巴黎从身后有数代经院主义话语传统的学者那里学习知识，并在最高端的学术中心参与文化生活，从希腊文和阿拉伯文中翻译过来的新作品正开始在那里流传，正式的大学结构正在那里形成。在对付爱沙尼亚人时，他遭遇的是一个不通文字、说芬兰–乌戈尔语的民族，他们在文化和社会层面上与拉丁世界距离遥远。丹麦扮演了中间人的角色。一方面，那里的教会组织还相对年轻，拉丁文化也尚单薄。那里需要苏内森编撰的简易版教科书。另一方面，丹麦是爱沙尼亚人的基督教化和文化转型的中心。甚至在完全吸收宗教和文化的形式与模式之前，丹麦已经是它们的传播者了。

与早期中世纪形成对比的是，文化变革的步伐在 12—13 世纪要快得多。例如，早先时候的本笃修会花了 5 个世纪的时间从意大利起源地传播到斯堪的纳维亚；苏内森在隆德创立多明我会修道院时，距离多明我会的官方创建时间才仅仅 7 年，事实上，圣多明我在那个时候还尚在人世。多明我托钵僧的组织特征，比如他们可以在没有早期修道院所必需的那种巨额捐赠的情况下生存，可以部分地解释这种迅速的传播。[62] 但是，与早先的几个世纪相比，中世纪盛期的一个重要特征正在于交流和传播机制要迅速得多、顺畅得多。其结果之一是差异巨大的世界被鲜明地并置在了一起——对爱沙尼亚异教徒的传教是由一位在法兰西和意大利的学堂里求过学的人组织的。

到 1300 年时，欧洲已经是一个可以辨识的文化实体了。它可以用多种方式来描述，但是其文化面貌的一些共同特征是本章中涉及的圣徒、名字、硬币、令状和教育实践。在中世纪晚期，欧洲的名字和圣徒崇拜前所未有地统一，欧洲各处的统治者铸造硬币并使用书记处，欧洲的官僚共享着共同的高等教育经历。这就是欧洲的欧洲化。

第 12 章

扩张之后的欧洲的政治社会学

这片土地被他们彻底改变了。[1]

变动中的欧洲基督教世界形态

中世纪盛期拉丁基督教世界扩张的一个方面是地缘政治。950—1350 年，拉丁基督教世界的面积大致翻倍，而且，尽管宗教扩张并不总是涉及征服或迁徙，但情况常常如此。在伊比利亚半岛，在地中海东岸的十字军政权，以及在东欧的很多部分，新领土被纳入罗马教会框架的过程，伴随着新的军事精英和教士精英的确立，以及都市和乡村殖民者的定居。作为结果，权力的地理发生了改变。曾经是异教徒或穆斯林攻击的受害者，如今翻身变成了攻击者。汉堡的田地直到 1110 年还在遭受斯拉夫异教徒的劫掠；[2] 在 14 世纪，它成了汉萨同盟的主导城市之一，同盟的商人致力于在整个波罗的海沿线建立基督徒的德意志贸易城市。易北河下游不再是危险的边境，而是成了连接伦敦和诺夫哥罗德的大型贸易系统的支点。类似地，10 世纪时，撒拉森侵袭者在第勒尼安（Tyrrhenian）海岸肆意妄为；1004 年，他们溯亚诺河（Arno）而上，纵火焚烧比萨城。然而，不久之后，比萨人就攻向了西西里岛和非洲的伊斯兰城市。1087 年，一支由比萨人、阿马尔菲人（Amalfitans）和热那亚人组成的大型远征军洗劫了北非港口马赫迪耶，并屠杀了当地的居民。[3] 部分劫掠之物被用来装饰比萨的童贞女玛利亚主教座堂和在科尔特维奇亚（Cortevecchia）建造圣西斯托（San Sisto）教堂。昨日的猎物成了今日的猎手。巴塞罗那的情况也是如此。这座城市于 985 年被著名的科尔多瓦将领曼苏尔（al-Mansur）劫掠；但在 1350 年，加泰罗尼亚人已经在经营一个地中海帝国了。拉丁世界的全部边境地区都发生了受害模式的戏剧性逆转。像汉堡、比萨和巴塞罗那这样的地区失去了它们的边境地位，成了殖民和商业活动的繁荣中心。

从 11 世纪开始，西欧的水手就展现出一种他们之前未曾拥有的力量，即令军队在几乎所有为他们所知的地方登陆的能力。从 1016 年比萨人和热那亚人对撒丁岛的征服开始，意大利人一步步地控制了地中海航路。阿尔梅里亚、马赫迪耶、达米埃塔和君士坦丁堡：西方骑士的军队能够在地中海盆地的任何地点登陆，尽管登陆后他们不见得能够取得胜利——西方军队的陆战军事优势可能不如他们的舰载部队在海上的优势大。从 12 世纪开始，德意志人把波罗的海变成了一座大公基督教的内湖，吕贝克是它的焦点。从特拉沃河河口出发，德意志远征军几乎每年都会出航，推动环波罗的海的德意志化和基督教化，从吕贝克最终延伸至芬兰。丹麦和瑞典的舰队也参与了这个进程。异教徒的军事力量在波罗的海上纵横交错、到处劫掠的日子一去不复返了。就像穆斯林的海上力量在地中海遭遇的变故一样，异教徒的海上力量在北方被遏制和击退。基督徒的海军的统治力是中世纪盛期的一个鲜明特征。

西方商人逐渐抵达了他们的社会与旧世界的其余地方发生接触的所有中转站。进入波罗的海的德意志人建立了像诺夫哥罗德和斯摩棱斯克（Smolensk）这样的贸易据点。在稍南一点的基辅，有来自君士坦丁堡的意大利商人的身影。威尼斯人和热那亚人的海上贸易网络从黑海穿过整个地中海，最终通过大西洋到达布鲁日和南安普敦。意大利商人与汉萨商人在这里密切接触。中世纪盛期的商业扩张呈现为一种巨型双重钳形的运动形态，在北方以汉堡和吕贝克为轴、在南方以热那亚和威尼斯为轴，意大利人向东延伸到埃及和俄罗斯，向西延伸到北非和大西洋，而德意志人经过波罗的海地区的河流进入欧亚大陆，同时向西与佛兰德以织布为产业的城镇和英格兰的羊毛市场做生意。德意志和意大利的贸易城市同时扩张，并整合西方的经济与文化。

中世纪盛期扩张造成的另一项重要的地缘政治变动源自拉丁基督教世界在早期与中世纪盛期的一项奇异的特征。它的符号中心，即那些产生宗教凝聚力并提供心态认同的地方，与它的政治中心和（较小程度上的）经济中心距离非常远。罗马的例子最明显。从 10 世纪初开始，这座城市就地处拉丁基督教世界的边缘，距离撒拉森人的据点和希腊人的教堂只有百余英里，其港口长期处于穆斯林海盗的骚扰之下。罗马和那些与它距离更远，在阿斯图里亚斯、爱尔兰和苏格兰的从属教会之间的联系非常脆弱。11—12 世纪，当拉丁基督徒的统治在意大利南部和地中海中部诸岛上得到确立，罗马的这种危险处境得到了缓解。然而，罗马本身及其腹地始终未能取得像法兰西北部那样的政治与文化中心地位，或是伦巴德、佛兰德和莱茵兰那样的经济中心地位。从巴黎、米兰甚至伦敦前往罗马的朝圣者所到达的城市拥有无比丰富的古代帝国传统、大量的圣徒的骨骸和教堂，但他们的朝圣并不是从政治、经济或文化的边缘去往中心。罗马仅仅在形式法律的意义上是一座母城。事实上，14 世纪时支持把教廷迁到阿维尼翁的一派的论点之一就是，"那里与大公教会现在的各方边界之间更加等距"。[4]

尤其是在中世纪早期，地理上的边缘地位与宗教上的中心地位之间存在着非常强的相互关系。在时人心目中，朝圣的中心就应当位于世界的尽头。这不仅使这些地方适合作为阈限经验的场所，而且意味着，它们可以切实地服务于朝圣的一般目的之一，即赎罪的功能。像西班牙西北部的圣地亚哥，或是更小规模的威尔士西海岸的圣戴维斯，都位于旱地的最边缘。圣地的位置甚至更加异乎寻常。耶路撒冷这个基督教的诞生地和符号心脏，代表了每一座西方城市，同时凌驾于它们之上的天堂之城，数个世纪中基督徒朝圣和军事事业的目标，它位于拉丁势力在东方的最远处，距离莱茵河谷、塞纳河谷或泰晤士河谷 2 000 英里，在整个中世纪期间总共仅有 99 年处在基督徒的控制之下。但在西方的各个地方都可以看到呈现耶路撒冷的形象或语言。教堂被祝献给圣墓，据说是以圣墓教堂为模板的。圣殿骑士团用所罗门圣殿之名命名他们在西欧各处的定居点。

中世纪盛期的变革意味着这些具有重大文化意义的地点在地理上变得不再那么边缘了。耶路撒冷在一个世纪的时间内处于基督徒的统治之下。罗马的南边如今也有西西里王国的拉丁教会，东边有法兰克人统治下的希腊。圣地亚哥的大钟在 997 年曼苏尔的穆斯林远征中被掠走；1236 年，当科尔多瓦被费尔南多三世攻陷后，大钟被从这座城市的清真寺归还给了圣地亚哥：10 世纪时脆弱的朝圣之城如今有了数英里基督徒控制的领土作为屏障。[5] 因此，到 13 世纪时，拉丁基督教世界的符号重心距离其社会经济重心近了很多。相比中世纪早期基督教世界的圣地和人口最多的城市，圣龛和生产中心更密切地连接在了一起。

从西班牙延伸到芬兰，信仰大公基督教的欧洲的漫长边境包括两个非常不同的区域。在地中海，大公基督教的信徒所遭遇的穆斯林（以及希腊）社会在财富、城市化程度和文化程度上少说也和他们相当。对他们来说，从宗教信仰的角度考虑，他们面对的这些人是可憎的，但他们的宗教同样是一神教的、以经书为基础的、启示性的，以及——尽管不了解情况的人可能不这么觉得——非偶像崇拜的。东欧和北欧的情况是完全不同的。大公基督教的信徒在那里遭遇的是人口更少、城市化程度更低、不通文字的社会，他们的宗教信仰是地方性的、多神教的和偶像崇拜的。地中海穆斯林和欧洲异教徒之间的这种根本区别，无论对征服和改宗的实际进程还是教会的知识和教义姿态，都产生了重要影响。

第一个重要的影响是，在北欧和东欧，改宗基督教可以被视为一种更宽泛意义上的重新定向（reorientation），或者更准确地说是"定向西方"（occidentation），即向在先前的加洛林帝国的领土上发展出的罗马-德意志文明的生活方式和规范的转向。西斯拉夫异教徒在 12 世纪被结合进大公基督教世界的过程与文书性的书面文化的开端、被授予令状的城市的创造，以及铸币技术的引入同时发生。书写、城镇和货币是大规模的社会与文化转型的一部分，在这个转型中，基督教化扮演了极为重要但并不排他的角色。信仰异教的贵族本身知晓基督教世界的声望和权力，值得注意的一点是，他们都会比人民大众更早皈依。在一场发生于 1128 年的传教运动期间的辩论中，波美拉尼亚异教徒中支持皈依的一派提出"当周边民族的所有身份和整个罗马世界都服从于基督教信仰的轭时，把他们自己像早产儿一样从神圣的教会母亲的身体中分离是一件愚蠢的事"。[6] 我们当然需要意识到，这段倾向性明显的申辩是由一位基督教作家记录的。但毋庸置疑，"整个罗马世界"的诱惑是改宗的重要推力。早在 8 世纪时，基督教的传教士就已经被建议提醒异教徒"基督教世界的尊贵地位，与之相比，还在固守他们老旧的迷信的人已经寥寥无几了"。[7]

地中海地区的情况则完全不同。在那里，穆斯林对基督徒的臣服几乎毫无例外都是军事失败的结果，而从伊斯兰教向基督教改宗的比例非常低。相比东欧和北欧的异教徒，穆斯林的宗教是组织较为缜密的普适性宗教，他们可以依赖成文的经书，拥有自己的律法，可以盼望从毗邻的伊斯兰政权中的共同信仰者那里获得帮助，或者是逃往那里。穆斯林属于一个更大的世界。与西方相比，这个世界在力量、财富和文化上只强不弱。

大公基督教世界的边境地带的这两个分区，在殖民情势上的这种差异，被基督教权威对非基督徒自身的宗教实践的不同态度所强化。对于信仰多神、崇拜偶像的异教，基督教从来没有给予过官方认可。有时候，单纯出于权力的权宜之计，发生在民间的宗教包容的确存在，但基督徒统治者或教会机构从未允许过异教崇拜。事实上，有时当地阶级结构的主要断裂仅仅意在保护新入教者和打压叛教者。在普鲁士，圣殿骑士团在面对像 1260 年"大叛教"这样的大规模反叛时，对策是把体现为坚守基督教信仰的忠诚作为对当地人的重大考验。忠诚的当地人被授予人身自由和有利的继承权，无论根据普鲁士法他们先前的身份如何。政治忠诚被等同于弃绝基督教之外的宗教。

　　然而，在地中海地区，和犹太人的情况类似，穆斯林共同体常常会被让渡权利，即保证他们能够在一定的限度内继续集体崇拜不受干扰。在西班牙，尽管城市中从穆斯林那里占领的主要清真寺被变成了教堂，穆迪扎尔人，即基督徒国王的穆斯林属民，直到 16 世纪早期都得以继续维持他们的伊斯兰教实践。正如史学家罗伯特·I. 伯恩斯（Robert I. Burns）在谈到巴伦西亚时所言："在这块基督教的土地上，相比在教堂的尖顶上叮当作响的钟声，可以听到多得多的伊斯兰教宣礼吏从宣礼塔上召集信徒祷告。"[8]

　　这种差异给基督教针对异教和伊斯兰教的政策带来了一个看上去有些悖谬的结果，这就是，相比很多北欧和东欧的居民，地中海地区的当地居民可以以更明确得多的方式被认定为从属民和殖民者。在异教的东欧，抵抗和改宗之间的选择是非此即彼的，很多精明的当地王朝和当地精英都选择了后者。在地中海地区存在着第三种可能，即继续作为被征服但被宽容的共同体而存在。因此，在像斯堪的纳维亚和西斯拉夫的诸君主国这样的地区，皈依并没有带来政治断裂，当地王朝依然在掌权。例如，梅克伦堡的显赫公爵是 12 世纪异教君主尼克洛特的直系后代，这个王朝的统治一直持续到 1918 年。在地中海地区，当地统治者只能在受保护但同时受隔离的不信基督教者——借用对等的穆斯林术语，就是齐米（dhimmi，即非穆斯林）——的共同体中施行权威。

　　很明显，欧洲边缘部分的新定居点的很多制度和经验与欧洲核心地区是相同的。在德意志西部、法兰西或英格兰，在土地被开垦和定居时，殖民者常常会被授予优厚的条件，例如低地租和自由身份；这些人的头几年可能也和那些参与东进运动的人一样艰难。在核心和外部边疆地区，建立新城镇的形式是十分类似的。如香槟伯爵"自由者"亨利（Henry the Liberal）在 12 世纪晚期清理矮树、建造磨坊；与他同时代的佛兰德伯爵阿尔萨斯的腓力（Philip of Alsace）不断铸造硬币、给土地排水并创建城市。[9] 这样的统治者与在基督教世界的边境地区活跃的同时代人，如马格德堡的维希曼（Wichmann of Magdeburg），都在同一种意义上是推动定居或经济发展的创业家。

　　然而，在两个方面上，外部边境与内部地区的情况不同。其一是定居的规模。在伊比利亚半岛和东欧，新定居点常常是在很大规模上做规划的。计划殖民的土地有时达到数千英亩，移民数量则以万人计。托莱多地区于 1085 年在被基督徒再征服时有 100 个左右的定居点，在之后的几个世纪中，基督徒又创建了 80 个新定居点。[10] 根据学者的估算，在条顿骑士团的推动下，普鲁士共兴建了 100 座城市和 1 000 个村庄；从 13 世纪到 14 世纪早期，西里西亚共创建了 120 座城市和 1 200 个村庄。[11] 只有很少一部分西欧的中心地区在中世纪能够达到这个水平。《末日审判书》时代的英格兰几乎不存在任何这样的空间。根据学者的估算，在庇卡底，约 7.5 万英亩的土地在中世纪盛期被开垦，这个面积只是庇卡底总面积的 1.2%。[12] 农民会逐步把森林和荒原变成农田，这一般没有记录。即使我们把这也考虑进去，并按照 30 万—37.5 万英亩的总量估算，全部开垦面积也依旧仅仅是地区总面积的 7%。

　　外部边境地区的第二个主要特点是，它使不同族裔、语言和宗教的人相互接触。中央地区的新定居点上，新到者可能一开始会被厌恶或不信任，但一代人之内的社会接触、通婚、财产转移和相互熟悉会使当地人和移民全无分别。这种进程也会在外部边境地区发生，但移民和当地人之间的文化隔阂要持久得多。欧洲边缘地区充斥着族裔、宗教和语言上的紧张局势。单单因为新形式的建立和运行要靠新到者，威尔士或西里西亚的新城与贝德福德郡（Bedfordshire）或威斯特伐利亚的新城就是有所不同的。

　　正如刚刚讨论过的，西班牙的再征服运动和程度更低、持续时间更短的基督徒对西西里和叙利亚的征服产生了在宗教上与统治者和新定居者相区分的从属民，但这并不是中世纪欧洲的殖民性从属关系的唯一形式。作为基督徒和"基督教人民"（populus christianus）的自我认同的强烈意识，用《罗兰之歌》中著名的说法，就是基督徒是"正确的"，异教徒是"错误的"。在这种宗教认同之外，中世纪殖民主义也产生了制度性和态度性的种族主义。当然，在一些地区，先前的人口是如此稀疏，而后来的迁徙人口又是如此稠密，以至树桩和沼泽成了移民的主要敌人。但这种情况并不常见。一般来说，当这个时期的扩张性殖民运动把族裔和语言群体作为征服者或殖民者带去了新的地区时，在中世纪大公基督教的欧洲的边缘，出现了一系列在语言和族裔上内部分裂的社会。例如，在波罗的海地区东部或在爱尔兰，新的定居者形成了一个富足的统治精英阶层，而大多数乡下人口依旧保留了他们的母语、文化和社会结构。

　　显然，种族关系的地方模式是由外来迁徙的程度和性质决定的。移民究竟是征服者还是和平的殖民者，在总人口中是绝对多数还是一小撮，是地主还是劳力，是资本家还是教会人士：不同的情况下的种族关系会大不相同。东欧是族裔混杂的一大区域。

中世纪盛期德意志人的向东迁徙，即所谓的"东进运动"，改变了东欧。德意志人在他们之前从未居住过的东欧部分的定居是东进运动的一个普遍特征，但运动造成的族裔情势确实是极为多样化的。在某些地方，德意志化的程度非常彻底。例如，一个旧德意志王国中的一支德意志征服王朝，阿斯卡尼亚家族，在勃兰登堡的米特尔马克建立了新的统治领地，在其框架中，德意志农民在那里定居，德意志市民在那里创建新城。中世纪末期时，斯拉夫语几乎已经在米特尔马克完全消失了。那片地区自那之后一直是勃兰登堡与后继的普鲁士、德意志民主共和国、德意志联邦共和国的一部分。在其他地方，德意志化的形式有所不同。西里西亚是由波兰传统统治王朝皮亚斯特的一支旁系统治的波兰公国。在那里，文化德意志化的进程出现在 13 世纪，当地的公爵和教会领袖鼓励德意志移民在那里定居。统治王朝自身开始使用德意志名字，并学说德语。到了 16 世纪，当西里西亚处于哈布斯堡王朝的统治之下时，公国的部分地区的德意志化程度堪比勃兰登堡。弗罗茨瓦夫成了易北河以东的第一次德意志帝国议会（1420 年）的召开地，是一座无可置疑的德意志城市。然而，在西里西亚的其他地区，德意志定居者，或者更准确地说是德意志定居者的后代，被斯拉夫化了。波美拉尼亚的情况也大体与西里西亚相同。在所有这些例子中，德意志人大量的农业定居发挥了重要作用。

在更东方的波兰部分地区、匈牙利和波希米亚，德意志移民更有限，而且主要集中在城市中。在这些国家，主要的农业人口、城镇中为数不少的少数人口，以及贵族和王室家族，都是斯拉夫人或马扎尔人。德意志市民形成了一个分散的特权阶级，常常需要依赖当地国王的支持和庇护：特兰西瓦尼亚的德意志定居者由匈牙利的阿帕德王朝引入,并从国王那里接受了特权,比如由安德鲁二世于 1224 年向"忠诚的客人,特兰西瓦尼亚的德意志人"颁布的"安德鲁令状"中明确规定的条款。[13] 显然,与勃兰登堡和弗罗茨瓦夫周边德意志化的地区相比,坐落于由当地农民和贵族构成的乡间的东欧城市中的族裔关系的模式是非常不同的。然而,另一种非常不一样的情况是在梅梅尔(Memel)以北的波罗的海东部海岸。在那里,掌握政治权力的是完全的德意志人机构条顿骑士团修会;同时,当地的城镇全部都是由德意志人创建的。但是,说波罗的语和芬兰-乌戈尔语的当地人还是占据了人口的绝大多数,在乡下尤其如此。在那里,德意志城镇与非德意志的乡下之间的关系类似于波兰、匈牙利和波希米亚的情况,而德意志人对政治权力的垄断则与勃兰登堡的征服性君主国相近。

像德意志人迁徙的程度、当地人与移民群体之间的政治权力分配,以及皈依基督教的历史这样的变量,造成了东欧各地的多样性。最后这一条变量很重要。波兰、波希米亚和匈牙利的公国,以及王国的官方皈依和教会等级体系的建立,都发生在德意志人的迁徙浪潮之前。然而,文德人——那些生活在德意志人、波希米亚人、波兰人和波罗的人之间的西斯拉夫人——在 12 世纪时还是异教徒。尽管西斯拉夫的官方异教信仰于 1168 年伴随着吕根岛上阿尔科纳神殿(temple of Arkona)的沦陷而终结,但直到 13 世纪,勃兰登堡等德意志殖民领地的君主和教会领袖还准备从自己作为基督教世界的护卫者的姿态中获利。此后不久,随着向利沃尼亚的传教运动和德意志人在东波罗的海地区的定居的展开,一种非常新颖的政治结构形式—— 一个由十字军修会统治的国家——形成了。这个政权的存在理由就是与异教徒和裂教者的武装斗争。普鲁士和利沃尼亚形成了一种德意志神权政治，与信仰异教的当地人之间的战争持续不断。显然，在与宗教敌对等同或重合的情况下，族裔关系也会改变性质。"基督教–异教"的二元对立可能会强化"德意志–非德意志"的区分，也可能会盖过后者，或是根本与后者无关。殖民化与宗教皈依有时是同义词，有时则不是。

中世纪盛期的迁徙和族裔融合的直接历史后果一直延续至今。说德语的人仍然在缓慢而零星地从东欧返回德意志；有些人仍在为争取或反对不列颠王室在爱尔兰的权利而牺牲。我们可以看到，20 世纪这些根本性的政治问题的根源来自六七个世纪前的那个充满活力的征服和殖民时代。那场扩张运动以不可更改的方式塑造了居住在凯尔特地区或东欧的人的文化认同和政治命运。

边缘地区的转型

新贵族阶层的植入、城堡的林立（encastellation）、城市化、新的农业定居，以及文书性书面文化的发展：经历了这些的拉丁欧洲边缘地区发生了根本的转型。政治后果各种各样。我们在第 2 章中已经讨论了勃兰登堡和阿尔斯特的征服政权。它们并非所有的例子。整个欧洲的边缘都存在着卫戍社会（garrison societies）。特别引人注目的例子是条顿骑士团的修会国家（Ordensstaat）。统治国家的是一个外族军事精英群体，这个群体永远也不会与地方社会融合，因为它是由从海外招募的独身人士组成的（这种情况，只有罗得岛［Rhodes］可以做有限的类比）。

在别处还有其他桥头堡政权——在黎凡特、希腊和凯尔特地区的——和"海外政权"。对这些地点最好的描述通常是"半征服国家"。爱尔兰是一个臭名昭著的例子，1282 年的威尔士也是一个例子，十字军国家或许也可以被如此归类。一个居于统治地位的新到来的人群，由骑士和教士领导，外加市民和一些农场主，但总的来说仍然是少数族裔，面对着在语言、文化和社会结构上，常常还包括宗教上，与他们迥异的占人口大多数的当地人。这个少数族裔不得不为自身的安全考虑，保证自身的收益和控制力，镇压或改变当地人。在被他们不牢靠地掌控着的殖民城镇和封地之外，是并未臣服于他们的当地政权：盖尔或立陶宛国王、希腊或伊斯兰国家，都在酝酿着长期的复仇与复兴计划。在这样的政权中，外来者和当地人之间、定居者与本土军民之间的战事和竞争，理所当然地构成了一种永恒的生活特征。

并非所有的当地领袖都心存敌意。在很多情况下，外来者是被当地贵族邀请或鼓励进入的，这些贵族渴望在竞争场上获得优势。对在政治斗争中失势或希望在同辈中脱颖而出的首领来说，与强大的外来者的联盟是一个有吸引力的计策。把盎格鲁-诺曼人引入爱尔兰的伦斯特的德莫特·麦克默罗就是一个明显的例子。类似地，诺曼人获得在西西里的第一个据点，依靠了政治反对派穆斯林埃米尔伊本·阿特·亭拿（Ibn at Timnah）的帮助。[14] 在面对立陶宛人的攻击时，一个利沃尼亚人提出建议："基督徒就在附近。让我们去找［条顿骑士团的］团长……让我们自愿与这些基督徒结盟，并为我们遭受的不幸复仇。"[15] 与强大的外部势力的联系也可以使人在亲族内部冲突中具有关键优势。例如，英王亨利一世恩惠一位他扶植的威尔士亲王，承诺使他凌驾于"你的所

有亲族之上……以至他们都会嫉妒你".[16]

　　我们在这里讨论的变化并非只伴随着征服发生。11—13 世纪，一系列精力充沛的统治者都自觉地拥抱这种转变。莱昂–卡斯蒂利亚国王阿方索六世（1065—1109 年在位）与法兰西高层贵族联姻，鼓励法兰西骑士、教会人士和市民向他的王国迁徙，与罗马教廷和克吕尼修会之间建立了密切的联系，推行了仪礼的罗马化，很可能首次铸造了卡斯蒂利亚的首批硬币，建立新的城市社区并授予权利。苏格兰国王大卫一世（1124—1153）铸造了苏格兰的首批硬币，为他的国家引入了新的修道会，扶植起一个盎格鲁–法兰西骑士移民阶级，并发展了贸易市镇。在西里西亚，被授予了德意志法的德意志农业定居点和以撒克逊的商业中心的体制为模板的市镇，是在公爵"大胡子"亨利（1201—1238 年执政）的护翼下被创建的。亨利的母亲和妻子都是德意志贵族妇女。

　　选择了这种立场的统治者通常都得以保存自己的王朝，尽管他们统治的社会经历了文化和社会转型。在苏格兰、西里西亚、波美拉尼亚和梅克伦堡，异族贵族被当地的统治王朝引入，这些王朝也都悉数幸存。这些君主搭上了变革的风潮。其他的政治单元，如威尔士的圭内斯公国，也采取相同的方针，但条件更为不利，改革的推行太迟也太慢。13 世纪圭内斯公国的君主修筑石制城堡，培育新生的市镇，颁布令状。因此，在 13 世纪 80 年代最终遭到征服时，圭内斯在政治结构方面，与它所面对的英格兰比之前任何时候都要相似。[17]设想威尔士跟随梅克伦堡、波美拉尼亚或西里西亚的道路，有一种全然不同的政治发展——罗埃林们都叫爱德华、说英语，邀请英格兰骑士和市民进入威尔士——并不全然是异想天开。不过，因为扩张的中心区是一个统一的政治实体（英格兰王国），而非分裂的政治实体（德意志王国），这另一种道路不太可能实现。一个真实的而非反事实的对比是苏格兰，一个同样是起源于凯尔特，试图在 12—13 世纪实现自我变革的政治单位。然而，苏格兰的变革开始得更早，面对的直接威胁更少，并且有一个强大的王朝加以主导。因此，在爱德华一世的统治时期，正在逐步发展的圭内斯遭遇了集中进攻，而苏格兰王国则强大到足以挺过去。它得以幸存的原因是它更像英格兰；依靠的是12 世纪植入苏格兰的盎格鲁–诺曼家族之一的领导。这都应验了大卫一世的谋划。

　　移民贵族在迁入地立足有不同的方式，包括侵占、同化或是找到一个新的生态位置。在第一种情况下，当地贵族要么被屠杀，要么被流放，要么在社会阶梯上降格，被外来者取代其地位。1066 年的英格兰是一个经典的例子，而类似的情况也出现在爱尔兰的部分地区、威尔士和一些德意志边区。在第二种情况下，移民先是在当地君主或大型教会机构提供的土地上定居，或是与当地的女继承人联姻；他们利用已有的资源确立一个强大的地位，但并不与当地贵族进行你死我活的竞争。外族贵族在苏格兰或波美拉尼亚的最初立足是很好的例子。最后，这个外来的贵族阶层自我支持的方式也可能是开发新资源，建立或大或小的由新开垦或新排干的土地构成的垦荒领主权（clearance lordships）以及拓荒性质的农场和村庄，或是依靠由城市化和商业化产生的新现金流。中世纪盛期的实际历史表现为这三种贵族迁徙形式的多种形态的混搭，但最后一种形式——为统治权创造新的位置——的影响最为深远。

　　伴随着建造城堡的外族骑士精英进入凯尔特地区和东欧的是

农民的迁徙、谷物种植重要性的提升、更严密的教会组织的建立，以及城市化。在边缘地区的社会中，创建城市并授予特许状、鼓励农民迁徙定居、货币化和文书文化的发展，意味着生活的社会和经济基础发生了改变。在很多这样的社会中，直接劫掠曾经是一种重要的结构性特征。它并非不法分子偶然为之的不轨之举，而是自由的成年男性的常规行为；它不会造成羞耻，如果成功，反倒是值得骄傲之事。这种劫掠的首要目标是从邻人那里绑架人口和牲畜。对敌对方的男性的杀戮一般是实现这一目的的手段，或是预防事后报复的举措。当然，杀戮本身也是乐趣。但爱尔兰国王或立陶宛酋长所发起的战争的主要目的是获得牛羊、马匹和奴隶。很显然，像皮毛或贵金属这样的非活物财富也是极好的，但总的来说，在重要性上要等而次之。

在这些社会中，成功的劫掠活动能够赢得地位。例如，根据怀有敌意的基督徒一方的说法，信仰异教的普鲁士人有一个特殊的祭司阶层，其工作是主持葬礼，"赞颂死者生前犯下的偷窃、劫掠、不堪之举、抢劫或其他恶习和罪业"。[18] 同样必不可少的是把通过这种劫掠积累的财富在社会流通中释放。在阿尔斯特，这是通过夸富宴（potlatches）实现的；一名英格兰评论者这样描述道："他们在一年中通过偷窃和抢劫积累的财富，会在来年复活节的奢华宴会上花费掉……他们彼此激烈竞争，任何人都不愿在筹备和菜品上输给别人。"当新的农场和贸易市镇在 12—13 世纪得以建立后，地租、什一税和关税如今可以用来支持军事和教会统治阶级。其结果是，这种直接劫掠的相对重要性降低了。新的统治者因此可以有些自得地对这种当地做法表示反对。普鲁士人不得不放弃了他们专业的葬礼演说。根据我们的英格兰史料，在阿尔斯特，"当他们被征服后，这种迷信色彩极重的风俗连同他们的自由终结了"。[19]

移民骑士追求封地而非战利品；类似地，教会期望的是什一税这种可以从定居的基督徒人口中稳定征收的收入。在中世纪盛期的所有边缘地区都重新出现了对什一税的强制执行。尽管加洛林人和英格兰的威塞克斯国王的立法都强调了义务性的支出，但在盎格鲁-法兰克地区之外对它的实际推行，直到12—13世纪才真正实现。在苏格兰，一份被认为是大卫一世颁布的法令使缴纳什一税成了强制性的义务。[20] 去世于1224年的康诺特国王卡舍尔·克洛伯德尔格·奥康纳（Cathal Crovderg O'Connor）的讣告中记载着，"在这位国王统治期间，什一税头一次在爱尔兰为上帝征收"。[21] 什一税的征收在摩拉维亚的推行被归功于奥洛穆茨主教布鲁诺（1245—1281年在位）。[22] 我们已经讨论了他是如何鼓励自己的地产殖民化的。在这些凯尔特和斯拉夫地区，有规律的和强制性的什一税缴纳被引入了已经信仰基督教的社会，这是12—13世纪自我转型进程的一部分，目标是使这些地区更接近那些直接继承了加洛林遗产的邻国。在拉丁基督教世界向外扩张的同一时期，什一税从那些之前从未认可过这种义务的地方和民族那里被征收。当德意志人在信仰异教的瓦格里亚定居时，"什一税在斯拉夫人的土地上日益增加"。[23] 在易北河以东的某些地区，什一税收入的创造与德意志人对斯拉夫人的取代被认为是同一件事："在斯拉夫人被逐出、土地被要求缴纳什一税之后"，一份拉策堡主教教区的文件如是说。[24]

与直接劫掠重要性的下降和地租与什一税征收的取而代之相关的，是从奴隶制很重要的经济向奴隶制很边缘的经济的转变。

这与军事领域的发展有关。一方面，城堡在曾是传统奴隶猎场的地区的大量出现，使猎奴变得越来越困难。城堡为猎物提供了保护。传教士迈因哈德为利沃尼亚人建造石制城堡，或是诺森伯兰在 11 世纪晚期遍布城堡，都是这种情况。此外，城堡要求对当地劳动力更大的剥削，并使建造了城堡的领主在乡下的统治更为稳固。在匈牙利，"新型城堡……与领主对其佃农的统治相关联……城堡不再仅仅被用于地区的防务，而是成了地主的基地"。[25] 城堡的建造者因此能够获得对周边农业人口的统治权，这使对奴隶劳动的维持不再迫切。德意志人在 10 世纪、波兰人在 11 世纪、苏格兰人在 12 世纪、立陶宛人在 13 世纪的奴隶掠夺为经济提供了服务，在这些经济中，家内的、手工艺的和农业的奴隶劳动扮演着重要角色。晚至 12 世纪 70 年代，梅克伦堡的奴隶市场上仍有 700 名丹麦人待售。[26] 随着奴隶制的重要性的下降，对定居的非奴隶的农业人口的控制变得更加重要。城堡是控制这类人口并从中汲取剩余价值的理想工具。

因此，武器、军备和战争方法的变化与战争的目标和目的——借用现在的说法就是"战争目标"——的改变紧密相连。有些战争，例如 11 世纪马尔科姆三世的苏格兰侵袭者发动的战事，意旨并不在于征服或永久性的土地占有，而是一种"猎场"体制，目的是从中获得奴隶、战利品和贡物。有时，基于索要贡物和人质，有可能还包括征发军事劳役，也会实现对某个地区更为持续的统治。然而，从一个统治集团被另一个统治集团永久压服的意义上来说，"征服"是中世纪盛期，而非中世纪早期的现象。在一个特别的时刻，我们可以亲眼见证从一种形式向另外一种形式的转变。多个世纪以来，萨克森人劫掠、侵袭并奴役斯拉夫人。他们有时候也是失利方。但从 12 世纪初开始，他们一般都会是胜利方。1147 年，在所谓的文德十字军中，一大帮萨克森人侵入了易北河以东斯拉夫人的土地，并按照惯例开始烧杀掳掠。他们最终开始对自己的所作所为产生了疑问。他们问道："我们正在摧毁的难道不是我们自己的土地吗？"[27] 他们是对的。这些优质的土地，作为永久征服的基地，而非作为偶尔施行嗜血屠杀和牟利性抢劫的场所，对他们更有好处。

中世纪殖民主义与现代殖民主义

中世纪盛期的"欧洲的扩张"显然与中世纪之后的海外扩张有很多共同的特点。然而，前者也具有某些结构性特征。尤其有一项特征使中世纪盛期的扩张鲜明地区别于那些对 19—20 世纪的帝国主义的经典描述。我们一般认为，现代的帝国主义强化了一种全球范围内大规模的地区差异：工业化的地区渴求原材料和市场，被纳入了一个与其他地区保持系统性的互相依赖的体系，这些地区不但提供原材料，而且帮助购买工业化地区的产品。毫无疑问，这一说法有大而化之之嫌，但只要对现代橡胶或铜的历史稍有了解，就会基本认可这种历史表述。

中世纪的殖民主义很不一样。当盎格鲁-诺曼人在爱尔兰定居、德意志人在波美拉尼亚定居、卡斯蒂利亚人在安达卢西亚定居时，他们并没有参与创造一种地区性的从属体系。他们所做的，是复制那些与他们的祖国类似的体制单元。他们创设的城镇、教会、地产完全复制了他们在自己的老家熟悉的那种社会框架。这种殖民主义的最终结果，并不是政治从属意义上的"殖民地"的创造，而是以一种细胞增殖的方式，对拉丁基督教世界的核心地区的文化和社会形式的传播。新土地与旧土地紧密地整合在了一起。从马格德堡到柏林然后到弗罗茨瓦夫，或是从布尔戈斯（Burgos）到托莱多然后到塞维利亚，中世纪晚期的旅人并不会感觉到自己穿过了任何绝对的社会或文化边界。

这也就是为什么"核心-边缘"模式并不能完全契合我们对中世纪盛期的描述的一个原因（尽管我们很难避免这个模式的影响）。当然，一方面，从某种意义上说，中央-外缘的视角是完全合理的：1300 年时，法兰西人的后裔是爱尔兰和希腊的统治者，德意志人的后裔是普鲁士和勃兰登堡的统治者，英格兰人的后裔是爱尔兰和威尔士的统治者，意大利人的后裔是克里特岛的统治者，卡斯蒂利亚人的后裔是安达卢西亚的统治者。很显然，这是一种人和权力的外向运动，而并没有相应的内向运动。但"核心-边缘"模式依然很可能具有误导性，因为这个概念常常用来指涉边缘对核心的永久的和长期的功能性臣服。中世纪盛期的殖民主义恰恰不是如此——它是一种复制的过程，而非建立差异的过程。

这种通过复制进行的扩张的典型实施者，并不是强大的君主国（我们大概可以笼统地说，不是国家），而是由法兰克骑士、拉丁司铎、商人、市民以及作为无投票权成员的农民构成的联盟，或者说创业联合会。人们常会注意到，像盎格鲁-诺曼人对凯尔特世界的渗透或是德意志人向东欧的扩散这样的扩张性事业的自由属性。一个后果是很多独立或实际独立的领主权在欧洲边缘地区的创生——摩里亚的微勒哈度因君主国、意大利南部的早期诺曼政权、熙德统治下的独立的巴伦西亚、"强弩"理查·德·克莱尔统治的伦斯特、德·库西统治的阿尔斯特、侯爵统治下的勃兰登堡。只在少数几种情况下，扩张的形式是王国的发展，其主要代表是伊比利亚半岛。但即使是在那里，尽管君主的导向在西班牙再征服运动中十分关键，但拥有自己的特权令状、民兵和地方边境战争体制的自治城市共同体还是扮演了非常重要的角色。[28]

德意志王国东部边境的情况清楚地展现了，中央导向的缺席并不会对扩张运动的成功开展构成任何阻碍。12—13 世纪，征服和殖民化几乎使德意志人定居和实现政治控制的空间翻倍。德意志国王在这一进程中的参与度非常低。与之相比，10 世纪时，德意志王国在东部边境的领土扩张的先决条件是奥托王朝统治下的德意志王权的全力介入。在中世纪早期，只有君主领导下对资源的集中利用才有可能实现一次暂时的征服；在中世纪盛期，使德意志领主和定居者深入东欧的是自发性的多头运动。

事实上，一些西欧的主要王国在 1300 年前后的力量显著增强，这其实在一定程度上阻碍了拉丁欧洲的扩张。11—12 世纪无组织的小规模战事给法兰克之外的事业留下了充足的能量，即人力、资源和政治意志；但 13 世纪时，较大的君主国寻求垄断暴力，尽管它们比早些时候那些更小的政治势力要更为强大，却常常会把资源集中于彼此征战，而非在更远的地方从事扩张事业。安茹的查理对非常广泛的地区享有统治权，包括扩张时代的经典产物，如西西里、摩里亚和耶路撒冷王国，但忙于与他在西欧的对手作战，而无暇支持地中海东部地区的拉丁政权。在海外政权最终于 1291 年被穆斯林消灭时，法兰西和阿拉贡这两大政治力量正针锋相对。法兰西国王美男子腓力是基督教世界最强大的统治者，但他从未为基督教世界的扩张付出过努力。腓力的同代人、英格兰王爱德华一世把威尔士并入了自己的统治领土，可以说最终完成了盎格鲁-诺曼人在这部分凯尔特世界的扩张。他的例子表明，当 13—14 世纪强大的统一政权真的集中力量扩张时，其效力是多么可怕；但这个时代更具典型意义的，是被称作"百年战争"的西欧政权之间无休止的斗争。

因此，是骑士-教士-商人的联盟，而非王权体制，主导了11—12 世纪最典型的扩张运动。由这个联盟发动的事业的经典案例是地中海东部的十字军。在 12—13 世纪改变黎凡特政治版图的不是国王或皇帝的治国术，而是由西方显贵和骑士、既包括教宗派也包括具有独立倾向的教会人士以及意大利商人组成的奇异结合，驱使他们的动机与他们的地位和出身一样多种多样。当时的人们注意到了第一次十字军的军队是如何"没有领主，没有君王"，以及如何"在没有国王、没有皇帝的情况下作战"的；[29]但海外政权的成立提供了最惊人的范例，显示出拉丁西欧的武士-贵族、教士精英和城市商人如何结合力量，在没有君主主导的情况下，制造新政权和新定居点。波罗的海东部地区的殖民化表明，一种全新的社会和政治形式，"修会国家"是如何在一个国际性军事修会的主导和权威之下，从德意志商人、传教士、渴望土地的贵族和农民的行动中诞生出来的。

作为这个联盟成员的骑士、商人、农民和教士，他们的利益当然并不总是和谐一致的。在信仰异教的东欧，执行传教使命的司铎直言斥责世俗征服者的贪婪和残忍，他们的贪念和暴力使当地人没有和平改宗基督教的动力。条顿骑士团也许会欢愉地向德意志商人表示"我们在为信仰和你们的贸易而战"，[30]但几乎在每一处十字军的舞台，商业利益都以一种既彼此共生也相互破坏的方式与十字军运动纠缠在一起。一个清楚明白的例子是，教宗多次禁止意大利商人把军事用品卖给穆斯林势力，但始终收效甚微。商人们的立场是可以理解的。举例来说，亚历山大港不仅是一个重要的伊斯兰中心，也是地中海地区最大的贸易城市之一。是与法兰克贵族联手攻陷这座城市，还是在穆斯林统治者的保护下在那里做买卖，威尼斯、热那亚和比萨的商人没有理由一定要选择前者。对于控制他们的海上生命线的意大利商人，地中海东部地区的法兰克贵族常常没有自治权和权威。1298 年，一名威尼斯商人向塞浦路斯国王申诉自己被一些热那亚人抢劫了。塞浦路斯国王告诉他："国王不能插手热那亚人和威尼斯人之间的事。"[31] 对这位法兰克十字军国王来说，对意大利商人之间的争端一概置身事外是个明智的选择。

　　中世纪殖民事业中政治谋划的缺席，不仅体现在作为这些扩张执行者的折中性的联盟所扮演的显著角色身上，也体现为扩张形式的独特属性。除了爱尔兰（爱尔兰大概可以被认为是一个现代意义上的殖民地），中世纪的外向运动的最终结果并不是一个地区向另一个地区的永久性政治臣服。巴伦西亚王国、耶路撒冷王国和条顿骑士团在普鲁士和利沃尼亚的统治领地都是对西欧和中欧政权的自治性复制品，而非它们的附庸。而这些"神圣基督教世界的新殖民地"之所以能够在没有政治依附的情况下成为复制品，最重要的原因是拉丁西方存在着国际性的法律形式或蓝图，能够产生独立于统摄性的政治母体的新结构。

　　10—13 世纪，拉丁西方的扩张性权力和不断加深的文化统一性，部分原因是西欧发展了这些法律和制度蓝图或模式，这些蓝图或模式可以轻松输出，适应性强而且很有韧性。在新环境中，这些形式可以被改良并得以存留，但它们也改变了它们所处的环境。像接受特许状的城市、大学和国际性的修道会这样可以典章化（codifiable）的蓝图在 1050—1200 年的西方世界逐渐结晶。结晶这个意象意味着，构成这些蓝图的很多元素之前已经存在，但有待于以特定的配置形式和组合关系在这些蓝图中成形。从修道章程和骑士精神的融合中产生了军事修会，从豁免权和市场的融合中产生了接受特许状的城市，从神职和行会的融合中产生了大学。这些形式的共同特征是它们的统一性和可复制性。它们构成了扩张的轨道，因为它们能够在任何地方铺设并发展壮大。它们一并显示，可以典章化和可以传播的法律蓝图能够如何在没有集中性的政治导引的情况下，在整个欧洲扩散新的社会组织形式。这些形式是我们之前描述的教俗联盟用来推进扩张的完美工具。

这些形式有两个关键特征：它们既是法条性的，也是国际性的。这两个特征是互相联系的。因为社会形式是以法条的方式界定的，它们就可以典章化并且可以传播。它们可以在某种程度上独立于地方环境，可以被移植到陌生的环境中并存留下来。在数不清的市镇令状、城市法（Stadtrechte）和特许令状（fueros）的设想中，城市是一幅图景，是一系列可以适应地方情势而不是被其吞噬的规范。正如我们在第 7 章中讨论的，德意志城市法构成了整个东欧的城市的模板，诺曼人的规章习俗可以被移植到威尔士，而基督徒统治下的西班牙的特许令状可以被引入再征服运动中收复的城市。与城市一样，12 世纪的新修道会具有一种规范性和自我定义的品质。与之前的克吕尼修道院相比，熙笃会修道院在法条的明晰性和组织的国际性方面达到了新的高度。熙笃修会的从属网络把从爱尔兰到巴勒斯坦的数百个修道共同体连接在了一起。和接受特许状的城市的情况一样，人们可以在这些修会下创设新的修道院，并有理由相信它们既可以适应也可以改变它们的环境。这就是成功扩张的配方所在。

这些蓝图的成功有点像字母表。在现有的各种书写形式中，字母表是最暗淡无光的。与象形符号不同，字母符号在字母代码本身之外并无明显的指涉。它们甚至不能像音节表那样表现读音。字母表绝对是能够用来代表声音的最低限度的编码系统。但这也正是它的巨大优势。正因为这个系统的组成元素鲜有固定的关联和意涵，它们可以被组合以服务于无限多种的目的。中国汉字充满了文化意义，单个汉字都有与之关联的声音和概念，书写和思考汉字可以构成一种宗教实践。这种强有力的符号有数千个之多。与之对比，字母表中总共只有不到 30 个字母，它们都不具备固定的文化意涵，但这些符号的无色无声正是它们可以产生巨大的操作效力的前提条件。字母系统统治了世界，并正向东方的核心进军。

在某种意义上，这就是中世纪欧洲所发生的变革。丰富的地方文化和社会的多元性是中世纪早期的世界的特征。从很多方面来说，11—13 世纪的故事就是这种多元性是如何被统一性所取代的故事。和字母表类似，在这个时期传播的文化和政治形式的一个特征是缺少地方关联和地方共鸣：西方城镇和新修道会是蓝图，这意味着它们不受强大的地方纽带的着色或局限。中世纪早期的本笃修道院和地方王朝像是扎根很深的植物，但中世纪盛期的新生物体是可以在空气中播种的。和字母表一样，这些超地方的法律形式承载着最低限度的固定信息和最高限度的操作效力。另一方面，这些传播如此之广、引发地方社会质变的纯模板，其本身的地方性起源都有明确的时间和地点。字母表在黎凡特的商业城市中孵化，接受特许状的城市和修会是在后加洛林欧洲充满创造力的混乱中形成的。强大的新蓝图在 12—13 世纪的传播史，也是中世纪的众多地方文化和社会中的一种如何获得其凌驾于其他之上的地位的故事。

　　我们所描绘的文化扩散与同化进程并不是顺畅无碍的。它会遭遇抵抗，也会制造紧张。当法兰克骑士和拉丁教士把他们的文化和社会梦想与习惯带去世界的各个地方时，少不了面对当地的回应，既有文化同化，也有文化抵抗。对很多人来说，中世纪盛期的征服和扩张运动是损失、痛苦和悲剧。西西里的穆斯林诗人伊本·哈姆迪斯（Ibn Hamdïs）哀叹道："什么？他们难道未曾使它蒙羞？……这些基督徒的手难道没有把清真寺变成教堂吗？我看到我的祖国受到拉丁人的蹂躏，她在我的人民中曾经是如此地荣光和骄傲。"[32] 见证了诺曼在 11 世纪晚期征服南威尔士的威尔士教士莱斯马奇（Rhigyfarch）表达了相似的情绪：

　　　　人民和司铎被蔑视，

　　　　在法兰西人的言语、内心和行事之中。

　　　　他们让我们承担沉重的贡赋，挥霍我们的所有。

　　　　他们中的任何人，无论如何低贱，都能使一百名当地人战栗，

　　　　仅凭他的命令；都能使他们恐惧，仅凭他的长相。

　　　　哎！我们是如此沉沦。哎！我们的哀伤是如此深沉。[33]

承受拉丁世界军事贵族所施加的暴力的当地民族的回应不仅仅是哀恸。有时，当地社会的反应可以强势到在抵抗的进程中产生持久的政权。立陶宛国家是在应对德意志威胁的过程中诞生的，比修会国家维持的时间还要长，并在中世纪晚期时统治了东欧。面对德意志十字军在波罗的海的挑战，信仰异教的立陶宛人的回应不仅仅是完全的军事抵抗，还有在单一王朝领导下的、更加集权化的国家结构的创设。与这个充满活力和扩张性的政治结构的诞生紧密联系的，是他们的传统宗教的回归。人们有时会忽视，在 14 世纪中叶，这个由异教徒统治的国家是欧洲最大的国家。这绝不意味着开历史的倒车：立陶宛的炮兵部署和欧洲其他国家一样细致。他们的神祇是旧的，但枪炮是新的。[34]

其他地方的当地回应即使没那么戏剧化，也同样顽强。在像爱尔兰这样的入侵者无法确立绝对权威的地区，会出现复杂的局势，其中片面的征服会引发当地统治者的强烈回应，但这些当地统治者也无法彻底把征服者赶走。爱尔兰北部和西部的当地统治者在盎格鲁–诺曼殖民主义的高峰保存了他们的自治权，随后，从 13 世纪晚期开始，逐步压退英格兰的控制。14—15 世纪，使殖民当局感到沮丧的是，当地的英格兰人开始盖尔化。爱尔兰的"半征服"状态促成了军事和文化领域的相互借鉴。到 15 世纪时，爱尔兰人也建起了石制城堡，但非常奇怪的是，很多盎格鲁–诺曼人也放弃使用马镫。[35]

在西班牙，被征服的穆斯林，即穆迪札尔人，通常会在得到可以自由信奉他们的宗教和司法自治权的保证的情况下投降。一些城市发生了大规模的驱逐，主要的清真寺也被重新祝献成为主教座堂；但直到哥伦布的时代，大量的穆斯林少数族裔——即使其中有越来越多的人说西班牙语，拥有基督教的名字，他们依旧是穆斯林——在西方的基督教王国中信奉伊斯兰教。他们基本被排除在政治权力之外，并遭受某些社会和法律歧视，但他们并没有消失的迹象。

立陶宛、爱尔兰和穆迪札尔人：在欧洲的最外缘，同化的进程也意味着极化的进程。使英格兰人、波美拉尼亚人或丹麦人都处在一个更加均质的文化世界的力量，也在那些外缘地区竖立起更坚实的文化边界。14 世纪时，欧洲的很多地区，包括英格兰、法兰西、德意志、斯堪的纳维亚、意大利北部和西班牙，都实现了相对高程度的文化同质化。然而，在这些地区的整个外围，语言、文化——有时还包括宗教——的混杂和时常冲突，构成了最大的社会特征。在这个外缘地带的每个地方，种族关系的重要程度是那些更为同质化的中心地带所罕见的——这些关系并不是平等的，而是涉及统治和臣服，控制和反抗。

本书讲述了一个更加均质的文化体系是如何在欧洲大陆被创造并得到扩展的，也讲述了这同一个历史进程如何在周边一线产生了多个在语言和族裔上分裂的社会。这个文化同质性日益增强与生硬的文化分裂相互伴随的故事，对那些研究后期时段，包括我们所处的时代的历史的学者来说应该很有熟悉感。这里存在着一条连接线索。本书以相当明确的方式呈现了，欧洲种族主义和殖民主义的思维习惯和制度是如何在中世纪的世界诞生的：墨西哥的征服者了解穆迪札尔人的问题；弗吉尼亚的种植园主已经在爱尔兰经营过种植园了。

毫无疑问，欧洲的天主教社会在公元 1492 年之前就对殖民事业具备了很深刻的体验。他们熟悉在新领地定居时会出现的问题和前景，也遭遇过与文化背景非常不同的民族接触会引发的问题。1492 年的接触让他们感到的当然不是戏剧性的意外。在生态和历史的双重意义上，中世纪拉丁世界与周边文化和社会邻近，常常还与它们相接续。然而，从伊比利亚半岛向东、以一个宽阔的弧形穿过地中海向北直到北极圈，天主教欧洲确实存在着一个边境，同时，从 10 世纪时起，这个边境就在不断外移。

征服、殖民化与基督教化：在新土地定居的技术，通过法律形式和思想熏陶维持文化认同的能力，与陌生人和憎恶之人打交道所需的制度和视野，打压他们和与他们共处，法律和宗教以及坚船利炮。15—16 世纪驶向美洲、亚洲和非洲海岸的欧洲基督徒，来自一个已经具备殖民经验的社会。欧洲，这个世界上征服、殖民化和文化转型的重大进程的发起方，也是这一进程的产物。

注　释

第 1 章　拉丁基督教世界的扩张

1. Geoffrey Malaterra, *De rebus gestis Rogerii Calabriae et Siciliae comitis et Roberti Guiscardi ducis fratris eius* 3.19, ed. Ernesto Pontieri (*Rerum italicarum scriptores,* n.s., 5/1, Bologna, 1928), pp. 68–9（特罗伊纳主教教区很快被迁移到了墨西拿）。

2. Orderic Vitalis, *Historia ecclesiastica* 3, ed. and tr. Marjorie Chibnall (6 vols., Oxford, 1968–80), 2, p. 26.

3. 此处对中世纪基督教世界的主教教区的分析，以 Pius Bonifatius Gams, *Series episcoporum ecclesiae catholicae* (Regensburg, 1873)（正在修订）中的列表与 Conrad Eubel, *Hierarchia catholica medii aevi* 1 (1198–1431) (2nd ed., Münster, 1913) 为起点，用 *Dictionnaire d'histoire et de géographie ecclésiastiques* (21 vols. to date, Paris, 1912-) 和 *Lexicon fur Theologie und Kirche*, ed. Josef Höfer and Karl Rahner (2nd ed., 11 vols., Freiburg im Breisgau, 1957–67) 及 *Atlas zur Kirchengeschichte*, ed. Hubert Jedin *et al.* (2nd ed., Freiburg im Breisgau, 1987) 中的地图和书目，以及各种民族与区域研究（其中一些参见后文的注释）做了增补与修正。

4. *Diplomata Conradi I, Heinrici I et Ottonis I,* ed. Theodor Sickel (*MGH, Diplomata regum et imperatorum Germaniae* 1, Hanover, 1879–84), no. 366, pp. 502–3.

5. 关于主教制度在欧洲东部的建立的概论性研究，包括 A. P. Vlasto, *The Entry of the Slavs into Christendom* (Cambridge, 1970), chapter 3; Francis Dvornik, *The Making of Central and Eastern Europe* (London, 1949)；关于易北河与奥得河之间的地带，参见 Jürgen Petersohn, *Der südliche Ostseeraum im kirchlich-politischen Kräftespiel des Reichs, Polens und Danemarks vom 10. bis 13. Jahrhundert* (Cologne and Vienna, 1979), part I, 关于各个主教教区的历史，例如 Dietrich Claude, *Geschichte des Erzbistums Magdeburg bis in das 12. Jahrhundert* (2 vols., MF 67, Cologne, 1972–5);

Fritz Curschmann, *Die Diözese Brandenburg (Veröffentlichungen des Vereins für Geschichte der Mark Brandenburg,* Leipzig, 1906)。

6. *Vita Constantini* 15, tr. Marvin Kantor and Richard S. White, *The Vita of Constantine and the Vita of Methodius (Michigan Slavic Materials* 13, Ann Arbor, 1976), p. 47.

7. *Gesta Hammaburgensis ecclesiae pontificum* 3.77, ed. Werner Trillmich, in *Quellen des 9. und 11. Jahrhunderts zur Geschichte der Hamburgischen Kirche und des Reiches (AQ* 11, Darmstadt, 1961), pp. 135–503, at pp. 428–30.

8. Ibid. 4.26–7, ed. Trillmich, pp. 470–72.

9. Malaterra, *De rebus gestis Rogerii* 4.7, ed. Pontieri, pp. 88–90；相关概述，参见 Dieter Girgensohn, 'Dall'episcopato greco all'episcopato latino nell'Italia meridionale', in *La chiesa greca in Italia dall'VIII al XVI secolo* (3 vols., *Italia sacra* 20–22, Padua, 1973) 1, pp. 25–43。

10. Charles Homer Haskins, 'England and Sicily in the Twelfth Century', *English Historical Review* 26 (1911), pp. 433–47, 641–65, at p. 437.

11. Paul Freedman, *The Diocese of Vic* (New Brunswick, 1983), pp. 14–15.

12. 关于再征服运动的概述：Derek W. Lomax, *The Reconquest of Spain* (London, 1978); Charles J. Bishko, 'The Spanish and Portuguese Reconquest, 1095–1492', in Kenneth M. Setton (ed.), *A History of the Crusades* (Philadelphia and Madison, 6 vols., 1955–89) 3: *The Fourteenth and Fifteenth Centuries*, ed. Harry W. Hazard, pp. 396–456; Angus MacKay, *Spain in the Middle Ages: From Frontier to Empire, 1000–1500* (London, 1977), pp. 1–78。各个主教教区的细节情况，参见 *Diccionario de historia eclesiástica de España*, ed. Quintín Aldea Vaquero *et al.* (4 vols., Madrid, 1972–5)。

13. *Privilegios reales y viejos documentos de Toledo*, ed. Juan Francisco Rivera Redo *et al.* (limited ed., Madrid, 1963), no. 1.

14. *De expugnatione Lyxbonensi: The Conquest of Lisbon*, ed. and tr. Charles W. David (New York, 1936), pp. 178–80 and n. 5.

15. *Primera crónica general de España* 1129, ed. Ramón Menéndez Pidal (2 vols., Madrid, 1955), 2, p. 769.

16. 地中海东部的拉丁教会：Bernard Hamilton, *The Latin Church in the Crusader States: The Secular Church* (London, 1980); Hans Eberhard Mayer, *Bistümer, Kloster und Stifte im Konigreich Jerusalem (MGH, Schriften* 26, Stuttgart, 1977), part 1; Jean Richard, 'The Political and Ecclesiastical Organization of the Crusader States', in Kenneth M. Setton (ed.), *A History of the Crusades* (Philadelphia and Madison, 6 vols., 1955–89) 5: *The Impact of the Crusades on the Near East,* ed. Norman P. Zacour and Harry W. Hazard, pp. 193–250; Giorgio Fedalto, *La Chiesa Latina in Oriente* (2nd ed., 3 vols., Verona, 1981); R. L. Wolff, 'The Organization of the Latin Patriarchate of Constantinople, 1204–1261', *Traditio* 6 (1948), pp. 33–60。

17. 雅典的教会：Innocent Ⅲ, 14 July 1208, *Sacrosancta Romana ecclesia*, Po.

3456; *Registrum sive epistolae* 11.113, *PL* 214–16, at 215, col. 1433; see Jean Longnon, 'L'organisation de l'église d'Athènes par Innocent Ⅲ ', in *Mémorial Louis Petit: Mélanges d'histoire et d'archéologie byzantines* (*Archives de l'Orient chrétien* 1, Bucharest, 1948), pp. 336–46。关于教士团的人员构成，参 见 Leo Santifaller, *Beiträge zur Geschichte des Lateinischen Patriarchats von Konstantinopel (1204–1261) und der venezianischen Urkunden* (Weimar, 1938), pp. 130–40；关于誓言，参见 G. L. F. Tafel and G. M. Thomas (eds.), *Urkunden zur älteren Handels-und Staatsgeschichte der Republik Venedig* (3 vols., *Fontes rerum Austriacarum* II, 12–14, Vienna, 1856–7) 2, p. 101, no. 209。

18. 波罗的海地区的主教教区：Petersohn, *Der südliche Ostseeraum*；本书作者的论文 'The Conversion of a Pagan Society in the Middle Ages', *History* 70 (1985), pp. 185–201；Karl Jordan, *Die Bistumsgründungen Heinrichs des Löwen* (*MGH, Schriften* 3, Leipzig, 1939)；Eric Christiansen, *The Northern Crusades* (London, 1980)。

19. Friedrich Benninghoven, *Der Order der Schwertbrüder* (Cologne and Graz, 1965). 关于条顿骑士团的二手文献汗牛充栋，一个近期的优秀研究，参见 Hartmut Boockmann, *Der Deutsche Orden* (Munich, 1981)。

20. *Gesta Karoli* 1.10, ed. Reinhold Rau, *Quellen zur karolingischen Reichsgeschichte* 3 (*AQ* 7, Darmstadt, 1960), pp. 321–427, at pp. 334–6.

21. 对其他的圣礼仪式的压制，参见第 10 章。

22. Orderic Vitalis, *Historia ecclesiastica* 12.43, ed. Chibnall, 6, p. 364.

23. 关于 12—13 世纪的爱尔兰史，参见 Robin Frame, *Colonial Ireland 1169–1369* (Dublin, 1981)；*idem, The Political Development of the British Isles 1100–1400* (Oxford, 1990)；A.J. Otway-Ruthven, *A History of Medieval Ireland* (2nd ed., London, 1980)；关于爱尔兰与欧洲东部的殖民定居情况的比较，参见本书作者的论文 'Colonial Aristocracies of the High Middle Ages', in Robert Bartlett and Angus MacKay (eds.), *Medieval Frontier Societies* (Oxford, 1989), pp. 23–47。

24. *Vita sancti Malachiae* 8.16, in J. Leclerq and H. M. Rochais (eds.), *Opera* 3 (Rome, 1963), pp. 295–378, at p. 325.

25. Ibid. 8.17, ed. Leclerq and Rochais, p. 326; the biblical citation is Hosea 2:23.

26. *Song of Dermot and the Earl*, lines 431–5, ed. and tr. Goddard H. Orpen (Oxford, 1892), p. 34.

27. Bernard, *Vita sancti Malachiae* 8.16, ed. Leclerq and Rochais, p. 325.

28. Walter Bower, *Scotichronicon* 12.27, ed. D. E. R. Watt, 6 (Aberdeen, 1991), p. 388 (Remonstrance of 1317–18).

29. *Chanson de Roland*, laisse 72, line 899, ed. F. Whitehead (Oxford, 1942), p. 27.

30. John of Salisbury, *Letters, 1: The Early Letters (1153–61)*, ed. W.J. Millor, H. E. Butler and C. N. L. Brooke (London, etc., 1955), no. 87, p. 135.

31. *Schlesisches UB*, ed. Heinrich Appelt and Winfried Irgang (4 vols. to date,

Graz, Cologne and Vienna, 1963-), 1, no. 11, pp. 8–9 (1143–5).

第 2 章　贵族的离散

1. Philip of Novara (Philippe de Navarre), *Les quatres âges de l'homme* 1.16, ed. Marcel de Fréville (Paris, 1888), p. 11.

2. 对这个家族的经典研究，见 Henri-François Delaborde, *Jean de Joinville et les seigneurs de Joinville* (Paris, 1894)。这部著作中提供了叙事文献的全面注释，并在第 239—487 页提供了茹安维尔家族事迹的目录。

3. Jean de Joinville, *Histoire de Saint Louis* XXXVI (167), ed. Natalis de Wailly (Paris, 1874), p. 92.

4. *Calendar of the Gormanston* Register, ed. James Mills and M.J. McEnery (Dublin, 1916), p. 182.

5. Joinville, *Histoire*, ed. de Wailly, p. 545.

6. 关于格朗梅尼勒家族，见 Orderic Vitalis, *Historia ecclesiastica*, ed. and tr. Marjorie Chibnall (6 vols., Oxford, 1968–80), indices, s.v. 'Grandmesnil'；家谱见 ibid. 2, opposite p. 370, 以及 Marjorie Chibnall, *The World of Orderic Vitalis* (Oxford, 1984), p. 227; Leon-Robert Ménager, 'Inventaire des familles normandes et franques emigrées en Italie méridionale et en Sicile (XIe-XIIe sièles)', in *Roberto il Guiscard e il suo tempo* (*Fonti e studi del Corpus membranarum italicarum*, Centro di studi normanno-suevi, Università degli studi di Bari, Rome, 1975), pp. 259–387, at pp. 316–18。

7. Orderic Vitalis, *Historia ecclesiastica* 3, ed. Chibnall, 2, p. 94.

8. *Gesta Francorum* 9.23, ed. and tr. Rosalind Hill (London, 1962), p. 56; Baudri de Bourgueil, *Historia Jerosolimitana, RHC, Occ.* 4, pp. 1–111, at pp. 64–5.

9. Orderic Vitalis, *Historia ecclesiastica* 8.3, ed. Chibnall, 4, pp. 138–40.

10. *Domesday Book*, ed. Abraham Farley (2 vols., London, 1783), 1, fol. 269; map in H. C. Darby, *Domesday England* (Cambridge, 1977), p. 332, fig. 111; Rees Davies, *Conquest, Coexistence and Change: Wales 1063–1415* (Oxford, 1987), pp. 30–31, 82–3; John Le Patourel, *The Norman Empire* (Oxford, 1976), pp. 62–3, 312–14.

11. *Domesday Book* 1, fols. 298, 305–8, 373; Lewis C. Loyd, *The Origins of Some AngloNorman Families*, ed. C. T. Clay and D. C. Douglas (*Harleian Society Publications* 103, 1951), p. 99; Ménager, 'Inventaire des familles normandes', p. 346; *Red Book of the Exchequer*, ed. Hubert Hall (3 vols., RS, 1896), 2, p. 602; *Register of the Abbey of St Thomas Dublin*, ed. John T. Gilbert (RS, 1889), nos. 106, 349–50, pp. 92, 302–4.

12. Derek W. Lomax, *The Reconquest of Spain* (London, 1978), p. 62.

13. Orderic Vitalis, *Historia ecclesiastica*, 13.5, ed. Chibnall, 6, p. 404.

14. Reinhold Röhricht, *Beiträge zur Geschichte der Kreuzzuge 2: Deutsche*

Pilger- und Kreuzfahrten nach dem heiligen Lande (700–1300) (Berlin, 1878), pp. 297– 359.

15. *Pommersches UB 1: 786–1253*, ed. Klaus Conrad (2nd ed., Cologne and Vienna, 1970), nos. 213, 485, pp. 261–3, 579–80.

16. 全面的研究，见 O. Eggert, *Geschichte Pommerns* 1 (Hamburg, 1974), pp. 150–60，引用书目见 pp. 263–4。

17. *Schlesisches UB*, ed. Heinrich Appelt and Winfried Irgang (4 vols. to date, Graz, Cologne and Vienna, 1963-), 2, no. 346, p. 208 (1248).

18. 关于约翰·德·库西与阿尔斯特统治权的创生，见 T. E. McNeill, *Anglo-Norman Ulster: The History and Archaeology of an Irish Barony 1177–1400* (Edinburgh, 1980), esp. chapter 1; Goddard H. Orpen, *Ireland under the Normans, 1169–1333* (4 vols., Oxford, 1911–20) 2, pp. 5–23, 114–18, 134–4; *New History of Ireland 2: Medieval Ireland, 1169–1534*, ed. Art Cosgrove (Oxford, 1987), pp. 114–16, 135。

19. 在同时代的米斯发生了类似的建立城堡和安置封臣的进程，见本书作者的论文 'Colonial Aristocraciies of the High Middle Ages', in Robert Bartlett and Angus MacKay (eds.), *Medieval Frontier Societies* (Oxford, 1989), pp. 23–47, at pp. 31–41。

20. *Annals of Ulster (Annála Uladh)*, ed. and tr. William M. Hennessy and Bartholomew MacCarthy (4 vols., Dublin, 1887–1901), 2, pp. 235–7; 他于 1197 年发动的突袭见 ibid. 2, p. 229。

21. William Dugdale, *Monasticon Anglicanum*, ed. John Caley *et al.* (6 vols. in 8, London, 1846), 6/2, p. 1125（包括不完整的见证人列表）; Gearóid MacNiocaill, 'Cartae Dunenses XII-X Ⅲ Céad', *Seanchus Ard Mhaca* 5/2 (1970), pp. 418–28, at p. 420, nos. 4–5。

22. 关于约翰·德·库西的硬币，见 William O'Sullivan, *The Earliest Anglo-Irish Coinage* (Dublin, 1964), pp. 1–5, 20–21 and plate 1。

23. Roger of Howden, *Chronica*, ed. William Stubbs (4 vols., RS, 1868–71), 4, pp. 176 and 25;; cf. Jocelyn of Furness, *Vita sancti Patricii, Acta sanctorum Martii* 2 (Antwerp, 1668), pp. 540–80, at p. 540，其中称德·库西为 "阿尔斯特君王"。

24. 对勃兰登堡的基本导读，见 Eberhard Schmidt, *Die Mark Brandenburg unter den Askaniern (1134–1320)* (MF 71, Cologne and Vienna, 1973); Johannes Schultze, *Die Mark Brandenburg 1: Entstehung und Entwicklung unter den askanischen Markgrafen (bis 1319)* (Berlin, 1961); Hermann Krabbo and Georg Winter, *Regesten der Markgrafen von Brandenburg aus Askanischem Hause* (Leipzig, Munich and Berlin, 1910–55)。

25. Schultze, *Die Mark Brandenburg* 1, p. 74.

26. Henry of Antwerp, *Tractatus de captione urbis Brandenburg*, ed. Oswald Holder-Egger, MGH, SS 25 (Hanover, 1880), pp. 482–4, at p. 484.

27. *Cronica principum Saxonie*, ed. Oswald Holder-Egger, MGH, SS 25 (Hanover, 1880), pp. 472–80, at p. 478.

28. 关于冯·韦德尔家族，见 Helga Cramer, 'Die Herren von Wedel im Lande

über der Oder: Besitz und Herrschaftsbildung bis 1402', *Jahrbuch für die Geschichte Mittel- und Ostdeutschlands* 18 (1969), pp. 63–129; 1212 年的 文 件，见 *Hamburgisches UB* (4 vols. in 7, Hamburg, 1907–67) 1, no. 387, pp. 342–3。与这个家族相关的很多文件，见相对少见的 *UB zur Geschichte des schlossgesessenen Geschlechts der Grafen und Herren von Wedel*, ed. Heinrich Friedrich Paul von Wedel (4 vols. in 2, Leipzig, 1885–91)；例如，1212年文件的一个选段，见1, no. 1, p. 1；但是，因为该书不易找到，只有未在别处编辑出版的文件，我才会从这本书中引用。

29. *Pommersches UB* 2 (Stettin, 1881–5, repr. Cologne and Graz, 1970), no. 891, pp. 218–19.

30. 地图 4 中标出的地点所对应的当代波兰地名：Cremzow (Krępcowo), Driesen (Drezdenko), Falkenburg (Zlocieniec), Freienwalde (Chociwel), Kürtow (Korytowo), Märkische-Friedland (Miroslawiec), Neuwedel (Drawno), Schivelbein (Swidwin), Uchtenhagen (Krzywnica); rivers Ihna (Ina), Netze (Noteć), Drage (Drawa)。

31. *UB... von Wedel* 2/1, no. 3, p. 3 (1272), nos. 7–8, p. 6 (1281).

32. Ibid. no. 113, pp. 65–6.

33. *Codex diplomaticus Brandenburgensis*, ed. Adolph Friedrich Riedel (41 vols., Berlin, 1838–69), A XV Ⅲ , pp. 151–3, no. 87 (1388)；1338 年针对米罗斯瓦维茨的文件，见 ibid., pp. 102–3, no. 5；1338 年授予弗赖恩瓦尔德城的特权，见 ibid., pp. 111–12, no. 22；对希维德温的收购，见 ibid., pp. 218–19, no. 9。

34. Cramer, 'Die Herren von Wedel', p. 119: 'nahezu landesherrliche Stellung'.

35. 一部关于蒙费拉家族的好用的资料汇编，见 Leopoldo Usseglio, *I marchesi di Monferrato in Italia ed in oriente durante i secoli XII e XIII*, ed. Carlo Patrucco (2 vols., *Bibliotheca della società storica subalpina* 100–101, Turin, 1926)。

36. 关于老威廉长子的性格，见 William of Tyre, *Chronicle* 21.12(13), ed. R. B. C. Huygens (2 vols., *Corpus Christianorum, Continuatio mediaevalis* 63–63A, Turnhout, 1986), 2, p. 978。

37. Francesco Gabrieli (ed.), *Arab Historians of the Crusades* (Eng. tr., Berkeley and London, 1969), p. 177 (Ibn al-Athīr).

38. *Poesie*, ed. D'Arco Silvio Avalle (2 vols., Milan and Naples, 1960), 2, pp. 159–61, no. 19 ('Per mielhs sofrir'), lines 49–50, at p. 161.

39. 15 位国君是葡萄牙、莱昂－卡斯蒂利亚、阿拉贡、纳瓦拉、法兰西、英格兰、苏格兰、挪威／瑞典、丹麦、波兰、匈牙利、神圣罗马帝国（包括波希米亚）、那不勒斯、西西里和塞浦路斯的国王或王后。其他的统治者（如一些爱尔兰君主）也在特定语境中使用国王头衔，但并未得到邻国或大型国际组织的认可。耶路撒冷与亚美尼亚没有列入此处的讨论。

40. Marcelin Defourneaux, *Les Français en Espagne aux XIe et XIIe siècles* (Paris, 1949), p. 197, n. 1; Bernard F. Reilly, *The Kingdom of León–Castilla under King Alfonso VI, 1065–1109* (Princeton, 1988), pp. 194 and n., 254–5.

41. 理查一世之前把塞浦路斯交给了圣殿骑士团，因此不得不从他们手中购得。

42. Robert of Clari, *La conquête de Constantinople* 106, ed. Philippe Lauer (Paris, 1924), p. 102.

43. Geoffrey Malaterra, *De rebus gestis Rogerii Calabriae et Siciliae comitis et Roberti Guiscardi ducis fratris eius* 1.11, ed. Ernesto Pontieri (*Rerum italicarum scriptores*, n.s., 5/1, Bologna, 1928), p. 14.《圣经》引文出自《路加福音》6：38。

44. Amatus of Montecassino, *Storia de' Normanni* 2.45, ed. Vincenzo de Bartholomaeis (*Fonti per la storia d'Italia 76*, Rome, 1935), p. 112.

45. Joshua Prawer, *Crusader Institutions* (Oxford, 1980), p. 21.

46. Fulcher of Chartres, *Historia Hierosolymitana* 3.37, ed. Heinrich Hagenmeyer (Heidelberg, 1913), p. 749.

47. *Livländische Reimchronik*, lines 612–18, ed. Leo Meyer (Paderbom, 1876), p. 15.

48. *Song of Dermot and the Earl*, lines 431–6, ed. and tr. Goddard H. Orpen (Oxford, 1892), p. 34.

49. *Cantar de Mío Cid*, line 1213, ed. Ramón Menéndez Pidal (rev. ed., 3 vols., Madrid, 1944–6), 3, p. 945.

50. Malaterra, *De rebus gestis Rogerii* 1.16, ed. Pontieri, p. 17.

51. Georges Duby, *The Early Growth of the European Economy* (Eng. tr., London, 1974), p. 51.

52. *Germania* 13–14.

53. *Beowulf*, lines 2490–93, ed. F. Klaeber (3rd ed., Boston, 1950), p. 94.

54. Bede, *Epistola ad Ecgbertum episcopum*, in Charles Plummer (ed.), *Opera historica* (2 vols., Oxford, 1896) 1, pp. 405–23, at pp. 414–17.

55. Dudo of Saint-Quentin, *De moribus et actis primorum Normanniae ducum* 4.83, ed. Jules Lair, *Mémoires de la Société des Antiquaires de Normandie*, 3rd ser., 3 (Caen, 1858–65), p. 238.

56. *Sachsenspiegel*, *Lehnrecht*, ed. Karl August Eckhardt (*Germanenrechte*, n.s., Göttingen, 1956), *passim*.

57. Walther von der Vogelweide, *Die Lieder*, ed. Friedrich Maurer (Munich, 1972), no. 74/11, p. 232 ('Ich han min lehen').

58. Le Patourel, *The Norman Empire*, p. 303. Ibid., p. 290.

59. 奥斯纳布吕克的案例，见 Werner Hillebrand, *Besitz- und Standesverhält-nisse des Osnabrücker Adels bis 1300* (Göttingen, 1962), p. 211；艾希施塔特的案例，见 Benjamin Arnold, *German Knighthood 1050–1300* (Oxford, 1985), p. 180；那幕尔的案例，见 Léopold Génicot, *L'économie rurale namuroise au Bas Moyen Age 2: Les hommes – la noblesse* (Louvain, 1960), p. 140；福雷的案例，见 Edouard Perroy, 'Social Mobility among the French *Noblesse* in the Later Middle Ages', *Past and Present* 21 (1962), pp. 25–38。

60. Malaterra, *De rebus gestis Rogerii* 1.5, ed. Pontieri, p. 9.

61. Orderic Vitalis, *Historia ecclesiastica* 3, ed. Chibnall, 2, p. 98.

62. Robert the Monk, *Historia Iherosolimitana*, RHC, Occ. 3, pp. 717–882, at p.

728.

63. Jack Goody, *The Development of the Family and Marriage in Europe* (Cambridge, 1983), p. 44.

64. 关于贵族家庭结构，见 Karl Schmid, 'Zur Problematik von Familie, Sippe und Geschlecht, Haus und Dynastie beim mittelalterlichen Adel', *Zeitschrift für die Geschichte des Oberrheins* 105 (1957), pp. 1–62; idem, 'The Structure of the Nobility in the Earlier Middle Ages', in Timothy Reuter (ed.), *The Medieval Nobility* (Amsterdam, etc., 1978), pp. 37–59; Georges Duby, 'Lineage, Nobility and Knighthood', in his *The Chivalrous Society* (Eng. tr., London and Berkeley, 1977), pp. 59–80, at pp. 68–75; 把这一模式推广到英格兰的尝试，见 James C. Holt, 'Feudal Society and the Family in Early Medieval England', *Transactions of the Royal Historical Society*, 5th ser., 32 (1982), pp. 193–212; 33 (1983), pp. 193–220; 34 (1984), pp. 1–25; 35 (1985), pp. 1–28, esp. 32 (1982), pp. 199–200；不同程度的批评，见 Karl Leyser, 'The German Aristocracy from the Ninth to the Early Twelfth Century: A Historical and Cultural Sketch', *Past and Present* 41 (1968), pp. 25–53, esp. pp. 32–6, repr. in his *Medieval Germany and its Neighbours* (London, 1982), pp. 161–89, at pp. 168-72; Constance B. Bouchard, 'Family Structure and Family Consciousness among the Aristocracy in the Ninth to the Eleventh Centuries', *Francia* 14 (1987), pp. 639–58。

65. Geoffrey Barrow, *The Anglo-Norman Era in Scottish History* (Oxford, 1980), title of chapter 1.

66. Prawer, *Crusader Institutions*, p. 24.

67. Glanvill, *The Treatise on the Laws and Customs of England commonly called Glanvill*, ed. and tr. G. D. H. Hall (London, 1965), p. 75.

68. *Assise au comte Geffroy* 1, ed. Marcel Planiol, *La très ancienne coutume de Bretagne* (Rennes, 1896, repr. Paris and Geneva, 1984), pp. 319–25, at pp. 321–2.

69. London, British Library, Add. MS 11283, fols. 21v-22. 感谢温迪·戴维斯（Wendy Davies）为我确认这条注释。

70. 家族的"收紧"，见 Duby, 'Lineage, Nobility and Knighthood', p. 75；"贵族中新的亲族结构的出现与封建系统的建立难道不是同步演进的吗？"，见 idem, 'The Structure of Kinship and Nobility', in his *The Chivalrous Society* (Eng. tr., London and Berkeley, 1977), pp. 134–48, at p. 148；"更深地扎根地产"的军事阶层，见 idem, *Early Growth of the European Economy*, p. 171。

71. Lucien Musset, 'L'aristocratie normande au XIe siècle', in Philippe Contamine (ed.), *La noblesse au Moyen Age* (Paris, 1976), pp. 71–96, at p. 95.

72. Holt, 'Feudal Society and the Family', *Transactions of the Royal Historical Society* 32 (1982), p. 201.

73. Lorenz Weinrich (ed.), *Quellen zur deutsche Verfassungs-, Wirtschaftsund Sozialgeschichte bis 1250* (AQ 32, Darmstadt, 1977), no. 25, pp. 106–8。

74. 'Homage and the fief came in the wake of conquest': Graham Loud, 'How "Norman" was the Norman Conquest of Southern Italy?', *Nottingham Medieval Studies* 25 (1981), pp. 13–34, at p. 26.

75. *Chronicle of Morea*, tr. Harold E. Lurier, *Crusaders as Conquerors* (New York, 1964), pp. 125–8; 卢里尔（Lurier）把 *sirgentes* 译作扈从（squires）。

76. Hans K. Schulze, *Adelsherrschaft und Landesherrschaft: Studien zur Verfassungs- und Besitzgeschichte der Altmark, des ostsachsischen Raumes und des hannoverschen Wendlandes im hohen Mittelalter* (*MF* 29, Cologne and Graz, 1963).

77. A. J. Otway-Ruthven, *A History of Medieval Ireland* (2nd ed., London, 1980), pp. 102–3; eadem, 'Knight Service in Ireland', *Journal of the Royal Society of Antiquaries of Ireland* 89 (1959), pp. 1–15.

78. *Song of Dermot*, lines 3206–7, ed. Orpen, p. 232.

79. Otway-Ruthven, *History of Medieval Ireland*, p. 105.

80. Joshua Prawer, 'Social Classes in the Latin Kingdom: The Franks', in Kenneth Setton (ed.), *A History of the Crusades* (Philadelphia and Madison, 6 vols., 1955–89) 5: T*he Impact of the Crusades on the Near East*, ed. Norman Zacour and Harry Hazard, pp. 117–92, at p. 135.

81. Frank Stenton, *The First Century of English Feudalism 1066–1166* (2nd ed., Oxford, 1961), p. 166.

82. 英格兰与诺曼底的情况，见 Thomas K. Keefe, *Feudal Assessments and the Political Community under Henry II and His Sons* (Berkeley, etc., 1983), pp. 42, 141; 香槟地区的情况，见 Theodore Evergates, 'The Aristocracy of Champagne in the Mid-Thirteenth Century: A Quantitative Description', *Journal of Interdisciplinary History* 5 (1974–5), pp. 1–18; 耶路撒冷的情况，见 Alan V. Murray, 'The Origins of the Frankish Nobility in the Kingdom of Jerusalem, 1100–1118', *Mediterranean Historical Review* 4/2 (1989), pp. 281–300, at pp. 281–2; 对耶路撒冷国王的证据的具体讨论，见 Jean Richard, 'Les listes des seigneuries dans le livre de Jean d'Ibelin', *Revue historique de droit français et étranger* 32 (1954), pp. 565–77。

83. A. J. Otway-Ruthven, 'Knights' Fees in Kildare, Leix and Offaly', *Journal of the Royal Society of Antiquaries of Ireland* 91 (1961), pp. 163–81, at p. 164, n. 10.

84. *Catalogus baronum*, ed. Evelyn Jamison (*Fonti per la storia d'Italia* 101, Rome, 1972); 概论见 Claude Cahen, *Le régime féodale d'Italie normande* (Paris, 1940)。

85. *L'estoire d'Eracles empereur et la conqueste de la terre d'Outremer*, *RHC, Occ.* 2, pp. 1–481, at pp. 188–90 (note); also as *La continuation de Guillaume de Tyr (1184–1197)* 136, ed. Margaret R. Morgan (*Documents relatifs à l'histoire des croisades* 14, Paris, 1982), p. 139 (cf. also p. 138); see Peter Edbury, *The Kingdom of Cyprus and the Crusades 1191–1374* (Cambridge, 1991), chapter 3, 'Settlement'.

86. Barrow, *Anglo-Norman Era*, pp. 132, 44 and n. 59, 40, 62, 127.

87. *Early Scottish Charters prior to 1153*, ed. Archibald C. Lawrie (Glasgow, 1905), no. 186, p. 150.

88. Gervase of Tilbury, *Otia imperialia* 2.10, ed. G. W. Leibnitz, *Scriptores rerum brunsvicensium illustrationi inservientes* (3 vols., Hanover, 1707–11) 1, pp. 881–1004; 2, pp. 751–84; at 1, p. 917, with better readings at 2, p. 772.

89. K. Schunemann, *Die Deutsche in Ungarn bis zum 12. Jahrhundert* (Berlin, 1923), p. 130.

90. *(Contributions to a) Dictionary of the Irish Language* (Royal Irish Academy, Dublin, 1913–76), s.v.

91. Perry Anderson, *Passages from Antiquity to Feudalism* (London, 1974), p. 231.

92. Cahen, *Régime féodale*, p. 47.

93. J. F. A. Mason, 'Roger de Montgomery and his Sons (1067–1102)', *Transactions of the Royal Historical Society*, 5th ser., 13 (1963), pp. 1–28, at pp. 6–12.

94. Murray, 'Origins of the Frankish Nobility', p. 293.

95. Erik Fügedi, 'Das mittelalterliche Konigreich Ungarn als Gastland', in Walter Schlesinger (ed.), *Die deutsche Ostsiedlung als Problem der europaischen Geschichte* (*Vorträge und Forschungen* 18, Sigmaringen, 1975), pp. 471–507, at pp. 495–6.

96. Robert I. Burns, *Islam under the Crusaders: Colonial Survival in the Thirteenth-Century Kingdom of Valencia* (Princeton, 1973), esp. chapter 13.

97. Barrow, *Anglo-Norman Era*, pp. 157–8.

98. Fügedi, 'Das mittelalterliche Konigreich Ungarn', pp. 495–6.

99. William Rees, *South Wales and the March 1284–1415* (Oxford, 1924), pp. 145–7; Cahen, *Régime féodale*, pp. 38–9, 82–9；奥特韦－鲁思文（Otway-Ruthven）所做的比较研究，见 'Knight Service', pp. 14–15。

100. Amatus of Montecassino, *Storia de' Normanni* 1.42, ed. de Bartholomaeis, pp. 53–4.

101. Bernhard Guttmann, 'Die Germanisierung der Slawen in der Mark', *Forschungen zur brandenburgischen und preussischen Geschichte* 9 (1897), pp. 39 (395)-158 (514), at p. 70 (426).

102. Fulcher of Chartres, *Historia Hierosolymitana* 3.37, ed. Hagenmeyer, p. 748.

103. Henri Bresc, 'Féodalité coloniale en terre d'Islam: La Sicile (1070–1240)', in *Structures féodales et féodalisme dans l'Occident mediterranéen (Xe–XIIIe s.)* (Paris, 1980), pp. 631–47, at p. 640.

104. *Chronicle of Morea*, tr. Lurier, p. 165.

105. W. E. Wightman, *The Lacy Family in England and Normandy 1066–1194* (Oxford, 1966).

106. Davies, *Conquest, Coexistence and Change*, p. 181.

107. Bartlett, 'Colonial Aristocracies', pp. 38–40.
108. Lacarra, nos. 354, 366.
109. Julio González, *El reino de Castilla en la epoca de Alfonso VIII* (3 vols., Madrid, 1960) 3, no. 897, pp. 567–8.
110. Helbig & Weinrich 1, no. 121, pp. 448–50；凯顿（Klein Queden）是德语中的梯芬瑙，是现代波兰的提克诺维。

第 3 章　军事技术与政治权力

1. *Codex iuris Bohemici*, ed. Hermenegild Jiriček (5 vols. in 12, Prague, 1867–98), 2/2, p. 114 (*Majestas Carolina* 7).
2. 马加比书莱顿抄本为 Leiden, University Library, MS Perizoni 17；它制作于圣高尔修道院；复制本可见 A. Merton, *Die Buchmalerei in St Gallen* (Leipzig, 1912), plates LV–LVII。
3. 巴约挂毯的复制本见 Frank Stenton *et al., The Bayeux Tapestry* (London, 1957)；see also the contribution of Sir James Mann in the same volume, 'Arms and Armour', pp. 56–69。
4. Thietmar of Merseburg, *Chronicon* 4.12, ed. Werner Trillmich (*AQ* 9, Darmstadt, 1957), p. 126，描述 990 年的萨克森部队。
5. Lacarra, no. 238 (*c.* 1145); Gerald of Wales (Giraldus Cambrensis), *De principis instructione* 2.13, in J. S. Brewer, J. F. Dimock and G. F. Warner (eds.), *Opera* (8 vols., RS, 1861–91) 8, pp. 183–4.
6. 对一副全套的骑士装备的总重量估算基于以下数据：铠甲重 30 磅，剑重 4 磅，头盔重 3 磅，矛头重 2 磅，马蹄铁、马嚼子、马镫和马刺重 11 磅。这些重量数据部分来自考古发现，部分来自冶金学的计算，部分来自基于晚期中世纪武器装备的推算。对于这些指标，参见 J. F. Finó, 'Notes sur la production du fer et la fabrication des armes en France au Moyen Age', *Gladius* 3 (1964), pp. 47–66; R. F. Tylecote, *Metallurgy in Archaeology* (London, 1962), p. 276; H. Nickel *et al., The Art of Chivalry: European Arms and Armour from the Metropolitan Museum of Art* (New York, 1982); James Mann, *Wallace Collection Catalogues: European Arms and Armour* (2 vols., London, 1962)。
7. 奥托二世部队估计有 5 000 人，基于 981 年的一份不完整的部署名册：*Indiculus loricatorum*, in *Constitutions et acta publica imperatorum et regum* 1, ed. Ludwig Weiland (*MGH*, Hanover, 1893), no. 436, pp. 632–3; see Karl Ferdinand Werner, 'Heeresorganisation und Kriegführung im Deutschen Königreich des 10. und 11. Jahrhunderts', in *Ordinamenti militari in Occidente nell'alto medioevo* (*Settimane di studio del Centro italiano di studi sull'alto medioevo* 15, 2 vols., Spoleto, 1968) 2, pp. 791–843。
8. Finó, 'Notes sur la production du fer'.
9. William Beveridge, *Prices and Wages in England* 1 (London, 1939), pp.

xxv–xxvi.

10. e.g. William of Poitiers, *Gesta Guillelmi ducis Normannorum* 1.13, 40, ed. Raymonde Foreville (Paris, 1952), pp. 26, 98; Matthew Paris, *Chronica majora*, ed. Henry R. Luard (7 vols., RS, 1872–84), 4, pp. 135–6; see in general R. H. C. Davis, *The Medieval Warhorse* (London, 1989).

11. "英王亨利一世与佛兰德伯爵于 1101 年达成的协议"的最新校勘本，见 Pierre Chaplais (ed.), *Diplomatic Documents preserved in the Public Record Office 1:1101–1272* (Oxford, 1964), pp. 1–4。

12. See Philippe Contamine, *War in the Middle Ages* (Eng. tr., Oxford, 1984), p. 67.

13. 关于骑士的语义学研究，有很多二手文献可以参考。最佳的入门读物是 P. Guilhiermoz, *Essai sur l'origine de la noblesse en France au Moyen Age* (Paris, 1902)。新近的讨论包括George Duby, 'The Origins of Knighthood', in his *The Chivalrous Society* (Eng. tr., London and Berkeley, 1977), pp. 158–70; idem, 'La diffusion du titre chevaleresque', in Philippe Contamine (ed.), *La noblesse au Moyen Age* (Paris, 1976), pp. 39–70; the articles collected in Arno Borst (ed.), *Das Rittertum im Mittelalter* (*Wege der Forschung* 349, Darmstadt, 1976); the collected essays of Léopold Genicot, *La noblesse dans l'Occident médiéval* (London, 1982); and the works of Jean Flori, *L'essor de la chevalerie* (Geneva, 1986), and *L'idéologie du glaive: Préhistoire de la chevalerie* (Geneva, 1983)。

14. William of Poitiers, *Gesta Guillelmi* 2.29, ed. Foreville, p. 218.

15. Davis, *The Medieval Warhorse* 提出，在 11 世纪中叶到 13 世纪末，"战马体形的迅速增大"（第 69 页），但他基于的证据十分单薄，如印章上刻画的战马的体形（第 21—22 页）；类似的证据也支撑中世纪的商船不比划艇大的说法。

16. Gerald of Wales (Giraldus Cambrensis), *Itinerarium Kambriae* 1.4, in J. S. Brewer, J. F. Dimock and G. F. Warner (eds.), *Ope a* (8 vols., RS, 1861–91) 6, pp. 1–152, at p. 54.

17. 与十字弓相关的记载，可见 10 世纪的编年史 Richer, *Historiae* 2.92; 3.98, 104, ed. R. Latouche, *Histoire de France* (2 vols Paris, 1930–37) 1, p. 282; 2, pp.126, 134。一直有人认为，这些记载"可能只是文字描述上相似，与实际的十字弓无关"，但一部公元 1000 年前后的抄本上的十字弓图样说明，十字弓很可能在 10 世纪被使用，J. F. Finó, *Forteresses de la France médiévale* (3rd ed., Paris, 1977), p. 89。该抄本为 Paris BN lat. 12,302, Haimo of Auxerre's *Commentary on Ezekiel*。

18. Anna Comnena, *Alexiad* 10.8.5, ed. B. Leib (3 vols., Paris, 1937–45), 2, pp. 217–18.

19. *Conciliorum oecumenicorum decreta*, ed. J. Alberigo *et al.* (3rd ed., Bologna, 1973), p. 203 (canon 29).

20. *Constitutiones et acta publica imperatorum et regum* 2, ed. Ludwig Weiland (*MGH*, Hanover, 1896), no. 335, p. 445.

21. See B. Thordemann, *Armour from the Battle of Wisby 1361* (2 vols.,

Stockholm, 1939) 1, pp. 186–7.

22. 1215—1217 年英格兰内战的相关事件和引文，出自 Roger of Wendover, *Flores historiarum*, ed. H. G. Hewlett (3 vols., RS, 1886–9), 2, pp. 116, 151, 194, 212, 215–16; this material was incorporated into Matthew Paris, *Chronica majora*, ed. Luard, 2, pp. 586–7, 626, 666; 3, pp. 18, 21。

23. E. Audouinn, *Essai sur l'armée royale au temps de Philippe Auguste* (Paris, 1913), pp. 113–14.

24. 换取十字弓手的服务的土地，参见 *Red Book of the Exchequer*, ed. Hubert Hall (3 vols., RS, 1896), 2, pp. 458–9, 467；关于《末日审判书》中涉及的十字弓服务，也参见 J. H. Round, *The King's Serjeants and Officers of State* (London, 1911), pp. 13–14。

25. *Liber fundationis episcopatus Vratislaviensis*, ed. H. Markgraf and J. W. Schulte (*Codex diplomaticus Silesiae* 14, Breslau, 1889), pp. 14–15.

26. 1215 年，约翰国王为他的马尔堡（Marlborough）城堡订购了 1000 支箭，参见 *Close Roll 16 John* (Pipe Roll Society, n.s., 31, 1955), p. 130。法国国王腓力·奥古斯都（Philip Augustus）的军械库，参见 Audouin, *Essai*, pp. 187–97。See also Contamine, *War in the Middle Ages*, pp. 71–2.

27. Hariulf, *Gesta ecclesiae Centulensis* 4.21, ed. F. Lot, *Chronique de l'abbaye de Saint-Riquier* (Paris, 1894), p. 230.

28. Otto of Freising, *Gesta Friderici I imperatoris* 1.12, ed. Georg Waitz and Bernhard von Simson (*SRG*, Hanover and Leipzig, 1912), p. 28.

29. 老塞勒姆的设计，参见 J. P. Bushe-Fox, *Old Sarum* (London, etc., 1930)。

30. G. Fournier, *Le peuplement rural en Basse Auvergne durant le haut Moyen Age* (Paris, 1962), pp. 329–99.

31. *Atlas vorgeschichtlicher Befestigungen in Niedersachsen*, ed. A. von Opperman and C. Schuchhardt (Hanover, 1888–1916), pp. 67–8, fig. 53. 现代名称为赫尔林斯堡（Herlingsburg）。

32. Farl Wilhelm Struve, 'Die slawischen Burgen in Wagrien', *Offa* 17–18 (1959–6. pp. 57–108, at pp. 61, 99–100.

33. 图 2 的注释：盎格鲁-撒克逊山丘堡垒（burhs）——C. A. Ralegh Radford, 'Later Pre-Conquest Boroughs and their Defences', *Medieval Archaeology* 14 (1970), pp. 83–103；维京地区的阿格斯堡（Aggersborg）——David M. Wilson, 'Danish Kings and England in the Late 10th and Early 11th Centuries – Economic Implications', in *Proceedings of the Battle Conference on Anglo-Norman Studies* 3 (1980), ed. R. Allen Brown, pp. 188–96, at pp. 192–3；瓦格里亚地区的斯拉夫要塞——Struve, 'Die slawischen Burgen', p. 60；奥地利城堡——W. Götting and G. Grüll, *Burgen in Oberösterreich* (Wels, 1967), p. 317 (figures for *Hauptburg*)；土堡（motte）——Contamine, *War in the Middle Ages*, p. 44。

34. Sidney Painter, 'English Castles in the Early Middle Ages: Their Numbers, Location, and Legal Position, *Speculum* 10 (1935), pp. 321–32, at p. 322; C. Warren Hollister, *The Military Organization of Norman England* (Oxford, 1965), p. 138 and notes. 法兰西的情况，参见 Contamine, *War in

the Middle Ages, p. 46。

35. Lawrence of Durham, *Dialogi* 1, lines 367–8, ed. James Raine (Surtees Society 70, 1880 for 1878), p. 11.

36. 关于土堡的平均尺寸，参见 Contamine, *War in the Middle Ages*, p. 44。当然，有些土堡要大很多；例如，参见 A. Herrnbrodt, 'Stand der früh mittelalterlichen Mottenforschung im Rheinland', *Château Gaillard* 1 (1964 for 1962), pp. 77–100, at p. 81; H. W. Heine, 'Ergebnisse und Probleme einer systematischen Aufnahme und Bearbeitung mittelalterlicher Wehranlagen zwischen junger Donau und westlichen Bodensee', ibid. 8 (1976), pp. 121–34, at p. 126。

37. *Vita Ludovici Grossi regis* 24 (Crécy), 19 (Le Puiset), 18 (Mantes), 3 ('arming' of a castle - *turrim sibi armis et armatis satagit munire*）, ed. H. Waquet (Paris, 1929), pp. 176, 140, 124, 20.

38. Alpert of Metz, *De diversitate temporum* 2.2, ed. Hans van Rij and Anna Sapir Abulafia (Amsterdam, 1980), pp. 42–4. 新事物（novae res）一词源出萨鲁斯特，参见 *Jugurtha* 19.1, *Catiline* 28.4 等处。中世纪编年史家频繁使用这一概念。阿伯特也可能是从 Caesar's *Gallic War* 1.9（see van Rij and Abulafia's edition, p. 125）中借用了这个词。

39. Bruno, *De bello Saxonico liber* 16, 27, ed. H. E. Lohmann (*MGH, Deutsches Mittelalter* 2, Leipzig, 1937), pp. 22, 31.

40. Maurice Beresford, *New Towns of the Middle Ages* (London, 1967), pp. 172 (fig. 40), 425.

41. *Cronica Reinhardsbrunnensis*, ed. Oswald Holder-Egger, *MGH, SS* 30/1 (Hanover, 1896), pp. 490–656, at pp. 518–21; Hans Patze and Walter Schlesinger, *Geschichte Thüringens* 2/1 (*MF* 48, Cologne and Vienna, 1974), pp. 10–13.

42. R. A. Brown, H. M. Colvin and A. J. Taylor, *The History of the King's Works: The Middle Ages* (2 vols., London, 1963) 1, pp. 64–5, 113; 2, pp. 630, 1023, 1029.

43. Michael Prestwich, *War, Politics and Finance under Edward I* (London, 1972), p. 160.

44. T. F. Tout, 'The Fair of Lincoln and the "Histoire de Guillaume le Maréchal" ', in his *Collected Papers* (3 vols., Manchester, 1932–4) 2, pp. 191-220, at pp. 218–20; Lynn White, *Medieval Technology and Social Change* (Oxford, 1962), p. 102; J. F. Finó, 'Machines de jet médiévales', *Gladius* 10 (1972), pp. 25–43; D. R. Hill, 'Trebuchets', *Viator* 4 (1973), pp. 99–114.

45. 有维拉尔·德·奥内库尔的设计草图的若干复制本，如 Hans R. Hahnloser, *Villard de Honnecourt: Kritische Gesamtausgabe des Bauhüttenbuches ms. fr. 19093 der Pariser Nationalbibliothek* (2nd ed., Graz, 1972), trebuchet at plate 59, text and commentary pp. 159–62, or *The Sketchbook of Villard de Honnecourt*, ed. Theodore Bowie (Bloomington, 1959), plate 61。

46. *Annales Pegavienses*, ed. George Heinrich Pertz, *MGH, SS* 16 (Hanover, 1859), pp. 232–70, at p. 264.

47. *Littere Wallie*, ed. John Goronwy Edwards (Cardiff, 1940), no. 3, pp. 7–8 (Treaty of Woodstock).

48. Katharine Simms, 'Warfare in the Medieval Gaelic Lordships', *The Irish Sword* 12 (1975–6), pp. 98–108; Peter Harbison, 'Native Irish Arms and Armour in Medieval Gaelic Literature, 1170–1600', ibid., pp. 173–99, 270–84. Gerald of Wales, writing of the Irish in 1188, commented: 'they do not use the saddle or spurs when riding', Gerald of Wales (Giraldus Cambrensis), *Topographia Hibernica* 3.10, in J. S. Brewer, J. F. Dimock and G. F. Warner (eds.), *Opera* (8 vols., RS, 1861–91) 5, pp. 1–204, at p. 150.

49. Herbord, *Dialogus de vita sancti Ottonis episcopi Babenbergensis* 2.23, ed. Jan Wikarjak and Kazimierz Liman, *MPH*, n.s., 7/3 (Warsaw, 1974), pp. 101–2.

50. 以拉丁人在地中海地区的攻城战为主题的研究，参见 Randall Rogers, *Latin Siege Warfare in the Twelfth Century* (Oxford, 1992)。

51. Francesco Gabrieli (ed.), *Arab Historians of the Crusades* (Eng. tr., Berkeley and London, 1969), p. 58 (Ibn al-Qalānisi).

52. Elena Lourie, 'A Society Organized for War: Medieval Spain', *Past and Present* 35 (1966), pp. 54–76, at p. 69.

53. Ambroise, *L'estoire de la guerre sainte*, lines 6816-18, ed. Gaston Paris (Paris, 1897), col. 182.

54. 西班牙的十字弓手，如 Julio González, *El reino de Castilla en la epoca de Alfonso VIII* (3 vols., Madrid, 1960) 3, no. 705, pp. 247–9 (1201); Emilio Sáez (ed.), 'Fueros de Puebla de Alcocer y Yébenes', *Anuario de historia del derecho español* 18 (1947), pp. 432–41, at p. 435; Julio González, *Repoblación de Castilla la Nueva* (2 vols., Madrid, 1975–6) 2, p. 350, n. 169。

55. Fulcher of Chartres, *Historia Hierosolymitana* 1.34, ed. Heinrich Hagenmeyer (Heidelberg, 1913), p. 342.

56. 利沃尼亚的亨利：*Chronicon Livoniae* 1.5–9（迈因哈德），9.3（骑士康拉德），15.3（骑士"冲进敌阵中央……"），10.8（"没穿盔甲的敌人被流箭射得遍体鳞伤"），15.3（"［爱沙尼亚人］没有盔甲护身……"），10.12（对于克斯屈尔的进攻），23.8（"一些人建造移动塔楼……"），14.11（"德意志人搭建起一个投石机……"），10.12（"俄罗斯人也制作了一个像德意志人那样的小型机械……"），26.3（奥塞特人），27.3（"德意志人的技术"），28.3（"奥塞特人的技术"），11.8（库克努斯国王），12.1（从尸体上取得的锁子甲），27.3（虏获的武器等战争装备），28.3（再度攻克被加固过的要塞），ed. Leonid Arbusow and Albert Bauer（*AQ* 24, Darmstadt, 1959），pp. 4–6, 38, 134, 54, 132, 58, 242, 126, 60, 282, 298, 304, 80, 84, 296, 304。于克斯屈尔和梅索顿是现在拉脱维亚的伊克斯基莱（Ikškile）和梅宗尼斯（Mežotne），菲林、欧塞尔和瓦堡勒是现在爱沙尼亚的维尔扬迪（Viljandi）、萨拉马（Saaremaa）和瓦堡拉（Varbola）。

57. *Gesta Stephani*, ed. K. R. Potter and R. H. C. Davis (Oxford, 1976), p. 14.

58. *Brut y Tywysogyon or The Chronicle of the Princes: Red Book of Hergest Version*, ed. and tr. Thomas Jones (Cardiff, 1955), pp. 71–3.

59. Giolla Brighde Mac Con Midhe, *Poems*, ed. and tr. N.J. A. Williams (Irish Texts Society 51, Dublin, 1980) X Ⅲ , 20, p. 141. （一首关于布里安·奥尼尔［Brian O Neill］1260 年在唐帕特里克［Downpatrick］战败的诗歌。）

60. *Annals of Loch Cé*, ed. and tr. William M. Hennessy (2 vols., RS, 1871), 1, p. 389.

61. *History of Gruffydd ap Cynan*, ed. and tr. Arthur Jones (Manchester, 1910), p. 133.

62. *Brut y Tywysogyon*, ed. Jones, pp. 175, 177; Gerald of Wales, *Itinerarium Kambriae*, 2.6, ed. Brewer *et al.*, p. 123; Richard Avent, *Cestyll Tywysogion Gwynedd/Castles of the Princes of Gwynedd* (Cardiff, 1983), p. 7.

63. *Song of Dermot and the Earl*, lines 666–70, ed. and tr. Goddard H. Orpen (Oxford, 1892), p. 50.

64. 关于威尔士和爱尔兰地形带来的困难，参见 Gerald of Wales (Giraldus Cambrensis), *Descriptio Kambriae* 2.8, in J. S. Brewer, J. F. Dimock and G. F. Warner (eds.), *Opera* (8 vols., RS, 1861– 91) 6, pp. 153–227, at pp. 220–21; *idem, Expugnatio Hibernica* 2.38, ed. A. B. Scott and F. X. Martin (Dublin, 1978), pp. 246–8; John of Salisbury, *Policraticus* 6.6, 16, ed. C. C. J. Webb (2 vols., Oxford, 1909), 2, pp. 18, 42–4。关于欧洲东部的例子，参见 Gallus Anonymus, *Chronicon* 1.25; 3.23, ed. K. Maleczynski, *MPH*, n.s., 2 (Cracow, 1952), pp. 50, 152。

65. Matthew Paris, *Chronica majora*, ed. Luard, 5, p. 550.

66. Symeon of Durham, *Historia regum*, in *Symeonis monachi opera omnia*, ed. Thomas Arnold (2 vols., RS, 1882–5), 2, pp. 3–283, at pp. 191–2.

67. Turgot, *Vita sancti Margaretae reginae*, ed. James Raine in *Symeonis Dunelmensis opera et collectanea* 1, ed. J. Hodgson Hinde (Surtees Society 51, 1868), pp. 234–54, at p. 247.

68. Symeon of Durham (attrib.), *De miraculis et translationibus sancti Cuthberti* 10, in *Symeonis monachi opera omnia*, ed. Thomas Arnold (2 vols., RS, 1882–5), 1, pp. 229–61; 2, pp. 333–62, at 2, p. 339.

69. Symeon of Durham, *Historia regum*, ed. Arnold, 2, p. 190.

70. Aelred of Rievaulx, *De sanctis ecclesiae Haugustaldensis*, ed. James Raine in *The Priory of Hexham* (2 vols., Surtees Society 44, 46, 1864–5) 1, pp. 172–203, at p. 178; cf. Symeon of Durham, *Historia regum*, ed. Arnold, 2, pp. 36–7.

71. Symeon of Durham, *De miraculis... sancti Cuthberti* 10, ed. Arnold, 2, p. 339.

72. Gerald of Wales, *Topographia Hibernica* 2.54, ed. Brewer *et al.*, p. 137. 当然，同时依靠城堡和圣徒的保护是很合理的选择。在有些地区，圣徒承担城堡大门守卫者的特别角色，参见 C. L. Salch, 'La protection symbolique de la porte au Moyen Age dans les châteaux-forts alsaciens',

in *Hommage à Geneviève Chevrier et Alain Geslan: Études médiévales* (Strasbourg, 1975), pp. 39–44。

73. 达勒姆——Symeon of Durham, *Historia regum*, ed. Arnold, 2, pp. 199-200；纽卡斯尔——ibid., p. 211；卡莱尔—— *Anglo-Saxon Chronicle, s.a.* 1092, ed. C. Plummer and J. Earle, *Two of the Saxon Chronicles Parallel* (2 vols., Oxford, 1892–9) 1, p. 227；诺勒姆——Symeon of Durham's continuator, *Historia Dunelmensis ecclesiae*, in *Symeonis monachi opera omnia*, ed. Thomas Arnold (2 vols., RS, 1882–5), 1, pp. 135–60, at 1, p. 140。

74. 关于苏格兰的盎格鲁 – 法兰西侨居贵族，参见 Geoffrey Barrow, *The Anglo-Norman Era in Scottish History* (Oxford, 1980); *idem, Kingship and Unity: Scotland 1000–1306* (London, 1981), chapter 3; A. A. M. Duncan, *Scotland: The Making of the Kingdom* (Edinburgh, 1975), chapters 6–8; R. L. G. Ritchie, *The Normans in Scotland* (Edinburgh, 1954)。

75. *Early Scottish Charters prior to 1153*, ed. Archibald C. Lawrie (Glasgow, 1905), no. 54, pp. 48–9.

76. John of Hexham, *Historia*, in *Symeonis monachi opera omnia*, ed. Thomas Arnold (2 vols., RS, 1882–5), 2, pp. 284–332, at p. 290.

77. E.g. Richard of Hexham, *Historia*, ed. Richard Howlett in *Chronicles of the Reigns of Stephen, Henry II and Richard I* (4 vols., RS, 1884–9) 3, pp. 137-78, at pp. 156–7.

78. Aelred of Rievaulx, *Relatio de Standardo*, ed. Howlett, ibid., pp. 179–99, at pp. 187–8.

79. E.g. Richard of Hexham, *Historia*, ed. Howlett, p. 157; John of Hexham, *Historia*, ed. Arnold, p. 291.

80. John of Hexham, *Historia*, ed. Arnold, p. 289.

81. Richard of Hexham, *Historia*, ed. Arnold, p. 145.

82. 关于旗帜战役前的争吵，参见 Aelred of Rievaulx, *Relatio*, ed. Howlett, pp. 189–98。"没穿盔甲，身体赤裸" 一语出自 Henry of Huntingdon, *Historia Anglorum*, ed. Thomas Arnold (RS, 1879), p. 263。

83. 关于狮子威廉 1173—1174 年入侵英格兰：Jordan Fantosme, *Chronicle*, lines 640–41 ("他珍视和喜爱外国人……")，266 ("用城堡和塔楼维持统治")，1242–9 (攻城机械的误击)，1766 ("勇猛" 与 "果敢" 的威廉)，1828 ("出色的封臣")，1858–67 (莫蒂默与巴利奥的对决)，ed. and tr. R. C. Johnston (Oxford, 1981), pp. 48, 20, 92–4, 132, 136, 138。

84. William of Newburgh, *Historia rerum Anglicarum* 2.33, ed. Richard Howlett in *Chronicles of the Reigns of Stephen, Henry II and Richard I* (4 vols., RS, 1884–9) 1–2, at 1, p. 184.

85. *Gesta regis Henrici secundi Benedicti abbatis*, ed. William Stubbs (2 vols., RS, 1867), 1, pp. 67–8.

86. *Annals of Furness*, ed. Richard Howlett in *Chronicles of the Reigns of Stephen, Henry II and Richard I* (4 vols., RS, 1884–9) 2, pp. 503–83, at pp. 570–71.

87. Saxo Grammaticus, *Gesta Danorum* 13.9.6, ed. J. Olrik and H. Raeder (2

vols., Copenhagen, 1931–57), 1, pp. 361–2；也见 the comments of Eric Christiansen in his version of Saxo, *Danorum regum heroumque historia, Books X–XVI* (3 vols., *British Archaeological Reports, International Series* 84, 118/1–2, Oxford, 1980–81) 1, pp. 322–3, n. 84（不过，Christiansen 很可能错把基于扭力的攻城机械当成了利用平衡力的机械）；*Annales Erphesfurdenses Lothariani*, ed. Oswald Holder-Egger, *Monumenta Erphesfurtensia* (*SRG*, Hanover and Leipzig, 1899), pp. 34–44, at p. 40。See also Lucien Musset, 'Problèmes militaires du monde scandinave (VIIe-XIIe s.)', in *Ordinamenti militari in Occidente nell'alto medioevo (Settimane di studio del Centro italiano di studi sull'alto medioevo* 15, 2 vols., Spoleto, 1968) 1, pp. 229-91, at pp. 288–90.

88. 关于创新者与传统主义者在斯堪的纳维亚的斗争，参见 S. U. Palme, 'Les impôts, le Statut d'Alsno et la formation des ordres en Suéde (1250–1350)', in R. Mousnier (ed.), *Problèmes de stratification sociale* (Paris, 1968), pp. 55–66。

89. Karl Bartels, *Deutsche Krieger in polnischen Diensten von Misika I. bis Kasimir dem Grossen, c. 963–1370* (Berlin, 1922); K. Schunemann, *Die Deutsche in Ungarn bis zum 12. Jahrhundert* (Berlin, 1923); Benedykt Zientara, 'Die deutschen Einwanderer in Polen vom 12. bis zum 14. Jahrhundert', in Walter Schlesinger (ed.), *Die deutsche Ostsiedlung des Mittelalters als Problem der europäischen Geschichte* (*Vorträge und Forschungen* 18, Sigmaringen, 1975), pp. 333–48. 并非所有的"外乡人"都是德意志人，参见 H. Gockenjan, *Hilfsvölker und Grenzwächter in mittelalterlichen Ungam* (Wiesbaden, 1972)。

90. *Libellus de institutione morum*, ed. J. Balogh, *Scriptores rerum Hungaricarum* 2 (Budapest, 1938), pp. 611–27, at p. 625. 这个名为"小书"（Libellus）的论作是一部 11 或 12 世纪的君鉴作品（Fürstenspiegel），以往认为，匈牙利的第一位基督教君主圣斯蒂芬是它的作者。

第 4 章　征服者的形象

1. Eleanor Knott, *Irish Classical Poetry* (*Irish Life and Culture* 6, Dublin, 1957), p. 59, citing Maol Seachluinn O Huiginn.

2. Geoffrey Malaterra, *De rebus gestis Rogerii Calabriae et Siciliae comitis et Roberti Guiscardi ducis fratris eius*, ed. Ernesto Pontieri (*Rerum italicarum scriptores*, n.s., 5/1, Bologna, 1928); William of Apulia, *La geste de Robert Guiscard*, ed. Marguerite Mathieu (Palermo, 1961); Amatus of Montecassino, *Storia de' Normanni*, ed. Vincenzo de Bartholomaeis (*Fonti per la storia d'Italia* 76, Rome, 1935).

3. *De rebus gestis Rogerii* 1.3, 7, 12, 38; 2.35; 3.13, 24, ed. Pontieri, pp. 9, 11, 14, 24, 46, 64, 71; see Ovidio Capitani, 'Specific Motivations and

Continuing Themes in the Norman Chronicles of Southern Italy in the Eleventh and Twelfth Centuries', in *The Normans in Sicily and Southern Italy (Lincei Lectures 1974)* (Oxford, 1977), pp. 1–46, at pp. 7, 30–33, n. 15.

4. E.g. *De rebus gestis Rogerii* 1.9, ed. Pontieri, p. 13.

5. Amatus, *Storia de' Normanni* 1.23（"最为勇敢的骑士"）；2.17（"阿韦尔萨城"）；1.43（"诺曼人的荣耀如何日益增长"）；2.8（"说实话"）；2.21（果敢与大胆）；2.22（大胆与勇猛）。Ed. de Bartholomaeis, pp. 30, 75, 54–5, 67, 80, 83.

6. William of Apulia, *La geste* 3, lines 101–2, ed. Mathieu, p. 168.

7. Malaterra, *De rebus gestis Rogerii* 1.7, ed. Pontieri, p. 11.

8. William of Apulia, *La geste* 3, line 217, ed. Mathieu, p. 176; cf. 1, line 320, p. 116.

9. Ibid. 2, lines 427–8, ed. Mathieu, p. 154.

10. Malaterra, *De rebus gestis Rogerii* 1.9, ed. Pontieri, p. 12.

11. Ibid. 2.42, ed. Pontieri, p. 50.

12. William of Apulia, *La geste* 2, lines 323–9, ed. Mathieu, p. 150.

13. Ibid. 2, line 383, ed. Mathieu, p. 152.

14. Malaterra, *De rebus gestis Rogerii* 3.24, ed. Pontieri, p. 71.

15. Amatus, *Storia de' Normanni* 1.2, ed. de Bartholomaeis, pp. 10–11.

16. Malaterra, *De rebus gestis Rogerii* 1.3, ed. Pontieri, p. 8.

17. Ibid. 2.38; 3.7, ed. Pontieri, pp. 48, 60.

18. Orderic Vitalis, *Historia ecclesiastica*, ed. and tr. Marjorie Chibnall (6 vols., Oxford, 1968–80), 1, index verborum, pp. 372–3.

19. "我们亲眼见识到了……"：*De expugnatione Lyxbonensi: The Conquest of Lisbon*, ed. and tr. Charles W. David (New York, 1936), p. 98；格兰维尔的埃尔韦的演说：ibid., pp. 106–7；"驱使你们的并非贫穷……"：ibid., p. 120。

20. Orderic Vitalis, *Historia ecclesiastica* 11.24, ed. Chibnall 6, p. 102.

21. Amatus, *Storia de' Normanni* 1.21; 2.17, ed. de Bartholomaeis, pp. 27, 75.

22. *Anna Comnena, Alexiad* 10.5.4（"对于他们的迫近十分警觉……"）；10.5.10（凯尔特种族……极端鲁莽）；10.6.4（"这个拉丁种族在任何时候都极为贪婪……"）；11.6.3（"凯尔特种族从不依赖外人……"）。Ed. B. Leib (3 vols., Paris, 1937-45), 2, pp. 206–7, 210, 211；3, p. 28.

23. Francesco Gabrieli (ed.), *Arab Historians of the Crusades* (Eng. tr., Berkeley and London, 1969), p. 73.

24. *Anna Comnena, Alexiad* 10.5.10（"每个凯尔特人都欲求超过他人"）；4.8.2（圭斯卡德"有一颗充满了激情和愤怒的心"）；13.10.5（博希蒙德"严酷而野蛮"）；14.2.4（坦克雷德的行事作风"符合他的种族"）。Ed. Leib, 2, p. 209；1, p. 167；3, pp. 123,147.

25. Malaterra, *De rebus gestis Rogerii* 1.17, ed. Pontieri, p. 17.

26. Michael Attaleiates, *Historia*, ed. Immanuel Bekker (*Corpus scriptorum historiae Byzantinae* 50, Bonn, 1853), p. 107.

27. Usamah Ibn-Munqidh, *An Arab-Syrian Gentleman and Warrior··· Memoirs of Usamah Ibn-Munqidh*, tr. Philip K. Hitti (New York, 1929), p. 161.

28. Aelred of Rievaulx, *Relatio de Standardo*, ed. Richard Howlett in *Chronicles of the Reigns of Stephen, Henry II and Richard I* (4 vols., RS, 1884–9) 3, pp. 179–99, at p. 185 (Walter Espec on the Normans, before the battle of the Standard, 1138).

29. Deusdedit, *Collectio canonum* 3.284–5 (156–7), ed. Victor Wolf von Glanvell, *Die Kanonessammlung des Kardinals Deusdedit* (Paderborn, 1905), p. 393; *Le liber censuum de l'église romaine*, ed. Paul Fabre *et al.* (3 vols., Paris, 1889–1910), 1, pp. 421–2, nos. 162–3.

30. *Colección de documentos inéditos del archivo general de la Corona de Aragón* 4, ed. Próspero de Bofarull y Mascaró (Barcelona, 1849), no. 62, pp. 168–74.

31. Jonathan Riley-Smith, *The Knights of St John in Jerusalem and Cyprus c. 1050–1310* (London, 1967), pp. 66–7 (with other examples of such grants).

32. *Colección de documentos... de la Corona de Aragón* 4, ed. de Bofarull y Mascaró, no. 43, pp. 93–9; also in *Cartulaire général de l'ordre du Temple*, ed. Marquis d'Albon (Paris, 1913), no. 314, pp. 204–5.

33. Lacarra, no. 94 (1086–94).

34. Henry of Livonia, *Chronicon Livoniae* 11.3, ed. Leonid Arbusow and Albert Bauer (*AQ* 24, Darmstadt, 1959), pp. 68–70.

35. William of Poitiers, *Gesta Guillelmi ducis Normannorum* 2.5, ed. Raymonde Foreville (Paris, 1952), p. 158.

36. *Rotuli chartarum in turri Londinensi asservati (1199–1216)*, ed. T. D. Hardy (London, 1837), p. 66 (1200); *Calendar of the Patent Rolls (1258–66)* (London, 1910), p. 674 (1266); see Rees Davies, *Domination and Conquest: The Experience of Ireland, Scotland and Wales 1100–1300* (Cambridge, 1990), p. 36.

37. *Rotuli chartarum... (1199–1216)*, pp. 218–19 (1215).

38. *Register of the Abbey of St Thomas Dublin*, ed. John T. Gilbert (RS, 1889), no. 44, pp. 42–3 (1203–17).

39. *Irish Cartularies of Llanthony Prima and Secunda*, ed. Eric St John Brooks (Irish Manuscripts Commission, Dublin, 1953), no. 75, pp. 87–8 (*c.* 1181–91).

40. Amatus, *Storia de' Normanni* 2.29, ed. de Bartholomaeis, p.94.

41. Malaterra, *De rebus gestis Rogerii* 1.29, ed. Pontieri, p. 22.

42. Amatus, *Storia de' Normanni* 5.1–2, ed. de Bartholomaeis, p. 223.

43. William of Apulia, *La geste*, prologue, lines 2–5, ed. Mathieu, p. 98.

44. Fulcher of Chartres, *Historia Hierosolymitana* 1.29, ed. Heinrich Hagenmeyer (Heidelberg, 1913), p. 305.

45. William of Tyre, *Chronicle* 20.14, ed. R. B. C. Huygens (2 vols., *Corpus Christianorum, Continuatio mediaevalis* 63–63A, Turnhout, 1986), 2, p. 927.

46. Henry of Antwerp, *Tractatus de captione urbis Brandenburg*, ed. Oswald Holder-Egger, *MGH, SS* 25 (Hanover, 1880), pp. 482–4, at p. 484.

47. *Primera crónica general de España* 1125, ed. Ramón Menéndez Pidal (2 vols., Madrid, 1955), 2, p. 767.

48. *Calendar of the Justiciary Rolls... of Ireland (1295–1303)*, ed. James Mills (Dublin, 1905), pp. 281–2.

49. *Chartularies of St Mary's Abbey Dublin*, ed. John T. Gilbert (2 vols., RS, 1884), 1, no. 254, pp. 275–7.

50. *Chronicle of Morea*, tr. Harold E. Lurier, *Crusaders as Conquerors* (New York, 1964), p. 171 and n. 40; *Chronique de Morée* 241, ed. Jean Longnon (Paris, 1911), p. 87; *Les assises de Romanie* 71, 90, 95, 98, ed. Georges Recoura (Paris, 1930), pp. 210, 220, 222–3, 224.

51. *Les assises*, ed. Recoura, editorial comment at p. 40.

52. *Chronicle of Morea*, tr. Lurier, p. 196.

53. Walter of Guisborough, *Chronicle*, ed. Harry Rothwell (Camden 3rd ser., 89, 1957), p. 216.

54. *Placitorum abbreviatio* (Record Commission, London, 1811), p. 201.

55. Fulcher of Chartres, *Historia Hierosolymitana*, 1.29, ed. Hagenmeyer, p. 304.

56. Usamah, tr. Hitti, *An Arab-Syrian Gentleman*, p. 178; cf. Joshua Prawer, *Crusader Institutions* (Oxford, 1980), pp. 253–4, n. 11.

57. "在爱尔兰人的时代"：例子参见 Richard Butler, *Some Notices of the Castle and of the Ecclesiastical Buildings of Trim* (Trim, 1835), pp. 252–3 ('from Sir William Betham's collections')；"在摩尔人的时代"：Lacarra, nos. 5, 123, 134；"在希腊人的时代"：Giorgio Fedalto, *La Chiesa Latina in Oriente* (2nd ed., 3 vols., Verona, 1981) 1, pp. 388–9。

58. *Colección de documentos... de la Corona de Aragón* 4, ed. de Bofarull y Mascaró, no. 62, p. 169.

59. Eric St J. Brooks, 'A Charter of John de Courcy to the Abbey of Navan', *Journal of the Royal Society of Antiquaries of Ireland* 63 (1933), pp. 38–45, at p. 39; '*the conquest of Ireland by the English*': *Dignitas decani*, ed. Newport B. White (Dublin, 1957), no. 111, pp. 112–13 (=*Crede mihi*, ed. John T. Gilbert (Dublin, 1897), no. 74, p. 67); '*the coming of the Franks into Ireland*': *Calendar of the Charter Rolls, 1226–1516* (6 vols., London, 1903–27) 1, pp. 230-31; '*the arrival of the English and the Welsh in Ireland*': *Reports of the Deputy Keeper of the Public Records of Ireland* 1–55 (Dublin, 1869–1923), 20, no. 130, pp. 57–8; '*the first arrival of earl Richard [Strongbow] in Ireland*': William Dugdale, *Monasticon Anglicanum*, ed. John Caley *et al.* (6 vols. in 8, London, 1846), 6/2, p. 1131, calendared in *Calendar of the Patent Rolls (1358–61)* (London, 1911), p. 488.

60. *Close Rolls of the Reign of Henry III (1254–56)* (London, 1931), p. 413.

61. E.g. Geoffrey Hand, 'English Law in Ireland, 1172–1351', *Northern Ireland Legal Quarterly* 23 (1972), pp. 393–422, p. 401, citing PRO S.C. 1/23,

no. 85; *Calendar of Documents relating to Ireland (1171–1307)*, ed. H. S. Sweetman (5 vols., London, 1875–86), 2, pp. 281–2, no. 1482 (1278).

62. *Registrum vulgariter nuncupatum 'The Record of Caernarvon'*, ed. Henry Ellis (Record Commission, London, 1838), p. 149.

63. *Mecklenburgisches UB* (25 vols. in 26, Schwerin and Leipzig, 1863–1977) 3, no. 1781, p. 164.

64. Robert of Clari, *La conquête de Constantinople* 1, ed. Philippe Lauer (Paris, 1924), p. 1.

65. Geoffrey de *Villehardouin, La conquête de Constantinople*, ed. Edmond Faral (2nd ed., 2 vols., Paris, 1961).

66. *Les gestes des Chiprois*, ed. Gaston Raynaud (*Publications de la Société de l'Orient latin, Série historique* 5, Geneva, 1887), pp. 5, 9, 17, 52; *RHC, Occ.* 2, p. x Ⅲ ; on this complex material see M. R. Morgan, *The Chronicle of Ernoul and the Continuations of William of Tyre* (Oxford, 1973).

67. Gerald of Wales (Giraldus Cambrensis), *Itinerarium Kambriae* 1.12, in J. S. Brewer, J. F. Dimock and G. F. Warner (eds.), *Opera* (8 vols., RS, 1861–91) 6, pp. 1–152, at p. 91.

68. Gerald of Wales, *Expugnatio Hibernica* 2.10, ed. A. B. Scott and F. X. Martin (Dublin, 1978), p. 156.

69. *Song of Dermot and the Earl*, lines 644–5（"男爵大人们……你们知道……"），485（"绝无欺言"），1763（"属实"），407（"根据提供信息给我的人所说"），456（"正如这首诗歌告诉我们的"），820–23（"他们到处寻找医生……"），ed. and tr. Goddard H. Orpen (Oxford, 1892), pp. 48, 36, 130, 32, 34, 62.

70. 对《德莫特与伯爵之歌》的成书与年代的讨论，参见 J. Long, 'Dermot and the Earl: Who Wrote the Song?', *Proceedings of the Royal Irish Academy* 75C (1975), pp. 263–72。

71. Henry of Livonia, *Chronicon Livoniae* 10.15, ed. Arbusow and Bauer, p. 66.

72. Ibid. 29.3 ed. Arbusow and Bauer, p. 318；对比关于使节来访的全部叙述，29.2–8, pp. 316–26。

73. *Livälndische Reimchronik*, ed. Leo Meyer (Paderborn, 1876)；关于诗歌作者的史料和立场，参见 Lutz Mackensen, 'Zur livländischen Reimchronik', in his *Zur deutschen Literatur Altlivlands* (Würzburg, 1961), pp. 21–58，另外，短小但犀利的评论，见 Eric Christiansen, *The Northern Crusades* (London, 1980), pp. 91–3。

74. *Song of Dermot,* lines 125（"为报复这一羞辱"），136–41（"背叛""叛徒"），282–3（"我自己的人民不公正地……"），201 and 1409（"谦恭的"德莫特），3086–99（"伯爵理查于是赐予……"），ed. Orpen, pp. 10, 12, 22, 16 and 104, 224–5.

75. Ibid., p. 303 (editorial note).

76. *Expugnatio Hibernica* 2.10, ed. Scott and Martin, p. 156.

77. 关于《爱尔兰征服记》的抄本流传情况，参见本书作者的专著 *Gerald of Wales 1146–1223* (Oxford, 1982), pp. 214–16, 178, n. 3。

78. *Livälndische Reimchronik*, lines 103–4 ("上帝的智慧使基督教世界扩张壮大"), 93 ("没有使徒前来传教"), 120–22 ("基督教是如何被传播到利沃尼亚的"), 669–76 ("他们在清晨来到格里克……"), 1466–8 ("击杀了众多强悍之人……"), 8397–402 ("因此，你能够看到……"), ed. Meyer, pp. 3, 16, 34, 192.

79. *De expugnatione Lyxbonensi*, ed. David, pp. 54–6 ("不同种属、习俗和语言的各个民族……"), 104 (布立吞人与苏格兰人), 134 (凶猛的佛莱芒人), 106 (野蛮的苏格兰人), 128 ("我们的人，即诺曼人与英格兰人"), 106 ("诺曼种族总是时刻保持勇敢，这一点何人不知？", 摘自格兰维尔的埃尔韦的言说). 没有确凿证据表明诺曼底人参与了这次出征；这里的 "诺曼人" 可能指的都是 "盎格鲁 – 诺曼人"。

80. Ibid., pp. 132 ("法兰克人建起了两座教堂……"), 56 (关于随船出征的妇女的规定), 68 ("法兰克人的战船"), 110–12 ("在我与法兰克人之间达成的协议").

81. 关于第一次十字军东征中的 "法兰克人" 一词的使用，参见 Peter Knoch, *Studien zu Albert von Aachen* (Stuttgart, 1966), chapter 4, pp. 91–107, 'Die "Franken" des ersten Kreuzzugs in den Augenzeugenberichten'; Bernd Schneidmüller, *Nomen patriae: Die Entstehung Frankreichs in der politisch–geographischen Terminologie (10.-13. Jahrhundert)* (Sigmaringen, 1987), chapter 5(a), pp. 106–24, '*Franci*: Kreuzfahrer oder Nordfranzosen in der Kreuzzugshistoriographie?'

82. 关于法兰克人之名的起源、可能的含义及其传播，参见 Reinhard Wenskus, *Stammesbildung und Verfassung: Das Werden der frühmittelalterlichen gentes* (Cologne and Graz, 1961), pp. 512–41。

83. André Miquel, *La géographie humaine du monde musulman jusqu'au milieu du lie siècle 2: Géographie arabe et représentation du monde: La terre et l'étranger* (Paris, 1975), chapter 7, pp. 343–80, 'L'Europe de l'Ouest', esp. pp. 354–9 (感谢 Remie Constable 为我建议了这条文献); 也见 Bernard Lewis, *The Muslim Discovery of Europe* (New York and London, 1982), pp. 137–46。

84. Humbert of Silva Candida, *Adversus Graecorum calumnias*, PL 143, cols. 929–74, at cols. 929, 934; for general context see Anton Michel, *Humbert und Kerullarios* (2 vols., Paderborn, 1924–30).

85. E.g. Michael Attaleiates, *Historia*, ed. Bekker, index, *s.v.* 'Franci'; George Cedrenus, *Historiarum compendium*, ed. Immanuel Bekker (2 vols., *Corpus scriptorium historiae Byzantinae* 34–5, Bonn, 1838–9), 2, pp. 545, 617.

86. Gabrieli, *Arab Historians*, p. 27 (Ibn al-Qal ā nisi).

87. Ekkehard of Aura, *Hierosolymita* 16.2, *RHC, Occ.* 5, pp. 1–40, at p. 25; *Raymond of Aguilers: Liber (Historia Francorum qui ceperunt Iherusalem)* 6, ed. John H. Hill and Laurita L. Hill (Paris, 1969), p. 52.

88. Simon of Saint Quentin, *Historia Tartarorum*, ed. Jean Richard (Paris, 1965), p. 52.

89. *Gesta Francorum* 10.30, ed. and tr. Rosalind Hill (London, 1962), p. 73.

90. Raymond of Aguilers, Liber 10, ed. Hill and Hill, pp. 79, 83.
91. William of Tyre, *Chronicle* 11.12, ed. Huygens, 1, p. 513.
92. Ambroise, *L'estoire de la guerre sainte*, lines 8494–505, 8509–10, ed. Gaston Paris (Paris, 1897), cols. 227–8.
93. Walter Map, *De nugis curialium* 2.18, ed. and tr. M. R. James, rev. C. N. L. Brooke and R. A. B. Mynors (Oxford, 1983), p. 178.
94. Albert of Aachen, *Historia Hierosolymitana* 1.8, *RHC, Occ.* 4, pp. 265–713, at p. 277 (cf. 2.6, p. 303); see György Székely, 'Wallons et Italiens en Europe centrale aux XIe–XVIe siècles', *Annales Universitatis Scientiarum Budapestinensis de Rolando Eötuös Nominatae*, sectio historica 6 (1964), pp. 3–71, at pp. 16–17.
95. E.g. *Brut y Tywysogyon or The Chronicle of the Princes: Red Book of Hergest Version*, ed. and tr. Thomas Jones (Cardiff, 1955), index, *s.v.* 'French'.
96. Donnchá O Corráin, 'Nationality and Kingship in Pre-Norman Ireland', in T. W. Moody (ed.), *Nationality and the Pursuit of National Independence* (*Historical Studies* 11, Belfast, 1978), pp. 1–35, at p. 35.
97. Walter of Coventry, *Memoriale*, ed. William Stubbs (2 vols., RS, 1872–3), 2, p. 206 (the 'Barnwell Chronicle').
98. *Documentos de Don Sancho I (1174–1211)* 1, ed. Rui de Azevado *et al.* (Coimbra, 1979), no. 86, pp. 138–9; *Fuero de Logroño*, ed. T. Moreno Garbaya, *Apuntes históricos de Logroño* (Logroño, 1943), pp. 42–9.
99. Honorius Ⅲ, 20 May 1224, *Novit regia celsitudo*, Po. 7258; *Opera omnia*, ed. César Auguste Horoy (5 vols., Paris, 1879–82), 4, no. 227, col. 653; also in *Recueil des historiens des Gaules et de la France*, ed. Martin Bouquet *et al.* (new ed., 24 vols., Paris, 1869–1904), 19, p. 754.
100. *Chronicle of Morea*, tr. Lurier, p. 157.
101. E.g. Helbig & Weinrich 2, nos. 29, 30, 36, 80, 81, 111, 114, pp. 162–3, 180, 306, 310, 418, 430.
102. Louis Dermigny, *La Chine et l'Occident: Le commerce à Canton au XVIIIe siècle 1719–1833* 1 (Paris, 1964), p. 292.

第 5 章　自由村庄

1. José María Font Rius (ed.), *Cartas de población y franquicia de Cataluña* (2 vols., Madrid and Barcelona, 1969) 1, no. 223, pp. 308–9 (Peter I of Aragon, 1207).
2. Maurice Beresford, *New Towns of the Middle Ages* (London, 1967), pp. 637–41.
3. Daniel Waley, *The Italian City Republics* (London, 1969), p. 35.
4. Peter Spufford, *Money and its Use in Medieval Europe* (Cambridge, 1988), p.

243.

5. *Cambridge Economic History of Europe 1: The Agrarian Life of the Middle Ages*, ed. M. M. Postan (2nd ed., Cambridge, 1966), p. 561; for the scholar who has yielded to the lure most whole-heartedly see Josiah Cox Russell, *British Medieval Population* (Albuquerque, 1948); cf. J. Z. Titow, *English Rural Society 1200–1350* (London, 1969), pp. 66–73.

6. H. C. Darby, *Domesday England* (Cambridge, 1977), pp. 8791,'Total Population'.

7. *Cambridge Economic History* 1, ed. Postan, p. 562; M. M. Postan, *The Medieval Economy and Society* (London, 1972), p. 31.

8. 1541 年之后英格兰的人口增长率, 参见 E. A. Wrigley and R. S. Schofield, *The Population History of England 1541–1871* (Cambridge, Mass., 1981)。

9. J. Z. Titow, 'Some Evidence of the Thirteenth-Century Population Increase', *Economic History Review*, 2nd ser., 14 (1961), pp. 218–24.

10. Georges Duby, *Rural Economy and Country Life in the Medieval West* (Eng. tr., London, 1968), p. 119.

11. Francesco Gabrieli (ed.), *Arab Historians of the Crusades* (Eng. tr., Berkeley and London, 1969), p. 3. (Ibn al-athīr).

12. Charles Higounet, 'Mouvements de population dans le Midi de la France du XIe siècle d'après les noms de personne et de lieu', in his *Paysages et villages neufs du Moyen Age* (Bordeaux, 1975), pp. 417–37, at p. 421.

13. Helbig & Weinrich 2, no. 1, p. 70.

14. Orderic Vitalis, *Historia ecclesiastica* 7.5, ed. and tr. Marjorie Chibnall (6 vols., Oxford 1968–80), 4, p. 12.

15. *Regesta Regum Anglo-Normannorum* 1, ed. H. W. C. Davis (Oxford, 1913), appendix, 2 *bis*, p. 118 (= calendar no. 33).

16. Jordan Fantosme, *Chronicle*, lines 788–9, 417–18, 994–8, ed. R. C. Johnston (Oxford, 1981), pp. 58–9, 30–31, 72–3.

17. Geoffrey Barrow, *The Anglo-Norman Era in Scottish History* (Oxford, 1980), pp. 44–6 and 57 (map 7); *Acts of Malcolm IV, King of Scots, 1153–65*, ed. Geoffrey Barrow (*Regesta Regum Scottorum* 1, Edinburgh, 1960), no. 175, pp. 219–20; K. J. Stringer, *Earl David of Huntingdon, 1152–1219: A Study in Anglo-Scottish History* (Edinburgh, 1985), app., no. 55, pp. 254–5 (1172-99); A. A. M. Duncan, *Scotland: The Making of the Kingdom* (Edinburgh, 1975), pp. 137, 138, 189.

18. Duncan, *Scotland*, p. 476; Walter of Guisborough, *Chronicle*, ed. Harry Rothwell (Camden 3rd ser., 89, 1957), p. 275.

19. Helbig & Weinrich 2, no. 125, p. 474.

20. E.g. Liselotte Feyerabend, *Die Rigauer und Revaler Familiennamen im 14. und 15. Jahrhundert* (Cologne and Vienna, 1985), p. 74.

21. Gervase of Rheims, *Epistola de vita sancti Donatiani*, ed. Oswald Holder-Egger, *MGH, SS* 15/2 (Hanover, 1888), pp. 854–6, at p. 855.

22. Helbig & Weinrich 1, no. 6, p. 58; this case is discussed at length in Walter

Schlesinger, 'Flemmingen und Kühren: Zur Siedlungsform niederländischer Siedlungen des 12. Jahrhunderts im mitteldeutschen Osten', in *idem* (ed.), *Die deutsche Ostsiedlung als Problem der europäischen Geschichte* (*Vorträge und Forschungen* 18, Sigmaringen, 1975), pp. 263–309; he thinks only fifteen *mansi* were occupied (p. 284).

23. Helbig & Weinrich 1, no. 8, pp. 62–4.

24. Walter Kuhn, 'Flämische und fränkische Hufe als Leitformen der mittelalterlichen Ostsiedlung', in his *Vergleichende Untersuchungen zur mittelalterlichen Ostsiedlung* (Cologne and Vienna, 1973), pp. 1–51.

25. Hermann Teuchert, *Die Sprachreste der niederländischen Siedlungen des 12. Jahrhunderts* (2nd ed., MF 70, Cologne and Vienna, 1972); Karl Bischoff, *Sprache und Geschichte an der mittleren Elbe und der unteren Saale* (*MF* 52, Cologne and Graz, 1967), chapter 4.

26. *UB zur Geschichte der Deutschen in Siebenbürgen* 1, ed. Franz Zimmermann and Carl Werner (Hermannstadt, 1892), nos. 2, 4–5, pp. 25; on interpretation of the term 'Fleming' here Karl Reinerth, 'Siebenbürger and Magdeburger Flandrenses-Urkunden aus dem 12. Jahrhundert', *Südostdeutsches Archiv* 8 (1965), pp. 26–56.

27. *Brut y Tywysogyon or The Chronicle of the Princes: Red Book of Hergest Version*, ed. Thomas Jones (Cardiff, 1955), p. 53.

28. *Cartulary of Worcester Cathedral Priory,* ed. R. R. Darlington (Pipe Roll Society, n.s., 37, 1968 for 1962–3), no. 252, pp. 134–5; *Freskin son of Ollec*: *Pipe Roll 31 Henry I*, ed. J. Hunter (Record Commission, London, 1833), p. 136; *divinatory practices*: Gerald of Wales (Giraldus Cambrensis), *Itinerarium Kambriae* 1.2, in J. S. Brewer, J. F. Dimock and G. F. Warner (eds.), *Opera* (8 vols., RS, 1861–91) 6, pp. 1–152, at pp. 87–9; *Flemish language in Pembrokeshire*: *idem, Speculum Duorum*, ed. Yves Lefèvre and R. B. C. Huygens, general ed. Michael Richter (Cardiff, 1974), p. 36.

29. *Brut y Tywysogyon*, ed. Jones, p. 221.

30. *Itinerarium Kambriae* 1.13, e. Brewer *et al.*, p. 83.

31. *Annals of the Kingdom of Ireland by the Four Masters*, ed. and tr. John O'Donovan (4 vols., Dublin, 1851), 2, p. 1173, *s.a.* 1169.

32. *Recueil des historiens des croisades, Lois* 2 (Paris, 1843), pp. 528–9, no. 44; *Michael Fleming: Liber cartarum Sancte Crucis*, ed. Cosmo Innes (Bannatyne Club, Edinburgh, 1840), app. 2, no. 7, p. 213 (cf. *Acts of William I, King of Scots, 1165–1214*, ed. Geoffrey Barrow (*Regesta Regum Scottorum* 2, Edinburgh, 1971), no. 560, p. 477); *Henry Fleming*: Helbig & Weinrich 1, no. 130, pp. 480–82.

33. Lacarra, no. 132；一份 1118 年阿方索授予埃赫亚的令状，见 *Colección de fueros municipales y cartas pueblas de los reinos de Castilla, León, Corona de Aragón y Navarra*, ed. Tomás Muñoz y Romero (Madrid, 1847), pp. 299–300。

34. *Schlesisches UB*, ed. Heinrich Appelt and Winfried Irgang (4 vols. to date,

Graz, Cologne and Vienna, 1963-), 3, no. 2, pp. 15–16.

35. Cosmas of Prague, *Chronica Boemorum* 2.1, ed. Berthold Bretholz (SRG, n.s., Berlin, 1923), p. 83.

36. *Geoffrey Malaterra, De rebus gestis Rogerii Calabriae et Siciliae comitis et Roberti Guiscardi ducis fratris eius* 2.36–7, ed. Ernesto Pontieri (*Rerum italicarum scriptores*, n.s., 5/1, Bologna, 1928), p. 47.

37. *Brut y Tywysogyon*, ed. Jones, p. 145; cf. ibid., p. 109, and the comments of Rees Davies, *Conquest, Coexistence and Change: Wales 1063–1415* (Oxford, 1987), pp. 119–20.

38. Malaterra, *De rebus gestis Rogerii* 4.16, ed. Pontieri, pp. 95–6.

39. *Sachsenspiegel, Landrecht* 3.79.1, ed. Karl August Eckhardt (*Germanenrechte*, n.s., Göttingen, 1955), p. 262.

40. Helbig & Weinrich 2, no. 67, p. 256；这些相关短语都取自西里西亚文献，参见 Josef Joachim Menzel, *Die schlesischen Lokationsurkunden des 13. Jahrhunderts* (Würzburg, 1977), p. 184。

41. *Inquisitio Eliensis*, ed. N. E. S. A. Hamilton, *Inquisitio comitatus Cantabrigiensis, subjicitur Inquisitio Eliensis* (London, 1876), pp. 97–183, at p. 97.

42. Alfred Haverkamp, *Medieval Germany* 1056–1273 (Eng. tr., Oxford, 1988), p. 301，出自塞弗里德·赫尔布林（Seifried Helblinc）的《小卢西迪阿里乌斯》（*Kleiner Lucidiarius*）。

43. Helbig & Weinrich 1, no. 24, p. 114.

44. 关于维希曼的概述，参见 Dietrich Claude, *Geschichte des Erzbistums Magdeburg bis in das 12. Jahrhundert* (2 vols., *MF* 67, Cologne, 1972–5) 2, pp. 71–175。

45. 维希曼的令状：Helbig & Weinrich 1, no. 5, pp. 54–6（作为瑙姆堡主教）；no. 10, pp. 68–70（佩朝村）; no. 11, pp. 72–4（波彭多尔夫）; no. 12, p. 74（格劳斯乌尔特里茨）; no. 13, pp. 78–80（于特博格）。

46. *UB des Erzstifts Magdeburg* 1, ed. Friedrich Israël and Walter Möllenberg (Magdeburg, 1937), no. 421, pp. 554–6; *Gesta archiepiscoporum Magdeburgensium*, ed. Wilhelm Schum, *MGH, SS* 14 (Hanover, 1883), pp. 361–486, at p. 416.

47. Helbig & Weinrich 2, no. 17, p. 134.

48. Ibid. 1, no. 23, p. 108.

49. Ibid. 2, no. 30, pp. 164–6.

50. Menzel, *Die schlesischen Lokationsurkunden*, p. 250; *Regesten zur schlesischen Geschichte* 3 (*Codex diplomaticus Silesiae* 7/3, Breslau, 1886), no. 2251, p. 179 (Zator, 1292).

51. Helbig & Weinrich 2, no. 109, p. 412.

52. Menzel, *Die schlesischen Lokationsurkunden*, p. 250.

53. Helbig & Weinrich 1, no. 7, p. 62.

54. Ibid. 1, no. 150, p. 546.

55. Ibid. 2, no. 84, p. 320.

56. Julio González, *Repoblación de Castilla la Nueva* (2 vols., Madrid, 1975–6) 1, p. 333; cf. p. 153 and n. 402.

57. Emilio Sáez (ed.), 'Fueros de Puebla de Alcocer y Yébenes', *Anuario de historia del derecho español* 18 (1947), pp. 432–41, at p. 438.

58. Menzel, *Die schlesischen Lokationsurkunden*, p. 247.

59. Lacarra, no. 374 (1154).

60. Ibid., no. 275.

61. González, *Repoblación* 2, p. 50; Sáez, 'Fueros de Puebla de Alcocer y Yébenes', p. 438; cf. González, *Repoblación* 2, p. 191, n. 120.

62. González, *Repoblación* 2, p. 191, n. 120.

63. Ibid. 2, p. 188; *Diccionario de la lengua española*, ed. Real Academia de España (19th ed., Madrid, 1970), p. 1360, s.v.

64. Walter Kuhn, 'Bauernhofgrossen in der mittelalterlichen Nordostsiedlung', in his *Vergleichende Untersuchungen zur mittelalterlichen Ostsiedlung* (Cologne and Vienna, 1973), pp. 53–111.

65. E. A. Kosminsky, *Studies in the Agrarian History of England in the Thirteenth Century* (Eng. tr., Oxford, 1956), p. 216.

66. Robert Fossier, *La terre et les hommes en Picardie jusqu'à la fin de XIIIe siècle* (2 vols., Paris and Louvain, 1968) 2, p. 647.

67. Helbig & Weinrich 1, no. 95, pp. 356–8.

68. Ibid. 1, no. 129, p. 478.

69. *Menzel, Die schlesischen Lokationsurkunden*, pp. 234–8.

70. William W. Hagen, 'How Mighty the Junkers? Peasant Rents and Seigneurial Profits in Sixteenth-Century Brandenburg', *Past and Present* 108 (1985), pp. 80–116, at p. 85.

71. 对 "份地" 收成的计算: Ibid., p. 86; J. Z. Titow, *Winchester Yields: A Study in Medieval Agricultural Productivity* (Cambridge, 1972), p. 4W; alter of Henley, *Husbandry* 59—60, ed. Dorothea Oschinsky, *Walter of Henley and other Treatises on Estate Management and Accounting* (Oxford, 1971), pp. 307–43, at p. 324。这些是相对保守的估算。

72. Menzel, *Die schlesischen Lokationsurkunden*, p. 236.

73. Postan, *Medieval Economy and Society*, p. 125：一名中等隶农一般租种 10—15 英亩的土地。

74. Fossier, *La terre et les hommes en Picardie* 2, pp. 637–40.

75. H. E. Hallam (ed.), *The Agrarian History of England and Wales 2: 1042–1350* (Cambridge, 1988), pp. 665–6, 694–5.

76. 关于换算成银子的农民总支出, 也可参考 Richard Hoffmann, *Land, Liberties and Lordship in a Late Medieval Countryside: Agrarian Structures and Change in the Duchy of Wroclaw* (Philadelphia, 1989), p. 127。

77. "老家" 一词, 语出 Reginald Lennard, *Rural England, 1086–1135: A Study of Social and Agrarian Conditions* (Oxford, 1959), p. 1。

78. Gonzalez, *Repoblación* 2, pp. 48–9.

79. "根据日耳曼法律" 定居者承担较轻的劳作义务的一个例子, 见 Helbig &

Weinrich 2, no. 45, p. 202 (Silesia, 1319)。

80. Kevin Down, 'The Agricultural Economy of Colonial Ireland', in *New History of Ireland 2: Medieval Ireland, 1169–1534*, ed. Art Cosgrove (Oxford, 1987), pp. 450– 81, at p. 465.

81. Helbig & Weinrich 2, no. 96, p. 364 (Przemysl Ottokar II of Bohemia, 1265).

82. Font Rius, *Cartas de población* 1/i, no. 327 (1274).

83. *Colección de fueros...*, ed. Muñoz y Romero, pp. 512–13 (1134).

84. Helbig & Weinrich 2, no. 10, p. 88 (1221); Stanislaw Trawkowski, 'Die Rolle der deutschen Dorfkolonisation und des deutschen Rechtes in Polen im 13. Jahrhundert', in Walter Schlesinger (ed.), *Die deutsche Ostsiedlung als Problem der europäischen Geschichte* (*Vorträge und Forschungen* 18, Sigmaringen, 1975), pp. 349–68, at p. 362, n. 38 认为，这份文件是经过后世篡改的。堡迪斯是今天的 Budziszów，大克莱德尔是今天的 Krzydlina Wielka，小克莱德尔是今天的 Krzydlina Mala。

85. Helbig & Weinrich 2, no. 80, p. 306 (1290).

86. 对"德意志法律"的新近出色概述，参见 Hoffmann, *Land, Liberties and Lordship in a Late Medieval Countryside*, chapter 4, '*Locare iure Theutonico*: Instrument and Structure for a New Institutional Order', pp. 61–92；也可参考 Menzel, *Die schlesischen Lokationsurkunden*, pp. 229–81。

87. Helbig & Weinrich 1, no. 95, pp. 356–8.

88. Menzel, *Die schlesischen Lokationsurkunden*, p. 233, n. 351.

89. *Quellenbuch zur Geschichte der Sudetenländer* 1, ed. Wilhelm Weizsäcker (Munich, 1960), no. 19, p. 47 (1254 for Police〔Politz〕).

90. Lacarra, no. 51 (1126).

91. *Colección de fueros...*, ed. Muñoz y Romero, pp. 512–13 (1134).

92. Helbig & Weinrich 2, no. 139, p. 524 (1247).

93. Lacarra, no. 391 (1174).

94. Sáez (ed.), 'Fueros de Puebla de Alcocer y Yébenes', p. 439.

95. Helbig & Weinrich 2, no. 95, p. 364.

96. Ibid. 2, no. 3, p. 76.

97. Ibid. 1, no. 50, pp. 212–14 (bishop of Meissen, 1185).

98. Lacarra, no. 17 (1120) – urban property in this case.

99. *Recueil des historiens des croisades, Lois* 2, pp. 528–9, no. 4.

100. Helbig & Weinrich 2, no. 28, pp. 160–62.

101. *Schlesisches UB 3*, no. 43, pp. 39–40; *for Lubiąz settlers*: ibid. 1, no. 254, pp. 185–6; *for Domaniów*: ibid. 2, no. 86, pp. 56–7.

102. Helbig & Weinrich 1, nos. 1–12, 14, 18, 24–6, pp. 42–76, 80–82, 92–4, 114–24; *charter for Jerzyń*: ibid. 2, no. 67, p. 258 (1266); *for Kalisz*: ibid. 2, no. 75, p. 286; *Racibórz and Nysa as chief courts*: ibid. 2, nos. 412, pp. 192–6.

103. Lacarra, no. 51.

104. *Colección de fueros*…, ed. Muñoz y Romero, pp. 512–13; *for Tudela*: ibid., p. 421 (1127).
105. Helbig & Weinrich 2, no. 102, p. 388.
106. *Colección de fueros*…, ed. Muñoz y Romero, pp. 512–13 (阿方索一世授予阿塔索纳，1134 年).
107. Helbig & Weinrich 2, no. 139, p. 524 (1247).
108. González, Repoblación 2, pp. 141–2, n. 359.

第 6 章　新地貌

1. José María Font Rius (ed.), *Cartas de población y franquicia de Cataluña* (2 vols., Madrid and Barcelona, 1969) 1, no. 287, pp. 416–19 (abbot of Poblet for the settlers of Granja de Codoç, 1246).
2. *Schlesisches UB*, ed. Heinrich Appelt and Winfried Irgang (4 vols. to date, Graz, Cologne and Vienna, 1963-), 2, no. 128, pp. 83–4; Helbig & Weinrich 2, no. 20, p. 140; *subsequent survey: Liber fundationis episcopatus Vratislaviensis*, ed. H. Markgraf and J. W. Schulte (*Codex diplomaticus Silesiae* 14, Breslau, 1889), p. 6. 对应的现代波兰名分别为：弗里德瓦尔德——Kopań；大布里森——Brzeziny；彼得斯海德——Czarnolas；申海德——Wielochów。
3. *Annales Pegavienses*, ed. Georg Heinrich Pertz, *MGH, SS* 16 (Hanover, 1859), pp. 232–70, at pp. 246–7.
4. *Cartulario de Sant Cugat del Vallés*, ed. José Rius Serra (3 vols., Barcelona, 1945–7), 2, p. 112, no. 464; Font Rius (ed.), *Cartas de población* 1/2, pp. 681–2.
5. Pierre Bonnassie, *La Catalogne de milieu du Xe à la fin du XIe siècle* (2 vols., Toulouse, 1975) 1, p. 123 and map on p. 124.
6. *Chronicle* 15.25, ed. R. B. C. Huygens (2 vols., *Corpus Christianorum, Continuatio mediaevalis* 63–63A, Turnhout, 1986), 2, p. 708.
7. *Recueil des historiens des croisades, Lois* 2 (Paris, 1843), pp. 528–9, no. 44, discussed by Joshua Prawer, *Crusader Institutions* (Oxford, 1980), pp. 119–26, and Jonathan Riley-Smith, *The Knights of St John in Jerusalem and Cyprus c. 1050–1310* (London, 1967), pp. 435–7.
8. *Cartularios de Santo Domingo de la Calzada*, ed. Agustín Ubieto Arteta (Saragossa, 1978), no. 99, p. 82.
9. *Annales Wratislavienses antiqui and Annales magistratus Wratislaviensis*, ed. Wilhelm Arndt, *MGH, SS* 19 (Hanover, 1866), pp. 526–31, at p. 528.
10. *Frutolfiet Ekkehardi Chronica necnon Anonymi Chronica imperatorum*, ed. Franz-Josef Schmale and Irene Schmale-Ott (*AQ* 15, Darmstadt, 1972), p. 198 ("索布人居住地区的统治者……") ; *Annales Pegavienses, MGH, SS* 16, p. 247 ("命人开垦梅泽堡教区的新土地……")。

11. Helmold of Bosau, *Chronica Slavorum* 1.57, ed. Heinz Stoob (*AQ* 19, Darmstadt, rev. ed., 1973), p. 210.
12. Ibid. 1.89, ed. Stoob, p. 312.
13. Helbig & Weinrich 1, no. 19, pp. 96–102.
14. *Gesta Friderici I imperatoris* 1.32, ed. Georg Waitz and Bernhard von Simson (*SRG*, Hanover and Leipzig, 1912), pp. 49–50.
15. *De profectione Ludovici VII in Orientem* 2, ed. and tr. Virginia G. Berry (New York, 1948), p. 32.
16. Helmold, *Chronica Slavorum* 1.64, ed. Stoob, pp. 224–6.
17. Alfonso Garcí-Gallo, 'Los Fueros de Toledo', *Anuario de historia del derecho español* 45 (1975), pp. 341–488, at p. 475.
18. *UB des Hochstifts Hildesheim und seiner Bischöfe* 2, ed. H. Hoogeweg (Hanover and Leipzig, 1901), no. 445, pp. 208–10; *Heiningen*: ibid., no. 932, pp. 467–8 (1253).
19. *Miracula sancti Annonis* 2.43, ed. Mauritius Mittler (Siegburg, 1966–8), p. 114.
20. *Liber fundationis claustri sanctae Mariae virginis in Heinrichow* 1.9, ed. Roman Grodecki, *Księga Henrykowska* (Poznań and Wroclaw, 1949), pp. 235–370, at p. 298; Helbig & Weinrich 2, no. 13, p. 120.
21. *Codex diplomaticus Brandenburgensis*, ed. Adolph Friedrich Riedel (41 vols., Berlin, 1838–69), A 18, sect. 7, no. 3, pp. 442–3 (Neumark, 1298).
22. Walter Kuhn, 'Flämische und fränkische Hufe als Leitformen der mittelalterlichen Ostsiedlung', in his *Vergleichende Untersuchungen zur mittelalterlichen Ostsiedlung* (Cologne and Vienna, 1973), pp. 1–51.
23. Fritz Curschmann, *Die deutschen Ortsnamen im Norddeutschen Kolonialgebiet* (Stuttgart, 1910), p. 41, n. 4.
24. Hans K. Schulze, 'Die Besiedlung der Mark Brandenburg im hohen und späten Mittelalter', *Jahrbuch für die Geschichte Mittel- und Ostdeutschlands* 28 (1979), pp. 42–178, at p. 127.
25. Helbig & Weinrich 2, nos. 49–52, pp. 214–24.
26. Ibid. 2, no. 31, p. 168.
27. Ibid. 2, no. 9, p. 88.
28. *Pommersches UB* 2 (Stettin, 1881–5, repr. Cologne and Graz, 1970), no. 616, p. 27.
29. Helbig & Weinrich 2, no. 100, pp. 378–84.
30. *Codex diplomaticus Brandenburgensis* A 1, sect. 7, no. 9, p. 458.
31. Helbig & Weinrich 2, no. 32, p. 170.
32. Kuhn, 'Flämische und fränkische Hufe', p. 3.
33. Helmold, *Chronica Slavorum* 1.92, ed. Stoob, p. 318; Helbig & Weinrich 1, no. 82, p. 316 (Rügen, 1221); 2, no. 98, p. 374 (Bohemia, 1291). 此处暗合的《圣经》经文为《诗篇》78：55（武加大本 77：54）。
34. Kuhn, 'Flämische und fränkische Hufe', p. 4; *Schlesisches UB* 4, no. 278, p. 188 (1276).

35. Helmold, *Chronica Slavorum* 1.84, ed. Stoob, p. 294.

36. *Liber fundationis... Heinrichow* 1.9, ed. Grodecki, p. 296; Helbig & Weinrich 2, no. 13, p. 118.

37. *Preussisches UB* (6 vols. to date, Konigsberg and Marburg, 1882-) 1/i, no. 283, pp. 214–15.

38. Helbig & Weinrich 1, no. 121, pp. 448–50, with note.

39. Ibid. 1, no. 143, pp. 524–30 (excerpts).

40. Henri Bresc, 'Féodalité coloniale en terre d'Islam: La Sicile (1070–1240)', in *Structures féodales et féodalisme dans l'Occident mediterranéen (Xe-XIIIe s.)* (Paris, 1980), pp. 631–47, at p. 635.

41. Julio Gonzalez, *Repoblación de Castilla la Nueva* (2 vols., Madrid, 1975–6) 1, p. 159.

42. Lacarra, nos. 5–6 (1103, 1105).

43. Helbig & Weinrich 2, no. 22, p. 144.

44. Gonzalez, *Repoblación* 2, p. 184.

45. Lacarra, nos. 91 (1138), 138 (1127).

46. Helbig & Weinrich 2, no. 20, p. 140 (1237).

47. ibid. 2, no. 96, p. 366 (1265).

48. Josef Joachim Menzel, *Die schlesischen Lokationsurkonden des 13. Jahrhunderts* (Würzburg, 1977), pp. 215–17.

49. Helbig & Weinrich 2, nos. 95 (1252), 98 (1291), pp. 360–64, 372–6.

50. Gonzalez, *Repoblación* 2, p. 168; another unambiguous case is Lacarra, no. 216 (1140).

51. Lacarra, no. 127 (1125).

52. Helbig & Weinrich 2, nos. 47–8, pp. 210–14 (1236).

53. Ibid. 2, no. 25, p. 154 (Silesia, 1250).

54. Ibid. 2, no. 95, pp. 362–4 (1252).

55. Jean Gautier-Dalché, 'Moulin à eau, seigneurie, communauté rurale dans le nord de l'Espagne (IXe–XIIe siècles)', in *Études de civilisation médiévale, IXe–XII siècles: Mélanges offerts à Edmond-René Labande* (Poitiers, 1974), pp. 337–49, at p. 340.

56. Robert Fossier *La terre et les hommes en Picardie jusqu'à la fin de XIIIe siècle* (2 vols., Paris and Louvain, 1968) 2, p. 448.

57. Lacarra, no. 4 (1102).

58. Helbig & Weinrich 2, nos. 106–9, pp. 402–12 (1256–70).

59. Ibid. 1, no. 131, p. 484.

60. *Bauernbedrückung und Bauernwiderstand im hohen Mittelalter: Zur Erforschung der Ursachen bäuerlichen Abwanderung nach Osten im 12. und 13. Jahrhundert* (Berlin, 1960).

61. *Osnabrücker UB* 2, ed. F. Philippi (Osnabrück, 1896), no. 380, pp. 298–9.

62. *UB des Hochstifts Hildesheim* 2, no. 795, pp. 403–4 (1247).

63. *Historia monasterii Rastedensis* 35, ed. Georg Waitz, *MGH, SS* 25 (Hanover, 1880), pp. 495–511, at p. 509.

64. Walter Kuhn, 'Die Siedlerzahlen der deutschen Ostsiedlung', in *Studium Sociale: Karl Valentin Müller dargebracht* (Cologne and Opladen, 1963), pp. 131–54; *idem*, 'Ostsiedlung und Bevölkerungsdichte', in his *Vergleichende Untersuchungen zur mittelalterlichen Ostsiedlung* (Cologne and Vienna, 1973), pp. 173–210.

65. A.J. Otway-Ruthven, 'The Character of Norman Settlement in Ireland', in J. L. McCracken (ed.), *Historical Studies* 5 (London, 1965), pp. 75–84, at pp. 77, 83 (cf. her *A History of Medieval Ireland* (2nd ed., London, 1980), pp. 113–16); R. E. Glasscock, 'Land and People *c.* 1300', in *New History of Ireland 2: Medieval Ireland, 1169–1534*, ed. Art Cosgrove (Oxford, 1987), pp. 205–39, at p. 213.

66. Gerald of Wales, *Expugnatio Hibernica* 1.3, 16, ed. A. B. Scott and F. X. Martin (Dublin, 1978), pp. 30, 64.

67. Geoffrey Martin, 'Plantation Boroughs in Medieval Ireland, with a Handlist of Boroughs to *c.* 1500', in David Harkness and Mary O'David (eds.), *The Town in Ireland* (*Historical Studies* 13, Belfast, 1981), pp. 25–53.

68. J. A. Watt, *The Church and the Two Nations in Medieval Ireland* (Cambridge, 1970), esp. chapters 3 and 8; *idem*, *The Church in Medieval Ireland* (Dublin, 1972), pp. 87–109.

69. *Rotuli chartarum in turri Londinensi asservati* (1199–1216), ed. T. D. Hardy (London, 1837), p. 96 (1200).

70. *Close Rolls of the Reign of Henry III (1247–51)* (London, 1922), p. 480.

71. *Rotuli litterarum clausarum in turri Londinensi asservati (1204–27)*, ed. T. D. Hardy (2 vols., London, 1833–44), 1, p. 394.

72. ed. Newport B. White (Irish Manuscripts Commission, Dublin, 1932), pp. 1–17, 19–83, 127–35, 145–58.

73. Ibid., pp. 25–7.

74. 有姓名的雇农的例子: Ibid., pp. 33–4, 153; 但注意 1326 年 Lisronagh 的情况, 在那里的 14 名雇农中, 几乎全部都是英语姓氏, 参见 Edmund Curtis, 'Rental of the Manor of Lisronagh, 1333, and Notes on "Betagh" Tenure in Medieval Ireland', *Proceedings of the Royal Irish Academy* 43 (1935–7) C, pp. 41–76。

75. *Red Book of Ormond*, ed. White, pp. 64–7.

76. Ibid., pp. 34–41, 41–5, 46–7, 74–83; 高兰的 1303 年的租赋页序紊乱, 分成了几个部分, 参见 C. A. Empey, 'Conquest and Settlement: Patterns of Anglo-Norman Settlement in North Munster and South Leinster', *Irish Social and Economic History Journal* 13 (1986), pp. 5–31, at pp. 26–7 and n. 67。

77. *Red Book of Ormond*, ed. White, pp. 108–11.

78. Thomas McErlean, 'The Irish Townland System of Landscape Organization', in Terence Reeves-Smyth and Fred Hamond (eds.), *Landscape Archaeology in Ireland* (*British Archaeological Reports, British Series* 116, Oxford, 1983), pp. 315–39, at p. 317, table 1; T. Jones Hughes, 'Town and *Baile* in

Irish Place-Names', in Nicholas Stephens and Robin E. Glasscock (eds.), *Irish Geographical Studies in Honour of E. Estyn Evans* (Belfast, 1970), pp. 244–58.

79. *Els Furs de Valencia* 35, ed. Rafael Gayano-Lluch (Valencia, 1930), p. 206.

80. 对于犁的历史的整体讨论，参见 Ulrich Bentzien, *Haken und Pflug* (Berlin, 1969); Walter Kuhn, 'Der Pflug als Betriebseinheit in Altpreussen' and 'Der Haken in Altpreussen', in his *Vergleichende Untersuchungen zur mittelalterlichen Ostsiedlung* (Cologne and Vienna, 1973), pp. 113–40, 141–71; André G. Haudricourt and Mariel Jean-Brunhes Delamarre, *L'homme et la charrue à travers le monde* (4th ed., Paris, 1955)。

81. Helmold, *Chronica Slavorum* 1.12, 14, 88, ed. Stoob, pp. 70, 74, 312.

82. *Die Urkunden Heinrichs des Löwen*, ed. Karl Jordan, *MGH, Laienfürsten-und Dynastenurkunden der Kaiserzeit* (Leipzig and Weimar, 1941–9), no. 41, pp. 57–61; also in *Mecklenburgisches UB* (25 vols. in 26, Schwerin and Leipzig, 1863–1977) 1, no. 65, p. 58 (purportedly 1158, a thirteenth-century forgery with a genuine core); ibid., no. 375, p. 376 (*c*. 1230).

83. *Pommersches UB* 6 (Stettin, 1907, repr. Cologne and Graz, 1970), no. 3601, pp. 110–11 (1322).

84. *Schlesisches UB* 1, no. 82, p. 54 (1202).

85. *Preussisches UB*, 1/i, no. 74, pp. 54–5.

86. *Codex diplomaticus Warmiensis* 1, ed. Carl Peter Woekly and Johann Martin Saage (Mainz, 1860), no. 42, pp. 79–80.

87. *Kong Valdemars Jordebog*, ed. Svend Aakjaer (3 vols., Copenhagen, 1926–43), 2, pp. 50–52.

88. *Pommersches UB* 5 (Stettin, 1905, repr. Cologne and Graz, 1970), no. 3234, pp. 408–15.

89. *Preussisches UB* 1/i, no. 105, pp. 77–81, at p. 80; *document of 1230*: ibid. 1/i, no. 74, pp. 54–5; *of 1293*: ibid. 1/ii, no. 612, pp. 387–8; *of 1258*: ibid. 1/ii, no. 67, pp. 62–3.

90. *Codex diplomaticus Maioris Poloniae*, ed. Ignacy Zakrzewski and Franciszek Piekosiński (5 vols., Poznań, 1877–1908), 1, no. 402, pp. 354–5.

91. *Pflug* 与 *Haken* 的对比：e.g. *Preussisches UB* 1/ii, no. 366, pp. 247–51, at p. 248 (1278 translation of earlier document)。

92. *UB zur Geschichte der Herzoge von Braunschweig und Lüneburg und ihrer Lande* 1, ed. H. Sudendorf (Hanover, 1859), no. 122, pp. 75–6.

93. *Codex diplomaticus Warmiensis* 1, no. 214, pp. 366–8 (1323).

94. *Preussisches UB* 1/i, no. 140, p. 105 (1242).

95. 不同的税赋估算方式：ibid. 1/i, no. 74, pp. 54–5(document of 1230); ibid. 1/i, no. 105, pp. 77–81, at p. 80（切姆诺令状）; ibid. 1/ii, no. 366, pp. 247–51, at p. 248（司各特与亚麻; 1278 translation of earlier document）。

96. *Visitationes bonorum archiepiscopatus necnon capituli Gnesnensis saeculi XVI*, ed. Boleslaw Ulanowski (Cracow, 1920), p. 365.

97. *Schlesisches UB* 1, no. 164, p. 117 (1217).

98. Helbig & Weinrich 2, no. 1, p. 72.

99. 涉及新什一税的引文出自 Helbig & Weinrich 1, no. 40, p. 178 (bishopric of Zeitz-Naumburg, 1145): *Preussisches UB* 1/i, no. 74, pp. 52–4 (Prussia, 1230)。

100. *Codex diplomaticus Brandenburgensis* A 10, no. 9, p. 75 (1173).

101. Honorius Ⅲ, 18 April 1220, *Etsi non sic*, Po. 6229; *Liv-, esth- und curländisches UB*, ed. F. G. von Bunge *et al.* (1st ser., 12 vols., Reval and Riga, 1853–1910), 1, no. 51, col. 54.

102. "新植人"和"在一个恐怖而荒芜的地方"是描述新定居点及其先前的荒蛮状态的陈词滥调：e.g. *Mecklenburgisches UB* 1, no. 255, p. 240 (1219); Helbig & Weinrich, 1, no. 82, p. 316 (1221); Helmold, *Chronica Slavorum* 1. 47, 55, 71, ed. Stoob, pp. 182, 204, 252。它们有《圣经》先例：《诗篇》143：12（武加大本 144：12）提到"儿子从幼年好像树苗长大"（*filii sicut novellae plantationes*），而《申命记》32：10 提到上帝"在荒凉野兽吼叫之地"（*in loco horroris et vaste solitudinis*）。这些用语也不限于欧洲东部，见 *Liber feudorum major*, ed. Francisco Miquel Rosell (2 vols., Barcelona, 1945–7), 1, nos. 255, 259, pp. 275–6, 282–3 (1076)，涉及塔拉戈纳以北地区。

103. *Liber fundationis... Heinrichow* 2, preface, ed. Grodecki, p. 309; cf. Genesis 3:19: *In sudore vultus tui vesceris pane*. 参考对这个文本的敏锐评论：Piotr Górecki, *Economy, Society and Lordship in Medieval Poland, 1100–1250* (New York and London, 1992)。

104. 'Rocznik lubiąski 1241–1281, oraz wiersz o pierwotnych zakonniach Lubiąża' [*Versus lubenses*], ed. August Bielowski, *MPH* 3 (Lwów, 1878, repr. Warsaw, 1961), pp. 707–10, at pp. 709–10；把 *broca* 译作"未开垦的田地"，参见 *Slownik Laciny Średniowiecznej w Polsce* 1, ed. Mariana Plezi (Wroclaw, etc., 1953–8), p. 1158。

105. John Elliott, 'The Discovery of America and the Discovery of Man', *Proceedings of the British Academy* 58 (1972), pp. 101–25, at p. 112.

106. 'Rocznik lubiąski⋯' ed. Bielowski, p. 710; again, see Górecki, *Economy, Society and Lordship*.

107. *Codex iuris Bohemici*, ed. Hermenegild Jiriček (5 vols. in 12, Prague, 1867–98), 2/2, p. 145 (*Majestas Carolina* 49)；比较保护林地的规定：ibid., pp. 145–50 (clauses 49–57)。

108. Helbig & Weinrich 1, no. 2, p. 46.

109. Cited in H. E. Hallam, *Settlement and Society: A Study of the Early Agrarian History of South Lincolnshire* (Cambridge, 1965), p. 166.

110. M. M. Postan, *The Medieval Economy and Society* (London, 1972), pp. 57, 66.

111. Andrew M. Watson, 'Towards Denser and More Continuous Settlement: New Crops and Farming Techniques in the Early Middle Ages', in J. A. Raftis (ed.), *Pathways to Medieval Peasants* (Toronto, 1981), pp. 65–82, at p. 69.

112. Helmut Wurm, 'Körpergrösse und Ernährung der Deutschen im Mittelalter' in Bernd Herrmann (ed.), *Mensch und Umwelt im Mittelalter* (Stuttgart, 1986), pp. 101–8, with further articles listed on p. 108.

113. 民主德国对乡村遗址的挖掘: Eike Gringmuth-Dallmer, *Die Entwicklung der frühgeschichtlichen Kulturlandschaft auf dem Territorium der DDR unter besonderer Berücksichtigung der Siedlungsgebiete* (Berlin, 1983), p. 68; 在哈维尔兰: Wolfgang Ribbe (ed.), *Das Havelland im Mittelalter* (Berlin, 1987), p. 79; 在爱尔兰: T. B. Barry, *The Archaeology of Medieval Ireland* (London, 1987), p. 72; 在中欧: Walter Janssen, 'Dorf und Dorfformen des 7. bis 12. Jahrhunderts im Lichte neuer Ausgrabungen in Mittel- und Nordeuropa', in Herbert Jankuhn *et al.* (eds.), *Das Dorf der Eisenzeit und des frühen Mittelalters (Abhandlungen der Akadamie der Wissenchaft in Göttingen, philosophisch-historische Klasse*, 3rd ser., 101, 1977), pp. 285–356, at p. 341。

114. Vladimir Nekuda, 'Zum Stand der Wüstungsforschung in Mähren (ČSSR)', *Zeitschrift für Archäologie des Mittelalters* 1 (1973), pp. 31–57, *passim* (with plans and photographs).

115. Peter *Wade-Martins*, 'The Origins of Rural Settlement in East Anglia', in P. J. Fowler (ed.), *Recent Work in Rural Archaeology* (Bradford-upon-Avon, 1975), pp. 137–57; also summarized *idem*, 'The Archaeology of Medieval Rural Settlement in East Anglia', in Michael Aston *et al.* (eds.), *The Rural Settlements of Medieval England* (Oxford, 1989), pp. 149–65, at pp. 159–60.

116. Martin Born, *Geographie der ländlichen Siedlungen 1: Die Genese der Siedlungsformen in Mitteleuropa* (Stuttgart, 1977), inserts after p. 156.

117. Edward Miller and John Hatcher, *Medieval England: Rural Society and Economic Change 1086–1348* (London, 1978), p. 87.

118. E.g. Brian K. Roberts, *The Green Villages of County Durham* (Durham, 1977).

119. J. G. Hurst, 'The Changing Medieval Village in England', in J. A. Raftis (ed.), *Pathways to Medieval Peasants* (Toronto, 1981), pp. 27–62, at pp. 51, 48 and plan 2. 8.

120. Wolfgang Prange, *Siedlungsgeschichte des Landes Lauenburg im Mittelalter* (Neumünster, 1960), pp. 166–7 and map 45.

121. Miller and Hatcher, *Medieval England*, p. 86.

122. Dmitrii *Jegorov, Die Kolonisation Mecklenburgs im 13. Jahrhundert* (German tr., 2 vols., Breslau, 1930; original Russian ed., 1915) 1, pp. 391–2.

123. 讨论环形村问题的论文集, 参见 Hans-Jürgen Nitz (ed.), *Historisch-genetische Siedlungsforschung* (Darmstadt, 1974), part 3: 'Die Rundlingsfrage'。

124. 关于林地村的起源, 参见 Hans-Jürgen Nitz, 'The Church as Colonist: The Benedictine Abbey of Lorsch and Planned *Waldhufen* Colonization in the Odenwald', *Journal of Historical Geography* 9 (1983), pp. 105–26。

125. Eilert Ekwall, *The Concise Oxford Dictionary of Place Names* (4th ed.,

Oxford, 1960), pp. xx Ⅲ , 49 and 136.

126. Adolph Bach, *Deutsche Namenkunde* (2nd ed., 3 vols., Heidelberg, 1952–6) 2/ii, p. 126.

127. Ibid., pp. 129–36.

128. Ibid., p. 125.

129. Helmold, *Chronica Slavorum* 1.12, ed. Stoob, p. 68.

130. *Liber fundationis episcopatus Vratislaviensis*, p. 168; preamble in Helbig and Weinrich 2, no. 39, p. 188.

131. *Liber fundationis... Heinrichow* 1. 3, ed. Grodecki, p. 257; Helbig and Weinrich 2, no. 13, p. 104.

132. 关于摧毁和重新安置的一个例证，参见 Adriaan von Müller, 'Zum hochmittelalterlichen Besiedlung des Teltow (Brandenburg): Stand eines mehrjährigen archaologischsiedlungsgeschichtlichen Forschungsprogrammes', in Walter Schlesinger (ed.), *Die deutsche Ostsiedlung als Problem der europaischen Geschichte* (*Vortrage und Forschungen* 18, Sigmaringen, 1975), pp. 311–32。

133. 拉策堡什一税登记册的最新校勘本，见 Hans Wurm in Hans-Georg Kaack and Hans Wurm, *Slawen und Deutsche im Lande Lauenburg* (Ratzeburg, 1983), pp. 137–205；复制本收录于 Jegorov, *Die Kolonisation Mecklenburgs*；选段参见 Helbig & Weinrich 1, no. 63, pp. 260–66。

134. *Cartae et alia munimenta... de Glamorgan*, ed. George T. Clark (6 vols., Cardiff, 1910), 1, no. 151, p. 152; Davies, *Conquest*, pp. 153, 188.

135. *Annales Pegavienses, MGH, SS* 16, p. 247.

136. Charles Higounet, *Die deutsche Ostsiedlung im Mittel-alter* (Berlin, 1986), p. 110; cf. p.252.

137. González, *Repoblación* 1, p. 172; 2, pp. 271–99.

138. *Repartimiento de Sevilla*, ed. Julio González (2 vols., Madrid, 1951), 1, pp. 251–3; 2, pp. 14, 18–19.

139. Herbert Helbig, 'Die slawische Siedlung im sorbischen Gebiet', in Herbert Ludat (ed.), *Siedlung und Verfassung der Slawen zwischen Elbe, Saale und Oder* (Giessen, 1960), pp. 27–64.

第 7 章 殖民城镇与殖民商人

1. *Schlesisches UB*, ed. Heinrich Appelt and Winfried Irgang (4 vols. to date, Graz, Cologne and Vienna, 1963–), 3, no. 103, p. 75 (Glogów [Glogau], 1253).

2. Helbig & Weinrich 1, no. 87, pp. 328–33.

3. R. E. Glasscock, 'England *circa* 1334', in H. C. Darby (ed.), *A New Historical Geography of England before 1600* (Cambridge, 1976), pp. 136–85, at pp. 139 (fig. 35) and 178 (fig. 40).

4. Jiři Kejř, 'Die Anfange der Stadtverfassung und des Stadtrechts in den Böhmischen Ländern', in Walter Schlesinger (ed.), *Die deutsche Ostsiedlung des Mittelalters als Problem der europaischen Geschichte* (*Vortrage und Forschungen* 18, Sigmaringen, 1975), pp. 439–70.

5. G. Jacob (ed.), *Arabische Berichte von Gesandten an germanische Fürstenhöfe aus dem 9. und 10. Jahrhundert* (Berlin and Leipzig, 1927), p. 12 (Ibrahim ibn Jacub's account).

6. 都柏林令状由 Gearóid MacNiocaill, *Na Buirgéisí* (2 vols., Dublin, 1964) 1, pp. 78–81 编辑, 以及 *Elenchus fontium historiae urbanae* 2/2, ed. Susan Reynolds *et al*. (Leiden, etc., 1988), pp. 162–5; 亨利二世和约翰更早的令状, 见 *Na Buirgéisí*, pp. 75–7, *Elenchus fontium*, pp. 161–2。

7. Geoffrey Martin, 'Plantation Boroughs in Medieval Ireland, with a Handlist of Boroughs to *c*. 1500', in David Harkness and Mary O'David (eds.), *The Town in Ireland* (*Historical Studies* 13, Belfast, 1981), pp. 25–53.

8. Karl Hoffmann, 'Die Stadtgründungen Mecklenburg-Schwerins in der Kolonisationszeit vom 12. bis zum 14. Jahrhundert', *Jahrbuch für mecklenburgische Geschichte* 94 (1930), pp. 1–200; Walter Kuhn, 'German Town Foundations of the Thirteenth Century in Western Pomerania', in H. B. Clarke and Anngret Simms (eds.), *The Comparative History of Urban Origins in Non-Roman Europe* (*British Archaeological Reports, International Series* 255, 2 vols., Oxford, 1985) 2, pp. 547–80, at p. 569.

9. John Bradley, 'Planned Anglo-Norman Towns in Ireland', in Clarke and Simms (eds.), *Comparative History* 2, pp. 411–67, at p. 420.

10. Henri Bresc, 'Féodalité coloniale en terre d'Islam: La Sicile (1070–1240)', in *tructures féodales et féodalisme dans l'Occident mediterranéen (Xe–XIIIe s.)* (Paris, 1980), pp. 631–47, at p. 644.

11. *Liv-, esth- und curländisches UB*, ed. F. G. von Bunge *et al*. (1st ser., 12 vols., Reval and Riga, 1853–1910), 1, no. 53, col. 57 (1221).

12. Alfonso García-Gallo, 'Los Fueros de Toledo', *Anuario de historia del derecho español* 45 (1975), pp. 341–488, doc. 8, at pp. 469–71.

13. *Domesday Book*, ed. Abraham Farley (2 vols., London, 1783), 1, fol. 269.

14. Mary Bateson, 'The Laws of Breteuil', *English Historical Review* 15 (1900), pp. 73–8, 302–18, 496–523, 754–7; 16 (1901), pp. 92–110, 332–45.

15. *Das alte Lübische Recht*, ed. Johann Friedrich Hach (Lübeck, 1839), p. 185.

16. *Codex iuris municipalis regni Bohemiae* 2, ed. Jaromir Čelakovský (Prague, 1895), p. 38.

17. Helbig & Weinrich 2, no. 15, pp. 124–31 (1235); *Lawrence of Wroclaw for Walter:* ibid., 2, no. 22, pp. 144–7.

18. Zbigniew Zdrójkowski, 'Miasta na prawie Średzkim', *Śląski kwartalnik historyczny Sobótka* 41 (1986), pp. 243–51.

19. *Colección de fueros municipales y cartas pueblas de los reinos de Castilla, León, Corona de Aragón y Navarra*, ed. Tomás Muñoz y Romero (Madrid, 1847), p. 243; the 'customs and liberties' of Jaca can be found in the *Fuero*

de Jaca, ed. Mauricio Molho (Saragossa, 1964).

20. *Schlesisches UB* 3, no. 373, pp. 241–2.

21. *Quellenbuch zur Geschichte der Sudetenländer* 1, ed. Wilhelm Weizsäcker (Munich, 1960), no. 23, pp. 52–4；关于利托梅日采本身作为高等法庭，参见 the bibliography listed in Helbig & Weinrich, 2, p. 361, n. 4。

22. Wilhelm Ebel (ed.), *Lübecker Ratsurteile* (4 vols., Göttingen, 1955–67).

23. Narcisco Hergueta, 'El Fuero de Logroño: su extensión a otras poblaciónes', *Boletín de la Real Academia de la Historia* 50 (1907), pp. 321–2.

24. Helbig & Weinrich 2, no. 41, pp. 192–5.

25. André Joris, *Huy et sa charte de franchise, 1066* (Brussels, 1966).

26. Kejř, 'Die Anfange der Stadtverfassung', pp. 461–2.

27. *Chronicle of Morea,* tr. Harold E. Lurier, *Crusaders as Conquerors* (New York, 1964), p. 137; Raimund Friedrich Kaindl, *Geschichte der Deutschen in den Karpathenländern* (3 vols., Gotha, 1907–11) 2, p. 405; T. H. Parry-Williams, *The English Element in Welsh* (*Cymmrodorion Record Series* 10, London, 1923), p. 155.

28. E. M. Carus-Wilson, 'The First Half-Century of the Borough of Stratfordupon-Avon', *Economic History Review,* 2nd ser., 18 (1965), pp. 46–63.

29. *Fuero de Logroño,* ed. T. Moreno Garbaya, *Apuntes históricos de Logroño* (Logroño, 1943), pp. 42–9.

30. *Crónicas anónimas de Sahagún* 15, ed. Antonio Ubieto Arteta (*Textos medievales* 75, Saragossa, 1987), pp. 19–21.

31. Lacarra, no. 187.

32. *Crónica del rey don Alfonso X* 11, in *Crónicas de los reyes de Castilla* 1 (*Biblioteca de autores españoles* 66, Madrid, 1875), pp. 1–66, at p. 9.

33. 雷阿尔城的建城令状，见于 Margarita Peñalosa Esteban-Infantes, *La fundación de Ciudad Real* (Ciudad Real, 1955), pp. 9–11; cf. Julio Gonzalez, *Repoblación de Castilla la Nueva* (2 vols, Madrid, 1975–6) 1, pp. 349–50. For a *plan of the city* ibid. 2, p. 95。

34. José María Font Rius (ed.), *Cartas de población y franquicia de Cataluña* (2 vols., Madrid and Barcelona, 1969) 1, no. 49, pp. 82–4.

35. *Primera crónica general de España* 1071, ed. Ramón Menéndez Pidal (2 vols., Madrid, 1955), 2, p. 747.

36. 移民塞维利亚的模式，见 *Repartamiento de Sevilla,* ed. Julio González (2 vols., Madrid, 1951), 1, opposite p. 314 中的地图。

37. *Codex diplomaticus et epistolaris regni Bohemiae,* ed. Gustavus Friedrich *et al.* (5 vols. to date, Prague, 1904-), 2, no. 381, p. 429 编者对这个文件真实性的怀疑似乎并无根据，参见 Kejř, 'Die Anfänge der Stadtverfassung', p. 458。

38. *Annales capituli Cracoviensis* (*Rocznik Kapitulny Krakowski*), ed. August Bielowski, *MPH* 2 (Lwów, 1872, repr. Warsaw, 1961), pp. 779–816, at p. 806.

39. Helbig & Weinrich 2, no. 77, pp. 290–96.

40. Ibid. 1, no. 69, pp. 276–9.
41. *Mecklenburgisches UB* (25 vols. in 26, Schwerin and Leipzig, 1863–1977) 3, no. 2100, pp. 402–4 (1291); 4, no. 2503, pp. 58–9 (1298).
42. Hoffmann, 'Die Stadtgründungen Mecklenburg-Schwerins', p. 68.
43. *The Dublin Guild Merchant Roll c. 1190–1265,* ed. Philomena Connolly and Geoffrey Martin (Dublin, 1992), pp. 1–39.
44. Claude Cahen, 'Un texte peu connu relatif au commerce oriental d'Amalfiau Xe siècle', *Archivio storico per le province napoletane,* n.s., 34 (1955 for 1953–4), pp. 61–6.
45. G. L. F. Tafel and G. M. Thomas (eds.), *Urkunden zur älteren Handels- und Staatsgeschichte der Republik Venedig* (3 vols., *Fontes rerum Austriacarum* II, 12–14, Vienna, 1856–7) 1, no. 40, pp. 79–89; William of Tyre, *Chronicle* 12.25, ed. R. B. C. Huygens (2 vols., *Corpus Christianorum, Continuatio mediaevalis* 63–63A, Turnhout, 1986), 1, pp. 577–81.
46. Joshua Prawer, *Crusader Institutions* (Oxford, 1980), p. 232, n. 40; *Nicolas Morosini:* ibid., pp. 226–7.
47. Wilhelm Heyd, *Histoire du commerce du Levant au Moyen Age* (2 vols., Leipzig, 1885–6) 1, p. 397.
48. Tafel and Thomas, *Urkunden... der Republik Venedig* 2, no. 232, pp. 143–5, there dated 1212; Freddy Thiriet, *La Romanie vénitienne au Moyen Age: Le développement et l'exploitation du domaine colonial vénitien (XII–XIV s.)* (Paris, 1959), pp. 125–6, n. 3, prefers a date of 1209.
49. Tafel and Thomas, *Urkunden··· der Republik Venedig 3,* no. 350, pp. 56–9, at p. 57.
50. Edith Ennen, *Die europäische Stadt des Mittelalters* (4th ed., Göttingen, 1987), p. 132.
51. Heinrich Hagenmeyer (ed.), *Epistulae et chartae ad historiam primi belli sacri spectantes* (Innsbruck, 1901), no. 13, pp. 155–6.
52. David Abulafia, *The Two Italies* (Cambridge, 1977), p. 255.
53. George Pachymeres, *De Michaele et Andronico Palaeologis,* ed. Immanuel Bekker (2 vols., *Corpus scriptorum historiae Byzantinae* 24–5, Bonn, 1835), 1, pp. 419–20.
54. Cornelio Desimoni (ed.), 'I conti dell'ambasciata al chan di Persia nel 1292', *Atti della Società ligure di storia patria* 13/3 (1879), pp. 537–698, at pp. 608, 614; Michael Balard, *La Romanie génoise (XIIe-début du XVe siècle)* (2 vols., Rome, 1978) 1, pp. 134, 138.
55. Balard, *La Romanie génoise* 1, pp. 154–5.
56. Ibid. 1, 'Trois autres gênes' (i.e. Caffa, Pera and Chios), title to chapter 4.
57. Ibid. 1, pp. 199–202, 235–48, 339–41; the documents are edited in Michel Balard (ed.), *Gênes et l'Outre-mer I: Les actes de Caffa du notaire Lamberto di Sambuceto 1289–90* (Paris, 1973).
58. 关于卡法的综论: Balard, *La Romanie génoise* 1, pp. 202–14, 250, 289–302; Giorgio Fedalto, *La Chiesa Latina in Oriente* (2nd ed., 3 vols., Verona, 1981) 2,

pp. 61–3。

59. Thiriet, *La Romanie vénitienne*, p. 187; *from Genoa*: Balard, *La Romanie génoise* 1, pp. 473–4; 2, pp. 576–85.

60. 关于地中海船只和航线，参见最近的杰出研究 John H. Pryor, *Geography, Technology and War: Studies in the Maritime History of the Mediterranean, 649–1571* (Cambridge, 1988)。

61. Francesco Gabrieli (ed.), *Arab Historians of the Crusades* (Eng. tr., Berkeley and London, 1969), p. 214 (Abu Shama).

62. Matthew Paris, caption to the depiction of Acre in his map of the Holy Land, reproduced in Suzanne Lewis, *The Art of Matthew Paris in the 'Chronica Majora'* (Berkeley, etc., 1987), p. 350, fig. 214; text in *Itinéraires à Jerusalem*, ed. Henri Michelant and Gaston Raynaud (*Publications de la Société de l'Orient latin, Série géographique* 3, Geneva, 1882), pp. 136–7.

63. Gabrieli, *Arab Historians*, p. 340 (Tashrīf).

64. Robert S. Lopez and Irving W. Raymond (eds.), *Medieval Trade in the Mediterranean* (New York, 1955), doc. 158, p. 322; Balard, *La Romanie génoise*, index *s.v.* 'Negro (di)'.

65. 英语文献中对吕贝克起源的优秀介绍，见 Günther Fehring, 'The Archaeology of Early Lübeck: The Relation between the Slavic and the German Settlement Sites', in H. B. Clarke and Anngret Simms (eds.), *The Comparative History of Urban Origins in Non-Roman Europe* (*British Archaeological Reports, International Series* 255, 2 vols., Oxford, 1985) 1, pp. 267–87。

66. 吕贝克与阿道夫伯爵: Helmold of Bosau, *Chronica Slavorum* 1.48 (旧吕贝克), 1.57 (阿道夫伯爵 "来到了被称作布库的地方……"), 1.71 ("厄格里亚人的土地上实现了和平……"), 1.63, 76, 86 (早期吕贝克的兴衰), 1.86 ("在他的命令下……"), ed. Heinz Stoob (*AQ* 19, Darmstadt, rev. ed., 1973), pp. 186, 212, 252, 222–4, 264, 302–4。

67. 关于索斯特模板，见 Arnold of Lübeck, *Chronica Slavorum* 2.21, ed. Johann Martin Lappenberg (*SRG*, Hanover, 1868), p. 65; 概述，参见 Wilhelm Ebel, *Lübisches Recht* (Lübeck, 1971)。

68. *Die Urkunden Heinrichs des Löwen, Herzogs von Sachsen und Bayern*, ed. Karl Jordan, *MGH, Laienfürsten- und Dynastenurkunden der Kaiserzeit* (Leipzig and Weimar, 1941–9), no. 15, pp. 9–10; *in Denmark and Russia: Hansisches UB* 1, ed. Konstantin Höhlbaum (Halle, 1876), no. 17, p. 10.

69. Detlev Ellmers, 'The Cog of Bremen and Related Boats', in Sean McGrail (ed.), *The Archaeology of Medieval Ships and Harbours in Northern Europe* (*British Archaeological Reports, International Series* 66, Oxford, 1979), pp. 1–15, at pp. 9–11; Siegfried Fliedner and Rosemarie Pohl-Weber, *The Cog of Bremen* (Eng. tr., 3rd ed., Bremen, 1972).

70. Georg Lechner (ed.), *Die hansischen Pfundzollisten des Jahres 1368* (*Quellen und Darstellungen zur hansischen Geschichte*, n.s., 10, Lübeck, 1935), p. 66.

71. *Livländische Reimchronik*, lines 127–228, ed. Leo Meyer (Paderborn, 1876), pp. 4–6.
72. Henry of Livonia, *Chronicon Livoniae*, 4.5, 5.1, ed. Leonid Arbusow and Albert Bauer (*AQ* 24, Darmstadt, 1959), pp. 18–20.
73. Friedrich Benninghoven, *Rigas Entstehung und der Frühhansische Kaufmann* (Hamburg, 1961), pp. 41–7.
74. *Hansisches UB* 1, no. 88, p. 38; of 1225: ibid. 1, no. 194, pp. 60–61.
75. Benninghoven, *Rigas Entstehung*, plates opposite pp. 80, 105.
76. *Liv-, esth-, und curlandisches UB* 6, no. 2717, cols. 4–6.
77. Benninghoven, *Rigas Entstehung*, pp. 54–62, 98–100, 105–9.
78. Liselotte Feyerabend, *Die Rigauer und Revaler Familiennamen im 14. und 15. Jahrhundert* (Cologne and Vienna, 1985), p. 149.
79. Henry of Livonia, *Chronicon Livoniae*, 9.4, ed. Arbusow and Bauer, p. 38.

第 8 章　拉丁欧洲边境上的种族关系（一）

1. *Rerum Hungaricarum monumenta Arpadiana*, ed. S. L. Endlicher (St Gallen, 1849), pp. 399–400 (King Emmerich of Hungary for *hospites* settled in Sárospatak, 1201).
2. Regino of Prüm, *Epistula ad Hathonem archiepiscopum missa*, ed. Friedrich Kurze, *Reginonis... chronicon* (*SRG*, Hanover, 1890), pp. xix-xx.
3. *Statutes and Ordinances and Acts of the Parliament of Ireland: King John to Henry V*, ed. Henry F. Berry (Dublin, 1907), p. 210; Kenneth H. Jackson (ed.), *A Celtic Miscellany* (rev. ed., Harmondsworth, 1971), p. 218; Helbig & Weinrich 1, no. 19, p. 98; Francesco Gabrieli (ed.), *Arab Historians of the Crusades* (Eng. tr., Berkeley and London, 1969), pp. 200–201 (Bahā' ad-Din).
4. *Etymologies* 9.1.1, ed. W. M. Lindsay (2 vols., Oxford, 1911, unpaginated).
5. Claudius Marius Victor, Alethia 3, line 274, ed. Carl Schenkl, *Poetae Christiani minores* 1 (*Corpus scriptorum ecclesiasticorum latinorum* 16/1, Vienna, etc., 1888), pp. 359–436, at p. 416.
6. Peter of Zittau, *Chronicon Aulae Regiae* 1.68, ed. J. Emler, *Fontes rerum Bohemicarum* 4 (Prague, 1884), pp. 1–337, at p. 83.
7. Edouard Perroy, *L'Angleterre et le Grand Schisme d'Occident* (Paris, 1933), pp. 394–5 (the English envoys at the Roman curia in 1381, referring to Ireland).
8. *Chronicon Aulae Regiae* 2.23, ed. Emler, p. 301; the translation of the phrase *in constratis* as 'in the streets' is supported by the *Latinitatis Medii Aevi Lexicon Bohemiae: Slovník Středověké Latiny v Českých Zemích* (Prague, 1977-), pp. 910–11.
9. *Monumenta Poloniae Vaticana 3: Analecta Vaticana*, ed. Jan Ptasnik

(Cracow, 1914), no. 247, p. 278.

10. *Pommerellisches UB*, ed. Max Perlbach (Danzig, 1881–2), no. 492, pp. 442–3 (1292).

11. *Register of the Abbey of St Thomas Dublin*, ed. John T. Gilbert (RS, 1889), nos. 36, 269, 302, pp. 37, 224, 258; on the *suffix 'town'* see T. Jones Hughes, 'Town and Baile in Irish Place-Names', in Nicholas Stephens and Robin E. Glasscock (eds.), *Irish Geographical Studies in Honour of E. Estyn Evans* (Belfast, 1970), pp. 244–58.

12. Ramón Menéndez Pidal (ed.), *Documentos lingüísticos de España* 1 (Madrid, 1919, repr. 1966), p. 353.

13. Widukind of Corvey, *Res gestae Saxonicae* 2.36, ed. Albert Bauer and Reinhold Rau, *Quellen zur Geschichte der sachsischen Kaiserzeit (AQ* 8, rev. ed., Darmstadt, 1977), pp. 1–183, at p. 118.

14. *Chronicle of Morea*, tr. Harold E. Lurier, *Crusaders as Conquerors* (New York, 1964), pp. 37–56, 192, 223–4.

15. 盎格鲁–诺曼后裔用爱尔兰语作诗的最著名的例子，是杰罗德·亚尔拉（Gearóid Iarla），即德斯蒙德（Desmond）伯爵杰拉德·菲茨·杰拉德·马里斯·菲茨杰拉德（Gerald fitz Maurice fitzGerald）。他的诗作，由 Gearóid MacNiocaill, 'Duanaire Ghearôid Iarla', *Studia Hibernica* 3 (1963), pp. 7–59 编辑。

16. Geoffrey Malaterra, *De rebus gestis Rogerii Calabriae et Siciliae comitis et Roberti Guiscardi ducis fratris eius* 4.2, ed. Ernesto Pontieri *(Rerum italicarum scriptores*, n.s., 5/1, Bologna, 1928), p. 86.

17. William of Apulia, *La geste de Robert Guiscard* 1, lines 165–8, ed. Marguerite Mathieu (Palermo, 1961), p. 108.

18. John Boswell *The Royal Treasure: Muslim Communities under the Crown of Aragon in the Fourteenth Century* (New Haven, 1977), pp. 74, n. 41, 384; along *Welsh border: Book of Fees* (2 vols. in 3, London, 1920–31) 1, p. 146; *Red Book of the Exchequer*, ed. Hubert Hall (3 vols., RS, 1896), 2, p. 454 (Wrenoc ap Meurig, 1212); see in general Constance Bullock-Davies, *Professional Interpreters and the Matter of Britain* (Cardiff, 1966).

19. 波兰语中的外来词: Walter Kaestner, 'Mittelniederdeutsche Elemente in der polnischen und kaschubischen Lexik', in P. Sture Ureland (ed.), *Sprachkontakt in der Hanse... Akten des 7. Internationalen Symposions über Sprachkontakt in Europa, Lübeck 1986* (Tübingen, 1987), pp. 135–62; *in Welsh*: T. H. Parry-Williams, *The English Element in Welsh* (*Cymmrodorion Record Series* 10, London, 1923), pp. 68, 76–7, 155 (see the comments of Rees Davies, *Conquest, Coexistence and Change: Wales 1063–1415* (Oxford, 1987), p. 104); *from Arabic*: J. N. Hillgarth, *The Spanish Kingdoms 1250–1516* (2 vols., Oxford, 1976–8) 1, p. 185。

20. *Codex diplomaticus Brandenburgensis*, ed. Adolph Friedrich Riedel (41 vols., Berlin, 1838–69), A 22, p. 114; *Statutes... of the Parliament of Ireland: King John to Henry V*, pp. 434–5 (clause 3); *Glamorgan County*

History 3: The Middle Ages, ed. T. B. Pugh (Cardiff, 1971), p. 359. 关于命名模式的改变，更详细的讨论参见第 11 章。

21. Thietmar of Merseburg, *Chronicon* 3.21, ed. Werner Trillmich (*AQ* 9, Darmstadt, 1957), p. 108.

22. Heinz Zatschek, 'Namensänderungen und Doppelnamen in Böhmen und Mahren im hohen Mittelalter', *Zeitschrift fur Sudetendeutsche Geschichte* 3 (1939), pp. 1–11, at p. 10.

23. Angel González Palencia, *Los mozárabes toledanos en los siglos XII y XIII* ('volumen preliminar' and 3 vols., Madrid, 1926–30), vol. prel., p. 123.

24. František Graus, *Die Nationenbildung der Westslawen im Mittelalter (Naticnes* 3, Sigmaringen, 1980), pp. 21, 93. For Dalimil, see below.

25. Rees Davies, 'Race Relations in Post-Conquest Wales', *Transactions of the Honourable Society of Cymmrodorion* (1974–5), pp. 32–56, at p. 34.

26. Davies, *Conquest*, p. 17.

27. Gearóid MacNiocaill, *Na Buirgéisí* (2 vols., Dublin, 1964) 2, no. 77, pp. 351–2 (1279–80).

28. Jonathan Riley-Smith, *The Knights of St John in Jerusalem and Cyprus c. 1050–1310* (London, 1967), pp. 283–4.

29. *Regesta diplomatica nec non epistolaria Bohemiae et Moraviae*, ed. K. J. Erben, J. Emler *et al.* (7 vols., to date, Prague, 1854–), 2, no. 1106, pp. 466–8.

30. Peter of Zittau, *Chronicon Aulae Regiae* 1.68, ed. Emler, p. 83.

31. *Lites ac res gestae inter Polonos Ordinemque Cruciferorum* (2nd ser., 3 vols., Poznań and Warsaw, 1890–1935) 1, p. 163.

32. Ranald Nicholson, 'A Sequel to Edward Bruce's Invasion of Ireland', *Scottish Historical Review* 42 (1963), pp. 30–40, at pp. 38–9; see also Geoffrey Barrow, *Robert Bruce and the Community of the Realm of Scotland* (2nd ed., Edinburgh, 1982), p. 434.

33. Walter Bower, *Scotichronicon* 12.32, ed. D. E. R. Watt, 6 (Aberdeen, 1991), p. 402.

34. 'linguam Anglicam··· omnino de terra delere proponit', William Stubbs (ed.), *Select Charters* (9th ed., Oxford, 1913), p. 480; it is possible that *lingua* should here be translated as 'people'.

35. *Annales capituli Cracoviensis (Rocznik Kapitulny Krakowski)*, ed. August Bielowski, *MPH* 2 (Lwów, 1872, repr. Warsaw, 1961), pp. 779–816, at p. 815.

36. Karl Gottfried Hugelmann, 'Die Rechtsstellung der Wenden im deutschen Mittelalter', *Zeitschrift der Savigny-Stiftung für Rechtsgeschichte, Germanistische Abteilung* 58 (1938), pp. 214–56, at p. 238.

37. Historical Manuscripts Commission, *10th Report, appendix 5* (London, 1885), pp. 260–61, no. 8; cf. the Statutes of Kilkenny of 1366, *Statutes... of the Parliament of Ireland: King John to Henry V*, pp. 434–5 (clause 3).

38. Perroy, *L'Angleterre et le Grand Schisme*, pp. 394–5 (cf. p. 403).

39. James Lydon, 'The Middle Nation', in *idem* (ed.), *The English in Medieval Ireland* (Dublin, 1984), pp. 1–26, at pp. 22–3.

40. Historical Manuscripts Commission, *10th Report, app. 5*, p. 308.

41. William R. Schmalstieg, *Studies in Old Prussian* (University Park, Pa., 1976), esp. pp. 68–97, for surviving texts; *idem, An Old Prussian Grammar* (University Park, Pa., 1974), p. 3, for the quotation.

42. Reinhold Olesch (ed.), *Fontes linguae dravaeno-polabicae minores et Chronica Venedica J. P. Schultzii* (Cologne and Graz, 1967), p. 165.

43. Julio González, *Repoblación de Castilla la Nueva* (2 vols., Madrid, 1975–6) 2, pp. 87–90.

44. 波希米亚公爵索别斯拉夫的令状：Helbig & Weinrich 2, no. 93, p. 352；"到达那里或经过那片地方的人中……"：*Pomerellisches UB*, no. 159, pp. 133–4。

45. 对适用于犹太人的程序法的皇家条款的有用概括，参见 Friedrich Lotter, 'The Scope and Effectiveness of Imperial Jewry Law in the High Middle Ages', *Jewish History* 4 (1989), pp. 31–58, at pp. 48–9。

46. Helbig & Weinrich 1, no. 36, p. 158.

47. *Colección de fueros municipales y cartas pueblas de los reinos de Castilla, León, Corona de Aragón y Navarra*, ed. Tomás Muñoz y Romero (Madrid, 1847), p. 537 (1142).

48. *Das alte Lübische Recht*, ed. Johann Friedrich Hach (Lübeck, 1839), p. 302, no. 110 (contrast p. 206, no. 68); Gustav Korlén (ed.), *Norddeutsch Stadtrechte 2: Das mittelniederdeutsche Stadtrecht von Lübeck nach seinen ältesten Formen* (Lund and Copenhagen, 1951), p. 104 (clause 75); Wilhelm Ebel, *Lübisches Recht* (I) (Lübeck, 1971), pp. 275–6; Wolfgang Zorn, 'Deutsche und Undeutsche in der städtischen Rechtsordnung des Mittelalters in Ost-Mitteleuropa', *Zeitschrift für Ostforschung* 1 (1952), pp. 182–94, at p. 184.

49. *Les assises de Romanie* 198, ed. Georges Recoura (Paris, 1930), p. 282.

50. 三份托莱多的令状，由 Alfonso García-Gallo, 'Los Fueros de Toledo', *Anuario de historia del derecho español* 45 (1975), pp. 341–488 编辑。

51. '... si inter eos fuerit ortum aliquod negotio de aliquo judicio, secundum sententiam in Libro iudicum antiquitus constitutam discutiatur', García-Gallo, 'Los Fueros de Toledo', app., doc. 1, p. 460.

52. Ibid., doc. 3, p. 463.

53. González, *Repoblación* 2, pp. 94–6; María Luz Alonso, 'La perduración del Fuero Juzgo y el Derecho de los castellanos de Toledo', *Anuario de historia del derecho español* 48 (1978), pp. 335–77, at p. 345 with n. 29.

54. García-Gallo, 'Los Fueros de Toledo', doc. 6, p. 467. 但这些官员可能是负责执法而非司法的，对这一点的保留意见，参见 García-Gallo, pp. 429, n. 199, 437, and Luz Alonso, 'El Fuero Juzgo', p. 343, n. 24。

55. Luz Alonso, 'El Fuero Juzgo', pp. 346–9, and doc. 1, pp. 374–5.

56. *Colección de fueros…*, ed. Muñoz y Romero, pp. 415–17.

57. E.g. Boswell, *Royal Treasure*, p. 131, n. 79 (1348).

58. *Las Siete Partidas* 7.24. 1, ed. Real Academia de la Historia (3 vols., Madrid, 1807), 3, p. 676.

59. Rees Davies, 'The Law of the March', *Welsh History Review* 5 (1970–71), pp. 1–30, at p. 4; 对威尔士法承认非婚生子权利的更早的批评，参见本书作者的专著 *Gerald of Wales 1146–1223* (Oxford, 1982), pp. 41–2; and the Statute of Wales, *Statutes of the Realm* (11 vols., Record Commission, 1810–28) 1, pp. 55–68 (12 Edward I), at p. 68。

60. Davies, 'Law of the March', p. 16; 更大的语境，参见同一作者的 *Lordship and Society in the March of Wales 1282–1400* (Oxford, 1978), pp. 149–75, 'Judicial Lordship', and pp. 310–12。

61. Helbig & Weinrich 2, no. 138, p. 520.

62. *Colección de fueros...*, ed. Muñoz y Romer pp. 415–17.

63. José Maria Font Rius (ed.), *Cartas de población y franquicia de Cataluña* (2 vols., Madrid and Barcelona, 1969) 1/i, no. 303, pp. 444–6.

64. Francisco Fernández y Gonzalez, *Estado social y político de los mudéjares de Castilla* (Madrid, 1866), p. 119, n. 2.

65. E.g. Helbig & Weinrich 1, nos. 132 (1286), 141 (1351), pp. 488–90, 522.

66. Fernández y González, *Estado... de los mudéjares*, doc. 24, p. 325.

67. Helbig & Weinrich 2, no. 93, p. 354.

68. Helbig & Weinrich 2, no. 77, p. 294; *actor forum rei*, etc., is from the *Codex Iustinianus* 3.13.2 and 3.19.3, ed. Paul Krueger (*Corpus iuris civilis* 2, Berlin, 1895), pp. 128–9, and was incorporated into Gregory IX's *Decretals* 2.2.5, ed. Emil Friedberg (*Corpus iuris canonici* 2, Leipzig, 1881), col. 249 (from a letter of Alexander III): Richard Helmholz kindly identified this citation.

69. Helbig & Weinrich 2, no. 93, p. 354.

70. *Sachsenspiegel, Landrecht* 3.69–70, ed. Karl August Eckhardt (*Germanenrechte*, n.s., Göttingen, 1955), pp. 254–6.

71. *Colección de fueros...*, ed. Muñoz y Romero, pp. 415–17.

72. *Iura Prutenorum* 18, ed. Józef Matuszewski *(Towarzystwo Naukowe w Toruniu: Fontes* 53, Toruń, 1963), p. 29; Reinhard Wenskus, *Ausgewählte Aufsätze zum frühen und preussischen Mittelalter*, ed. Hans Patze (Sigmaringen, 1986), p. 422.

73. *Liv-, esth- und curländisches UB*, ed. F. G. von Bunge *et al.* (1st ser., 12 vols., Riga and Reval, 1853–1910), 1, no. 435, cols. 549–50; no. 437, col. 551 (1273).

74. *Fueros de Sepulveda*, ed. Emilio Sáez (Segovia, 1953), p. 74 ('Fuero romanceado' 41).

75. *Mecklenburgisches UB* (25 vols. in 26, Schwerin and Leipzig, 1863–1977) 14, no. 8773, p. 616.

76. *Rotuli chartarum in turn Londinensi asservati (1199–1216)*, ed. T. D. Hardy (London, 1837), p. 172 (cf. Davies, 'Race Relations', p. 34); *in Prussia: Iura Prutenorum* 89, ed. Matuszewski, p. 49.

77. Thomas Glick, *Islamic and Christian Spain in the Early Middle Ages* (Princeton, 1979), p. 191.
78. Historical Manuscripts Commission, *10th Report, app. 5*, p. 323.
79. *Sachsenspiegel, Landrecht* 3. 71, ed. Eckhardt, pp. 256–7.
80. Richard Siebert (ed.), 'Elf ungedruckte Urkunden aus einem im Herzoglichen Haus- und Staatsarchiv zu Zerbst befindlichen Nienburger Copiale', *Mitteilungen des Vereins für Anhaltinische Geschichte und Altertumskunde* 9 (1904), pp. 183–94, at pp. 190–91.
81. Rees Davies, 'The Twilight of Welsh Law, 1284–1506', *History* 51 (1966), pp. 143–64, at p. 160.
82. *Breslauer UB* 1, ed. G. Korn (Breslau, 1870), no. 121, pp. 110–11.
83. *Codex iuris Bohemici*, ed. Hermenegild Jiriček (5 vols. in 12, Prague, 1867–98), 2/2, p. 125 (*Majestas Carolina* 19).
84. Roger of Wendover, *Flores historiarum*, ed. H. G. Hewlett (3 vols., RS, 1886–9), 2, p. 56; 对这一主题的综论，参见 Geoffrey Hand, *English Law in Ireland 1290–1324* (Cambridge, 1967), chapter 1, and Paul Brand, 'Ireland and the Literature of the Early Common Law', *The Irish Jurist*, n.s., 16 (1981), pp. 95–113。
85. *Foedera, conventiones, litterae et... acta publica...*, ed. Thomas Rymer (new ed., 4 vols. in 7 parts, Record Commission, 1816–69), 1.1, p. 266; cf. *Calendar of the Patent Rolls (1232–47)* (London, 1906), p. 488.
86. *Rotuli litterarum clausarum in turri Londinensi asservati (1204–27)*, ed. T. D. Hardy (2 vols., London, 1833–44), 1, p. 497.
87. Hand, *English Law*, p. 1.
88. Bower, *Scotichronicon* 12.26–32, ed. Watt, 6, pp. 384–402; see the analysis in Hand, *English Law*, pp. 198–205.
89. Kenneth Nicholls, 'Anglo-French Ireland and After', *Peritia* 1 (1982), pp. 370–403, at pp. 374–6.
90. Hand, *English Law*, p. 199, citing a case of 1301.
91. *Calendar of the Justiciary Rolls... of Ireland (1295–1303)*, ed. James Mills (Dublin, 1905), pp. 121–3.
92. Ibid., p. 14.
93. Katherine Walsh, *A Fourteenth-Century Scholar and Primate: Richard FitzRalph in Oxford, Avignon and Armagh* (Oxford, 1981), p. 334.
94. *Statutes··· of the Parliament of Ireland: King John to Henry V*, p. 210.
95. Bower, *Scotichronicon* 12.28, ed. Watt, 6, p. 390.
96. Hand, *English Law*, p. 202, citing a case of 1301.
97. *Calendar of the Justiciary Rolls... of Ireland (1295–1303)*, p. 156.
98. *Calendar of Archbishop Alen's Register*, ed. Charles McNeill (Dublin, 1950), pp. 103, 115.
99. Hand, *English Law*, p. 208; *Foedera* 2. 1, pp. 293–4.
100. Gearóid MacNiocaill, 'The Interaction of Laws', in James Lydon (ed.), *The English in Medieval Ireland* (Dublin, 1984), pp. 105–17, at pp. 106–7.

101. *Statutes of the Realm* 1, p. 68.
102. *Preussisches UB* (6 vols. to date, Königsberg and Marburg, 1882–) 1/i, no. 218, pp. 158–65, at p. 159.
103. *Iura Prutenorum* 25, ed. Matuszewski, p. 31.
104. *Codex iuris Bohemici* 2/2, p. 167 (*Majestas Carolina* 82).
105. *Das Magdeburg-breslauer systematische Schöffenrecht* 3.1.4, ed. Paul Laband (Berlin, 1863), p. 55; *Das alte Kulmische Recht* 3. 4, ed. C. K. Leman (Berlin, 1838), p. 53.
106. Helbig & Weinrich 1, no. 66, p. 270; *Brzeg*: ibid. 2, no. 25, p. 154.
107. A. J. Otway-Ruthven, 'The Request of the Irish for English Law, 1277–80', *Irish Historical Studies* 6 (1948–9), pp. 261–70, at p. 269; see also Aubrey Gwynn, 'Edward I and the Proposed Purchase of English Law for the Irish', *Transactions of the Royal Historical Society*, 5th ser., 10 (1960), pp. 111–27.
108. MacNiocaill, *Na Buirgeisí* 2, p. 336, n. 21；一份来自爱尔兰城市的请愿书，出自"爱德华三世统治早期"，根据 Geoffrey Hand, 'English Law in Ireland, 1172–1351', *Northern Ireland Legal Quarterly* 23 (1972), pp. 393–422, at p. 413 and n. 3。
109. Hand, *English Law*, p. 409.
110. *Statutes... of the Parliament of Ireland: King John to Henry V* p. 324 ('quod una et eadem lex fiat tam Hibernicis quam Anglicis').
111. Frederick Pollock and Frederic William Maitland, *The History of English Law before the Time of Edward I* (2nd ed., 2 vols., Cambridge, 1898, reissued 1968) 1, p. 91.
112. Mercedes Gaibrois de Ballesteros, *Historia del reinado de Sancho IV de Castilla* (3 vols., Madrid, 1922–8) 3, doc. 295, pp. 184–5.
113. 对威尔士法的修正：Davies, 'Twilight'; *idem, Conquest*, pp. 422–4；"伦敦法律"的说法出自一首 15 世纪的威尔士语诗歌：*Oxford Book of Welsh Verse*, ed. T. Parry (Oxford, 1962), p. 139。
114. *Statutes of the Realm* 3, pp. 563–9 (27 Henry V Ⅲ c. 26), at pp. 563, 567.

第 9 章　拉丁欧洲边境上的种族关系（二）

1. Cosmas of Prague, *Chronica Boemorum* 2.23, ed. Bertold Bretholz (*SRG*, n.s., Berlin, 1923), p. 116.
2. *Chronicon*, ed. Wilhelm Wattenbach, *MGH, SS* 17 (Hanover, 1861), pp. 683–710, at p. 685.
3. Cosmas of Prague, *Chronica Boemorum* 1. 23, 31, ed. Bretholz, pp. 44–5, 56.
4. *Symbolum Electorum* 1.28, in J. S. Brewer, J. F. Dimock and G. F. Warner (eds.), *Opera* (8 vols., RS, 1861–91) 1, pp. 197–395, at p. 306.
5. Honorius Ⅲ , 20 June 1224, *Cum olim fuisses*, Po. 7272, and *Cum olim venerabilis*

(not in Potthast); *Pontificia Hibernica: Medieval Papal Chancery Documents concerning Ireland 640– 1261*, ed. Maurice P. Sheehy (2 vols., Dublin, 1962-5), 1, nos. 167–8, pp. 253–5.

6. František Graus, *Die Nationenbildung der Westslawen im Mittelalter* (*Nationes* 3, Sigmaringen, 1980), p. 97, n. 78.

7. *Codex diplomaticus Lusatiae superioris* 1, ed. Gustav Köhler (2nd ed., Görlitz, 1856), no. 86, pp. 137–8.

8. Helbig & Weinrich 1, no. 85, pp. 324–6 (1237); see the comments of Jürgen Petersohn, *Der südliche Ostseeraum im kirchlich-politischen Kräftespiel des Reichs, Polens und Dänemarks vom 10. bis 13. Jahrhundert* (Cologne and Vienna, 1979), pp. 323–4.

9. *UB des ehemaligen Cistercienserstiftes Goldenkron in Böhmen*, ed. M. Pangerl (*Fontes rerum Austriacarum* II, 37, Vienna, 1872), no. 79, p. 146 and n. 3.

10. Peter of Zittau, *Chronicon Aulae Regiae* 1.68, ed. J. Emler, *Fontes rerum Bohemicarum* 4 (Prague, 1884), pp. 1–337, at p. 84.

11. *Codex diplomaticus Maioris Poloniae*, ed. Ignacy Zakrzewski and Franciszek Piekosiński (5 vols., Poznań, 1877–1908), 1, no. 551, pp. 510–15; *of 1326*: ibid. 2, no. 1061, p. 396.

12. 须文卡与约翰之间的争端：*Monumenta Poloniae Vaticana 3: Analecta Vaticana*, ed. Jan Ptaśnik (Cracow, 1914), pp. 82（"试图把克拉科夫公爵瓦迪斯瓦夫大人……"），90（"如果我不能完成驱逐波兰人的事业……"），86, 88–9, 87, 90, 92, 93（"他不任命波兰人……"），84–5（"他犯了伪证罪……"）。

13. *Patent Rolls of the Reign of Henry III (1216–32)* (2 vols., London, 1901–3) 1, p. 23; cf. p. 22；对整个议题的研究，参见 J. A. Watt, *The Church and the Two Nations in Medieval Ireland* (Cambridge, 1970), pp. 69–84；*idem, The Church in Medieval Ireland* (Dublin, 1972), pp. 100–109。

14. 新近对都柏林大主教亨利的职业生涯的勾勒，参见 Ralph V. Turner, *Men Raised from the Dust: Administrative Service and Upward Mobility in Angevin England* (Philadelphia, 1988), pp. 91–106；受俸身份推荐权的授予，参见*Rotuli chartarum in turri Londinensi asservati (1199–1216)*, ed. T. D. Hardy (London, 1837), p. 218。

15. Honorius Ⅲ, 6 August 1220, *Pervenit ad audientiam nostram*, Po. 6323, and 26 April 1224, *Sicut ea que rite*, Po. 7227; *Pontificia Hibernica*, ed. Sheehy 1, nos. 140, 158, pp. 225, 245–6.

16. *Patent Rolls of the Reign of Henry III* 2, p. 59 (1226); cf. *Rotuli litterarum clausarum in turri Londinensi asservati (1204–27)*, ed. T. D. Hardy (2 vols., London, 1833–44), 2, pp. 29, 31 (1225).

17. J. A. Watt, 'English Law and the Irish Church: The Reign of Edward I', in J. A. Watt, J. B. Morrall and F. X. Martin (eds.), *Medieval Studies presented to A. Gwynn* (Dublin, 1961), pp. 133–67, at pp. 150-51, n. 71; cf. *Calendar of Documents relating to Ireland* (1171–1307), ed. H. S. Sweetman (5 vols.,

London, 1875–86), no. 2, p. 10.

18. Edouard Perroy, *L'Angleterre et le Grand Schisme d'Occident* (Paris, 1933), pp. 394–5.

19. Innocent Ⅲ, 14 September 1204, *Venientes ad apostolicam*, Po. 2280; *Registrum sive epistolae* 7.128, *PL*, 214–16, at 215, cols. 417–19.

20. 对多明我会总会议的数据，统计自 *Acta capitulorum generalium ordinis praedicatorum 1 (1220–1303)*, ed., Benedictus Maria Reichert (*Monumenta ordinis fratrum praedicatorum historica* 3, Rome and Stuttgart, 1898)。

21. W. Moir Bryce, *The Scottish Grey Friars* (2 vols., Edinburgh and London, 1909), 1, pp. 5–15; 根据一份可疑的文献记载，在 1296 年英格兰人征服苏格兰之后，方济各修会苏格兰总堂会（vicariate-general）归附于圣方济各英格兰会省，参见 André Callebaut, 'A propos du bienheureux Jean Duns Scot de Littledean', *Archivum Franciscanum Historicum* 24 (1931), pp. 305–29, at p. 325。

22. Heinrich Finke (ed.), *Ungedruckte Dominikanerbriefe des 13. Jahrhunderts* (Paderborn, 1891), no. 15, pp. 59–60.

23. *The Friars and German Society in the Thirteenth Century* (Cambridge, Mass., 1977), p. 72.

24. Ibid., pp. 74–5。

25. *Regesta diplomatica nec non epistolaria Bohemiae et Moraviae*, ed. K.J. Erben, J. Emler *et al.* (7 vols. to date, Prague, 1854-), 2, no. 2505, p. 1078. 这个文本出自一份 1272 年前后的公式集（formulary），参见 Graus, *Nationenbildung*, p. 97, n. 79。

26. *Codex diplomaticus Maioris Poloniae* 1, no. 551, p. 513.

27. Graus, *Nationenbildung*, p. 122, n. 254.

28. *Regesta diplomatica nec non epistolaria Bohemiae et Moraviae* 3, no. 2008, p. 782 (1333).

29. R. W. Southern, *Western Society and the Church in the Middle Ages* (Harmondsworth, 1970), p. 255.

30. 关于爱尔兰熙笃会修道院的数据，统计自 Aubrey Gwynn and R. Neville Hadcock, *Medieval Religious Houses: Ireland* (London, 1970), pp. 121–44。

31. 关于 "梅利丰特阴谋"，参见 Watt, *Church and Two Nations*, chapter 4, pp. 85–107, 'The Crisis of the Cistercian Order in Ireland'; *idem, The Church in Medieval Ireland*, pp. 53–9; Barry O'Dwyer, *The Conspiracy of Mellifont, 1216–1231* (Dublin, 1970)。

32. Stephen of Lexington, Registrum epistolarum, ed. P. Bruno Griesser, *Analecta sacri ordinis Cisterciensis* 2 (1946), pp. 1–118, at p. 51, no. 40. 值得注意的是，Barry O'Dwyer 认为 *Registrum* 中的文件经过重新排序，参见他的翻译 *Letters from Ireland 1228–1229* (Kalamazoo, Mich., 1982)。

33. "为了伯爵大人的荣耀……": *Registrum*, p. 81, no. 85; 禁止任命爱尔兰人: ibid., p. 93, no. 95; cf. p. 92, no. 94; "我下达了死命令……": ibid., p. 47, no. 37; cf. pp. 57–8, 93, 102, nos. 52, 95, 104 (clause 40); "实现修会的统一……": ibid., p. 102, no. 104 (clause 40)。

34. 我使用的是《达里米编年史》的中古德语版本，见 ed. J. Jiricek, *Fontes rerum Bohemicarum* 3 (Prague, 1882), pp. 5–224, *Di tutsch kronik von Behem lant* (verse), and pp. 257–97, *Die pehemische Cronica dewcz* (prose); the *Udalrich passage* is verse 41, lines 25–38, pp. 83–4 (verse) and corresponds to section 30, p. 273 (prose)。

35. Geoffrey Malaterra, *De rebus gestis Rogerii Calabriae et Siciliae comitis et Roberti Guiscardi duciss fratris eius* 3.13, ed Ernesto Pontieri (*Rerum italicarum sciptores*, n.s., 5/1, Bologna, 1928), p. 64.

36. Peter of Zittau, *Chronicon Aulae Regiae* 3.2, 12, ed. Elmer, pp. 320, 331.

37. *Regesta diplomatica nec non epistolaria Bohemiae et Moraviae* 2, no. 2245, pp. 973–5; 3, no. 893, pp. 351–2, no. 1046, pp. 403–4; Peter of Zittau, *Chronicon Aulae Regiae* 1.126, ed. Emler, p. 228.

38. *Chronicon principum Polonie* 23, ed. Zygmunt Węclewski, *MPH* 3 (Lwów, 1878, repr. Warsaw, 1961), pp. 421–578, at p. 497; *Chronica Poloniae Maioris* 72, ed. Brygida Kürbis, *MPH*, n.s., 8 (Warsaw, 1970), p. 88; cf. 88, p. 94.

39. *Chronica Poloniae Maioris* 116, ed. Kürbis, p. 105.

40. Ibid. 156, ed. Kürbis, p. 124; see Paul Knoll, 'Economic and Political Institutions on the Polish-German Frontier in the Middle Ages: Action, Reaction, Interaction', in Robert Bartlett and Angus MacKay (eds.), *Medieval Frontier Societies* (Oxford, 1989), pp. 151–74, at p. 169.

41. *Annales capituli Posnaniensis*, ed. Brygida Kürbis, *MPH*, n.s., 6 (Warsaw, 1962), pp. 21–78, at pp. 54–5.

42. Francis of Prague, *Cronicae Pragensis libri III* 3.12, ed. J. Emler, *Fontes rerum Bohemicarum* 4 (Prague, 1884), pp. 347–456, at pp. 426–7.

43. Ernst Schwarz, 'Die Volkstumsverhältnisse in den Städten Böhmens und Mahrens vor den Hussitenkriegen', *Bohemia: Jahrbuch des Collegium Carolinum* 2 (1961), pp. 27–111, at fig. 1, p. 34.

44. Peter of Zittau, *Chronicon Aulae Regiae* 3.2, ed. Emler, p. 320.

45. Filippo Buonaccorsi, alias Callimachus, *Vita et mores Gregorii Sanocei*, ed. Ludwik Finkel, *MPH* 6 (Cracow, 1893, repr. Warsaw, 1961), pp. 163–216, at p. 179; Piotr Górecki kindly provided this reference.

46. *Domesday Book*, ed. Abraham Farley (2 vols., London, 1783), 1, fol. 252; see John Le Patourel, *The Norman Empire* (Oxford, 1976), pp. 38–40.

47. Michael Richter, *Sprache und Gessellschaft im Mittelalter* (Stuttgart, 1979), p. 190.

48. H. E. Shields, 'The Walling of New Ross – a Thirteenth-Century Poem in French', *Long Room* 12–13 (1975–6), pp. 24–33.

49. Rees Davies, *Conquest, Coexistence and Change: Wales 1063–1415* (Oxford, 1987), p. 166.

50. "威尔士北部的英格兰市镇的英格兰市民"：*Calendar of Ancient Petitions relating to Wales*, ed. William Rees (Cardiff, 1975), p. 439, no. 13, 029；"没有威尔士人应当"：ibid., p. 172, no. 5,433。

51. *Pommerellisches UB*, ed. Max Perlbach (Danzig, 1881–2), no. 465, p. 416.

52. 德意志市民支持德意志人当国王的例子，在 14 世纪初出现在奥芬，参见 Raimund Friedrich Kaindl, *Geschichte der Deutschen in den Karpathen-ländern* (3 vols., Gotha, 1907–11) 2, pp. 37–8，14 世纪晚期出现在斯德哥尔摩，参见 Manfred Hamann, *Mecklenburgische Geschichte* (*MF* 51, Cologne, 1968), p. 195。

53. "矮子" 瓦迪斯瓦夫与克拉科夫市民：*Annales capituli Cracoviensis (Rocznik Kapitulny Krakowski)*, ed. August Bielowski, *MPH* 2 (Lwów, 1872, repr. Warsaw, 1961), pp. 779–816, at p. 815; the *shibboleth: Annales Krasinsciani (Rocznik Krasinskich)*, ed. August Bielowski, *MPH* 3 (Lwów, 1878, repr. Warsaw, 1961), pp. 127–33, at p. 133；记录语言的更改：*Liber actorum, resignationum nec non ordinationum civitatis Cracoviae*, ed. Franciszek Piekosiński (*Monumenta Medii Aevi historica res gestas Poloniae illustrantia* 4/1, Cracow, 1878), p. 28。

54. *Liber actorum... Cracoviae*, ed. Piekosiński, p. 39; *ethnic balance of burgesses*: Wolfgang Zorn, 'Deutsche und Undeutsche in der stadtischen Rechtsordnung des Mittelalters in Ost-Mitteleuropa', *Zeitschrift für Ostforschung* 1 (1952), pp. 182–94, at p. 186.

55. Paul Johansen and Heinz von zur Mühlen, *Deutsch und Undeutsch im mittelalterlichen und frühneuzeitlichen Reval* (Cologne and Vienna, 1973), p. 12; *among Teutonic Knights*: Reinhard Wenskus, 'Das Ordensland Preussen als Territorialstaat des 14. Jahrhunderts', in Hans Patze (ed.), *Der Deutsche Territorialstaat im 14. Jahrhundert* 1 (*Vorträge und Forschungen* 13, Sigmaringen, 1970), pp. 347–82, esp. p. 366, n. 81; *idem*, 'Der Deutsche Orden und die nichtdeutsche Bevölkerung des Preussenlandes mit besonderer Berücksichtigung der Siedlung', in Walter Schlesinger (ed.), *Die deutsche Ostsiedlung als Problem der europäischen Geschichte* (*Vorträge und Forschungen* 18, Sigmaringen, 1975), pp. 417–38, at pp. 422–3; *in Wales*: Rees Davies, 'Race Relations in Post-Conquest Wales', *Transactions of the Honourable Society of Cymmrodorion* (1974–5), pp. 32–56, at p. 45.

56. *Dalimil Chronicle* (German version) (prose 49, ed. Jiriček, pp. 283–4; cf. verse 67, lines 4–46, pp. 139–40.

57. ed. Wilhelm Wostry, 'Ein deutschfeindliches Pamphlet aus Böhmen aus dem 14. Jahrhundert', *Mitteilungen des Vereins für Geschichte der Deutschen in Böhmen* 53 (1914–15), pp. 193–238, at pp. 226–32. Wostry dates it to c. 1325–50, Graus (*Nationenbildung*, app. 14, pp. 221–3) to 1380–93.

58. 关于勃兰登堡的 "德意志款项"，参见 Werner Vogel, *Der Verbleib der wendischen Bevölkerung in der Mark Brandenburg* (Berlin, 1960), pp. 121–33。

59. *Codex diplomaticus Brandenburgensis*, ed. Adolph Friedrich Riedel (41 vols., Berlin, 1838–69), A 20, pp. 350–51, no. 16 (1353), pp. 365–7, no. 38 (1387).

60. Ibid., A 14, pp. 241–2 (Neustadt Salzwedel, 1428).

61. 关于出生证，参见 Vogel, *Verbleib*, pp. 127–8, n. 9; Dora Grete Hopp, *Die Zunft und die Nichtdeutschen im Osten, insbesondere in der Mark Brandenburg* (Marburg/Lahn, 1954), p. 98, n. 84。

62. *Liv-, esth- und curländisches UB*, ed. F. G. von Bunge *et al.* (1st ser., 12 vols., Reval and Riga, 1853–1910), 3, no. 1305, col. 642 (art. 7).

63. *Das Ofner Stadtrecht* 32, ed. Karl Mollay (Weimar, 1959), p. 70.

64. Katherine Walsh, *A Fourteenth-Century Scholar and Primate: Richard FitzRalph in Oxford, Avignon and Armagh* (Oxford, 1981), pp. 341–3.

65. Gearóid MacNiocaill, *Na Buirgéisí* (2 vols., Dublin, 1964) 1, pp. 245–6.

66. *Calendar of Ancient Records of Dublin* 1, ed. John T. Gilbert (Dublin, 1889), p. 331 (1469).

67. *Statutes and Ordinances and Acts of the Parliament of Ireland: King John to Henry V*, ed. Henry F. Berry (Dublin, 1907), pp. 430–69.

68. *Libellus de institutione morum*, ed. J. Balogh, *Scriptores rerum Hungaricarum* 2 (Budapest, 1938), pp. 611–27, at p. 625.

69. of *Poles and Germans*: *Anonymi descriptio Europae orientalis*, ed. Olgierd Górka (Cracow, 1916), p. 56; *of Saxons and Wends*: Johannes von Buch's gloss on *Sachsenspiegel, Landrecht* 3.70, cited here from *Sachsenpiegel*, ed. Jacob Friedrich Ludovici (rev. ed., Halle, 1750), p. 555, note (b); *of English and Irish*: Walter Bower, *Scotichronicon* 12.27, ed. D. E. R. Watt, 6 (Aberdeen, 1991), p. 388; Aubrey Gwynn, 'The Black Death in Ireland', *Studies* 24 (1935), pp. 25-42, at p. 31.

70. James I, *Llibre dels feyts (Crónica)* 437, ed. Josep Maria de Casacuberta (9 vols. in 2, Barcelona, 1926–62), 8, p. 26.

71. *Aureum opus regalium privilegiorum civitatis et regni Valentie* (Valencia, 1515, facsimile ed., *Textos medievales* 33, 1972), fol. 42 (p. 143); *on crimes of Muslims against Christians*: John Boswell, *The Royal Treasure: Muslim Communities under the Crown of Aragon in the Fourteenth Century* (New Haven, 1977), pp. 133–4, n. 83 (1316).

72. Francisco Fernández y González, *Estado social y politico de los mudéjares de Castilla* (Madrid, 1866), doc. 77, p. 401; on this ordinance and prior judicial restrictions see Juan Torres Fontes, 'Moros, judíos y conversos en la regencia de Don Fernando de Antequera', *Cuadernos de historia de España* 31–2 (1960), pp. 60–97. It was not fully implemented.

73. Iça Jeddih, *Suma de los principales mandamientos y devedamientos de la ley y çunna, Memorial historico español* 5 (Real Academia de la Historia, Madrid, 1853), pp. 247–421, at p. 248; there is a recent discussion of the author and his work by L. P. Harvey, *Islamic Spain 1250–1500* (Chicago, 1990), pp. 78–97.

74. 对摩里斯克人历史的介绍包括 Antonio Domínguez Ortiz and Bernard Vincent, *Historia de los moriscos* (Madrid, 1978); Henry Charles Lea, *The Moriscos of Spain* (London, 1901)。

第 10 章 罗马教会与基督教人民

1. William of Malmesbury, *Gesta regum* 4, ed. William Stubbs (2 vols., RS, 1887–9), 2, p. 396 (Urban II at Clermont).

2. "罗马是⋯⋯世界之首": Robert the Monk, *Historia Iherosolimitana* 2.20, *RHC, Occ.* 3, pp. 711–882, at p. 751。"罗马教会具有匡正整个基督教世界的更高权力": Fulcher of Chartres, *Historia Hierosolymitana* 1.5, ed. Heinrich Hagenmeyer (Heidelberg, 1913), p. 152。

3. Gregory VII, *Registrum* 3.6*, ed. Erich Caspar (*MGH, Epistolae selectae*, 2, Berlin, 1920–23), p. 253.

4. *Europe in the High Middle Ages* (London, 1973), p. 26; rephrased and modified in the second edition of 1991 (p. 16).

5. 格里高利的书信: *Registrum* 1.7 (出征西班牙); 1.11 ("圣彼得挚爱之女"); 1.21a (加普阿的理查); 1.19 (写给施瓦本公爵鲁道夫); 7.14a ("不偏袒任何一方⋯⋯"; 承认鲁道夫为德意志国王); 2.13 (匈牙利); 2.74 (俄罗斯); 7.4 (达尔马提亚); 4.28 (圣彼得在西班牙享有的权利) (cf. 1.7); 8.10 (撒丁岛); 7.11 (波希米亚仪礼), ed. Caspar, pp. 11–12, 18, 35–6, 31–2, 485–6, 145, 236, 463, 343–7 (cf. 11–12), 528–30, 473–5。

6. *Chronicon Burgense, s.a.* 1078, ed. Enrique Flórez, *España sagrada* 23 (Madrid, 1767), pp. 305–10, at p. 309.

7. Gregory VII, *Registrum* 1.64, ed. Caspar, pp. 92–4; cf. 1.63, pp. 91–2.

8. Ibid. 9.2, ed. Caspar, pp. 569–72.

9. 对教宗使节、书信和宗教会议的分析，特别参考 Richard W. Southern, *Western Society and the Church in the Middle Ages* (Harmondsworth, 1970), pp. 106–9。

10. Alexander II, 18 October 1071, *Apostolicae sedi*, J.–L. 4691; Epistolae et decreta, ep. 80, PL 146, cols. 1279–430, at col. 1362; *La documentación pontificia hasta Inocencio III*, ed. Demetrio Mansilla (Rome, 1955), no. 4, p. 8; see Bernard F. Reilly, *The Kingdom of León-Castilla under King Alfonso VI*, 1065–1109 (Princeton, 1988), pp. 95–6; Ramón Gonzálvez, 'The Persistence of the Mozarabic Liturgy in Toledo after AD 1080', in Bernard F. Reilly (ed.), *Santiago, Saint-Denis and Saint Peter: The Reception of the Roman Liturgy in Leon-Castile in 1080* (New York, 1985), pp. 157–85, at p. 158, with refs. at p. 180, n. 3.

11. 关于寄往西班牙的教宗书信的数据，参见 *La documentación pontificia*, ed. Mansilla.

12. *Gregory VII to Turlough O'Brien*: *Pontificia Hibernica: Medieval Papal Chancery Documents concerning Ireland 640–1261*, ed. Maurice P. Sheehy (2 vols., Dublin, 1962–5), 1, no. 2, pp. 7–8; *The Epistolae Vagantes of Pope Gregory VII*, ed. and tr. H. E. J. Cowdrey (Oxford, 1972) no. 57, pp. 138–40.

13. Rees Davies, *Conquest, Coexistence and Change: Wales 1063–1415* (Oxford,

1987), pp. 191–2; A. A. M. Duncan, *Scotland: The Making of the Kingdom* (Edinburgh, 1975), p. 259.

14. *Registrum* 1.17, ed. Caspar, p. 27.

15. Ibid., ed. Caspar, p. 28.

16. *Ad nationes* 1.3.

17. Geoffrey Malaterra, *De rebus gestis Rogerii Calabriae et Siciliae comitis et Roberti Guiscardi ducis fratris eius* 3.30, ed. Ernesto Pontieri (*Rerum itaalicarum scriptores*, n.s., 5/1, Bologna, 1928), p. 75.

18. Heinrich Hagenmeyer (ed.), *Epistulae et chartae ad historiam primi belli sacri spectantes* (Innsbruck, 1901), no. 16, pp. 161–5, at p. 164; the biblical reference is *Acts* 11:26.

19. William of Tyre, Chronicle 13.14, ed. R. B. C. Huygens (2 vols., *Corpus Christianorum, Continuatio mediaevalis* 63–63A, Turnhout, 1986), 1, p. 602.

20. E.g. Guibert de Nogent, *Historia quae dicitur Gesta Dei per Francos* 1.1, *RHC, Occ.* 4 (Paris, 1879), pp. 113–263, at p. 124 (First Crusade); Thomas of Monmouth, *The Life and Miracles of St William of Norwich* 1.16; 2.4, ed. and tr. Augustus Jessopp and Montague Rhodes James (Cambridge, 1896), pp. 44, 71 (Jews).

21. Innocent II, 27 July 1139, *Quos dispensatio*, J.-L. 8043; *Epistolae et privilegia, ep.* 416, *PL* 179, cols. 53–658, at cols. 478–9.

22. Alexander Ⅲ, 5 July 1175, *Benedictus Deus in donis suis*, J.–L. 12504; *Epistolae et privilegia, ep.* 1183, *PL* 200, col. 1026.

23. Innocent Ⅲ, 3 May 1199, *Quanta debeat esse*, Po. 686; *Regestum Innocentii III papae super negotio Romani imperii*, ed. Friedrich Kempf (Rome, 1947), no. 2, p. 8.

24. *Essays* 2.12: 'Nous sommes Chrestiens à même titre que nous sommes ou Perigordins ou Alemans.'

25. Widukind of Corvey, *Res gestae Saxonicae* 1.15, ed. Albert Bauer and Reinhold Rau, *Quellen zur Geschichte der sächsischen Kaiserzeit* (*AQ* 8, rev. ed., Darmstadt, 1977), pp. 16–182, at p. 44; cf. Einhard, *Vita Karoli Magni* 7, ed. Reinhold Rau, *Quellen zur karolingischen Reichsgeschichte* 1 (*AQ* 5, Darmstadt, 1955), pp. 163–211, at p. 176.

26. *Livländische Reimchronik*, line 3349, ed. Leo Meyer (Paderborn, 1876), p. 77.

27. Raymond of Aguilers, *Liber (Historia Francorum qui ceperunt Iherusalem)* 10, ed. John H. Hill and Laurita L. Hill (Paris, 1969), pp. 72–3.

28. "基督种族": Gregory Ⅶ, *Epistolae Vagantes*, ed. Cowdrey, no. 65, p. 146。"神圣种族": Arnold of Lübeck, *Chronica Slavorum* 5.25–9, ed. Johann Martin Lappenberg (*SRG*, Hanover, 1868), p. 196。

29. Ambroise, *L'estoire de la guerre sainte*, line 42, ed. Gaston Paris (Paris, 1897), col. 2; *Chanson de Roland*, line 3392, ed. F. Whitehead (Oxford, 1942), p. 99.

30. *Chanson d'Antioche* laisse 9, lines 206–7, ed. Suzanne Duparc-Quioc (Paris, 1976), p. 27.
31. Baudri de Bourgueil, *Historia Jerosolimitana*, prologue, *RHC, Occ.* 4, pp. 1–111, at p. 10.
32. William of Rubruck, *Itinerarium* 16.5, ed. Anastasius van den Wyngaert, *Sinica Franciscana 1: Itinera et relationes fratrum minorum saeculi XIII et XIV* (Quaracchi, 1929), pp. 164–332, at p. 205.
33. 关于基督教世界这个概念的综论，参见 Jean Rupp, *L'idée de Chrétienté dans la pensee pontificale des origines à Innocent III* (Paris, 1939); Paul Rousset, 'La notion de Chrétienté aux XIe et XIIe siècles', *Le Moyen Age*, 4th ser., 18 (1963), pp. 191–203。
34. *Registrum* 5.7, ed. Caspar, p. 358.
35. Walter Map, *De nugis curialium* 5.5, ed. and tr. M. R. James, rev. C. N. L. Brooke and R. A. B. Mynors (Oxford, 1983), p. 226; *appeal of Third Crusade*: Ambroise, *L'estoire de la guerre sainte*, lines 18–19, ed. Paris, col. 1; *Council of Lyons*: Matthew Paris, *Chronica majora*, ed. Henry Richards Luard (4 vols., RS, 1872–7), 4, p. 430.
36. Honorius Ⅲ, 19 April 1220, *Personam tuam sincera*, Po. 6230; *Liv-, esth- und curländisches UB*, ed. F. G. von Bunge *et al.* (1st ser., 12 vols., Reval and Riga, 1853–1910), 1, no. 52, col. 55.
37. *Count Roger*: Malaterra, *De rebus gestis Rogerii* 4.29, ed. Pontieri, p. 108 (Urban II, 1098); *Castilian noble*: Julio González, *El reino de Castilla en la epoca de Alfonso VIII* (3 vols., Madrid, 1960) 1, p. 108 (1222); *Prussia*: Peter of Dusburg, *Chronica terre Prussie* 3. 175, ed. Klaus Scholz and Dieter Wojtecki (AQ 25, Darmstadt, 1984), p. 294; *Crusades*: Eugenius Ⅲ, 1 December 1145, *Quantum predecessores*, J.-L. 8796; *Epistolae et privilegia*, ep. 48, PL 180, cols. 1013–1606, at col. 1064; Hagenmeyer (ed.), *Epistulae*, no. 18, pp. 171–2.
38. Malaterra, *De rebus gestis Rogerii* 4.24, ed. Pontieri, p. 102.
39. "异教世界": *Historia de translatione sanctorum Nicolai, etc.* 40, *RHC, Occ.* 5, pp. 253–92, at p. 275（海法）; Odo of Deuil, *De profectione Ludovici VII in Orientem* 5, ed. and tr. Virginia G. Berry (New York, 1948), p. 90（曼努埃尔·科穆宁）。Ambroise, *L'estoire de la guerre sainte*, ed. Paris, lines 2146, 2326, 5810, 8968, cols. 58, 63, 155, 240（"异教世界"）。
40. Raymund of Aguilers, *Liber (Historia Francorum)* 18, ed. Hill and Hill, p. 151.
41. Baudri de Bourgueil, *Historia Jerosolimitana, RHC, Occ.* 4, p. 9: *amplitudinis christianae... propagator*.
42. Honorius Ⅲ, 8 February 1222, *Ex parte venerabilis, Po. 6783; Liv-, esth- und curländisches UB* 1, no. 55, cols. 58–9.
43. Robert of Clari, *La conquête de Constantinople* 18, ed. Philippe Lauer (Paris, 1924), p. 16 and *passim*.
44. Albert of Stade's reworking of Alexander of Bremen (Alexander

Minorita), *Expositio in Apocalypsim*, ed. Alois Wachtel (*MGH, Quellen zur Geistesgeschichte des Mittelalters* 1, Weimar, 1955), p. 349; Cambridge, University Library, MS Mm 5 31, fol. 113r.

45. Stephen de Salaniaco, *De quattuor in quibus Deus Praedicatorum Ordinem insignivit* 1.7, ed. T. Kaeppeli (*Monumenta ordinis fratrum praedicatorum historica* 22, Rome, 1949), p. 10.

46. 30 May 1236, *Cum exaltatione spiritus*, Po. 10173; *Preussisches UB* (6 vols. to date, Königsberg and Marburg, 1882–) 1, no. 125, pp. 94–5.

47. William of Rubruck, *Itinerarium* 16.3 (*Sentences*), 30.13 (*Madonna*), ed. van den Wyngaert, pp. 204, 282.

48. Honorius Ⅲ , 2 January 1219, *Exercitus christianus rem*, Po. 5956; *Liv-, esth- und curländisches UB* 1, no. 42, col. 47.

49. Matthew Paris, *Historia Anglorum*, ed. Frederic Madden (3 vols., RS, 1866–9), 1, p. 79.

50. Hagenmeyer (ed.), *Epistulae*, no. 18, p. 173.

51. Fulcher of Chartres, *Historia Hierosolymitana* 1.13.4, ed. Hagenmeyer, pp. 202–3.

52. E.g. Hagenmeyer (ed.), *Epistulae*, no. 18, p. 168; González, *El reino de Castilla* 3, no. 897, pp. 566–72 (Las Navas, 1212).

53. Hermann Kleber, 'Pèlerinage – vengeance – conquête: la conception de la première croisade dans le cycle de Graindor de Douai', in *Au carrefour des routes d'Europe: La chanson de geste* (Xe Congrès international de la Société Rencesvals pour l'étude des épopées romanes, 2 vols., Aix-en-Provence, 1987) 2, pp. 757–75, at p. 762.

54. Guibert de Nogent, *Historia quae dicitur Gesta Dei per Francos* 7.25, *RHC, Occ.* 4, p. 245.

55. Ibid. 1.1, *RHC, Occ.* 4, p. 124.

56. Orderic Vitalis, *Historia ecclesiastica* 9.1, ed. and tr. Marjorie Chibnall (6 vols., Oxford, 1968–80), 5, p. 4.

57. Odo of Deuil, *De profectione Ludovici VII* 7, ed. Berry, p. 130.

58. Geoffrey de Villehardouin, *La conquête de Constantinople* 8 (257), ed. Edmond Faral (2nd ed., 2 vols., Paris, 1961), 2, p. 62.

59. *Chronicle of Morea*, tr. Harold E. Lurier, *Crusaders as Conquerors* (New York, 1964), p. 298.

60. Christopher Tyerman, *England and the Crusades, 1095–1588* (Chicago, 1988), p. 117.

61. Helbig & Weinrich 1, no. 19, pp. 96–102.

62. Saxo Grammaticus, *Gesta Danorum* 14.3, ed. J. Olrik and H. Raeder (2 vols., Copenhagen, 1931–57), 2, p. 376.

63. Helmold of Bosau, *Chronica Slavorum* 1.62, ed. Heinz Stoob (*AQ* 19, Darmstadt, rev. ed., 1973), p. 220.

64. 11 September 1171, *Non parum animus noster*, J.-L. 12118; *Epistolae et privilegia*, ep. 980, *PL* 200, cols. 860–61; *Liv-, esth- und curländisches UB*

1, no. 5, cols. 5–6.

65. 5 October 1199, *Sicut ecclesiasticae religionis (al. laesionsis)*, Po. 842; *Registrum sive epistolae* 2. 191, *PL* 214–16, at 214, cols. 739–40 (cf. *PL* 217, cols. 54–5, supplement, *ep.* 25); *Liv-, esth- und curlandisches UB* 1, no. 12, cols. 13–15; *Die Register Innocenz' III* 2, ed. Othmar Hageneder *et al.* (Rome and Vienna, 1979), no. 182, pp. 348–9.

66. *La règle du Temple*, ed. Henri de Curzon (Paris, 1886), p. 11.

67. Richard of Poitou, *Chronica* (excerpts, with continuations), ed. Georg Waitz, *MGH, SS* 26 (Hanover, 1882), pp. 74–86, at p. 80.

68. *De laude novae militiae* 1.3, in J. Leclerq and H. M. Rochais (eds.), *Opera* 3 (Rome, 1963), pp. 205–39, at pp. 214, 217.

69. Alexander III , 25 September 1164, *Justis petentium desideriis*, J.–L. 11064; *Epistolae et privilegia, ep.* 273, *PL* 200, cols. 310–12.

70. Francesco Gabrieli (ed.), *Arab Historians of the Crusades* (Eng. tr., Berkeley and London, 1969), p. 124.

71. 阿拉贡国王战士阿方索的遗嘱，见 *Cartulaire général de l'ordre des Hospitaliers de St-Jean de Jérusalem*, ed. J. Delaville Le Roulx (4 vols., Paris, 1894–1906), 1, no. 95, pp. 85–6；晚近的争论，见 Elena Lourie, 'The Will of Alfonso "El Batallador" , King of Aragon and Navarre: A Reassessment', *Speculum* 50 (1975), pp. 635–51; A.J. Forey, 'The Will of Alfonso I of Aragon and Navarre', *Durham University Journal* 73 (1980), pp. 59–65; Lourie, 'The Will of Alfonso I of Aragon and Navarre: A Reply to Dr Forey', and Forey, 'A Rejoinder', ibid. 77 (1985), pp. 165–72 and p. 173。

72. Friedrich Benninghoven, *Der Order der Schwertbrüder* (Cologne and Graz, 1965), p. 81.

73. *Liv-, esth- und curländisches UB* 1, nos. 16–18, cols. 22–5; cf. nos. 23 and 25, cols. 30–33.

74. *Pommerellisches UB*, ed. Max Perlbach (Danzig, 1881–2), no. 28, p. 24; Walter Kuhn, *Vergleichende Untersuchungen zur mittelalterlichen Ostsiedlung* (Cologne and Vienna, 1973), pp. 142, 350, 427; Benninghoven, *Der Order der Schwertbrüder*, pp. 8–9, 263–4; Julio González, *Repoblación de Castilla la Nueva* (2 vols., Madrid, 1975–6) 2, p. 31, n. 120.

75. *Mecklenburgisches UB* (25 vols. in 26, Schwerin and Leipzig, 1863-1977) 1, no. 344, pp. 334–5 (a confirmation by his sons in 1227).

76. Ibid. 25A, no. 13,794, p. 33.

第 11 章　欧洲的欧洲化

1. Helbig & Weinrich 1, no. 68, p. 274 (Borwin of Mecklenburg for Gadebusch).

2. 'Das mittelalterliche Königreich Ungarn als Gastland', in Walter Schlesinger (ed.), *Die deutsche Ostsiedlung als Problem der europäischen Geschichte (Vortrage und Forschungen* 18, Sigmaringen, 1975), pp. 471–507, at p. 494; cf. p. 480: 'die Europäisierung Ungarns'.

3. Derek W. Lomax, *The Reconquest of Spain* (London, 1978), pp. 56, 63.

4. Marie Therese Flanagan, 'Monastic Charters from Irish Kings of the Twelfth and Thirteenth Centuries' (Unpublished MA thesis. University College, Dublin, 1972), p. 213.

5. Peter of Zittau, *Chronicon Aulae Regiae* 6, ed. J. Emler, *Fontes rerum Bohemicarum* 4 (Prague, 1884), pp. 1–337, at p. 12.

6. *Historia Ecclesiastica* 13.45, ed. and tr. Marjorie Chibnall (6 vols., Oxford, 1968–80), 6, p. 554.

7. Heinz Zatschek, 'Namensanderungen und Doppelnamen in Bohmen und Mahren im hohen Mittelalter', *Zeitschrift für Sudetende Geschichte* 3 (1939), pp. 1–11, at pp. 3–4.

8. Orderic Vitalis, *Historia ecclesiastica* 8.22, ed. Chibnall, 4, p. 272.

9. *Victoria County History of Shropshire* 2 (London, 1973), p. 5.

10. 对圣雷米的圣徒崇拜的杰出图像呈现，见 *Grosser historischer Weltatlas 2: Mittelalter*, ed. Bayerisch Schulbuch-Verlag (rev. ed., Munich, 1979), map 68a: 'Die Verehrung des Hl. Remigius'。

11. Charles Higounet, 'Les saints mérovingiens d'Aquitaine dans la toponymie', in his *Paysages et villages neufs du Moyen Age* (Bordeaux, 1975), pp. 67–75.

12. Geoffrey of Durham, *Vita Bartholomaei Famensis* 1, in *Symeonis monachi opera omnia*, ed. Thomas Arnold (2 vols., RS, 1882–5), pp. 295–325, at p. 296.

13. Christopher Brooke, 'The Composition of the Chapter of St Paul's, 1086–1163', *Cambridge Historical Journal* 10 (1951), pp. 111–32.

14. Gillian Fellows Jensen, 'The Names of the Lincolnshire Tenants of the Bishop of Lincoln c. 1225', in *Otium et negotium: Studies in Onomatology and Library Science presented to Olof von Feilitzen (Acta Bibliothecae Regiae Stockholmiensis* 16, Stockholm, 1973), pp. 86–95.

15. Eadmer, *Life of St Anselm*, ed. and tr. R. W. Southern (London, etc., 1962), p. 51; for a different viewpoint on Norman attitudes to Anglo-Saxon saints see Susan Ridyard 'Condigna veneratio: Post-Conquest Attitudes to the Saints of the Anglo-Saxons', in *Anglo-Norman Studies* 9 (1986), ed. R. Allen Brown, pp. 179–206; David Rollason, *Saints and Relics in Anglo-Saxon England* (Oxford, 1989), pp. 217–38.

16. Margaret Gibson, *Lanfranc of Bec* (Oxford, 1978), pp. 170–72.

17. *Gesta abbatum monasterii sancti Albani*, ed. Henry T. Riley (3 vols., R S, 1867–9), 1, p. 62.

18. Gerald of Wales (Giraldus Cambrensis), *Vita Ethelberti*, ed. Montague R. James, 'Two Lives of St Ethelbert, King and Martyr', *English Historical*

Review 32 (1917), pp. 222–36, at pp. 235–6.

19. *Close Rolls of the Reign of Henry III (1237–42)* (London, 1911), p. 227 (1240) (爱德华); *Red Book of Ormond*, ed. Newport B. White (Irish Manuscripts Commission, Dublin, 1932), p. 48 (大卫)。

20. Edmond de Coussemaker (ed.), *Documents relatifs à la Flandre maritime* (Lille, 1860), pp. 65–6 (Clementia of Flanders for Watten, 1097); text also in Heinrich Hagenmeyer, *Chronologie de la première croisade 1094–1100* (reprint in one vol., Hildesheim and New York, 1973), p. 50, no. 103; *and St George: Continuatio Aquicinctina* of Sigebert of Gembloux, ed. Ludwig Bethmann, *MGH, SS* 6 (Hanover, 1844), pp. 268–474, at p. 395.

21. *L'estoire d'Eracles empereur et la conqueste de la terre d'Outremer, RHC, Occ.* 2, pp. 1–481, at p. 209, variant; also as *La continuation de Guillaume de Tyr (1184–1197)* 155, ed. Margaret R. Morgan *(Documents relatifs à l'histoire des croisades* 14, Paris, 1982), p. 169 (see also p. 168).

22. Walter of Coventry, *Memoriale*, ed. William Stubbs (2 vols., RS, 1872-3), 2, p. 242 (the 'Barnwell Chronicle').

23. Rees Davies, *Conquest, Coexistence and Change: Wales 1 63–1415* (Oxford, 1987), pp. 181–2, 207; Wendy Davies, *The Llandaff Charters* (Aberystwyth, 1979), p. 20.

24. Julia Smith, 'Oral and Written: Saints, Miracles and Relics in Brittany, *c.* 850–1250', *Speculum* 65 (1990), pp. 309–43, at pp. 336–7.

25. 苏格兰的王室谱系，根据 A. A. M. Duncan, *Scotland: The Making of the Kingdom* (Edinburgh, 1975), pp. 628–9, supplemented by *Handbook of British Chronology*, ed. E. B. Fryde *et al.* (3rd ed., London, 1986), pp. 56-8, 500–501, 503，关于阿瑟尔伯爵马塔德，参见 *Liber vitae ecclésiae Dunelmensis*, ed. A. Hamilton Thompson (facsimile ed., Surtees Society 136, 1923), fol. 60; for the elucidation of the 'Kelehathoni' of the *Liber vitae* as 'Gille-Eithne' see Geoffrey Barrow, *The Anglo-Norman Era in Scottish History* (Oxford, 1980), p. 159, n. 80; 梅克伦堡的谱系出自 Manfred Hamann, *Mecklenburgische Geschichte* (*MF* 51, Cologne, 1968) (insert)。

26. Wolfgang Fleischer, *Die deutschen Personennamen* (Berlin, 1964), p. 51; *idem*, 'Die Namen der Dresdener Ratsmitglieder bis 1500', *Beitrage zur Namenforschung* 12 (1961), pp. 44–87.

27. Julio Gonzá, *Repoblación de Castilla la Nueva* (2 vols., Madrid, 1975–6) 2, pp. 78–85 (*Toledo*); *Brut y Tywysogyon or The Chronicle of the Princes: Red Book of Hergest Version*, ed. Thomas Jones (Cardiff, 1955), p. 65 (*s.a.* 1110) (*Cadwgan ap Bleddyn*); Dmitrii Jegorov, *Die Kolonisation Mecklenburgs im 13. Jahrhundert* (German tr., 2 vols., Breslau, 1930) 1, p. 286, n. 16 (*Mecklenburg*).

28. Michel Parisse, 'La conscience chrétienne des nobles aux XIe et XIIe siècles', in *La cristianità dei secoli XI e XII in occidente: Coscienza e strutture di una societa* (*Miscellanea del Centro di studi medioevali* 10,

Milan, 1983), pp. 259–80, at p. 263.

29. 拉迪姆 / 高登提乌斯: Cosmas of Prague, *Chronica Boemorum* 1.34, ed. Berthold Bretholz (*SRG*, n.s., Berlin, 1923), p. 60。米利奇 / 丹尼尔: Gerlach of Mühlhausen, *Chronicon*, ed. Wilhelm Wattenbach, *MGH, SS* 17 (Hanover, 1861), pp. 683-710, at p. 708。

30. *Canonici Wissegradensis continuatio* (to Cosmas of Prague), ed. Rudolf Köpke, *MGH, SS* 9 (Hanover, 1851), pp. 132–48, at p. 133.

31. Fügedi, 'Das mittelalterliche Königreich Ungarn', p. 497, n. 78.

32. Erika Tidick, 'Beiträge zur Geschichte der Kirchenpatrozinien im Deutsch-Ordensland Preussen bis 1525', *Zeitschrift für die Geschichte und Altertumskunde Ermlands* 22 (1926), pp. 343–464. (数字取自第 437—455 页的数据，没有算入东波美拉尼亚。)

33. González, Repoblación 2, p. 253.

34. Robert I. Burns, *The Crusader Kingdom of Valencia: Reconstruction on a Thirteenth-Century Frontier* (2 vols., Cambridge, Mass., 1967) 1, pp. 92–7.

35. Theodor Penners, *Untersuchungen über die Herkunft der Stadtbewohner im Deutsch-Ordensland Preussen bis in die Zeit um 1400* (Leipzig, 1942), p. 11; *in southern French towns*: Anna Rutkowska-Plachcinska, 'Les prénoms dans le sud de la France aux X Ⅲ e et XIVe siècles', *Acta Poloniae Historica* 49 (1984), pp. 5–42, at p. 7.

36. 关于东欧和波罗的海地区铸币厂的传播，参见 Arthur Suhle, *Deutsche Münz- und Geldgeschichte von den Anfangen bis zum 15. Jahrhundert* (2nd ed., Berlin, 1964) (with a useful map insert); Stanislaw Suchodolski, *Poczatki mennictwa w Europie środkowej, wschodniej i pólnocnej* (Wroclaw, 1971) (English summary, pp. 249–57); *idem, Mennictwo Polskie w XI i XII wieku* (Wroclaw, etc., 1973) (English summary, pp. 144–52); Kirsten Bendixen, *Denmark's Money* (Copenhagen, 1967), pp. 7–22; Peter Spufford, *Money and its Use in Medieval Europe* (Cambridge, 1988), esp. chapters 4 and 8; Rolf Sprandel, *Das mittelalterliche Zahlungssystem nach Hansisch-Nordischen Quellen des 13.-15. Jahrhunderts* (Stuttgart, 1975), map 1 and pp. 163–93。

37. Gwyn Jones, *A History of the Vikings* (Oxford, 1968), p. 117 (Jelling inscription).

38. William O'Sullivan, *The Earliest Anglo-Irish Coinage* (Dublin, 1964); Michael Dolley, *Medieval Anglo-Irish Coins* (London, 1972), pp. 1–5.

39. D. M. Metcalf (ed.), *Coinage in Medieval Scotland* (1100–1600) (*British Archaeological Reports* 45, Oxford, 1977).

40. Helmold of Bosau, *Chronica Slavorum* 1.38, ed. Heinz Stoob (*AQ* 19, Darmstadt, rev. ed., 1973), p. 158.

41. G. Jacob (ed.), *Arabische Berichte von Gesandten an germanische Fürstenhöfe aus dem 9. und 10. Jahrhundert* (Berlin and Leipzig, 1927), p. 13.

42. Joachim Herrmann (ed.), *Die Slawen in Deutschland: Ein Handbuch* (new ed., Berlin, 1985), pp. 132–4 and plate 49.

43. Ian Stewart, 'The Volume of the Early Scottish Coinage', in D. M. Metcalf (ed.), *Coinage in Medieval Scotland (1100–1600)* (*British Archaeological Reports* 45, Oxford, 1977), pp. 65–72.

44. John Porteous, 'Crusader Coinage with Latin or Greek Inscriptions', in Kenneth M. Setton (ed.), *A History of the Crusades* (Philadelphia and Madison, 6 vols., 1955–89) 6: *The Impact of the Crusades on Europe*, ed. Harry W. Hazard, pp. 354–20, at p. 370.

45. 波美拉尼亚文书：在 10 世纪中叶曾有过一次文书发展的假曙光。奥托一世把奥得河以西的波美拉尼亚纳入了他新创建的主教教区，并将居住在那里的斯拉夫民族的贡赋的一部分授予了马格德堡的圣马里斯教堂：*Pommersches UB 1: 786–1253*, ed. Klaus Conrad (2nd ed., Cologne and Vienna, 1970), nos. 11–13, 15–16, pp. 12–15, 16–18。但这只是一个短暂存在的阶段，波美拉尼亚在之后超过 150 年的时间内再无文书记录。关于 12 世纪 30 年代的文书，参见 ibid., nos. 23, 27, pp. 23–5, 28–9; *of 1140*: no. 30, pp. 32–4。阿达尔伯特的第一份令状：no. 43, pp. 478。阿达尔伯特的 1159 年的令状：no. 48, pp. 51–3。卡西米尔一世授予达尔贡修道院的令状：no. 62, pp. 77–81——这份令状的两个原件留存至今，参见 Landeshauptarchiv Schwerin, 1. Kloster Dargun Nr. 2；there is a picture in M. Gumowski, 'Pieczęcie książąt pomorskich', *Zapiski Towarzystwo naukowe w Toruniu* 14 (1950), pp. 23–66 (and plates I-XXI), plate I；关于这份文书的真伪的争论，参见编者的说明：*Pommersches UB*。卡西米尔一世貌似真品的章印也附于一份被认为撰写于 1170 年的伪造文书上，参见 ibid., no. 54, pp. 63–7。

46. Ibid., nos. 106, 126, 140–41, 146, 156–7, 162–3, 170, 181, 188, 195–6, pp. 136–8, 167–8, 179–80, 184–6, 195–7, 202–4, 211–12, 225–6, 232-3, 241–3; *Casimir for Kolbacz*: no. 68, pp. 87–8 (Helbig & Weinrich 1, no. 80, p. 312) (1176).

47. Josef Joachim Menzel, *Die schlesischen Lokationsurkunden des 13. Jahrhunderts* (Würzburg, 1977), pp. 127–35.

48. Wendy Davies, 'The Latin Charter Tradition in Western Britain, Brittany and Ireland in the Early Medieval Period', in Dorothy Whitelock *et al.* (eds.), *Ireland in Early Medieval Europe* (Cambridge, 1982), pp. 258–80.

49. Duncan, *Scotland*, p. 126.

50. K. J. Stringer, 'The Charters of David, Earl of Huntingdon and Lord of Garioch: A Study in Anglo-Scottish Diplomatic', in *idem* (ed.), *Essays on the Nobility of Medieval Scotland* (Edinburgh, 1985), pp. 72–101, at p. 79.

51. Flanagan, 'Monastic Charters from Irish Kings', p. 213; the MacMurrough charter is Dublin, National Library of Ireland, D 1, and is reproduced in *Facsimiles of National Manuscripts of Ireland*, ed. John T. Gilbert (4 parts in 5 vols., Dublin, 1874–84), 2, plate lxii.

52. Michael Clanchy, *From Memory to Written Record: England 1066–1307* (London and Cambridge, Mass., 1979), p. 263.

53. Robert Fossier, *La terre et les hommes en Picardie jusqu' à la fin de XIIIe*

siècle (2 vols., Paris and Louvain, 1968) 1, p. 263; 2, p. 570, n. 1.

54. David Ganz and Walter Goffart, 'Charters Earlier than 800 from French Collections', *Speculum* 65 (1990), pp. 906–32, at p. 921 (Goffart).

55. *Codex diplomaticus Maioris Poloniae*, ed. Ignacy Zakrzewski and Franciszek Piekosinski (5 vols., Poznan, 1877–1908), 1, no. 381, pp. 337–8 (1259).

56. *De regimine principum* 2. 13, ed. Pierre Mandonnet, in Thomas Aquinas, *Opuscula omnia* 1 (Paris, 1927), pp. 312–487, at p. 370 (the work was begun by Thomas and completed by Ptolemy).

57. Roger of Howden, *Chronica*, ed. William Stubbs (4 vols., RS, 1868–71), 3, pp. 255–6; William the Breton, *Gesta Philippi Augusti*, ed. H.-F. Delaborde, *Oeuvres de Rigord et de Guillaume le Breton* (2 vols., Paris, 1882–5), 1, pp. 168–333, at pp. 196–7; *idem, Philippidos* 4, lines 530–48, ed. Delaborde, ibid. 2, pp. 118–19; comments by John Baldwin, *The Government of Philip Augustus* (Berkeley and Los Angeles, 1986), pp. 405–12.

58. Davies, *Conquest, Coexistence and Change*, pp. 355–6.

59. *Registrum epistolarum* 37, ed. P. Bruno Griesser, *Analecta sacri ordinis Cisterciensis* 2 (1946), pp. 1–118, at p. 47; cf. "爱尔兰因为缺乏高等教育的条件造成的问题，在都柏林大主教约翰·莱赫（John Lech）参加1311—1312年的维也纳宗教会议时向教宗克雷芒五世提出的一份陈情中得到了非常细致的描述。其结果是，这位教宗于1312年7月13日颁布了诏书，授权在都柏林建立大学"，Katherine Walsh, *A Fourteenth-Century Scholar and Primate: Richard FitzRalph in Oxford, Avignon and Armagh* (Oxford, 1981), p. 11, citing ASV, Reg. Vat. 59, fol. 196v, 'inaccurately printed' in W. H. Monck Mason, *The History and Antiquities of the Collegiate and Cathedral Church of St Patrick* (Dublin, 1820), app., pp. ix-x。

60. *Chronica Slavorum* 3.5, ed. Johann Martin Lappenberg (*SRG*, Hanover, 1868), p. 77.

61. 教育: Saxo Grammaticus, *Gesta Danorum*, preface, 1.2, ed. J. Olrik and H. Raeder (2 vols., Copenhagen, 1931–57), 1, p. 3。《创世六日》: ed. Sten Ebbesen and L. B. Mortensen (2 vols., Copenhagen, 1985–8)。斯堪尼亚法: *Antique leges Scanie* 14, in *Danmarks gamle landskabslove* 1, ed. J. Brøndum-Nielsen (Copenhagen, 1920–33), pp. 467–667，"受自然平等之规定"见 p. 480; cf. *Skånske lov – Text III* 1. 33, ibid., pp. 265–466, at p. 288。

62. 关于作为改革者的苏内森，见 Innocent III, 17 December 1203, *Ad nostram noveritis*, Po. 2060, and 19 January 1206, *Benedictus Deus a*, Po. 2664; *Registrum sive epistolae* 6. 198 and 8. 196, *PL* 214– 16, at 215, cols. 223, 774；关于隆德的多明我会托钵僧: the *Dominicans in Lund: De Ordine Praedicatorum de Tolosa in Dacia*, ed. M. C. Gertz, *Scriptores minores historiae Danicae* (2 vols., Copenhagen, 1917–22) 2/1, pp. 369–74; Jarl Gallén, *La province de Dacie de l'ordre des freres prêcheurs* (Helsingfors, 1946), pp. 1–11；值得注意的是，多明我本身曾在1204—1205年作为卡斯蒂利亚的使节造访过丹麦，ibid., pp. 196–216; for *Sunesen's activities in Estonia*: Henry of Livonia, *Chronicon Livoniae* 10.13–14; 23.2; 24.2;

25.1, ed. Leonid Arbusow and Albert Bauer (*AQ* 24, Darmstadt, 1959), pp. 60–64, 230–32,256–8, 268。

第 12 章　扩张之后的欧洲的政治社会学

1. 'Rocznik lubiąski 1241–1281, oraz wiersz o pierwotnych zakonniach Lubiąża' [*Versus lubenses*], ed. August Bielowski, *MPH* 3 (Lwów, 1878, repr. Warsaw, 1961), pp. 707–10, at p. 710.

2. Helmold of Bosau, *Chronica Slavorum* 1.35, ed. Heinz Stoob (*AQ* 19, Darmstadt, rev. ed., 1973), pp. 146–8.

3. Bernardo Maragone, *Annales Pisani*, ed. Michele Lupo Gentile (*Rerum italicarum scriptores*, n.s., 6/2, Bologna, 1930), pp. 1–74, at pp. 6–7, s.a. 1088; *Carmen in victoriam Pisanorum*, lines 70–72, ed. H. E. J. Cowdrey, 'The Mahdia Campaign of 1087', *English Historical Review* 92 (1977), pp. 1–29, text at pp. 23–9, relevant stanza p. 28 (reprinted in his *Popes, Monks and Crusaders* [London, 1984], chapter 12 [with same pagination]).

4. Cited in Denys Hay, *Europe: The Emergence of an Idea* (2nd ed., Edinburgh, 1968), p. 74.

5. Luke of Tuy, *Chronicon mundi*, ed. Andreas Schottus, *Hispaniae illustratae* (4 vols., Frankfurt/Main, 1603–8) 4, pp. 1–116, at p. 116.

6. Ebo, *Vita sancti Ottonis episcopi Babenbergensis* 3.6, ed. Jan Wikarjak and Kazimierz Liman, *MPH*, n.s., 7/2 (Warsaw, 1969), p. 106.

7. *Sancti Bonifatii et Lulli epistolae*, ed Michael Tangl (*MGH, Epistolae selectae* 1, Berlin, 1916), no. 23, pp. 40–41 (Bishop Daniel of Winchester to Boniface, 723–4).

8. Robert I. Burns, *Islam under the Crusaders: Colonial Survival in the Thirteenth-Century Kingdom of Valencia* (Princeton, 1973), p. 187.

9. Peter Spufford, *Money and its Use in Medieval Europe* (Cambridge, 1988), p. 245.

10. Julio González, *Repoblación de Castilla la Nueva* (2 vols., Madrid, 1975–6) 2, pp. 271, 277.

11. Herbert Grundmann, *Wahlkönigtum, Territorialpolitik und Ostbewegung im 13. und 14. Jahrhundert* (*Gebhardts Handbuch der deutschen Geschichte* 5, Munich, 1973), pp. 269, 284.

12. Robert Fossier *La terre et les hommes en Picardie jusqu'à la fin de XIIIe siècle* (2 vols., Paris and Louvain, 1968) 1, p. 330.

13. Helbig & Weinrich 2, no. 144, p. 536.

14. Ferdinand Chalandon, *Histoire de la domination normande en Italie et en Sicilie, 1009–1194* (2 vols., Paris, 1907) 1, pp. 191–8.

15. *Livlandische Reimchronik*, lines 2768–78, ed. Leo Meyer (Paderborn, 1876), p. 64.

16. *Brut y Tywysogyon or The Chronicle of the Princes: Peniarth MS. 20 Version*, tr. Thomas Jones (Cardiff, 1952), p. 38 (slightly modernized).

17. 对 13 世纪圭内斯公国的标准政治史叙事，参见 J. E. Lloyd, *A History of Wales* (3rd ed., 2 vols., London, 1939) 2, chapters 16–20. See also David Stephenson, *The Governance of Gwynedd* (Cardiff, 1984)。

18. *Preussisches UB* (6 vols. to date, Königsberg and Marburg 1882–) 1, no. 218, p. 161 (Treaty of Christburg, 1249).

19. William of Newburgh, *Historia rerum Anglicarum* 3.9, ed. Richard Howlett, *Chronicles of the Reigns of Stephen, Henry II and Richard I* (4 vols., RS, 1884–9) 1–2, at 1, p. 239.

20. A. A. M. Duncan, *Scotland: The Making of the Kingdom* (Edinburgh, 1975), pp. 298–9; *Acts of Malcolm IV, King of Scots, 1153–65*, ed. Geoffrey Barrow (*Regesta regum Scottorum* 1, Edinburgh, 1960), pp. 65–6.

21. *Annals of Connacht (Annála Connacht)*, ed. A. Martin Freeman (Dublin, 1944), p. 5.

22. *Dictionnaire d'histoire et de géographie ecclésiastiques* (21 vols. to date, Paris, 1912–) 10, col. 963.

23. Helmold, *Chronica Slavorum* 1. 88, ed. Stoob, p. 312.

24. *Die Urkunden Heinrichs des Löwen*, ed. Karl Jordan, *MGH, Laienfürsten- und Dynastenurkunden der Kaiserzeit* (Leipzig and Weimar, 1941–9), no. 41, pp. 57–61; also in *Mecklenburgisches UB* (25 vols. in 26, Schwerin and Leipzig, 1863–1977) 1, no. 65, p. 58. (据称年代是 1158 年，一份核心内容真实的 13 世纪伪造文书。)

25. Erik Fügedi, *Castle and Society in Medieval Hungary (1000–1437)* (*Studia historica Academiae Scientiarum Hungaricae* 187, Budapest, 1986), p. 62.

26. Helmold, *Chronica Slavorum* 2. 109, ed. Stoob, p. 376.

27. Ibid. 1. 65, ed. Stoob, p. 228.

28. James F. Powers, *A Society Organized for War: The Iberian Municipal Militias in the Central Middle Ages, 1000–1284* (Berkeley and Los Angeles, 1988).

29. Guibert de Nogent, *Historia quae dicitur Gesta Dei per Francos* 1. 1, *RHC, Occ.* 4 (Paris, 1879), pp. 113–263, at p. 123（"没有领主，没有君王"）; Baudri de Bourgueil, *Historia Jerosolimitana*, prologue, *RHC, Occ.* 4, pp. 1–111, at p. 9（"在没有国王、没有皇帝的情况下作战"）。

30. Paul Johansen, 'Eine Riga-Wisby-Urkunde des 13. Jahrhunderts', *Zeitschrift des Vereins für Lübeckische Geschichte und Altertumskunde* 38 (1958), pp. 93–108, at p. 97 (1268).

31. Robert S. Lopez and Irving W. Raymond (eds.), *Medieval Trade in the Mediterranean World* (New York, 1955), doc. 157, p. 319.

32. Michele Amari (ed.), *Bibliotheca arabo-sicula* (Italian version, 2 vols., Turin and Rome, 1880–81) 2, pp. 234–5.

33. Michael Lapidge (ed.), 'The Welsh-Latin Poetry of Sulien's Family', *Studia Celtica* 8–9 (1973–4), pp. 68–106, at p. 90, lines 16–21.

34. Manfred Hellmann, *Grundzüge der Geschichte Litauens und des lituauischen Volkes* (Darmstadt, 1966), pp. 14–32, 提供了对与波兰进行王朝合并前的立陶宛君主国的历史的概述；具有洞察力的评论，参见 Eric Christiansen, *The Northern Crusades* (London, 1980), chapter 6, 'The Interminable Crusade, 1283–1410'。

35. Katharine Simms, 'Warfare in the Medieval Gaelic Lordships', *The Irish Sword* 12 (1975–6), pp. 98–108, at p. 107; Kenneth Nicholls, *Gaelic and Gaelicized Ireland in the Middle Ages* (Dublin, 1972), pp. 84–7.

出版后记

　　本书聚焦于950—1350年这一时期，从一个特别的视角考察了中世纪盛期的欧洲历史，阐述了欧洲和地中海地区的征服活动、殖民化和相关文化的变迁。从当代的角度来看，我们往往将过去的欧洲视为一名殖民者，认为它是一系列征服了境外土地并将欧洲的文化价值观强加给其他民族的帝国；而本书表明，中世纪的欧洲与它后来是一个殖民者一样，都是征服、殖民和文化转型过程的产物。

　　本书的作者是英国的罗伯特·巴特利特，他是苏格兰圣安德鲁斯大学中世纪史荣休沃德洛主教教授，也是英国国家学术院院士。巴特利特有多部著作，其中本书曾荣获沃尔夫森历史奖，并被翻译成德语、爱沙尼亚语、波兰语、日语、西班牙语和俄语。

　　我们引进了这部优秀的作品，希望分享给国内的读者，但因时间及水平有限，书中难免有不足之处，恳请广大读者批评指正，以便再版时做出修改。

服务热线：133-6631-2326 188-1142-1266

服务信箱：reader@hinabook.com

后浪出版公司

2020 年 12 月

© 民主与建设出版社，2023

图书在版编目（CIP）数据

欧洲的创生 / (英) 罗伯特·巴特利特
(Robert Bartlett) 著；刘寅译. -- 北京：民主与建
设出版社，2021.4（2023.12重印）
书名原文：The Making of Europe: Conquest,
Colonization and Cultural Change 950–1350
ISBN 978-7-5139-3358-2

Ⅰ.①欧… Ⅱ.①罗… ②刘… Ⅲ.①欧洲—中世纪
史 Ⅳ.①K503

中国版本图书馆CIP数据核字(2021)第022785号

版权登记号：01-2023-5892
审图号：GS（2021）427号

欧洲的创生
OUZHOU DE CHUANGSHENG

著　　者	［英］罗伯特·巴特利特	译　者	刘　寅
责任编辑	王　颂	特约编辑	范　琳　李　贺
封面设计	尬　木		

出版发行　民主与建设出版社有限责任公司
电　　话　（010）59417747　59419778
社　　址　北京市海淀区西三环中路 10 号望海楼 E 座 7 层
邮　　编　100142
印　　刷　北京盛通印刷股份有限公司
版　　次　2021 年 4 月第 1 版　　　印　次　2023 年 12 月第 4 次印刷
开　　本　889 毫米 × 1194 毫米　1/32
印　　张　15.5　　　　　　　　　　字　数　347 千字
书　　号　ISBN 978-7-5139-3358-2
定　　价　88.00 元

注：如有印、装质量问题，请与出版社联系。